ier Tunis
Mittelmeer

TUNESIEN
Tripolis
Kairo
LIBYEN
ÄGYPTEN
IGER
TSCHAD
Tschad-See
SUDAN
ERIA
Addis Abeba
SOMALIA
ZENTRAL-
AFRIKANISCHE
REPUBLIK
ÄTHIOPIEN
s
Bangui
KAMERUN
Mogadischu
DEMO-
KRATISCHE
REPUBLIK
KONGO
(ZAIRE)
KONGO
UGANDA
KENIA
GABUN
Nairobi
Victoria-See
Mombasa
Kinshasa
TANSANIA
Indischer
Ozean
Luanda
ANGOLA
Njassa-See
SAMBIA
MOSAMBIK
Salisbury
ZIMBABWE
MADAGASKAR
NAMIBIA
cher
n
BOTSWANA
Maputo
Durban
SÜDAFRIKA
Kapstadt

WIR MÖCHTEN IHNEN MITTEILEN,
DASS WIR MORGEN MIT UNSEREN FAMILIEN UMGEBRACHT WERDEN

Philip Gourevitch

Wir möchten Ihnen mitteilen, daß wir morgen mit unseren Familien umgebracht werden

BERICHTE AUS RUANDA

AUS DEM AMERIKANISCHEN VON MEINHARD BÜNING

BERLIN VERLAG

Die Originalausgabe erschien 1998 unter dem Titel
We wish to inform you that tomorrow we will be killed with our families. Stories from Rwanda
bei Farrar Straus and Giroux, New York

Umschlaggestaltung:
Nina Rothfos und Patrick Gabler, Hamburg
Gesetzt aus der Alternate Gothic und der Aldus
durch psb, Berlin
Druck & Bindung: Friedrich Pustet, Regensburg
Printed in Germany 1999
ISBN 3-8270-0351-2

Gedruckt auf chlor- und säurefreiem Papier

Für meine Eltern

Dezimierung bedeutet die Ermordung jedes zehnten, und im Frühjahr und Frühsommer des Jahres 1994 dezimierten geplante Massaker die Bevölkerung der Republik Ruanda. Obwohl die Morde mit geringem technischem Aufwand durchgeführt wurden – vor allem mit Macheten –, erfolgten sie in atemberaubender Geschwindigkeit: Von ursprünglich etwa siebeneinhalb Millionen Menschen wurden in gerade hundert Tagen mindestens achthunderttausend umgebracht. Ruander sprechen oft von einer Million Toten, und vielleicht haben sie recht. Die Zahl der Toten Ruandas wuchs fast dreimal so schnell wie die der jüdischen Toten während des Holocaust. Es war der effizienteste Massenmord seit den Atombomben auf Hiroshima und Nagasaki.

In der südlichen Bergstadt Gikongoro war am Abend der Strom ausgefallen; die Hotelbar war nur durch ein halbes Dutzend Kerzen beleuchtet, und die Augen der drei Soldaten, die mich zum Trinken einluden, glühten rot wie Blutorangen. Ein einziges Glas Bier wurde herumgereicht, von dem ich als letzter trank – ein Ritual, um zu zeigen, daß ich nicht vergiftet werden sollte. Die Soldaten waren für ein Gespräch zu betrunken, aber bei ihnen saß ein Zivilist, ein Mann in einem glänzenden schwarzen Trainingsanzug; er schien entschlossen, seine Nüchternheit unter Beweis zu stellen. Er saß steif und kerzengerade da, die Arme vor der Brust verschränkt, mit starrem Blick, reserviert und abschätzend. In einem knappen, roboterhaften Englisch, jede Silbe präzise und abgehackt, fragte er nach meinem Namen. Ich sagte ihn: »Philip.«

»Aha.« Er packte meine Hand. »Wie bei Charles Dickens.«

»Das ist Pip«, sagte ich.

»*Große Erwartungen*«, verkündete er. Er ließ meine Hand los. Dann preßte er die Lippen zusammen und betrachtete mich mit seinem humorlosen Starren. »Ich bin ein Pygmäe aus dem Dschungel. Aber bei einem anglikanischen Bischof habe ich Englisch gelernt.«

Seinen Namen nannte er nicht. Der Soldat neben mir hatte sich vorgebeugt; halb dösend stützte er sich auf den aufgerichteten Lauf seiner Maschinenpistole und sank plötzlich in sich zusammen, dann wachte er mit einem Ruck wieder auf, lächelte und trank noch einen Schluck. Der Pygmäe achtete nicht auf ihn. »Ich habe einen Grundsatz«, verkündete er. »Ich glaube an das Prinzip des Homo sapiens. Verstehen Sie?«

Ich wagte einen Schuß ins Blaue. »Sie meinen, alle Menschen sind eins?«

»So lautet meine Theorie«, sagte der Pygmäe. »Das ist mein Prinzip. Aber ich habe ein Problem. Ich muß eine weiße Frau heiraten.«

»Warum nicht?« fragte ich. Dann, einen Augenblick darauf: »Aber warum, wenn wir doch alle gleich sind? Wen kümmert es, welche Farbe Ihre Frau hat?«

»Sie *muß* eine weiße Frau sein«, erwiderte der Pygmäe. »Nur eine weiße Frau kann mein universales Prinzip vom Homo sapiens verstehen. Ich darf keine Negerin heiraten.« Der pure Ekel, mit dem er das Wort Negerin aussprach, veranlaßte mich zuzustimmen, schon aus Sorge um seine zukünftige Frau. »Das ist mein Problem«, fuhr er fort. »Wie soll ich dieses Ziel nur erreichen? Sie können das. Ich nicht.« Er schaute sich um in dem dunklen, fast leeren Raum und streckte eine leere Hand aus. Mürrisch, in einer Stimmung längst vertrauter Enttäuschung, fragte er: »Wie soll ich diese weiße Frau treffen? Wie finde ich die weiße Frau?«

Die Frage war nicht bloß rhetorisch gemeint. Ich war mit einer Holländerin in die Bar gekommen, und dann hatte ich sie aus den Augen verloren – sie war schlafen gegangen; aber sie hatte Eindruck gemacht. Ich glaube, der Pygmäe wollte, daß ich ihn verkuppelte. »Ich habe eine Idee«, sagte er. »Die Niederlande. Der Bischof, mein Lehrer, ist durch die ganze Welt gereist. Für mich sind die Niederlande reine Phantasie. Aber sie sind real für mich.«

Ich erzähle Ihnen das gleich hier zu Beginn, weil dieses Buch davon handelt, welches Bild Menschen sich von sich selbst und anderen machen – es ist ein Buch darüber, wie wir uns unsere Welt vorstellen. In Ruanda hatte die Regierung – ein Jahr vor meiner Begegnung mit dem Pygmäen – einen neuen Kurs eingeschlagen: jeder Angehörige der Mehrheitsgruppe der Hutu in diesem Lande war aufgerufen, jeden Angehörigen der Tutsi-Minderheit zu töten. Die Regierung und eine erstaunliche Anzahl ihrer Bürger hegten die Vorstellung, durch die Ermordung des Tutsi-Volkes könnten sie die Welt zu einem besseren Ort machen; und dann kam der Massenmord.

Ganz plötzlich, so schien es, war etwas über uns gekommen, das wir uns eigentlich nur hätten vorstellen können – und nach wie vor konnten wir es uns nur vorstellen. Das fasziniert mich an diesem Dasein am meisten: die eigenartige Notwendigkeit, sich das vorzustellen, was in Wirklichkeit real ist. Während der Monate des Mordens im Jahre 1994, als ich die Nachrichten aus Ruanda verfolgte, und später, als ich las, die UNO habe zum ersten Mal in ihrer Geschichte beschlossen, das Wort »Völkermord« zu verwenden, um zu beschreiben, was dort geschehen war, fiel mir immer wieder eine Stelle am Ende von Conrads *Herz der Finsternis* ein. Der Erzähler Marlow ist nach Europa zurückgekehrt, und seine Tante sorgt sich um seine Gesundheit, weil er so erschöpft ist. »Nicht die körperliche Kraft brauchte Pflege«, sagte Marlow, »vielmehr mußte meine Einbildungskraft zur Ruhe kommen.«

Ich habe Marlows Zustand nach seiner Rückkehr aus Afrika als meinen Ausgangspunkt genommen. Ich wollte wissen, wie Ruander das begreifen, was da in ihrem Lande geschehen war, und wie sie im nachhinein damit fertig werden wollten. Das Wort »Völkermord« und die Bilder der namenlosen und zahllosen Toten überließen zuviel der Einbildungskraft.

Mein erster Besuch in Ruanda fiel in den Mai 1995, und ich war noch nicht lange dort, als ich in Gikongoro dem Pygmäen begegnete. Ich wäre gar nicht auf den Gedanken gekommen, daß er Pygmäe war, denn er war fast ein Meter fünfundfünfzig groß. Indem er sich selbst als Pygmäen zu erkennen gab, schien er sich vom Problem der Hutu und Tutsi zu distanzieren und mich als Mitaußenseiter zu betrachten – ganz allgemein als Beobachter. Obwohl er niemals ein Wort über den Völkermord verlor, blieb mir dennoch der Eindruck haften, dies sei das eigentliche Thema unseres Gesprächs gewesen. Man mochte in Ruanda über etwas anderes sprechen können, aber ich habe niemals ein substantielles Gespräch geführt, in dem nicht auch der Völkermord eine Rolle spielte, und sei es auch nur stillschweigend, als Bezugspunkt für alle anderen Ein- und Mißverständnisse.

So sprach der Pygmäe vom Homo sapiens, und ich hörte dahinter einen Subtext. Pygmäen waren die ersten Einwohner Ruandas, ein Waldvolk, von Hutu und Tutsi gewöhnlich gleichermaßen als kümmerlicher Haufen von Ureinwohnern verachtet. In der präkolonialen Monarchie dienten Pygmäen als Hofnarren, und weil Ruandas Könige Tutsi waren, hatte die Erinnerung an diese Rolle zur Folge, daß die Pygmäen während des Völkermords manchmal als royalistische Marionetten ermordet, andernorts von den Hutu-Milizen jedoch als Vergewaltiger eingesetzt wurden – um dem Mißbrauch der Tutsi-Frauen noch einen besonderen Schuß Stammeshohn hinzuzufügen.

Mit einiger Wahrscheinlichkeit hatte der anglikanische Bischof als Lehrer des Mannes, dem ich in der Bar begegnet war, die Erziehung eines solch ursprünglichen Wilden als eine besondere Herausforderung des missionarischen Dogmas begriffen, wonach wir alle Kinder Gottes seien. Aber vielleicht hatte der Pygmäe seine Lektion zu gut gelernt. Offensichtlich war seiner Erfahrung nach die Einheit der Menschheit keine Tatsache, sondern, wie er ständig wiederholte, eine Theorie, ein Prinzip – eine Behauptung des weißen Priesters. Er hatte sich diese Behauptung als Einladung zu eigen gemacht, nur um zu entdecken, daß sie abschreckende Grenzen aufwies. Im Namen des Universalismus hatte er gelernt, die

Menschen und den Dschungel seiner Herkunft zu verachten und sich selbst dafür zu lieben, daß er dieses Erbe verachtete. Nun hatte er begriffen, daß eine weiße Frau das fehlende Bindeglied war, das er brauchte, um seine Theorie zu beweisen, und die Unwahrscheinlichkeit einer solchen Ehe stellte seinen Glauben auf eine schwere Probe.

Ich versuchte, die Frustration des Pygmäen zu lindern, indem ich darauf hinwies, selbst für weiße Männer unter weißen Frauen – sogar in den Niederlanden – könne es sehr schwierig sein, die richtige Partnerin zu finden. »Ich spreche vom Afrikaner«, sagte er. »Der Afrikaner ist krank.« Zum ersten Mal gelang ihm ein verzerrtes kleines Lächeln.

»Es gibt einen Roman«, fuhr er fort. »Das Buch heißt *Sturmhöhe*. Sie verstehen? Das ist meine umfassendere Theorie. Es macht nichts, ob man weiß oder gelb oder grün oder ein schwarzer afrikanischer Neger ist. Das Konzept lautet Homo sapiens. Der Europäer steht auf einer fortgeschrittenen technologischen Stufe, und der Afrikaner steht auf einer primitiveren technologischen Stufe. Aber die gesamte Menschheit muß sich vereinen im Kampf gegen die Natur. Das ist das Prinzip von *Sturmhöhe*. Das ist die Aufgabe des Homo sapiens. Meinen Sie nicht auch?«

Ich sagte: »Ich höre.«

»Der Kampf der Menschheit gegen die Natur«, sagte der Pygmäe sanft. »Das ist die einzige Hoffnung. Es ist der einzige Weg zu Frieden und Versöhnung – die gesamte Menschheit vereint im Kampf gegen die Natur.«

Er lehnte sich in seinen Stuhl zurück, die Arme über der Brust verschränkt, und verstummte. Nach einer Weile meinte ich: »Aber auch die Menschheit ist ein Teil der Natur.«

»Genau«, erwiderte der Pygmäe. »Genau da liegt das Problem.«

Teil 1

Leontius, Aglaions Sohn, kam vom Piräus herauf und ging außen an der nördlichen Mauer entlang. Auf dem Richtplatz sah er Leichname liegen, empfand Begierde, hinzuschauen, zugleich aber auch die entgegengesetzte Regung, so daß er sich abwandte. Eine Weile kämpfte er und verhüllte sein Gesicht, dann aber überwältigte ihn die Begierde. Er tat die Augen weit auf, lief zu den Leichen und rief: »Da, ihr Unseligen, labt euch an dem schönen Anblick!«

Plato, *Der Staat*

1 **In der Provinz Kibungo in Ostruanda**, zwischen Sümpfen und Weideland nahe der tansanischen Grenze, liegt ein Felsenhügel namens Nyarubuye mit einer Kirche. Dort wurden Mitte April 1994 viele Tutsi hingeschlachtet. Ein Jahr später kam ich mit zwei kanadischen Armeeoffizieren dorthin. Mit einem UN-Hubschrauber flogen wir im Morgennebel in niedriger Höhe über die Hügel, über deren Hänge sich dichtgedrängt die Bananenbäume zogen – wie grün explodierende Sterne. Das ungemähte Gras duckte sich, als wir im Hof der Gemeindeschule landeten. Ein einsamer Soldat mit seiner Kalaschnikow erschien und gab uns mit scheuer, steifer Formalität die Hand. Die Kanadier legten die Papiere für unseren Besuch vor, und ich trat durch die offene Tür eines Klassenzimmers.

Mindestens fünfzig weitgehend verweste Leichen bedeckten den Boden; sie waren mit Kleiderfetzen bedeckt, ihre Habe lag zerschlagen und durcheinandergeworfen herum. Abgeschlagene Schädel waren hierhin und dorthin gerollt.

Die Toten wirkten wie Bilder von Toten. Sie rochen nicht. Keine Fliegen summten um sie herum. Sie waren vor dreizehn Monaten getötet worden, und man hatte sie nicht von der Stelle bewegt. An den Gebeinen hingen hier und da noch Hautfetzen, viele Knochen lagen von den Körpern entfernt, abgetrennt von den Mördern oder von Aasfressern – Vögeln, Hunden, Käfern. Die weniger zerfallenen Gestalten erinnerten an die Menschen, die sie einmal gewesen waren. Eine Frau in einem geblümten Tuch lag nahe der Tür. Ihre fleischlosen Hüftknochen ragten hervor, die Beine waren leicht gespreizt, und zwischen ihnen lag das Skelett eines Kindes. Ihr Torso war ausgehöhlt. Rippen und Wirbelsäule bohrten sich durch das verrottende Tuch. Ihr Kopf war nach hinten gekippt, der Mund stand offen: ein eigenartiges Bild – halb Todeskampf, halb Ausruhen.

Ich war zuvor niemals unter Toten gewesen. Was tun? Hinsehen? Ja. Ich wollte sie sehen, nehme ich an. Ich war ja gekommen, um sie zu sehen; man hatte die Toten in Nyarubuye, gleichsam als Mahnmal, unbeerdigt gelassen – und dort waren sie nun, so intim ausgestellt. Ich hätte sie nicht sehen müssen. Ich wußte bereits, was in Ruanda geschehen war, und glaubte es auch. Als ich aber die Gebäude sah und die Körper betrachtete, die Stille des Ortes vernahm, mit der großen Basilika im italienischen Stil, die dort verlassen stand, und den Beeten mit wunderschönen, dekadenten, vom Tod gedüngten Blumen, die über den Leichen blühten – da war das alles immer noch auf eigenartige Weise unvorstellbar. Das heißt: Man mußte es sich immer noch vorstellen.

Diese toten Ruander, denke ich, werden immer bei mir sein. Deshalb hatte ich mich gezwungen gefühlt, nach Nyarubuye zu kommen: um ihnen ausgesetzt zu sein – nicht ihrer Erfahrung, sondern der Erfahrung, sie anzuschauen. Dort waren sie getötet worden, und dort lagen sie tot. Was sonst konnte man wirklich auf den ersten Blick sehen? Die regenverquollene Bibel, die auf einer der Leichen lag, oder verstreut die kleinen geflochtenen Strohkränze, die ruandische Frauen als Kronen tragen, um die enormen Lasten auf ihren Köpfen auszubalancieren, und die Wasserflaschen, und der Tennisschuh zwischen Beckenknochen.

Der Soldat mit der Kalaschnikow, Sergeant Francis von der Ruandischen Patriotischen Armee, war ein Tutsi. Seine Eltern waren mit ihm nach Uganda geflohen, als er noch ein Junge war, Anfang der sechziger Jahre, nach ähnlichen, aber nicht ganz so ausgedehnten Massakern. 1994 hatte er sich nach Hause durchgekämpft und seine Heimat so vorgefunden. Uns erzählte er, die Toten in diesem Raum seien vor allem Frauen, die erst noch vergewaltigt worden seien, bevor man sie ermordete. Sergeant Francis hatte hohe, wiegende, mädchenhafte Hüften, und er ging und stand mit herausgestrecktem Hinterteil, eine eigenartig entschlossene Haltung, leicht vorgebeugt, als werde er getrieben. Er wirkte zugleich sanft und energisch offiziell. Sein Englisch hatte die förmliche Knappheit militärischen Drills, und nachdem er mir gesagt hatte, was ich vor mir sah, blickte ich statt dessen auf meine Füße. Neben ihnen im Schmutz lag die verrostete Klinge eines Beils.

Ein paar Wochen zuvor hatte ich in Bukavu in Zaire auf dem riesigen Markt eines Flüchtlingslagers, in dem viele ruandische Hutu-Milizen lebten, mit angesehen, wie ein Mann mit einer Machete eine Kuh schlachtete. Er war ein Fachmann und führte präzise Schläge, die mit scharfen, hackenden Geräuschen verbunden waren. Die Parole der Mörder während des Genozids lautete: »Tut eure Arbeit!«, und ich sah, daß diese Schlächterei wirklich Arbeit war; harte Arbeit. Es brauchte viele Schläge – zwei, drei, vier, fünf harte Schläge –, um das Bein der Kuh durchzuhacken. Wie viele sind nötig, um einem Menschen die Gliedmaßen abzuschlagen?

Angesichts der Dimensionen des Geschehenen gerät man in Versuchung, sich in Theorien kollektiven Wahns zu verlieren: ein rasender Mob, ein Fieber des Hasses, das in ein Massenverbrechen aus Leidenschaft ausbricht, eine blinde Orgie der Masse, von der ein jeder ein oder zwei Menschen umbringt. In Nyarubuye aber und an tausend anderen Orten in diesem winzigen Land, innerhalb weniger Monate im Jahre 1994, hatten Hunderttausende Hutu als Mörder regelrecht in Schichten gearbeitet. Da gab es immer ein nächstes Opfer, und dann noch eines. Was ließ sie immer weiterarbeiten, über die Raserei des ersten Angriffs hinaus, trotz der schieren physischen Erschöpfung, in all dem Chaos?

Der Pygmäe in Gikongoro hatte gesagt, die Menschheit sei Teil der Natur, und wir müßten gegen die Natur ankämpfen, um miteinander auszukommen und in Frieden zu leben. Aber auch Massengewalt muß organisiert werden; sie tritt nicht ziellos auf. Selbst Mobs und Aufruhr haben einen Plan, und große und anhaltende Zerstörung erfordert gewaltigen Ehrgeiz. Die Menschen müssen sie als ein Mittel begreifen, mit dem sich eine neue Ordnung einführen läßt, und mag die Idee hinter dieser neuen Ordnung auch kriminell sein und objektiv gesehen nichts als dumm, so muß sie doch auch zwingend einfach sein und zugleich absolut. All das vereinigt sich in der Ideologie des Völkermords, und in Ruanda trug es den unverblümten Namen Hutu-Power. Wer vorhat, systematisch ein ganzes Volk auszulöschen – und sei es auch nur eine eher kleine und wehrlose Untergruppe von vielleicht eineinviertel Millionen Männern, Frauen und Kindern wie die Tutsi in Ruanda –, dem ist Blutdurst sicherlich eine Hilfe. Aber die Anführer und Vollstrecker eines Gemetzels wie jenem hinter der Tür, an der ich gerade stand, müssen das Töten nicht unbedingt genießen, und vielleicht fanden sie es sogar unangenehm. Vor allem kommt es darauf an, daß sie ihre Opfer tot sehen wollen. Sie müssen das so sehr wollen, daß sie das Töten als Notwendigkeit begreifen.

Ich hatte mir also noch viel vorzustellen, als ich das Klassenzimmer betrat und vorsichtig zwischen den sterblichen Überresten umherging. Diese Toten und ihre Mörder waren Nachbarn gewesen, Schulkameraden, Kollegen, manchmal Freunde oder gar verschwägert. Die Toten hatten in den Wochen vor dem Ende ihre Mörder als Milizen exerzieren sehen, und es war allgemein bekannt, daß man sich darin übte, Tutsi umzubringen; das wurde im Radio gesagt, das stand in den Zeitungen, die Menschen sprachen offen darüber. In der Woche vor dem Massaker in Nyarubuye begann das Morden in Ruandas Hauptstadt Kigali. Hutu, die sich der Ideologie der

Hutu-Power entgegenstellten, wurden öffentlich als »Komplizen« der Tutsi denunziert, und als die Vernichtung in Gang kam, waren sie unter den ersten, die ihr zum Opfer fielen. In Nyarubuye fragten Tutsi den Bürgermeister von der Hutu-Power, wie sie verschont bleiben könnten, und er schlug ihnen vor, sie sollten in der Kirche Zuflucht suchen. Das taten sie, und ein paar Tage später erschien der Bürgermeister, um sie zu töten. Er kam an der Spitze einer Horde von Soldaten, Polizisten, Milizen und Dorfbewohnern; er verteilte Waffen und befahl, den Job gut zu Ende zu bringen. Mehr war vom Bürgermeister gar nicht verlangt, aber er soll dann doch auch selbst ein paar Tutsi umgebracht haben.

Die Mörder in Nyarubuye waren den ganzen Tag am Werk. Nachts schnitten sie Überlebenden die Achillessehnen durch, um dann hinter der Kirche zu feiern; an großen Feuern brieten sie Vieh, das sie ihren Opfern gestohlen hatten, und tranken Bier. (Flaschenbier, Bananenbier – Ruander trinken vielleicht nicht mehr Bier als andere Afrikaner, aber sie trinken gewaltige Mengen, den ganzen Tag über.) Und am Morgen, immer noch betrunken nach dem bißchen Schlaf, das sie unter den Schreien ihrer Opfer hatten finden können, kehrten die Mörder zurück und töteten weiter. Tag für Tag, Minute für Minute, Tutsi für Tutsi; in ganz Ruanda verfuhren sie so. »Es war ein Prozeß«, sagte Sergeant Francis. Ich kann sehen, daß es geschehen ist, ich kann mir erzählen lassen, wie es geschah; und nach fast drei Jahren, in denen ich mich in Ruanda umgesehen und Ruandern zugehört habe, kann ich Ihnen sagen, wie es geschah, und das werde ich auch tun. Aber das Schreckliche des Ganzen – die Idiotie, die Vergeudung, das schiere Unrecht – bleibt unbeschreiblich.

Ich nehme an, Sie lesen dies wie der junge Athener Leontius bei Plato: weil Sie genauer hinschauen wollen, und vermutlich macht auch Ihnen Ihre Neugier zu schaffen. Wenn Sie sich mit mir zusammen dieses Äußerste näher ansehen, hoffen Sie vielleicht auf etwas Verständnis, auf eine Einsicht, einen Hauch von Selbsterkenntnis – auf eine Moral, eine Lehre oder einen Hinweis, wie man sich in dieser Welt verhalten soll: irgend etwas Derartiges. Ich will all das nicht ausschließen, aber wenn es um Völkermord geht, dann kennen Sie bereits den Unterschied zwischen Gut und Böse. Die in meinen Augen beste Begründung dafür, weshalb ich mir die Geschichten in Ruanda genauer angesehen habe, lautete, daß ich sie nicht ignorieren konnte, weil mich sonst das Dasein und mein Ort in ihm noch stärker beunruhigen würden. Der Schrecken als Schrecken interessiert mich nur insoweit, als eine genaue Erinnerung an das Unrecht nötig ist, um sein Vermächtnis zu verstehen.

Die Toten in Nyarubuye, ich muß es sagen, waren schön. Man kam nicht darum herum. Das Skelett ist etwas Schönes. Das Zufällige der gefallenen Formen, die eigenartige Ruhe ihrer groben Entblößung, der Schädel hier, der Arm dort, in irgendeiner unerklärlichen Geste gebogen – diese Dinge waren schön, und ihre Schönheit trug nur noch zur Anstößigkeit des Ortes bei. Ich konnte mir keine sinnvolle Reaktion zurechtlegen: Ekel, Erschrecken, Klage, Trauer, Scham, Unverständnis, sicher – aber nichts wirklich Sinnvolles. Ich sah einfach hin und fotografierte, weil ich mich fragte, ob ich wirklich sehen konnte, was ich da sah, während ich es sah, und außerdem benötigte ich einen Vorwand, um genauer hinzusehen.

Wir gingen durch den ersten Raum und auf der anderen Seite wieder hinaus. Dort folgte ein weiterer Raum und noch einer und noch einer und noch einer. Alle waren voller Leichen, und noch mehr Körper und einzelne Schädel lagen im Gras verstreut, das dick war und herrlich grün. Ich stand draußen vor dem Gebäude und hörte ein Knirschen. Der alte kanadische Oberst vor mir war gestolpert, und ich sah, obwohl er selbst es gar nicht bemerkte, daß sein Fuß auf einem

Schädel abgerutscht war und diesen zerbrochen hatte. Zum ersten Mal in Nyarubuye fanden meine Gefühle einen Brennpunkt, und ich empfand einen leichten, aber deutlichen Zorn auf diesen Mann. Dann hörte ich noch ein Knirschen und spürte eine vibrierende Bewegung unter meinem Fuß. Auch ich war auf einen Schädel getreten.

Ruanda ist großartig anzuschauen. Überall in seinem Zentrum steigen steile, dicht terrassierte Hänge über kleinen Straßensiedlungen und einzelnen Gehöften auf. Scharten roten und schwarzen Lehms zeugen von frischer Arbeit mit der Hacke; Eukalyptusbäume glänzen silbern vor strahlend grünen Teeplantagen; Bananenbäume an allen Ecken. Und an Hügeln kennt Ruanda zahllose Varianten: schroff und mit Regenwald bedeckt, rundschultrige Kuppen, wellige Moore und breite Anhöhen der Savannen, vulkanische Gipfel wie zugespitzte Zähne. Während der Regenzeit sind die Wolken riesig, niedrig und schnell, Nebelschwaden halten sich in Hochlandmulden, Blitze durchzucken die Nacht, und am Tage glänzt leuchtend das Land. Nach der Regenzeit klaren die Himmel auf, das Gelände wirkt zunehmend rauh unter dem flachen unveränderlichen Dunst der Trockenzeit, und in den Savannen des Akagera Parks sind die Hügel von Waldbränden geschwärzt.

Als ich einmal aus dem Süden nach Kigali zurückkehrte, erkletterte der Wagen einen Anstieg zwischen zwei gewundenen Tälern, die Windschutzscheibe füllte sich mit purpurbäuchigen Wolken, und ich fragte Joseph, den Mann, der mich mitgenommen hatte, ob den Ruandern eigentlich klar sei, in welch schönem Land sie lebten. »Schön?« entgegnete er. »Finden Sie? Nach allem, was hier passiert ist? Die Menschen sind nicht gut. Wenn die Menschen gut wären, könnte das Land okay sein.« Joseph erzählte mir, daß sein Bruder und seine Schwester umgebracht worden seien. Dabei machte er, die Zunge gegen die Zähne gepreßt, ein leises zischendes Geräusch. »Das Land ist leer«, meinte er. »Leer!«

Doch es fehlten nicht nur einfach die Toten. Der Völkermord war durch die RPF, die Ruandische Patriotische Front, gestoppt worden, eine Rebellenarmee unter Führung von Tutsi-Flüchtlingen aus früheren Verfolgungswellen, und als die RPF im Sommer 1994 im Land vorrückte, flohen etwa zwei Millionen Hutu ins Exil – auf Anordnung der gleichen Führer, die sie zum Mord angestiftet hatten. Außer in einigen ländlichen Gegenden im Süden, wo die Flucht der Hutu Felder und bröckelnde Lehmhäuser dem Busch überlassen hatte, konnte ich als Neuling nichts von der Leere sehen, die Joseph für Ruandas Schönheit blind machte. Sicher, es gab von Granaten zerschossene Gebäude, verbrannte Gehöfte, geborstene Fassaden und Einschläge auf den Straßen. Aber das waren die Verwüstungen des Krieges, nicht des Völkermords, und bis zum Sommer 1995 waren die meisten Toten beerdigt. Fünfzehn Monate zuvor war Ruanda das dichtestbesiedelte Land Afrikas gewesen. Nun erschien die Arbeit der Mörder genau so, wie sie das gewollt hatten: unsichtbar.

Von Zeit zu Zeit wurden Massengräber entdeckt und die gefundenen sterblichen Überreste in neue, geweihte Massengräber umgebettet. Aber selbst die gelegentlich freigelegten Knochen, die auffallend hohe Zahl von Amputierten und Menschen mit verunstaltenden Narben und die vielen überfüllten Waisenhäuser konnten nicht als Beleg dafür gelten, daß man in Ruanda versucht hatte, ein Volk auszulöschen. Es gab nur die Geschichten der Menschen.

»Jeder Überlebende fragt sich, warum er am Leben blieb«, sagte Abbé Modeste, ein Priester an der Kathedrale in Butare, der zweitgrößten Stadt Ruandas. Abbé Modeste hatte sich wochenlang in seiner Sakristei verborgen und von Kommunionsoblaten ernährt, bevor er unter den Schreibtisch seines Arbeitszimmers und schließlich zwischen die Dachbalken im Haus einiger benachbarter Nonnen zog. Die offensichtliche Erklärung für sein Überleben war die Rettung durch die RPF. Aber die RPF gelangte erst Anfang Juli nach Butare, und schon Anfang Mai waren etwa 75 Prozent der Tutsi in Ruanda tot. In dieser Hinsicht zumindest war der Völkermord durchaus erfolgreich gewesen: Den Menschen, denen er gegolten hatte, erschien nicht der Tod, sondern das Leben wie ein Zufall des Schicksals.

»In meinem Haus wurden achtzehn Menschen umgebracht«, erzählte Etienne Niyonzima, ein ehemaliger Geschäftsmann, der Abgeordneter in der Nationalversammlung geworden war. »Alles wurde vollständig zerstört – ein Gelände von fünfundfünfzig mal fünfzig Metern. In meiner Nachbarschaft ermordeten sie sechshundertsiebenundvierzig Menschen. Sie folterten sie auch. Man mußte mit ansehen, wie sie sie umbrachten. Sie kannten die Hausnummer von jedem und gingen mit roter Farbe durch und kennzeichneten die Wohnungen aller Tutsi sowie der gemäßigten Hutu. Meine Frau war bei einer Freundin, von zwei Kugeln getroffen. Sie lebt noch, bloß« – er schwieg einen Augenblick – »sie hat keine Arme mehr. Die anderen bei ihr wurden umgebracht. Die Miliz hielt sie für tot. Ihre ganze Familie in Gitarama wurde ermordet, fünfundsechzig Menschen.« Niyonzima hielt sich damals versteckt. Drei Monate war er von seiner Frau getrennt, bevor er erfuhr, daß sie und vier ihrer Kinder überlebt hatten. »Nun«, sagte er, »einem Sohn haben sie mit einer Machete in den Kopf gehackt. Ich weiß nicht, wo er ist.« Seine Stimme wurde schwächer und brach. »Er ist verschwunden.« Niyonzima schnalzte mit der Zunge: »Aber die anderen leben noch. Ganz ehrlich, ich habe nicht die geringste Ahnung, wie ich gerettet wurde.«

Laurent Nkongoli schrieb seine Rettung der »Vorsehung« zu, und auch guten Nachbarn – einer alten Frau, die ihm sagte: »Laufen Sie weg, wir wollen nicht Ihre Leiche sehen.« Nkongoli, ein Anwalt, der nach dem Völkermord Vizepräsident der Nationalversammlung geworden war, ist ein robuster Mann mit einer Vorliebe für zweireihige Anzüge und farbenfreudige Krawatten, und beim Sprechen bewegt er sich mit energischer Entschiedenheit. Bevor er jedoch dem Rat seiner Nachbarin folgte und Ende April 1994 aus Kigali floh, hatte er, wie er sagte, »mit dem Leben abgeschlossen. In einem bestimmten Augenblick passiert das. Man hofft, nicht grausam zu sterben, aber daß man stirbt, weiß man. Nicht durch die Machete, hofft man, sondern durch eine Kugel. Wenn man bereit war zu zahlen, konnte man häufig um eine Kugel bitten. Der Tod war mehr oder weniger normal, eine Art Resignation. Man verliert den Willen zu kämpfen. Hier in Kacyiru« – einem Viertel von Kigali – »wurden viertausend Tutsi ermordet. Die Soldaten brachten sie her und sagten ihnen, sie sollten sich hinsetzen, weil sie Handgranaten werfen würden. Und die Leute setzten sich hin.«

»Die ruandische Kultur ist eine Kultur der Angst«, fuhr Nkongoli fort. »Ich weiß noch, was die Leute sagten.« Er sprach nun mit einer piepsigen Stimme, und sein Gesicht nahm einen Ausdruck des Ekels an: »›Laßt uns nur noch beten, und dann tötet uns‹, oder: ›Ich will nicht auf der Straße sterben, ich will zu Hause sterben.‹« Dann sprach er wieder mit seiner normalen Stimme. »Wenn man so resigniert und unterdrückt ist, dann ist man schon tot. Es zeigt, daß der Völkermord schon zu lange vorbereitet wurde. Ich hasse diese Angst. Diese Opfer des Völkermords waren psychologisch längst darauf vorbereitet, mit ihrem Tode zu rechnen, nur weil sie Tutsi waren. Sie wurden schon so lange getötet, daß sie bereits tot waren.«

Ich erinnerte Nkongoli daran, daß er bei all seinem Haß auf diese Angst auch selbst den Tod schon akzeptiert hatte, bevor seine Nachbarin ihn zur Flucht drängte. »Ja«, sagte er, »man wird müde im Völkermord. Man kämpft so lange, und dann wird man müde.«

Jeder Ruander, mit dem ich sprach, schien eine Lieblingsfrage zu haben, auf die es keine Antwort gab. Für Nkongoli lautete sie, warum so viele Tutsi zugelassen hatten, daß man sie umbrachte. Für François Xavier Nkurunziza, einen Anwalt in Kigali – der Vater war Hutu und sowohl Mutter als auch Frau waren Tutsi –, lautete die Frage, warum so viele Hutu sich erlaubt hatten zu töten. Nkurunziza war dem Tod nur durch Zufall entkommen, während er im Lande aus einem Versteck ins nächste floh, und er hatte viele Mitglieder seiner Familie verloren. »Die Anpassung ist hier sehr tief, sehr weit entwickelt«, erzählte er mir. »In der ruandischen Geschichte gehorcht ein jeder der Autorität. Die Menschen verehren die Macht, und es gibt nicht genug Bildung. Man nimmt einfach eine arme, unwissende Bevölkerung, gibt den Leuten Waffen und sagt: ›Die gehören euch. Tötet.‹ Dann gehorchen sie. Die Bauern, die fürs Töten bezahlt oder dazu gezwungen wurden, schauten zu den sozial und wirtschaftlich Bessergestellten auf, um zu sehen, wie man sich benimmt. Deshalb sind häufig gerade die Leute mit Einfluß oder die großen Finanziers die starken Männer im Völkermord. Sie denken vielleicht, sie hätten nicht getötet, weil sie niemanden mit eigener Hand umgebracht haben, aber die Menschen erwarteten von ihnen die Befehle. Und in Ruanda kann ein Befehl sehr still gegeben werden.«

Während ich durch das Land fuhr und Berichte über die Morde sammelte, schien es beinahe so, als sei durch die stillen Befehle der Hutu-Power die Neutronenbombe überflüssig geworden, und zwar mit Hilfe der Machete, des Masu – einer nägelgespickten Keule –, ein paar gutgezielten Handgranaten und wenigen Salven aus automatischen Gewehren.

»Ein jeder war aufgerufen, den Feind zu jagen«, sagte Théodore Nyilinkwaya, ein Überlebender der Massaker in seinem Heimatdorf Kimbogo, in der südwestlichen Provinz Cyangugu. »Nehmen wir aber an, jemand sträubt sich. Nehmen wir an, er kommt mit einem Stock. Sie sagen zu ihm: ›Nein, nimm einen Masu.‹ Na gut, er tut es, und er läuft mit den anderen mit, aber er tötet nicht. Sie sagen: ›He, er könnte uns später denunzieren. Er muß töten. Jeder muß mithelfen, mindestens einen umzubringen.‹ Und so wird dieser Mensch, der kein Mörder ist, gezwungen zu töten. Und am nächsten Tag ist es ein Spiel für ihn. Man braucht ihn nicht mehr zu drängen.«

In Nyarubuye hatte man in der Sakristei sogar systematisch die kleinen Votivfiguren aus Terrakotta geköpft. »Man dachte bei ihnen an die Tutsi«, erklärte Sergeant Francis.

2 **Wenn man von dem Mahnmal in Nyarubuye** immer nach Westen gehen könnte, geradewegs durch Ruanda von einem Ende zum anderen, über die Berge und durch die Marschen, über Seen und Flüsse in die Provinz Kibuye, dann gelangte man, kurz bevor man in den großen Kivu-See fiele, zu einem anderen Bergdorf. Der Hügel heißt Mugonero, und auch ihn krönt eine große Kirche. Während Ruanda vorwiegend katholisch ist, wurde ein großer Teil Kibuyes von Protestanten missioniert, und Mugonero ist der Hauptsitz der Adventisten des siebenten Tages. Der Ort ähnelt eher dem Backsteincampus eines amerikanischen Gemeindecollege als einem afrikanischen Dorf; ordentliche baumgesäumte Fußwege verbinden die große Kirche mit einer kleineren Kapelle, einer Schwesternschule, einer Ambulanz und einem Krankenhauskomplex, der wegen seiner ausgezeichneten medizinischen Versorgung einen guten Ruf genoß. In diesem Krankenhaus suchte Samuel Ndagijimana während der Morde Zuflucht, und obwohl er mir gleich zu Beginn gesagt hatte: »Ich vergesse nach und nach«, wurde schnell klar, daß er nicht so viel vergessen hatte, wie ihm vielleicht lieb gewesen wäre.

Samuel arbeitete als Pfleger im Krankenhaus. Das tat er seit 1991, als er fünfundzwanzig Jahre alt gewesen war. Ich fragte ihn nach seinem Leben in der Zeit, die die Ruander »vorher« nennen. Er antwortete: »Wir waren einfach Christen.« Das war alles. Genausogut hätte ich ihn nach jemandem fragen können, den er nur flüchtig gekannt hatte und der ihn nicht weiter interessierte. Es war, als stamme seine erste reale Erinnerung aus den frühen Tagen des April 1994, als er mit ansah, wie Hutu-Milizen vor den Amtsgebäuden von Mugonero öffentlich exerzierten. »Wir beobachteten, wie junge Leute jeden Abend hinausgingen, und man sprach darüber im Radio«, sagte Samuel. »Nur Angehörige der Hutu-Power-Parteien gingen hinaus, und wer nicht mitmachte, galt als ›Feind‹.«

Am 6. April, einige Tage nachdem dies alles begonnen hatte, wurde Ruandas langjähriger Hutu-Diktator, Präsident Juvénal Habyarimana, in Kigali ermordet, und eine Clique von Führern der Hutu-Power aus dem militärischen Oberkommando ergriff die Macht. »Im Radio hieß es, die Leute sollten nicht aus dem Haus gehen«, erzählte Samuel. »Noch in der gleichen Nacht sammelten sich kleine Grüppchen, und als wir am Morgen zur Arbeit gingen, sahen wir, wie diese Gruppen mit den lokalen Führern der Hutu-Power die Bevölkerung organisierten. Man wußte nicht genau, was da eigentlich ablief, nur, daß etwas im Gange war.«

Bei der Arbeit nahm Samuel eine »Klimaveränderung« wahr. Er sagte, daß »die Leute nicht mehr miteinander redeten«, und zahlreiche Kollegen verbrachten die ganze Zeit in Versammlungen mit einem gewissen Dr. Gerard, der kein Geheimnis daraus machte, daß er die Hutu-Power unterstützte. Samuel fand das schockierend, denn Dr. Gerard war in den USA ausgebildet worden, und als Sohn des Präsidenten der Adventisten-Kirche in Kibuye galt er als eine Respektsperson, ein Gemeindeführer – einer, der ein Beispiel setzt.

Einige Tage später sah Samuel, wenn er von Mugonero aus nach Süden über das Tal blickte, in den Dörfern am Seeufer Häuser brennen. Er beschloß, im Kirchenkrankenhaus zu bleiben, bis die Unruhen vorüber wären, und mit der gleichen Absicht trafen dort bald Tutsi-Familien aus Mugonero und Umgebung ein. Dies war eine Tradition in Ruanda. »Wenn es Probleme gab, gingen die Menschen immer in die Kirche«, sagte Samuel. »Die Pastoren waren Christen. Man vertraute darauf, daß dort nichts passieren würde.« Tatsächlich erzählten mir viele Menschen in Mugonero, Dr. Gerards Vater, der Kirchenpräsident Pastor Elizaphan Ntakirutimana, habe den Tutsi persönlich geraten, sich im Adventisten-Komplex zu sammeln.

Verwundete Tutsi strömten von allen Seiten des Sees nach Mugonero. Sie kamen durch den Busch und versuchten, die zahllosen Milizkontrollen an den Straßen zu umgehen, und sie brachten Geschichten mit. Manche erzählten, der Bürgermeister von Gishyita, ein paar Kilometer nördlich, sei so davon besessen gewesen, Tutsi umzubringen, daß Tausende schon hingeschlachtet wurden, während er sie noch in die Kirche trieb, wo man dann auch die übrigen tötete. Andere erzählten, wie einige Kilometer südlich, in Rwamatamu, über zehntausend Tutsi Zuflucht in der Stadthalle gesucht hätten. Der Bürgermeister habe Lastwagen voller Polizisten, Soldaten und Milizen mit Gewehren und Granaten herangekarrt, die den Ort umzingelten; hinter ihnen habe er Dörfler mit Macheten aufgestellt, falls irgend jemand entkommen sollte, sobald die Schießerei begann – und tatsächlich hätten dann auch nur sehr wenige aus Rwamatamu fliehen können. Ein Adventisten-Pastor und sein Sohn hätten bei der Organisation des Gemetzels in Rwamatamu eng mit dem Bürgermeister zusammengearbeitet. Aber vielleicht hatte Samuel das nicht von den Verwundeten gehört, die nach Mugonero kamen, »auf die geschossen worden war, oder auf die man Handgranaten geworfen hatte, denen ein Arm fehlte oder ein Bein«. Er glaubte noch immer, Mugonero könne verschont bleiben.

Am 12. April war das Krankenhaus mit fast zweitausend Flüchtlingen überfüllt, und die Wasserversorgung war unterbrochen. Niemand konnte fort; Milizen und Angehörige der Präsidentengarde hatten den Komplex abgesperrt. Als aber Dr. Gerard erfuhr, daß sich unter den Flüchtlingen auch mehrere Dutzend Hutu befanden, sorgte er dafür, daß diese evakuiert wurden. Er schloß auch die Apotheke ab und verweigerte so den Verwundeten und Kranken die Behandlung – »weil sie Tutsi waren«, wie Samuel sagte. Wenn die Flüchtlinge im Krankenhaus aus ihrem Gefängnis hinausschauten, konnten sie beobachten, wie Dr. Gerard und sein Vater, Pastor Ntakirutimana, mit Milizen und Angehörigen der Präsidentengarde umherfuhren. Sie fragten sich, ob diese Männer ihren Gott vergessen hatten.

Unter den Tutsi in der Kirche von Mugonero und im Krankenhauskomplex waren sieben Adventisten-Pastoren, die bald ihre gewohnte Rolle als Gemeindehirten übernahmen. Als zwei Polizisten im Krankenhaus auftauchten und verkündeten, sie sollten die Flüchtlinge beschützen, führten die Tutsi-Pastoren eine Sammlung durch und brachten fast vierhundert Dollar für die Polizisten zusammen. Mehrere Tage lang blieb alles ruhig. Dann, gegen Abend des 15. April, sagten die Polizisten, sie müßten jetzt gehen, denn das Krankenhaus werde am nächsten Morgen angegriffen. Sie fuhren in einem Auto mit Dr. Gerard davon, und die sieben Pastoren im Krankenhaus rieten ihren Mitflüchtlingen, sich auf ihr Ende vorzubereiten. Dann setzten sich die Pastoren zusammen und schrieben Briefe an den Bürgermeister und an ihren Vorgesetzten, Pastor Elizaphan Ntakirutimana, Dr. Gerards Vater, und baten die beiden im Namen des Herrn, sich für sie zu verwenden.

»Und die Antwort kam«, sagte Samuel. »Dr. Gerard gab sie bekannt: ›Am Samstag, dem 16., um genau neun Uhr morgens, werdet ihr angegriffen.‹« Doch es war vor allem Pastor Ntakirutimanas Antwort, die Samuel als niederschmetternd empfand, und er wiederholte zweimal die Worte des Kirchenpräsidenten, zweimal. »Euer Problem hat bereits eine Lösung gefunden. Ihr müßt sterben.« Einer von Samuels Kollegen, Manase Bimenyimana, hatte Ntakirutimanas Antwort etwas anders in Erinnerung. Er sagte mir, die Worte des Pastors hätten gelautet: »Ihr müßt beseitigt werden. Gott will euch nicht mehr.«

In seiner Eigenschaft als Krankenhauspfleger diente Manase als Haushaltshilfe für einen der Ärzte. Er war im Haus des Arztes geblieben, nachdem er Frau und Kinder – aus Sicherheitsgründen – bei den Flüchtlingen im Krankenhaus untergebracht hatte. Gegen neun Uhr am Morgen des Samstag, des 16. April, fütterte er gerade die Hunde des Arztes, als er Dr. Gerard mit einem Lastwagen voll bewaffneter Männer zum Krankenhaus fahren sah. Dann hörte er Schüsse und explodierende Handgranaten. »Als die Hunde die Schreie der Menschen hörten«, erzählte er mir, »fingen auch sie an zu heulen.«

Manase schaffte es bis zum Krankenhaus – das war vielleicht töricht, aber er fühlte sich ungeschützt und wollte bei seiner Familie sein. Die Tutsi-Pastoren wiesen soeben die Flüchtlinge an, sich auf den Tod vorzubereiten. »Ich war sehr enttäuscht«, sagte Manase. »Ich rechnete damit zu sterben, und wir begannen uns nach etwas umzusehen, womit wir uns verteidigen konnten – Steine, Ziegelbrocken, Stöcke. Aber es war nutzlos. Die Menschen waren schwach. Sie hatten nichts zu essen. Die Schießerei ging los, und die Menschen fielen um und starben.«

Es gab viele Angreifer, erinnerte sich Samuel, und sie kamen von allen Seiten – »aus der Kirche, von hinten, von Norden und Süden. Wir hörten Schüsse und Schreie, und sie sangen: ›Weg mit den Tutsi!‹ Sie begannen auf uns zu schießen, und wir warfen mit Steinen nach ihnen, weil wir sonst nichts hatten, nicht einmal eine Machete. Wir waren hungrig und müde und hatten seit über einem Tag kein Wasser mehr. Manchen hatten sie die Arme abgehackt. Es gab Tote. Sie töteten die Menschen in der Kapelle und in der Schule und dann im Krankenhaus. Ich sah Dr. Gerard, und ich sah, wie das Auto seines Vaters am Krankenhaus vorbeifuhr und dann in der Nähe seines Büros anhielt. Gegen Mittag gingen wir in einen Keller. Ich war mit einigen Mitgliedern meiner Familie zusammen. Andere hatte man schon ermordet. Die Angreifer fingen an, die Türen aufzubrechen, sie schossen und warfen Handgranaten. Die beiden Polizisten, die uns beschützt hatten, waren auch dabei. Auch die Bürger aus dem Ort halfen mit. Wer kein Gewehr hatte, nahm eine Machete oder einen Masu. Am Abend, gegen acht oder neun Uhr, begannen sie Tränengas einzusetzen. Wer noch am Leben war, weinte. So merkten die Angreifer, wo noch jemand lebte, und konnten ihn umbringen.«

Im nationalen Durchschnitt stellten die Tutsi etwas weniger als 15 Prozent der ruandischen Bevölkerung, aber in der Provinz Kibuye war das Verhältnis zwischen Hutu und Tutsi fast ausgeglichen. Am 6. April 1994 lebte eine Viertelmillion Tutsi in Kibuye; einen Monat später waren über 200 000 von ihnen ermordet. In vielen Dörfern Kibuyes überlebte kein einziger Tutsi.

Manase erzählte mir von seiner Überraschung, als er hörte, in Ruanda sei »nur eine Million Menschen« umgebracht worden. »Schauen Sie doch, wie viele allein hier umgekommen sind und wie viele von den Vögeln gefressen wurden.« Es stimmte, daß die Toten des Völkermords ein großes Fest für Ruandas Vögel gewesen waren, aber die Vögel hatten auch den Lebenden geholfen. So wie Raub- und Aasvögel vor einem heranbrausenden Waldbrand eine Front in der Luft bilden, um sich an den fliehenden Tieren gütlich zu tun, so zeichneten in Ruanda die Schwärme von Bussarden, Falken und Krähen, die sich während der Monate der Vernichtung über den Orten der Massaker drängten, eine Landkarte an den Himmel und markierten die »verbotenen Zonen« für Menschen wie Samuel und Manase, die zum Überleben in den Busch geflohen waren.

Irgendwann vor Mitternacht am 16. April fanden die Killer im Komplex der Adventisten von Mugonero niemanden mehr, den sie hätten töten können; sie gingen daher los, um die Wohnungen der Toten zu plündern, und Samuel in seinem Keller und Manase im Versteck mit seiner ermordeten Frau und seinen ermordeten Kindern fanden sich auf unerklärliche Weise am Leben. Manase floh sofort. Er schlug sich bis in das nahegelegene Dorf Murambi durch, wo er sich einer kleinen Gruppe Überlebender anderer Massaker anschloß, die sich einmal mehr in eine Adventisten-Kirche geflüchtet hatten. Für vierundzwanzig Stunden, erzählte er, hatten sie Ruhe. Dann kam Dr. Gerard mit einem Milizen-Konvoi. Wieder fielen Schüsse, und Manase entkam. Dieses Mal floh er hoch hinauf in die Berge, an einen Ort namens Bisesero, wo die Felsen steil und schroff sind, voller Höhlen und häufig in Wolken gehüllt. Bisesero war der einzige Ort in Ruanda, an dem Tausende Tutsi-Zivilisten sich zur Verteidigung gegen die Hutu bereit machten, die sie töten wollten. »Als wir sahen, wie viele wir in Bisesero waren, glaubten wir, wir könnten nicht sterben«, erzählte mir Manase. Und zunächst, sagte er, »wurden nur Frauen und Kinder getötet, denn die Männer kämpften.« Schließlich fielen aber auch hier Zehntausende Männer.

Drunten in den Dörfern von Kibuye waren lebendige Tutsi nur noch sehr schwer zu finden. Aber die Mörder gaben nie auf. Die Jagd verlagerte sich jetzt nach Bisesero, und die Jäger kamen mit Lastwagen und Bussen. »Als sie sahen, wie stark der Widerstand war, riefen sie Milizen von weither zu Hilfe«, sagte Manase. »Und sie töteten nicht einfach drauflos. Als wir geschwächt waren, sparten sie Munition und töteten uns mit Bambusspeeren. Sie schnitten Achillessehnen und Kehlen durch, aber nicht ganz, und dann ließen sie die Opfer lange schreien, bis diese endlich starben. Katzen und Hunde liefen herum und fraßen die Leichen.«

Auch Samuel hatte seinen Weg nach Bisesero gefunden. Er war noch bis ein Uhr morgens im Krankenhaus von Mugonero geblieben, »unter lauter Toten«. Dann kroch er aus dem Keller und machte sich – auf dem Rücken »einen, der keine Füße mehr hatte« – langsam auf den Weg in die Berge. Samuels Bericht über seine Leiden nach dem Massaker war so telegrafisch knapp wie seine Beschreibung des Lebens in Mugonero vor dem Völkermord. Im Unterschied zu Manase fand er wenig Hoffnung in Bisesero, wo der einzige Vorteil der Verteidiger im Terrain lag. Er war zu dem Schluß gekommen, ein Tutsi in Ruanda zu sein bedeute den Tod. »Nach einem Monat«, sagte er, »ging ich nach Zaire.« Um dorthin zu gelangen, mußte er sich durch besiedeltes Gebiet hinunter zum Kivu-See schleichen und das Gewässer nachts in einem Einbaum überqueren – ein ungeheuer riskantes Unterfangen, aber Samuel sprach nicht darüber.

Manase blieb in Bisesero. Während der Kämpfe, erzählte er mir, »gewöhnten wir uns so sehr an das Fortlaufen, daß man sich nicht recht wohl fühlte, wenn man nicht fortlief«. Kämpfen und Weglaufen gaben Manase das Gefühl, Teil von etwas zu sein, das größer war als seine eigene Existenz. Dann traf ihn ein Schuß in die Hüfte, und das Leben reduzierte sich erneut auf das pure Überleben. Er fand eine Höhle, »einen Felsen, wo ein Strom unter die Erde floß und weiter unten wieder herauskam«, und dort richtete er sich ein. »Tagsüber war ich allein«, sagte er. »Dort gab es nur Tote. Die Körper fielen in den Fluß, und ich lief über diese Leichen, wenn ich den Fluß überquerte und abends zu den anderen Menschen ging.« So überlebte Manase.

3 **Ruanda hat gute Straßen** – die besten in ganz Zentralafrika. Aber sogar die Straßen berichten von Ruandas Leiden. Das Netz der ordentlichen zweispurigen Teerstraßen, die aus Kigali herausführen und neun der zehn Provinzhauptstädte des Landes säuberlich verknüpfen, schließt Kibuye aus. Die Straße nach Kibuye ist ein unbefestigtes Chaos, ein Slalomkurs steiler Haarnadelkurven; ihre Oberfläche wechselt zwischen knochenschüttelndem Fels und rotem Staub, der sich bei Regen in tiefen, saugenden Lehm verwandelt, um dann in der Sonne zu steinharten Rippen und Rillen gebacken zu werden. Der Zustand der Straße nach Kibuye ist kein Zufall. In der alten Ordnung – »vorher« – waren die Tutsi in Ruanda als *Inyenzi* bekannt, das heißt Schaben, und wie man weiß, wimmelte Kibuye von ihnen. In den achtziger Jahren, als die Regierung Straßenbauer aus China anwarb, sollte die Straße nach Kibuye als letzte instand gesetzt werden, und als sie schließlich an die Reihe kam, waren die dafür vorgesehenen Dollarmillionen verschwunden. So blieb das schöne Kibuye, im Osten und Westen zwischen Bergen und See eingekeilt, im Norden und Süden von Urwaldflächen umgeben, eine Art Äquatorial-Sibirien (mit einem Hotel voller chinesischer Straßenbauer ohne Arbeit).

Die hundertzehn Kilometer von Kigali nach Kibuye-Stadt sind normalerweise in drei bis vier Stunden zu bewältigen, aber mein Konvoi aus Fahrzeugen mit Allradantrieb benötigte zwölf. Kurz nach unserer Abfahrt, gegen drei Uhr nachmittags, gerieten wir in einen Wolkenbruch, und um sechs, als der zähe, wadentiefe Schlamm eines Bergpasses das erste unserer Fahrzeuge in den Graben gesaugt hatte, war kaum die halbe Strecke geschafft. Die Nacht brach herein, dicke

Nebelschwaden deckten uns zu und vertieften die Finsternis. Die Soldaten – ein Dutzend Männer mit Kalaschnikows, mit Buschhüten, Regenumhängen und Gummistiefeln, die mit langen Holzstäben den Weg durch den Schlamm ertasteten – sah man erst, als sie an unsere Scheiben klopften. Deshalb war es kaum ein Trost, als sie uns informierten, wir sollten unser Licht ausmachen, uns in einem Fahrzeug zusammensetzen und ruhig verhalten, während wir auf Hilfe warteten. Es war Anfang September 1996, mehr als zwei Jahre nach dem Völkermord, und noch immer terrorisierten Hutu-Milizen Kibuye beinahe jede Nacht.

Auf der einen Seite der Straße bildete der Berg eine Wand, und auf der anderen fiel er scheinbar senkrecht in eine Bananenplantage ab. Der Regen schwand zu einem Tröpfchennebel, und ich stand neben dem ausgewählten Fahrzeug und horchte auf das arhythmische Tropfen der Wasserkügelchen auf den Bananenblättern. Von Zeit zu Zeit gluckten unsichtbare Vögel. Die Nacht war eine Art Xylophon, und ich hielt Augen und Ohren offen. »Sie sind eine schöne Zielscheibe«, hatte uns einer der Soldaten gesagt. Aber solange wir unbehelligt blieben, war ich gerne da draußen, auf einer unbefahrbaren Straße in einem häufig unmöglich wirkenden Land, um die feuchte, ungewisse Mitternacht zu hören und zu riechen – und zu fühlen, wie meine Haut sich spannte –, die Nacht, die jedem Ruander vertraut sein muß und die ich nie zuvor so schutzlos erfahren hatte.

Eine Stunde verging. Dann begann tief unten im Tal eine Frau zu schreien. Es klang wild und schrecklich, wie der Kriegsschrei eines Hollywood-Indianers, der sich mit der Hand auf den Mund trommelt. Dann war es still, so lange man braucht, um Lungen mit Luft zu füllen, ehe aufs neue der heulende Alarmruf erklang, höher jetzt und schneller, wilder. Bevor die Frau dieses Mal nach Luft schnappen mußte, fielen andere Stimmen ein. Die Schreie gellten durch die Schwärze da unten. Ich war überzeugt, wir würden angegriffen, und tat nichts, weil ich nicht die geringste Ahnung hatte, was ich tun könnte.

Innerhalb weniger Augenblicke zeigten sich drei oder vier Soldaten auf der Straße; sie stiegen über die Böschung und arbeiteten sich durch die Bananenbäume nach unten. Die anhaltenden Schreie kamen einander immer näher und wurden immer lauter, um dann zu bloßen Rufen zu verklingen, aus denen die Stimme der Frau mit herrlich unerbittlicher Wut hervorstach. Bald wurde es still im Tal, abgesehen vom gewohnten Getröpfel zwischen den Bananenblättern. Eine weitere Stunde verging. Gerade als Autos aus Kibuye kamen, um uns noch vor der Morgendämmerung in unsere Betten zu befördern, kletterten die Soldaten auf die Straße zurück, gefolgt von einem halben Dutzend abgerissener Bauern mit Stöcken und Macheten. In ihrer Mitte ging ein übel zugerichteter, niedergeschlagener Gefangener.

Ein Ruander in meinem Konvoi erkundigte sich und berichtete: »Dieser Kerl wollte die Frau vergewaltigen, die geschrien hat.« Er erklärte, die Schreie, die wir gehört hätten, seien ein übliches Notsignal und enthielten eine Verpflichtung. »Wenn man es hört, muß man auch schreien. Und man kommt gerannt«, sagte er. »Da gibt es keine Wahl. Man muß. Wer sich nicht um die Schreie kümmert, der muß sich auf Fragen gefaßt machen. So leben Ruander in den Bergen.« Er streckte seine Handflächen aus, legte sie auf die eine und andere Art aneinander und wendete sie, um eine Art Flickenteppich anzudeuten: So ist das Land aufgeteilt, Stück für Stück, jedes Gehöft auf seinem Flecken klar von den anderen geschieden. »Die Menschen leben hier getrennt zusammen«, sagte er. »Deshalb gibt es Verantwortung. Ich schreie, du schreist. Du schreist, ich schreie. Wir kommen alle gerannt, und wer still bleibt, wer zu Hause bleibt, der ist eine Erklärung schuldig. Steckt er mit den Verbrechern unter einer

Decke? Ist er ein Feigling? Und was würde er denn erwarten, wenn er schreit? Das System ist einfach. Es ist normal. Es ist Gemeinschaft.«

Mir erschien das als eine beneidenswerte Regelung. Wenn Sie dort, wo Sie leben, schreien, erwarten Sie dann, gehört zu werden? Wenn Sie einen Alarmruf hören, rufen Sie dann mit und kommen angerannt? Werden bei Ihnen Vergewaltigungen häufig auf diese Weise verhindert und Vergewaltiger gefangen? Ich war sehr beeindruckt. Was aber passiert, wenn dieses System gegenseitiger Verpflichtung auf den Kopf gestellt wird, so daß Mord und Vergewaltigung zur Regel werden? Was passiert, wenn Unschuld zum Verbrechen wird und der Mensch, der seine Nachbarn schützt, als »Komplize« gilt? Wird es dann normal, Tränengas einzusetzen, damit Menschen in dunklen Verstecken zu weinen beginnen, so daß man sie finden und umbringen kann? Später, als ich nach Mugonero kam und Samuel mir vom Tränengas berichtete, erinnerte ich mich an den Schrei der Frau im Tal.

Mitte Juli 1994, drei Monate nach dem Massaker im Adventisten-Komplex von Mugonero, floh Kirchenpräsident Pastor Elizaphan Ntakirutimana mit seiner Frau nach Zaire, dann nach Sambia und schließlich nach Laredo in Texas. Nach dem Völkermord war es für Ruander nicht leicht, amerikanische Visa zu bekommen, aber die Ntakirutimanas hatten in Laredo einen Sohn namens Eliel, einen Herz-Anästhesisten, der seit mehr als einem Jahrzehnt US-Bürger war. Deshalb erhielten der Pastor und seine Frau Greencards – den Status »eines Ausländers mit dauerhafter Aufenthaltsberechtigung« – und ließen sich in Laredo nieder. Kurz nach ihrer Ankunft schickte eine Gruppe Tutsi, die im Mittelwesten lebten, einen Brief an das Weiße Haus und forderte, Pastor Ntakirutimana solle wegen seines Verhaltens beim Massaker von Mugonero vor Gericht gestellt werden. »Nach einigen Monaten«, erzählte mir einer der Unterzeichner des Briefes, »kam eine Antwort von Thomas E. Donilon, dem Vizeminister für öffentliche Angelegenheiten; er drückte uns sein Mitgefühl aus und zählte dann nur einfach auf, wieviel Hilfe Amerika an Ruanda gab. Wir sagten, hier sind eine Million tote Menschen, und hier ist ein Mann – wir waren ziemlich aufgebracht.«

Am zweiten Jahrestag des Massakers von Mugonero kam eine kleine Gruppe Tutsi nach Laredo, um vor dem Haus der Ntakirutimanas zu demonstrieren und Transparente zu schwenken. Sie hofften auf die Presse, und die Geschichte war ja auch wirklich sensationell: ein Prediger, der beschuldigt wurde, er habe das Gemetzel an Hunderten seiner Gemeindemitglieder geleitet. Über Serben, denen geringere Verbrechen im ehemaligen Jugoslawien vorgeworfen wurden – Männer ohne Hoffnung auf amerikanische Greencards –, erschienen täglich Berichte in der internationalen Presse, aber abgesehen von ein paar gelegentlichen Meldungen waren dem Pastor solche Unannehmlichkeiten erspart geblieben.

Als ich jedoch im September 1996 nach New York zurückkehrte, eine Woche nach meinem Besuch in Mugonero, erfuhr ich, daß das FBI die Verhaftung von Elizaphan Ntakirutimana in Laredo vorbereitete. Das Internationale Tribunal der Vereinten Nationen für Ruanda, mit Sitz in Arusha in Tansania, hatte einen Haftbefehl gegen ihn erlassen und warf ihm drei Fälle von Völkermord und drei Verbrechen gegen die Menschlichkeit vor. Der Haftbefehl, der dieselben Anklagen gegen Dr. Gerard Ntakirutimana, den Bürgermeister Charles Sikubwabo sowie einen lokalen Geschäftsmann erhob, enthielt die gleiche Geschichte, die auch die Überlebenden mir erzählt hatten: Der Pastor habe die Tutsi »angewiesen«, sich in den Adventisten-Komplex zu flüchten; Dr. Gerard habe geholfen, »Nicht-Tutsi« aus den Flüchtlingen auszusondern; Vater und Sohn seien am Morgen des 16. April 1994 in einem Konvoi der Angreifer vor dem Komplex aufgetaucht;

und »während der folgenden Monate« sollen beide Männer »Tutsi-Überlebende und andere verfolgt und angegriffen und sie getötet oder ihnen schweren körperlichen oder geistigen Schaden zugefügt haben«.

Der Haftbefehl war geheim, ebenso die Verhaftungspläne des FBI. Laredo, eine heiße, in eine der südlichsten Windungen des Rio Grande eingekeilte Stadt, blickt nach Mexiko hinüber, und der Pastor war schon einmal geflohen.

Die Adresse, die man mir für Dr. Eliel Ntakirutimana in Laredo gegeben hatte, lautete 313 Potrero Court – ein Ranchhaus aus Ziegeln in einem Vorort am Ende einer farblosen Sackgasse. Als ich läutete, knurrte ein Hund, aber sonst regte sich nichts. Ich fand eine Telefonzelle und rief die örtliche Adventisten-Kirche an, aber ich spreche kein Spanisch, und der Mann am anderen Ende sprach kein Englisch. Ich hatte einen Hinweis bekommen, Pastor Ntakirutimana arbeite in einem Naturkostladen, aber nachdem ich ein paar Läden mit Namen wie Casa Ginseng und Fiesta Natural abgeklappert hatte, die sich anscheinend auf Pflanzenheilmittel für Verstopfung und Impotenz spezialisiert hatten, kehrte ich zum Potrero Court zurück. In Nummer 313 war immer noch niemand. Ein Stück die Straße hinunter traf ich einen Mann, der seine Einfahrt mit einem Gartenschlauch abspritzte. Ich erzählte ihm, ich würde nach einer Familie von Ruandern suchen, und zeigte auf das Haus. Er sagte: »Davon weiß ich nichts. Ich kenne nur die Nachbarn im nächsten Haus.« Ich dankte ihm, und er fragte: »Was sagten Sie, wo diese Leute herkommen?« Ruanda, antwortete ich. Er zögerte einen Moment. »Farbige?« Ich sagte: »Sie sind aus Afrika.« Er zeigte auf 313 und sagte: »Das ist das Haus. Tolle Wagen fahren die. Vor etwa einem Monat sind sie ausgezogen.«

Eliel Ntakirutimanas neue Telefonnummer stand nicht im Telefonbuch, aber spätabends fand ich bei der Vermittlung jemanden, der mir seine Adresse gab, und am Morgen fuhr ich hin. Das Haus stand am Estate Drive, in einem teuer wirkenden neuen privaten Viertel; wie in Ruanda stand jedes Haus auf einem ummauerten Grundstück. Ein elektronisches Tor kontrollierte den Eingang zu der Straße, in der die meisten Parzellen noch unbebaute Prärie waren. Die wenigen Häuser verrieten eine wilde, vage mediterrane Phantasie, und gemeinsam war ihnen nur ihre enorme Größe. Das der Ntakirutimanas lag am Ende der Straße, hinter einem weiteren elektronischen Sicherheitszaun. Ein barfüßiges ruandisches Dienstmädchen führte mich an einer offenen Garage vorbei, in der ein weißes Corvette-Kabriolett stand, zu einem ausgedehnten Küchenbereich. Sie rief Dr. Ntaki an – er hatte seinen Namen aus Rücksicht auf amerikanische Zungen verkürzt –, und ich sagte ihm, ich würde gern seinen Vater sprechen. Er fragte mich, wie ich das Haus gefunden hätte. Ich erzählte es ihm, und er gab mir einen Termin für den Nachmittag in einem Krankenhaus namens Mercy.

Während ich noch telefonierte, kam seine Frau Genny nach Hause, die ihre Kinder zur Schule gebracht hatte. Sie war eine hübsche Frau mit einer unbefangenen Art und bot mir eine Tasse Kaffee an – »aus Ruanda«, sagte sie stolz. Wir saßen auf gewaltigen Ledercouches neben einem riesigen Fernseher in einem Alkoven der Küche, mit Ausblick auf den Patio, einen Barbecue-Pavillon und hinter einem gefliesten Schwimmbecken ein Stück Garten. Die entfernten Stimmen des ruandischen Mädchens und eines mexikanischen Kindermädchens hallten von den marmornen Böden und hohen Decken weiterer Räume wider, und Genny sagte: »Was meinen Schwiegervater angeht, waren wir die letzten, die etwas erfuhren. Er war in Zaire, er war in Sambia, ein Flüchtling und ein alter Mann – über siebzig. Sein einziger Wunsch war der Ruhestand und ein Lebensabend in Ruanda. Dann kommt er hierher, und plötzlich heißt es, er habe Leute umgebracht.

Sie kennen die Ruander. Die können wahnsinnig werden vor Eifersucht. Ruander hassen es, wenn jemand reich oder gesund ist.«

Gennys eigener Vater war ein Hutu, der sich politisch betätigt hatte und 1973 von Gegnern umgebracht worden war. Ihre Mutter war eine Tutsi, die 1994 nur durch Zufall vor dem Tode gerettet worden war und noch immer in Ruanda lebt. »Wir Mischlinge hassen weder Tutsi noch Hutu«, sagte Genny. Das war eine ungenaue Verallgemeinerung – viele Menschen gemischter Herkunft hatten als Hutu getötet oder waren als Tutsi umgebracht worden –, aber Genny hatte im Exil gelebt, und sie erklärte: »Die meisten Ruander hier in Amerika sind wie mein Mann schon so lange hier, daß sie sich nach der Familie richten. Wenn es heißt, dein Bruder hat getötet, dann schlägst du dich auf die Seite deines Bruders.« Sie schien sich über ihren Schwiegervater, den Pastor, nicht so ganz im klaren zu sein. »Das ist ein Mann, der kein Blut sehen kann, nicht einmal, wie ein Huhn geschlachtet wird. Aber möglich ist alles.«

Kurz vor Mittag rief Dr. Ntaki mit einem neuen Vorschlag an: wir würden im Laredo Country Club zusammen essen. Dann erschien der Anwalt der Familie, Lazaro Gorza-Gongora. Er war gewandt, freundlich und sehr direkt. Er erklärte, er sei nicht bereit, den Pastor mit mir reden zu lassen. »Die Beschuldigungen sind unglaublich, monströs und völlig destruktiv«, sagte er mit entwaffnender Ruhe. »Die Leute sagen, was ihnen einfällt, und die letzten Jahre eines alten Mannes sind in Gefahr.«

Dr. Ntaki war ein rundlicher, gesprächiger Mann mit markant hervortretenden Augen. Er trug eine malachitgefaßte Rolex und ein weißes Frackhemd mit einem prächtigen handgestickten Kragen. Zum Country Club fuhr er mit Gorza-Gongora und mir in einem Chevrolet Suburban, der zu einer Art Wohnzimmer umgebaut worden war, komplett mit Fernseher; während der Fahrt sprach er sehr interessiert über den russischen Präsidenten Boris Jelzin, für den eine Operation am offenen Herzen vorbereitet wurde. Dr. Ntaki selbst überwachte den intravenösen Tropf bei Patienten, die am offenen Herzen operiert wurden. Er teilte die Ansicht seiner Frau, daß alle Anklagen gegen seinen Vater das Produkt typischen ruandischen Klassenneides seien – pure Gehässigkeit. »Sie betrachten uns als reich und gebildet«, sagte er. »Das ertragen sie nicht.« Er erzählte mir, seine Familie besitze in Kibuye ein Anwesen von zweihundert Hektar – ein königlicher Besitz für ruandische Verhältnissse – mit Kaffee- und Bananenplantagen, viel Vieh »und all diesen guten ruandischen Dingen«. Dann fügte er hinzu: »Da ist also ein Vater mit drei Söhnen, die Ärzte sind, und zwei anderen Kindern, die in der internationalen Finanzwelt arbeiten. Und das in einem Land wie Ruanda, in dem 1960 noch kein einziger Mensch einen Bachelor-Abschluß gehabt hatte. Natürlich hegen alle Ressentiments und Haßgefühle gegen ihn.«

Wir aßen mit Blick auf den Golfplatz. Dr. Ntaki sprach weiter über ruandische Politik. Das Wort »Völkermord« verwendete er nicht; er redete von »Chaos, Chaos, Chaos«, in dem jeder nur seine eigene Haut retten wolle. Angefangen hätten die Tutsi, meinte er, als sie den Präsidenten umbrachten. Ich erinnerte ihn daran, daß es keinen einzigen Beweis gab, der die Tutsi mit dem Attentat in Verbindung brachte; daß der Völkermord in Wirklichkeit sorgfältig von den Hutu-Extremisten geplant worden sei, die ihn innerhalb einer Stunde nach dem Tod des Präsidenten in Gang setzten. Dr. Ntaki hörte gar nicht hin. »Wenn Präsident Kennedy in diesem Lande von einem Schwarzen ermordet worden wäre«, sagte er, »hätte die amerikanische Bevölkerung bestimmt alle Schwarzen umgebracht.«

Gorza-Gongora sah, daß ich diese absurde Erklärung in mein Notizbuch schrieb, und brach sein Schweigen. »Sie sagen ›Vernichtung‹, Sie sagen ›systematisch‹, Sie sagen ›Völkermord‹«, wandte er sich an mich. »Das ist doch bloß eine Theorie, und ich glaube, Sie sind den ganzen Weg nach Laredo gekommen, um meinen Klienten als einen schlauen Beweis für diese Theorie zu benutzen.«

Nein, sagte ich, ich sei gekommen, weil ein Mann Gottes beschuldigt werde, den Mord an seiner halben Gemeinde angeordnet zu haben, an Mitgliedern seiner eigenen Religionsgemeinschaft, nur weil sie als Menschen geboren waren, die man Tutsi nannte.

»Wo sind die Beweise?« fragte Gorza-Gongora. »Augenzeugen?« Er lachte leise in sich hinein. »Jeder kann behaupten, er habe irgend etwas gesehen.«

Dr. Ntaki ging noch weiter und wollte eine Verschwörung entdeckt haben: »Die Zeugen sind alle von der Regierung bezahlt. Wenn sie nicht sagen, was die neue Regierung will, dann werden sie umgebracht.«

Dennoch, so Dr. Ntaki, mache sich sein Vater Sorgen um seinen guten Ruf und wolle gegen den Rat seines Anwalts mit mir reden.

»Der Pastor glaubt, Schweigen wirke wie ein Schuldeingeständnis«, sagte Gorza-Gongora. »Schweigen ist Friede.«

Als wir den Country Club verließen, fragte ich Dr. Ntaki, ob er jemals Zweifel an der Unschuld seines Vaters gehabt habe. Er sagte: »Natürlich, aber ...« Und nach einer Sekunde: »Haben Sie einen Vater? Ich werde ihn verteidigen, mit allem, was ich habe.«

Pastor Elizaphan Ntakirutimana zeigte sich von unnachgiebiger Gelassenheit. Er saß in einem Ohrensessel im Wohnzimmer des Doktors, umklammerte einen Briefumschlag in seinem Schoß und trug eine graue Mütze über dem grauen Haar, schwarze Hosenträger, schwarze Hosen, schwarze Schuhe mit rechteckigen Kappen und fast quadratische Brillengläser in einem Drahtgestell. Er benutzte Kinyarwanda, die Sprache seines Landes, und sein Sohn übersetzte. »Man sagt, ich hätte Menschen umgebracht. Achttausend Menschen.« Die Zahl war etwa viermal höher als jede Zahl, die ich zuvor gehört hatte. Die Stimme des Pastors verriet wütenden Unglauben. »Das sind alles hundertprozentige Lügen. Ich habe niemanden umgebracht. Ich habe niemals jemandem gesagt, er solle jemanden töten. So etwas könnte ich gar nicht tun.«

Als das »Chaos« in Kigali ausgebrochen sei, so erläuterte der Pastor, habe er nicht geglaubt, daß es auch Mugonero erreichen könne, und als die Tutsi begannen, ins Krankenhaus zu fliehen, habe er sie nach dem Grund dafür fragen müssen. Nach etwa einer Woche habe es dort so viele Flüchtlinge gegeben, daß »die Dinge etwas eigenartig wurden«. Deshalb beriefen der Pastor und sein Sohn Gerard eine Versammlung ein, um der Frage nachzugehen, was zu tun sei. Aber in diesem Moment tauchten zwei Polizisten auf, um das Krankenhaus zu beschützen. »Wir hielten die Versammlung nicht ab, weil sie es schon ohne unsere Bitten getan hatten.«

Dann, am Samstag, dem 16. April, um sieben Uhr morgens, kamen die beiden Polizisten aus dem Krankenhaus zu Pastor Ntakirutimana. »Sie gaben mir Briefe von den Tutsi-Pastoren dort«, sagte er. »Einer war an mich adressiert, ein anderer an den Bürgermeister. Ich habe meinen gelesen. Der Brief, den sie mir gaben, lautete: ›Sie wissen, daß man etwas plant, man will uns töten, können Sie zum Bürgermeister gehen und ihn um Schutz für uns bitten?‹« Ntakirutimana las das, dann ging er zum Bürgermeister, Charles Sikubwabo. »Ich sagte ihm, was in dem Brief der Tutsi-Pastoren stand, und gab ihm seinen Brief. Der Bürgermeister meinte zu mir: ›Pastor, es gibt keine Regierung. Ich habe überhaupt keine Macht. Ich kann nichts tun.‹«

»Ich war überrascht«, fuhr Ntakirutimana fort. »Ich kehrte

nach Mugonero zurück und sagte den Polizisten, sie sollten zu den Pastoren gehen und ihnen ausrichten: ›Es kann nichts getan werden, und der Bürgermeister hat auch gesagt, daß er nichts tun kann.‹« Dann nahm Pastor Ntakirutimana seine Frau und einige andere, die »sich verstecken wollten«, und fuhr aus der Stadt – nach Gishyita, wo Bürgermeister Sikubwabo wohnte und wo viele der verwundeten Flüchtlinge in Mugonero ihre Verletzungen davongetragen hatten. »Gishyita«, erklärte er, »hatte seine Leute bereits umgebracht, deshalb herrschte dort Frieden.«

Pastor Ntakirutimana sagte, bis zum 27. April sei er nicht nach Mugonero zurückgekehrt. »Alle waren bereits begraben«, erzählte er mir. »Ich habe niemals etwas gesehen.« Danach, so der Pastor, »ging ich nirgendwohin. Ich blieb in meinem Büro. Nur einmal ging ich für einen Tag nach Rwamatamu, weil ich hörte, daß auch dort Pastoren gestorben seien, und ich wollte sehen, ob ich vielleicht eines ihrer Kinder retten könnte. Aber da war niemand, den ich retten konnte. Sie waren Tutsi.«

Der Pastor stellte sich als großen Gönner der Tutsi dar. Seinen Worten nach hatte er ihnen Arbeitsplätze und Zuflucht geboten und sie in der Adventisten-Hierarchie gefördert. Er hob sein Kinn: »Solange ich lebe, in meinem ganzen Leben gibt es niemanden, dem ich mehr geholfen habe als den Tutsi.« Es sei ihm unbegreiflich, daß Tutsi so undankbar sein konnten, ihn zu beschuldigen. »Es gibt offenbar keine Gerechtigkeit mehr.«

Der Name Ntakirutimana bedeutet »Nichts ist größer als Gott«, und der Pastor meinte: »Ich glaube, ich bin Gott jetzt näher als je zuvor in meinem Leben … Wenn ich sehe, was in Ruanda passiert ist, bin ich darüber sehr traurig, denn Politik ist schlecht. Viele Menschen sind gestorben.« Er klang nicht traurig; viel eher müde, belästigt, ungehalten. »Haß ist das Ergebnis von Sünde, und wenn Jesus Christus kommt, ist er der einzige, der ihm ein Ende machen kann«, sagte er, und dann fügte er noch einmal hinzu: »Alles war Chaos.«

»Es wird behauptet, Sie hätten es organisiert«, erinnerte ich ihn.

Er entgegnete: »Niemals, niemals, niemals.«

Ich fragte ihn, ob er sich an den genauen Wortlaut des an ihn adressierten Briefes der sieben Tutsi-Pastoren erinnere, die in Mugonero umgekommen waren. Er öffnete den Umschlag in seinem Schoß. »Hier«, sagte er und hielt mir das handgeschriebene Original und eine Übersetzung hin. Seine Schwiegertochter Genny nahm die Dokumente, um mir mit dem Faxgerät Kopien anzufertigen. Dr. Ntaki wünschte etwas zu trinken und holte eine Flasche Scotch. Der Anwalt Gorza-Gongora sagte zu mir: »Ich war immer dagegen, daß er sich mit Ihnen trifft.« Genny brachte mir den Brief. Er trug das Datum vom 15. April 1994.

An unseren geliebten Führer,
Pastor Elizaphan Ntakirutimana.
Wie geht es Ihnen! Wir wünschen Ihnen, daß Sie stark bleiben inmitten all der Probleme, denen wir gegenüberstehen. Wir möchten Ihnen mitteilen, daß wir gehört haben, daß wir morgen mit unseren Familien umgebracht werden. Deshalb bitten wir Sie, für uns einzutreten und mit dem Bürgermeister zu sprechen. Wir glauben, daß mit der Hilfe Gottes, der Ihnen die Führung dieser Herde anvertraut hat, die vor der Vernichtung steht, Ihr Eingreifen von großem Wert sein wird, so wie die Juden durch Esther gerettet wurden.

Mit aller Hochachtung.

Der Brief war unterzeichnet von den Pastoren Ezekiel Semugeshi, Isaka Rucondo, Seth Rwanyabuto, Eliezer Seromba, Seth Sebihe, Jerome Gakwaya und Ezekias Zigirinshuti.

Dr. Ntaki begleitete mich hinaus zu meinem Wagen. In der

Einfahrt blieb er stehen und sagte: »Wenn mein Vater Verbrechen begangen hat, sage ich, daß er angeklagt werden soll, obwohl ich sein Sohn bin. Aber ich glaube nichts davon.«

Vierundzwanzig Stunden nach unserem Treffen fuhr Pastor Elizaphan Ntakirutimana in seinem Auto auf der Interstate 89 nach Süden Richtung Mexiko. Auf die FBI-Agenten, die ihn beschatteten, wirkte sein Fahrstil exzentrisch – er beschleunigte, wurde wieder langsamer, wechselte die Fahrspur und beschleunigte dann plötzlich erneut. Ein paar Kilometer vor der Grenze winkten sie ihn an den Straßenrand und nahmen ihn in Gewahrsam. Die Verhaftung blieb in der amerikanischen Presse nahezu unbeachtet. Ein paar Tage später wurde in der Elfenbeinküste auch der Sohn des Pastors, Dr. Gerard, verhaftet und umgehend vor ein UN-Tribunal gestellt. Der Pastor besaß jedoch eine Greencard der Vereinigten Staaten und die entsprechenden Rechte, und er beauftragte Ramsey Clark, einen ehemaligen Generalstaatsanwalt, der sich auf die Verteidigung politisch anrüchiger Fälle spezialisiert hatte, gegen seine Auslieferung vorzugehen. Clark argumentierte, es verstieße gegen die Verfassung der Vereinigten Staaten, wenn der Pastor – oder sonst jemand – dem Tribunal ausgeliefert würde, und Richter Marcel Notzon, der den Fall im *Federal District Court* verhandelte, stimmte dem zu. Am 17. Dezember 1997, nach vierzehn Monaten in einem Gefängnis von Laredo, wurde Pastor Ntakirutimana ohne jede Auflage freigelassen, und er blieb neun Wochen lang ein freier Mann, bevor ihn FBI-Agenten ein zweites Mal verhafteten, bis zur Entscheidung über die Berufung gegen Richter Notzons Beschluß.

Als ich hörte, daß Pastor Ntakirutimana rechtzeitig vor Weihnachten zu seiner Familie zurückgekehrt war, ging ich noch einmal meine Notizen aus Mugonero durch. Ich hatte vergessen, daß mein Übersetzer Arcene mich nach meinen Begegnungen mit Überlebenden gebeten hatte, mit ihm in die Krankenhauskapelle zu gehen, in der viele Menschen getötet worden waren; er wollte den Toten Ehre erweisen, die in der Nähe in Massengräbern begraben lagen. Wir verharrten schweigend in der leeren Kapelle mit ihren Zementbänken. Auf dem Boden unter dem Altar standen vier Gedenksärge, in weiße Tücher gehüllt, die mit schwarzen Kreuzen bemalt waren. »Die Menschen, die dies getan haben«, sagte Arcene, »haben die Idee von einem Land nicht verstanden. Was ist ein Land? Was ist ein Mensch? Sie haben es nicht verstanden.«

Man hüte sich vor denen, die von der Spiralbewegung der Geschichte reden. Sie bereiten bestimmt einen Bumerang vor. Man habe einen Stahlhelm zur Hand.

Ralph Ellison, *Unsichtbar*

4 **Bekanntlich war Kain**, der ältere Bruder, ein Ackerbauer, und Abel, der jüngere, war Hirte. Sie brachten Gott ihre Opfer dar – Kain von den Früchten des Feldes, Abel von seiner Herde. Abels Opfer wurde von Gott gnädig aufgenommen, Kains nicht. Darum tötete Kain den Abel.

Ruanda wurde zuerst von Pygmäen besiedelt, die in Höhlen lebten; ihre Nachkommen heißen heute die Twa, eine an den sozialen Rand gedrängte und entrechtete Gruppe, die nicht einmal ein Prozent der Bevölkerung ausmacht. Hutu und Tutsi kamen später, aber ihre Herkunft und die Reihenfolge ihrer Einwanderungswellen sind nicht genau bekannt. Zwar heißt es gewöhnlich, die Hutu seien ein Bantu-Volk, das als erstes von Süden und Westen her Ruanda besiedelte, die Tutsi dagegen ein nilotisches Volk, das von Norden und Osten gekommen sei, doch beruhen diese Theorien mehr auf Legenden als auf nachweisbaren Fakten. Im Laufe der Zeit benutzten Hutu und Tutsi die gleiche Sprache, hatten die gleiche Religion, heirateten untereinander, lebten ohne territoriale Abgrenzung auf den gleichen Hügeln zusammen und teilten die gleiche soziale und politische Kultur in kleinen Stämmen. Die Häuptlinge wurden Mwami genannt, und einige von ihnen waren Hutu, einige Tutsi; Hutu und Tutsi kämpften gemeinsam in den Armeen der Mwami; durch Heirat und Klientel konnten Hutu erbliche Tutsi werden, und umgekehrt. Aufgrund dieser weitgehenden Vermischung sind Ethnographen und Historiker in letzter Zeit übereingekommen, Hutu und Tutsi könnten strenggenommen nicht als getrennte ethnische Gruppen bezeichnet werden.

Dennoch: die Namen Hutu und Tutsi blieben haften. Sie hatten eine Bedeutung, und obwohl keine allgemeine Übereinstimmung darüber herrscht, welches Wort diese Bedeutung am besten beschreibt – »Klassen«, »Kasten« und »Ränge« sind besonders beliebt –, ist die eigentliche Quelle der Unterscheidung unbestritten: Hutu waren Bauern, und Tutsi waren Hirten. Darin bestand die ursprüngliche Ungleichheit: Vieh ist ein wertvollerer Besitz als Feldfrüchte, und obwohl auch einige Hutu Kühe besaßen und einige Tutsi den Boden bestellten, wurde so das Wort Tutsi zu einem Synonym für eine politische und ökonomische Elite. Die Herausbildung gesellschaftlicher Schichten soll sich nach 1860 beschleunigt haben, als der Mwami Kigeri Rwabugiri, ein Tutsi, den ruandischen Thron bestieg und eine Reihe von militärischen und politischen Feldzügen begann, mit denen er seine Herrschaft auf ein Gebiet etwa der Größe der gegenwärtigen Republik ausdehnte und konsolidierte.

Es gibt jedoch keine zuverlässigen Aufzeichnungen über den präkolonialen Staat. Die Ruander besaßen keine Schrift; ihre Tradition war mündlich und deshalb formbar; und weil ihre Gesellschaft entschieden hierarchisch aufgebaut ist, werden die Geschichten, die sie über ihre Vergangenheit erzählen, gewöhnlich von denen bestimmt, die die Macht besitzen – entweder im Staat oder in der Opposition zu ihm. Natürlich liegen historischen Diskussionen in Ruanda konkurrierende Vorstellungen über das Verhältnis zwischen Hutu und Tutsi zugrunde, und deshalb ist es bedauerlich, daß die präkolonialen Wurzeln dieser Beziehung weitgehend unbekannt bleiben müssen. So hat der politische Denker Mahmood Mamdani beobachtet: »Vieles von dem, was in akademischen Kreisen als historische Tatsache angesehen wurde, muß als vorläufig – wenn nicht gar eindeutig fiktiv – betrachtet werden; das wird immer klarer, weil die post-genozidale Ernüchterung eine wachsende Anzahl von Historikern dazu zwingt, die politischen Zwecke ernst zu nehmen, für die ihre Aufsätze verwendet wurden. Und sie zwingt ihre Leser, die

Gewißheit in Frage zu stellen, mit der so manche Behauptung vorgetragen wurde.«

Die ruandische Geschichte ist also gefährlich. Wie die Geschichte insgesamt ist sie die Aufzählung einander folgender Machtkämpfe, und in sehr hohem Maße besteht die Macht darin, daß man andere in seine Geschichte ihrer Realität zwingen kann – selbst wenn, wie das so häufig der Fall ist, diese Geschichte mit ihrem Blut geschrieben ist. Dennoch bleiben einige Fakten und einige Interpretationen unbestritten. Zum Beispiel war Rwabugiri Erbe einer Dynastie, die den Anspruch erhob, ihre Linie bis in das späte vierzehnte Jahrhundert zurückverfolgen zu können. Fünfhundert Jahre sind eine sehr lange Spanne für jedes Regime, überall, zu jeder Zeit. Selbst wenn wir die reale Möglichkeit berücksichtigen, daß die Chronisten des königlichen Hauses übertrieben oder die Zeit anders gemessen haben, als wir es tun, und daß Rwabugiris Königtum nur wenige Jahrhunderte alt war – so bleibt dies dennoch ein reifes Alter, und eine solche Beständigkeit bedarf der Organisation.

Als Rwabugiri Mwami wurde, verwaltete der ruandische Staat, der sich allmählich aus der Herrschaft eines Häuptlings über einen einzelnen Hügel erweitert hatte, große Teile des heutigen Süd- und Zentralruanda, und er tat dies mit Hilfe einer rigorosen, vielschichtigen Hierarchie militärischer, politischer und ziviler Häuptlinge und Gouverneure, Unterhäuptlinge und Vizegouverneure, Unterunterhäuptlinge und stellvertretender Vizegouverneure. Priester, Steuereinnehmer, Clanführer und Rekrutenwerber hatten alle ihren Platz in der Ordnung, die jeden Hügel im Königreich dem Mwami verpflichtete. Hofintrigen unter der ausufernden Gefolgschaft des Mwami waren so verwickelt und voller Verrat wie jedes Shakespeare-Drama und wurden zusätzlich kompliziert durch die offizielle Polygamie und den enormen Einfluß der Königinmutter.

Der Mwami selbst wurde als absolute und unfehlbare Gottheit verehrt. Er galt als die persönliche Verkörperung Ruandas, und als Rwabugiri seine Herrschaft ausdehnte, gestaltete er die Welt seiner Untergebenen zunehmend nach seinem eigenen Bilde. Tutsi wurden für die höchsten politischen und militärischen Stellen bevorzugt, und durch ihre öffentliche Identifikation mit dem Staat genossen sie im allgemeinen auch größeren Wohlstand. Das Regime war im wesentlichen feudal: Tutsi waren Aristokraten; Hutu waren Vasallen. Dennoch wurden Status und Identität auch weiterhin von vielen anderen Faktoren bestimmt – Clan, Region, Klientel, militärischen Fähigkeiten, sogar individuellem Fleiß –, und die Grenzen zwischen Hutu und Tutsi blieben durchlässig. In einigen Gegenden des modernen Ruanda, die Mwami Rwabugiri nicht erobern konnte, besaßen diese Kategorien tatsächlich keinerlei Bedeutung. Offenbar definierte sich die Identität von Hutu und Tutsi immer nur über die staatliche Macht; und dabei entwickelten beide Gruppen unvermeidlich ihre eigenen deutlich getrennten Kulturen – ihr eigenes Ensemble an Vorstellungen von sich selbst und den anderen –, je nach ihrer jeweiligen Domäne. Diese Vorstellungen besaßen weitgehend die Form entgegengesetzter Negative: ein Hutu war, was ein Tutsi nicht war, und umgekehrt. Da es aber an jener Art strikter Tabus mangelte, die häufig die Grenzen zwischen ethnischen und Stammesgruppen markieren, mußten Ruander, wenn sie diese Unterschiede hervorheben wollten, winzige und ungenaue Merkmale vergröbern – die Bedeutung der Milch für die Ernährung einer Gruppe etwa, vor allem aber physische Merkmale.

Im Gewirr ruandischer Charakteristika ist die Frage des Erscheinungsbildes besonders heikel, da sie häufig über Leben und Tod entschied. Aber niemand kann die physischen Archetypen in Frage stellen: für Hutu lauten sie stämmig und rundgesichtig, dunkelhäutig, mit flachen Nasen, dicken Lippen und kantigem Kinn; für Tutsi schlank, mit langen Gesichtern, nicht so dunkel, mit schmalen Nasen, dünnen Lippen und spitzem Kinn. Die Natur liefert zahllose Ausnahmen. (»Sie können uns nicht auseinanderhalten«, sagte mir Laurent Nkongoli, der korpulente Vizepräsident der Nationalversammlung. »Wir selbst können uns nicht auseinanderhalten. Ich bin einmal in einem Bus im Norden gefahren, wo sie« – Hutu – »waren, und weil ich Mais aß, den sie essen, sagten sie: ›Er ist einer von uns.‹ Aber ich bin ein Tutsi aus Butare im Süden.«) Dennoch, als die Europäer Ende des neunzehnten Jahrhunderts in Ruanda auftauchten, gewannen sie das Bild einer stattlichen Rasse von Kriegerkönigen, umgeben von Herden langhörnigen Viehs und einer untergeordneten Rasse kleiner, dunkler Bauern, die Hackfrüchte anbauten und Bananen pflückten. Die weißen Männer nahmen an, dies sei die Tradition des Landes, und sie hielten es für eine natürliche Regelung.

In jenen Tagen war in Europa die »Rassentheorie« groß in Mode, und wer sich mit Zentralafrika beschäftigte, kannte als entscheidende Lehre die sogenannte hamitische Hypothese, die 1863 von John Hanning Speke aufgestellt worden war, einem Engländer, der vor allem dafür berühmt wurde, daß er den großen afrikanischen See »entdeckte«, den er Victoria-See nannte und als Quelle des Nil identifizierte. Laut Spekes grundlegender anthropologischer Theorie, die er vollständig aus der Luft griff, war sämtliche Kultur und Zivilisation in Zentralafrika von den größeren Menschen mit schärferen Gesichtszügen eingeführt worden, die er für einen kaukasischen Stamm äthiopischen Ursprungs hielt. Dieser leite sich ab vom biblischen König David und sei folglich eine den eingeborenen Negroiden überlegene Rasse.

Ganze Teile seines *Journal of the Discovery of the Source of the Nile* widmete Speke Beschreibungen der physischen und moralischen Häßlichkeit von Afrikas »primitiven Rassen«, in deren Beschaffenheit er »einen verblüffend aktuellen Beweis für die Heilige Schrift« fand. Für seinen Text griff Speke auf die Geschichte von Noah (1 Moses, 9) zurück: Als Noah gerade sechshundert Jahre alt war und seine Arche sicher an trockenes Land gebracht hatte, pflanzte er einen Weinberg, betrank sich und schlief nackt in seinem Zelt ein. Als er aus seinem Rausch erwachte, erfuhr er, daß sein jüngster Sohn Ham ihn nackt gesehen und seinen Brüdern Sem und Japhet davon berichtet hatte; diese aber, züchtig abgewendet, hatten ihres Vaters Blöße mit einem Gewand bedeckt. Noah verfluchte daraufhin die Nachfahren von Hams Sohn Kanaan: »Er sei seinen Brüdern ein Knecht aller Knechte!« Unter den Verworrenheiten der Genesis ist dies eine der rätselhaftesten Geschichten, die viele verwirrende Interpretationen erfahren hat – vor allem jene, daß Ham der erste schwarze Mensch gewesen sei. Für die Grundbesitzer des amerikanischen Südens rechtfertigte die seltsame Geschichte von Noahs Fluch die Sklaverei, und für Speke und seine kolonialistischen Zeitgenossen brachte sie die Geschichte der afrikanischen Völker auf den Punkt. Bei »der Betrachtung dieser Söhne Noahs« staunte er darüber, daß sie »so, wie sie damals waren, noch heute zu sein scheinen«.

Speke beginnt einen Absatz seines *Journal* unter dem Titel »Fauna« mit den Worten: »Bei der Behandlung dieses Zweiges der Naturgeschichte wenden wir uns zunächst dem Menschen zu – dem echten krausköpfigen, plattnasigen, dicklippigen Neger.« In dieser Subspezies sah sich Speke mit einem Geheimnis konfrontiert, das sogar noch größer war als das des Nils: »Wie der Neger so lange ohne Fortschritt gelebt hat, scheint ein Wunder, da alle Afrika umgebenden Länder im Vergleich so weit fortgeschritten sind; und wenn man vom fortgeschrittenen Zustand der Welt ausgeht, wird man zu der Annahme geleitet, daß der Afrikaner entweder bald selbst aus seiner Finsternis heraustreten oder von einem ihm überlegenen Wesen verdrängt werden muß.« Speke glaubte, eine Kolonialregierung – »wie die unsere in Indien« – könnte »den Neger« vor dem Untergang retten, aber im übrigen gestand er dieser Rasse »nur sehr geringe Chancen« zu: »Wie es sein Vater machte, so macht es auch er. Er läßt seine Frau arbeiten, verkauft seine Kinder, versklavt alle, deren er habhaft werden kann, und solange er nicht um das Eigentum anderer kämpft, gibt er sich mit Trinken, Singen und Tanzen wie ein Affe zufrieden, um die dumpfe Sorge zu vertreiben.«

Das alles war reinster viktorianischer Jargon, auffallend nur durch die Tatsache, daß ein Mann, der sich solche Mühe gemacht hatte, die Welt neu zu sehen, mit solch abgehangenen Beobachtungen zurückgekehrt war. (Und wirklich hat sich seitdem sehr wenig geändert; man braucht die vorstehenden Passagen nur leicht zu redigieren – die kruden Karikaturen zu streichen, die Frage der menschlichen Unterlegenheit und den Hinweis auf den Affen – und erhält jene Art Profil des mißverstandenen Afrika, das bis heute in der amerikanischen und europäischen Presse genauso die Norm geblieben ist wie in den Spendenaufrufen humanitärer Hilfsorganisationen.) Zwischen den jämmerlichen »Negern« fand Speke jedoch eine »überlegene Rasse« von »Männern, die der üblichen Ordnung der Eingeborenen so unähnlich waren wie nur möglich«. Sie besaßen »klare ovale Gesichter, große Augen und hohe Nasen, die das beste Blut Abbessiniens verraten« – das heißt Äthiopiens. Diese »Rasse« umfaßte viele Stämme, darunter auch die Watussi – Tutsi –, die allesamt Vieh hielten und in der Regel über die negroiden Massen herrschten. Am meisten fühlte sich Speke von ihrer »körperlichen Erscheinung« angezogen, die trotz der haarkräuselnden und hautverdunkelnden Auswirkungen der Mischehen »tiefe Spuren asiatischer Züge bewahrt hatte; ein charakteristisches Merkmal ist das ausgeprägte Nasenbein«. Indem er seine Vermutungen in vage wissenschaftliche Begriffe kleidete und sich auf die historische Autorität der Heiligen Schrift berief, verkündete Speke, diese »semi-Sem-hamitische« Herrenrasse bestehe aus verlorengegangenen Christen, und er gab zu bedenken, mit ein wenig britischer Erziehung könne sie fast so »überlegen in allen Dingen« werden wie er als Engländer.

Nur wenige der heute lebenden Ruander haben von John Hanning Speke gehört, aber die meisten kennen die Essenz seiner wilden Phantasien, wonach die Afrikaner, die den Stämmen Europas am ähnlichsten sähen, deshalb auch zur Herrschaft bestimmt seien. Und ob sie das nun akzeptieren oder ablehnen – nur wenige Ruander würden leugnen, daß der hamitische Mythos eine der grundlegenden Ideen ist, mittels derer sie ihren Ort in der Welt begreifen. Im November 1992 hielt der Ideologe der Hutu-Power, Leon Mugesera, eine berühmte Rede, in der er die Hutu aufrief, die Tutsi zurück nach Äthiopien zu schicken, und zwar über den Nyabarongo, einen Nebenfluß des Nils, der durch Ruanda fließt. Er mußte das nicht genauer erläutern. Im April 1994 quoll der Fluß von toten Tutsi über, und Zehntausende Leichen wurden an den Ufern des Victoria-Sees angeschwemmt.

Kaum war das Innere Afrikas durch Forscher wie Speke der europäischen Phantasie »erschlossen«, folgte die Herrschaft auf dem Fuße. In einem wahren Aneignungsrausch begannen die Monarchen Europas ihre Ansprüche auf riesige Gebiete des Kontinents geltend zu machen. 1885 kamen die Vertreter der europäischen Großmächte zu einer Konferenz in Berlin zusammen, um die Grenzen ihrer neuen afrikanischen Besitztümer abzustecken. In der Regel hatten die Linien, die sie auf den Karten zogen und von denen viele noch heute die Grenzen afrikanischer Staaten markieren, nichts mit den politischen oder territorialen Traditionen der von ihnen bezeichneten Gebiete zu tun. Hunderte von Königreichen und Stammesherrschaften, die als eigenständige Nationen funktionierten, mit eigener Sprache, Religion und komplexer politischer wie sozialer Geschichte, wurden entweder zerstückelt oder häufiger noch unter europäischen Flaggen in einen Topf geworfen. Ruanda und seinen südlichen Nachbarn Burundi jedoch ließen die Kartographen in Berlin intakt und bezeichneten die beiden Länder als Provinzen Deutsch-Ostafrikas.*

Zum Zeitpunkt der Berliner Konferenz war kein Weißer jemals in Ruanda gewesen. Speke, dessen Rassentheorien von den Kolonisatoren Ruandas als Evangelium betrachtet wurden, hatte nur von einem Hügel im heutigen Tansania über die Ostgrenze des Landes geblickt, und als der Forscher Henry M. Stanley, fasziniert von Ruandas Ruf »abgeschlossener Wildheit«, diese Grenze zu überschreiten versuchte, wurde er von einem Pfeilhagel zurückgetrieben. Selbst Sklavenhändler machten einen Bogen um dieses Gebiet. 1894 betrat der Deutsche Graf von Götzen als erster Weißer Ruanda und besuchte den königlichen Hof. Im darauffolgenden Jahr stürzte der Tod des Mwami Rwabugiri das Land in politischen Aufruhr, und 1897 richtete Deutschland dort seine ersten

* Weil Ruanda und Burundi als einheitliches Kolonialgebiet Ruanda-Urundi verwaltet wurden, weil ihre Sprachen bemerkenswert ähnlich sind, weil beide in gleichem Verhältnis von Hutu und Tutsi bevölkert sind und weil ihr Schicksal als postkoloniale Staaten von Gewalt zwischen diesen beiden Gruppen geprägt war, gelten sie häufig als die beiden Hälften einer einzigen politischen und historischen Erfahrung oder eines »Problems«. Obwohl die Ereignisse in einem Lande unvermeidlich auch jene im anderen beeinflussen, haben Ruanda und Burundi in Wirklichkeit seit vorkolonialen Zeiten als völlig gesonderte, unabhängige Nationen existiert. Die Unterschiede in ihrer Geschichte sind häufig von größerer Bedeutung als die Ähnlichkeiten, und der Vergleich führt gewöhnlich in die Irre, wenn nicht jedes Land zunächst für sich beurteilt wird.

Verwaltungsstellen ein, hißte die Flagge des Reichs und begründete eine Politik der indirekten Herrschaft. Offiziell bedeutete dies, ein paar deutsche Vertreter über das bestehende System von Hof und Verwaltung zu setzen, aber die Wirklichkeit sah komplizierter aus.

Rwabugiris Tod hatte einen gewaltsamen Nachfolgestreit zwischen den königlichen Clans der Tutsi ausgelöst; die Dynastie befand sich in einem heillosen Zustand, und die geschwächten Führer der stärksten Fraktionen arbeiteten bereitwillig mit den kolonialen Oberherren zusammen, um sich so deren Schutz zu verschaffen. Die sich daraus ergebende politische Struktur wird häufig als »dualer Kolonialismus« beschrieben: Die Tutsi-Eliten nutzten die ihnen von den Deutschen gewährte Protektion und den Freiraum dazu, um ihre internen Fehden auszufechten und ihre Hegemonie über die Hutu zu festigen. Als der Völkerbund Ruanda als Siegesbeute des Ersten Weltkrieges an Belgien übergab, waren die Begriffe Hutu und Tutsi klar als einander bekämpfende »ethnische« Identitäten definiert, und die Belgier machten diese Polarisierung zum Eckstein ihrer Kolonialpolitik.

In seiner klassischen Geschichte Ruandas aus den fünfziger Jahren bemerkte der Missionar Monsignor Louis de Lacger: »Eines der überraschendsten Phänomene der menschlichen Geographie Ruandas ist sicherlich der Kontrast zwischen der Pluralität der Rassen und der Empfindung nationaler Einheit. Die Eingeborenen dieses Landes haben wirklich das Gefühl, einem einzigen Volk anzugehören.« Lacger staunte über die Einheit, die sich durch die Loyalität gegenüber der Monarchie – »Ich würde für meinen Mwami töten«, heißt es in einem Volkslied – und dem Nationalgott Imana herausgebildet hatte. »Die Wildheit dieses Patriotismus steigert sich bis zum Chauvinismus«, schrieb er, und sein Missionarskollege Pater Pages beobachtete, daß Ruander »vor dem Eindringen der Europäer überzeugt waren, ihr Land sei der Mittelpunkt der

Welt und das größte, mächtigste und zivilisierteste Königreich auf Erden«. Die Ruander glaubten, Gott besuche vielleicht tagsüber andere Länder, aber des Nachts kehre er nach Ruanda zurück, um sich auszuruhen. Für sie »war es ganz natürlich, daß die beiden Hörner des zunehmenden Mondes auf Ruanda gerichtet waren, um es zu schützen«. Zweifellos glaubten die Ruander auch, daß Gott Kinyarwanda sprach, denn nur wenige Ruander hätten im isolierten präkolonialen Stadium wissen können, daß es noch andere Sprachen gab. Selbst heute, da Ruandas Regierung und viele seiner Bürger mehrsprachig sind, ist Kinyarwanda die einzige Sprache aller Ruander, und nach Swahili ist es die am weitesten verbreitete afrikanische Sprache. Wie Lacger schrieb: »Es gibt nur wenige Völker in Europa, unter denen man diese drei Faktoren nationalen Zusammenhalts findet: eine Sprache, einen Glauben, ein Recht.«

Vielleicht war es gerade Ruandas auffallende Eigenart, die seine Kolonisatoren veranlaßte, den absurden hamitischen Vorwand zu benutzen, um so die Nation zu spalten. Die Belgier konnten kaum vorgeben, sie würden gebraucht, um Ordnung nach Ruanda zu bringen. Statt dessen suchten sie sich jene Merkmale der bestehenden Zivilisation heraus, die ihren eigenen Vorstellungen von Herrschaft und Unterwerfung entsprachen, und bogen sie für ihre Zwecke zurecht. Kolonisierung ist Gewalt, und es gibt viele Möglichkeiten, diese Gewalt auszuüben. Neben militärischen Führern und Verwaltungschefs und einer wahren Armee von Kirchenvertretern schickten die Belgier Wissenschaftler nach Ruanda. Diese brachten Waagen, Meßlatten und Schieblehren, und damit wogen sie die Ruander, maßen ihre Schädelgröße und stellten vergleichende Analysen über die Form ruandischer Nasen an. Und natürlich fanden die Wissenschaftler heraus, was sie schon immer geglaubt hatten. Die Tutsi wiesen »edlere«, »natürlichere« aristokratische Abmessungen auf als die »groben« und »bestialischen« Hutu. Auf dem »Nasenindex« etwa erwies sich, daß die durchschnittliche Tutsi-Nase etwa zweieinhalb Millimeter länger und fast vier Millimeter schmaler war als die durchschnittliche Hutu-Nase.

Im Laufe der Jahre ließen sich einige hervorragende europäische Beobachter von ihrer Fetischisierung des Tutsi-Raffinements sosehr mitreißen, daß sie versuchten, Speke noch zu übertrumpfen, indem sie behaupteten, die ruandische Herrenrasse müsse aus Melanesien, der untergegangenen Stadt Atlantis oder – einem französischen Diplomaten zufolge – aus dem Weltraum stammen. Die belgischen Kolonialherren allerdings hielten am hamitischen Mythos fest, und indem sie Ruanda mehr oder weniger gemeinsam mit der römisch-katholischen Kirche beherrschten, machten sie sich daran, die ruandische Gesellschaft nach sogenannten ethnischen Grundsätzen radikal umzuformen. Monsignor Léon Classe, der erste Bischof von Ruanda, befürwortete überzeugt die Entrechtung der Hutu und die Förderung der »traditionellen Hegemonie der hochgeborenen Tutsi«. 1930 warnte er, jeder Versuch, die Tutsi-Häuptlinge durch »ungehobelte« Hutu zu ersetzen, »würde den ganzen Staat direkt in die Anarchie und in einen erbitterten anti-europäischen Kommunismus treiben«, und er fügte hinzu: »Wir besitzen keine Häuptlinge, die besser qualifiziert, intelligenter und aktiver wären, die den Fortschritt besser verstünden und vom Volke besser akzeptiert würden als Tutsi.«

Classes Botschaft wurde gehört: Die traditionellen Verwaltungsstrukturen der einzelnen Hügel, die für die Hutu die letzte Hoffnung auf wenigstens lokale Autonomie bedeutet hatten, wurden systematisch aufgelöst, und die Tutsi-Eliten erhielten fast unbegrenzte Befugnisse, die Arbeit der Hutu auszubeuten und ihnen Steuern aufzuerlegen. 1931 setzten die Belgier und die Kirche einen Mwami ab, der ihnen allzu unabhängig erschien, und setzten einen neuen ein, Mutara

Rudahigwa, der wohlweislich aufgrund seiner Willfährigkeit ausgewählt worden war. Mutara konvertierte prompt zum Katholizismus, entsagte seinem göttlichen Status und sorgte damit für einen allgemeinen Ansturm auf die Taufbecken, wodurch Ruanda alsbald zum katholischsten Land Afrikas wurde. Dann, 1933/34, führten die Belgier eine Volkszählung durch, um »ethnische« Ausweise auszugeben, die jeden Ruander entweder als Hutu (85 Prozent), Tutsi (14 Prozent) oder Twa (ein Prozent) kennzeichneten. Die Ausweise machten es Hutu praktisch unmöglich, Tutsi zu werden, und erlaubten den Belgiern, die Verwaltung eines Apartheidsystems zu perfektionieren, das im Mythos von der Überlegenheit der Tutsi verwurzelt war.

Somit fand das Opfer der Tutsi-Hirten Gnade vor den Augen der kolonialen Herren, das Opfer der Hutu-Ackerbauern hingegen nicht. Im Genuß der Macht und voller Angst, sie könnte selbst den Mißbräuchen unterworfen werden, zu denen man sie gegen die Hutu ermunterte, akzeptierte die Oberschicht der Tutsi ihren Vorrang als selbstverständliches Recht. Die katholischen Schulen, die das koloniale Ausbildungssystem dominierten, praktizierten eine offene Diskriminierung zugunsten der Tutsi, und die Tutsi genossen ein Monopol auf politische und Verwaltungsstellen, während die Hutu ihre ohnehin eingeschränkten Aufstiegschancen schrumpfen sahen. Nichts vermochte die Trennung so anschaulich zu beschreiben wie das belgische System der Zwangsarbeit, das ganze Heerscharen von Hutu dazu verpflichtete, als Plantagenarbeiter, beim Straßenbau und der Waldarbeit zu schuften, und ihnen die Tutsi als Aufseher aufzwang. Jahrzehnte später erinnerte sich ein älterer Tutsi im Gespräch mit einem Reporter an die belgische koloniale Ordnung: »Schlagt die Hutu, oder wir werden euch schlagen.« Die Brutalität endete nicht bei Schlägen; erschöpft von ihren kommunalen Arbeitsverpflichtungen, vernachlässigten die Bauern ihre Felder, und die fruchtbaren Hügel Ruandas wurden wiederholt von Hungersnöten heimgesucht. Seit den zwanziger Jahren flohen Hunderttausende von Hutu und verarmte ländliche Tutsi gen Norden nach Uganda und nach Westen in den Kongo, um ihr Glück als landwirtschaftliche Wanderarbeiter zu versuchen.

Wofür die Identität als Hutu oder Tutsi in vorkolonialen Zeiten auch gestanden haben mochte – jetzt war es irrelevant; die Belgier hatten »Ethnizität« zum bestimmenden Merkmal der ruandischen Existenz gemacht. Die meisten Hutu und Tutsi unterhielten weiterhin einigermaßen freundliche Beziehungen; es gab nach wie vor Mischehen, und das Schicksal der *petits Tutsi* in den Bergen blieb dem ihrer Hutu-Nachbarn mehr oder weniger ähnlich. Da aber jedes Schulkind in der Lehre rassischer Überlegenheit und Minderwertigkeit aufwuchs, wurde der Gedanke einer kollektiven nationalen Identität immer stärker ausgehöhlt, und auf beiden Seiten, bei Hutu und Tutsi, bildeten sich einander ausschließende Diskurse heraus, die auf konkurrierenden Behauptungen des Vorrechts und der Kränkung basierten.

Stammesdenken zeugt Stammesdenken. Belgien selbst war eine nach »ethnischen« Grundsätzen geteilte Nation, in der die frankophone wallonische Minderheit jahrhundertelang die flämische Mehrheit beherrscht hatte. Aber nach einer langen »sozialen Revolution« war Belgien in ein Zeitalter größerer Gleichberechtigung der Bevölkerungsgruppen eingetreten. Die flämischen Priester, die nach dem Zweiten Weltkrieg in Ruanda auftauchten, identifizierten sich mit den Hutu und ermutigten sie in ihrem Streben nach politischem Wandel. Gleichzeitig war Belgiens Kolonialverwaltung unter die Treuhänderschaft der Vereinten Nationen gestellt worden, was bedeutete, daß sie dem Druck ausgesetzt war, die ruandische Unabhängigkeit vorzubereiten. Politische Hutu-Aktivisten fingen an, eine Mehrheitsherrschaft und eine eigene

»soziale Revolution« zu fordern. Aber der politische Kampf in Ruanda ging niemals wirklich um ein Streben nach Gleichberechtigung; die Frage lautete lediglich, wer den ethnisch bipolaren Staat regieren würde.

Im März 1957 veröffentlichte eine Gruppe von neun Hutu-Intellektuellen das später so genannte Hutu-Manifest, in dem sie »Demokratie« forderten – allerdings nicht unter Ablehnung des hamitischen Mythos, sondern umgekehrt, indem sie sich auf ihn beriefen. Wenn die Tutsi ausländische Invasoren waren, dann, so lautete ihre Argumentation, war Ruanda rechtens eine Nation der Hutu-Mehrheit. Dies war der Inbegriff demokratischen Denkens in Ruanda: für die Hutu sprach ihre Zahl. Das Manifest lehnte den Verzicht auf Ausweise entschieden ab – aus Angst, »das statistische Gesetz könne gehindert werden, die Realität der Fakten zu begründen«, als würde die Geburt eines Menschen als Hutu oder Tutsi automatisch auch seine Politik festlegen. Auch viele gemäßigtere Ansichten waren zu vernehmen, aber wer hört schon in Zeiten der Revolution auf die Stimme der Mäßigung? Während neue Hutu-Parteien entstanden, die die Massen aufriefen, sich um ihre »Hutu-Identität« zu scharen, setzten die begeisterten Belgier Wahlen an. Aber bevor auch nur ein Ruander eine Wahlurne sah, kamen Hunderte ums Leben.

Am 1. November 1959 wurde in der zentralen ruandischen Provinz Gitarama ein Verwaltungschef namens Dominique Mbonyumutwa von einer Gruppe Männer zusammengeschlagen. Mbonyumutwa war ein politischer Hutu-Aktivist, bei seinen Angreifern handelte es sich um politische Tutsi-Aktivisten, und unmittelbar nach dem Übergriff hieß es, er sei tot. Das stimmte nicht, aber das Gerücht fand allgemein Glauben; selbst heute noch gibt es Hutu, die überzeugt sind, Mbonyumutwa sei in jener Nacht umgebracht worden. In der Rückschau werden Ruander einem sagen, daß ein solcher Vorfall unvermeidlich war. Aber sobald Sie wieder einmal eine Geschichte lesen, wie sie im Oktober 1997 auf der Titelseite der *New York Times* erschien, die von »der jahrhundertealten Feindschaft zwischen den ethnischen Gruppen der Tutsi und Hutu« berichtet, dann erinnern Sie sich daran, daß es vor 1959, als der Fall Mbonyumutwas den Funken auslöste, niemals systematische politische Gewalt zwischen Hutu und Tutsi gegeben hat – nirgends.

Innerhalb von vierundzwanzig Stunden nach dem Vorfall in Gitarama griffen marodierende Hutu-Banden Tutsi-Behörden an und steckten Tutsi-Häuser in Brand. Die »soziale Revolution« hatte begonnen. In weniger als einer Woche breitete sich die Gewalt auf nahezu das ganze Land aus, als sich Hutu – gewöhnlich in Zehnergruppen unter der Führung eines Mannes mit Trillerpfeife – organisierten, um einen Feldzug der Plünderung, Brandstiftung und sporadischen Morde gegen die Tutsi zu führen. Der allgemeine Aufruhr wurde bekannt als »der Wind der Zerstörung«, und einer seiner größten Fürsprecher war ein belgischer Oberst namens Guy Logiest, der drei Tage nach den Prügeln für Mbonyumutwa aus dem Kongo nach Ruanda kam, um die Unruhen zu überwachen. Wenn Ruander sich fragten, welche Haltung Logiest zur Gewalt einnahm, brauchten sie sich nur anzusehen, wie seine belgischen Truppen tatenlos danebenstanden, wenn Hutu Tutsi-Häuser in Brand steckten. Logiest selbst sagte dazu fünfundzwanzig Jahre später: »Die Zeit war entscheidend für Ruanda. Sein Volk benötigte Unterstützung und Schutz.«

Gehörten die Tutsi nicht zum ruandischen Volk? Vier Monate vor Ausbruch der Revolution reiste der Mwami, der fast dreißig Jahre lang regiert hatte und noch immer bei vielen Hutu beliebt war, nach Burundi, um einen belgischen Arzt zur Behandlung einer Geschlechtskrankheit aufzusuchen.

Der Arzt gab ihm eine Spritze, der Mwami brach zusammen und starb, offenbar aufgrund eines allergischen Schocks. Bei den Tutsi in Ruanda setzte sich allerdings der Verdacht fest, er sei vergiftet worden, was die brüchige Beziehung zu ihren früheren belgischen Gönnern noch weiter belastete. Anfang November, als der neue Mwami, ein politisch unerfahrener Fünfundzwanzigjähriger, Oberst Logiest um Erlaubnis bat, eine Armee gegen die Hutu-Revolutionäre einzusetzen, wurde er abgewiesen. Königliche Streitkräfte zogen dennoch ins Feld, aber obwohl im November etwas mehr Hutu als Tutsi getötet wurden, erlahmte die Gegenoffensive schnell. »Wir müssen Partei ergreifen«, erklärte Oberst Logiest, als Anfang 1960 die Tutsi-Häuser noch immer brannten, und auch später sollte er es nie bedauern, daß er »so parteiisch gegen die Tutsi gewesen war«.

Logiest, der die Revolution im Grunde anführte, sah sich selbst als Vorkämpfer der Demokratisierung, dessen Aufgabe es sei, das schreiende Unrecht der Kolonialordnung, der er diente, wiedergutzumachen. »Ich frage mich selbst, was mich mit solcher Entschlossenheit handeln ließ«, erinnerte er sich. »Zweifellos der Wille, dem Volk seine Würde zurückzugeben. Und es war wahrscheinlich ebensosehr der Wunsch, die Arroganz zu demütigen und die Doppelzüngigkeit einer von Grund auf tyrannischen und ungerechten Aristokratie zu entlarven.«

Daß einer Revolution wirkliche Mißstände zugrunde liegen, bietet allerdings keine Gewähr, daß die revolutionäre Ordnung gerecht sein wird. Anfang 1960 verübte Oberst Logiest mit Hilfe eines Erlasses der Exekutive einen Staatsstreich, indem er Tutsi-Häuptlinge durch Hutu-Häuptlinge ersetzte. Mitte desselben Jahres wurden Gemeindewahlen abgehalten, und da Hutu in den Wahllokalen die Aufsicht hatten, errangen die Hutu mindestens neunzig Prozent der höchsten Posten. Inzwischen waren über zwanzigtausend

Tutsi aus ihren Wohnungen vertrieben worden, und diese Zahl schwoll schnell an, als neue Hutu-Führer Gewalttaten gegen Tutsi organisierten oder letztere einfach willkürlich verhaften ließen, um die eigene Autorität zu bekräftigen und sich Tutsi-Besitz anzueignen. Unter dem Strom von Tutsi, die ins Exil zu fliehen begannen, war auch der Mwami.

»Die Revolution ist vorüber«, verkündete Oberst Logiest im Oktober bei der Amtseinführung einer provisorischen Regierung unter Führung von Grégoire Kayibanda, einem der ursprünglichen Autoren des Hutu-Manifests. Kayibanda sprach zu dem Thema: »Die Demokratie hat den Feudalismus besiegt.« Auch Logiest hielt eine Rede, und anscheinend hatte ihn der Sieg großmütig gestimmt, denn er sprach eine prophetische Warnung aus: »Es wird keine Demokratie geben, wenn es ihr nicht auch gelingt, die Rechte der Minderheiten zu achten … Ein Land, in dem die Gerechtigkeit diese grundlegende Eigenschaft verliert, bereitet den Boden für die schlimmsten Unruhen und seinen eigenen Zusammenbruch.« Doch das war nicht der Geist der Revolution, die Logiest angeführt hatte.

Sicherlich hätte Ende der fünfziger Jahre in Ruanda niemand eine Alternative zu einer Politik nach Stammesgesichtspunkten bieten können. Der Kolonialstaat und die Kolonialkirche hatten dafür gesorgt, daß das fast unvorstellbar geworden war, und obwohl die Belgier am Vorabend der Unabhängigkeit die ethnischen Seiten wechselten, war die neue Ordnung, die sie vorbereiteten, lediglich die auf den Kopf gestellte alte Ordnung. Im Januar 1961 beriefen die Belgier ein Treffen der neuen ruandischen Hutu-Führer ein, bei dem die Monarchie offiziell abgeschafft und Ruanda zu einer Republik erklärt wurde. Die Übergangsregierung gründete sich nominell auf ein Arrangement der Machtteilung zwischen Parteien der Hutu und Tutsi, aber ein paar Monate später berichtete eine UN-Kommission, die ruandische Revolution habe in Wirklichkeit »die radikale Diktatur einer Partei« zur Folge gehabt und schlicht »ein tyrannisches Regime durch ein anderes ersetzt«. Der Bericht warnte zudem vor der Möglichkeit, daß man »eines Tages eine gewaltsame Reaktion von seiten der Tutsi erleben« werde. Die Belgier machten sich darüber keine großen Sorgen. Ruanda erhielt 1962 die volle Unabhängigkeit, und Grégoire Kayibanda wurde als Präsident ins Amt eingeführt.

So tarnte sich die Hutu-Diktatur als Demokratie des Volkes, und Ruandas Machtkämpfe wurden zu einer internen Angelegenheit der Hutu-Elite, ähnlich den früheren Fehden unter den royalistischen Tutsi-Clans. Ruandas Revolutionäre waren das geworden, was der Schriftsteller V. S. Naipaul als postkoloniale »Nachäffer« bezeichnet – sie reproduzierten die Mißstände, gegen die sie angetreten waren, und ignorierten zugleich die Tatsache, daß ihre früheren Herren letztlich von denen, die sie in Ketten gelegt hatten, vertrieben worden waren. Präsident Kayibanda hatte ziemlich sicher Louis de Lacgers berühmte Geschichte Ruandas gelesen. Aber statt wie Lacger von einem ruandischen Volk zu reden, das in seinem »Nationalgefühl« vereint sei, sprach Kayibanda von Ruanda als »zwei Nationen in einem Staat«.

Die Genesis erkennt den ersten Mord als Brudermord. Das Motiv ist politisch – die Beseitigung eines wahrgenommenen Rivalen. Wenn Gott Kain fragt, wo sein Bruder Abel sei, antwortet Kain mit seiner berüchtigten Lüge: »Ich weiß nicht; soll ich meines Bruders Hüter sein?« Das Schockierende an der Geschichte liegt nicht im Mord, der mit einem Satz abgetan wird, sondern in Kains Schamlosigkeit und der Milde von Gottes Strafe. Denn für den Mord an seinem Bruder wird Kain dazu verdammt, »unstet und flüchtig zu sein auf Erden«. Als er protestiert: »So wird mir's gehen, daß mich totschlägt, wer mich findet«, sagt Gott: »Nein, sondern wer Kain totschlägt, das soll siebenfältig gerächt werden.« Ganz buchstäblich kommt Kain mit dem Mord davon; er erhält sogar besonderen Schutz, aber wie die Legende vermuten läßt, konnte das Gerechtigkeitsmodell, das nach seinem Verbrechen eingeführt wurde, nicht funktionieren. Die Menschen wurden bald so niederträchtig, daß »die Erde sich mit Gewalt füllte«, und Gott bedauerte seine Schöpfung so sehr, daß er sie mit einer Flut vertilgte. Im folgenden Zeitalter sollte schließlich das Gesetz als Grundsatz sozialer Ordnung auftreten. Aber das war viele Bruderkämpfe später.

5

»Meine ganze Geschichte? Von Anfang an?« fragte Odette Myiramilimo. »Haben Sie wirklich so viel Zeit?«

Ich antwortete, ich hätte Zeit.

»Ich wurde 1956 in Kinunu in Gisenyi geboren. Ich war also drei, als diese Geschichte mit dem Völkermord anfing. Ich kann mich nicht genau daran erinnern, aber ich sah eine Gruppe von Männern mit Macheten den Hügel gegenüber herunterkommen, und ich kann immer noch die brennenden Häuser sehen. Wir rannten mit unseren Kühen in den Busch und blieben zwei Monate dort. Wir hatten also Milch, aber sonst nichts. Unser Haus wurde völlig niedergebrannt.«

Odette saß leicht vornübergebeugt, mit durchgedrücktem Rücken auf einem weißen Plastikgartenstuhl, die Hände gefaltet auf dem leeren weißen Plastiktisch zwischen uns. Ihr Mann spielte Tennis; einige ihrer Kinder planschten im Schwimmbecken herum. Es war Sonntag im Cercle Sportif in Kigali – der Geruch nach gegrillten Hühnchen, die Spritzgeräusche der Schwimmer und das Klock der Tennisbälle, der prunkende Glanz der Bougainvillen über der Gartenmauer. Wir saßen im Schatten eines mächtigen Baumes. Odette trug Jeans, eine weiße Bluse und eine dünne Goldkette mit einem Talisman um den Hals. Sie sprach schnell und direkt, mehrere Stunden lang.

»Ich weiß nicht mehr, wann wir das Haus wieder aufbauten«, sagte sie, »aber '63, als ich in die zweite Klasse ging, erinnere ich mich an meinen Vater, gut angezogen wie für ein Fest, in einem weißen Gewand. Er stand draußen auf der Straße, ich war bei den anderen Kindern, und er sagte: ›Lebt wohl, meine Kinder, ich werde jetzt sterben.‹ Wir schrien: ›Nein, nein!‹ Er sagte: ›Habt ihr nicht den Jeep auf der Straße vorbeifahren sehen? Da saßen alle die Brüder eurer Mutter drin, und ich werde nicht warten, bis sie auch mich jagen. Ich werde hier warten, um mit ihnen zu sterben.‹ Wir weinten und schrien und überzeugten ihn, er solle noch nicht sterben wollen, aber die anderen wurden alle umgebracht.«

So zählen ruandische Tutsi die Jahre ihres Lebens: in scheinbar willkürlichen Sprüngen – '59, '60, '61, '63 und so weiter, bis '94 –, manchmal lassen sie ein paar Jahre aus, in denen es keinen Terror gab, manchmal lassen sie sich etwas mehr Zeit und nennen die Monate und die Tage.

Präsident Kayibanda konnte man bestenfalls als trägen Führer bezeichnen, und sein zurückgezogenes Leben ließ vermuten, daß er das auch wußte. Die Hutu-Massen zum Mord an Tutsi aufzustacheln war wohl das einzige, was ihm einfiel, um den Geist der Revolution am Leben zu erhalten. Der Vorwand dafür fand sich in der Tatsache, daß von Zeit zu Zeit bewaffnete Banden royalistischer Exil-Tutsi Überfälle in Ruanda verübten. Diese Guerillas wurden als erste »Schaben« genannt, und sie selbst benutzten dieses Wort, um ihre Verstohlenheit und ihre Überzeugung auszudrücken, sie seien nicht zu vernichten. Ihre sporadischen Angriffe waren ohne große Wirkung, aber die Hutu-Vergeltung gegen zivile Tutsi folgte unweigerlich schnell und umfassend. Es gab kaum eine Zeit in den frühen Jahren der Republik, in der Tutsi nicht durch Brandstiftung und Mord aus ihren Heimen vertrieben wurden.

Der dramatischste Einfall der »Schaben« erfolgte einige Tage vor Weihnachten 1963. Eine Bande von mehreren hundert Tutsi-Guerillas fiel von einer Basis in Burundi aus in Südruanda ein und drang bis etwa zwanzig Kilometer vor Kigali vor, wo sie von ruandischen Streitkräften unter belgischem Kommando geschlagen wurden. Nicht zufrieden mit diesem Sieg, rief die Regierung den nationalen Notstand für den Kampf gegen »Konterrevolutionäre« aus und ernannte einen Minister, um »Selbstverteidigungs«-Einheiten der Hutu aufzustellen, die mit der »Arbeit« beauftragt wurden, den »Busch zu säubern«. Das hieß: Tutsi umbringen und ihre Häuser zerstören. In *Le Monde* beschrieb ein Schullehrer namens Vuillemin, der in Butare für die UN arbeitete, die Massaker vom Dezember 1963 und Januar 1964 als »wahrhaften Völkermord«, und er beschuldigte die Mitarbeiter europäischer Hilfsorganisationen sowie einheimische Kirchenführer einer Gleichgültigkeit, die auf Komplizenschaft mit dem vom Staat begünstigten Gemetzel hinauslaufe. Zwischen dem 24. und 28. Dezember 1963, so Vuillemin, forderten organisierte Massaker vierzehntausend Opfer unter den Tutsi allein in der südlichen Provinz Gikongoro. Obwohl vor allem männliche Tutsi mit höherer Bildung Ziel der Übergriffe waren, schrieb er, »wurden in den meisten Fällen auch Frauen und Kinder mit Masu-Schlägen oder Speerstichen hingemordet. Die Opfer wurden meist in den Fluß geworfen, nachdem man sie ihrer Kleidung beraubt hatte.« Viele der überlebenden Tutsi folgten den früheren Flüchtlingswellen ins Exil; Mitte 1964 waren eine Viertelmillion Tutsi aus dem Lande geflohen. Der britische Philosoph Sir Bertrand Russell beschrieb die Lage in Ruanda in jenem Jahr als »das schlimmste und systematischste Massaker, das wir seit der Vernichtung der Juden durch die Nazis miterleben mußten«.

Nachdem Odettes Onkel zur Hinrichtung gekarrt worden waren, mietete ihr Vater einen Lastwagen, um die Familie in den Kongo zu bringen. Aber die Familie war groß – Odettes Vater hatte zwei Frauen; sie selbst war das siebzehnte seiner achtzehn Kinder; mit ihren Großeltern, Schwagern und Schwägerinnen, Tanten, Kusinen, Neffen und Nichten zählte die Großfamilie dreiunddreißig Menschen –, und der Lastwagen war zu klein. Eine der Großmütter fand einfach keinen Platz mehr. Also sagte Odettes Vater: »Wir werden hier bleiben und hier sterben«, und so blieben sie.

Odettes Familie bildete mehr oder minder die gesamte verbliebene Tutsi-Bevölkerung von Kinunu. Sie lebten in Armut mit ihren Kühen in den Bergen, und sie fürchteten um ihr Leben. Schutz erhielten sie von einem Mitglied des örtlichen Dorfrats, der zu Odettes Vater kam und sagte: »Wir mögen dich, und wir wollen nicht, daß du stirbst, also machen wir einen Hutu aus dir.« Odette wußte nicht mehr genau, wie das funktioniert hatte. »Meine Eltern haben nie mehr darüber gesprochen«, erzählte sie mir. »Es war wohl ein bißchen entwürdigend. Aber mein Vater nahm den Ausweis, und zwei Jahre lang war er ein Hutu. Dann wurde er vorgeladen, weil er einen falschen Ausweis besaß.«

1966 hatten die »Schaben« im Exil ihre glücklose Armee aufgelöst, weil sie es leid waren mitanzusehen, wie nach jedem ihrer Angriffe Tutsi hingeschlachtet wurden. Kayibanda, der auf seinen Status als Hutu-Mwami vertraute, glaubte, er könne die Tutsi mit Hilfe des alten kolonialen Modells der offiziellen Diskriminierung in Schach halten – indem er dem entmachteten Stamm den Zugang zu Ausbildung, Staatsdienst und Militär verwehrte. Um die proportionale Macht der Mehrheit zu stärken, wurden die Ergebnisse der Volkszählung manipuliert, so daß die Tutsi gerade noch neun Prozent der Bevölkerung stellten und man ihre Möglichkeiten dementsprechend beschnitt. Trotz des Hutu-Monopols auf die Macht blieb der hamitische Mythos die Grundlage der Staatsideologie. Auf diese Weise bewahrte sich Ruandas neue Hutu-Elite ein tiefes, fast mystisches Minderwertigkeitsgefühl, und um dem Quotensystem eine zusätzliche Spitze zu geben, wurde den um die wenigen verfügbaren Stellen konkurrierenden Tutsi eine umgekehrte Meritokratie aufgezwungen: die mit den schwächsten Leistungen erhielten den Vorzug vor denen mit den besten Ergebnissen. »Ich hatte eine Schwester, die in unserer Klasse immer die Beste war, und ich war so etwa die Zehntbeste«, erinnerte sich Odette.

»Doch als sie vorlasen, wer in die höhere Schule aufgenommen wurde, riefen sie meinen Namen auf und den meiner Schwester nicht – weil ich nicht so gut war, eine geringere Bedrohung.«

»Dann kam '73«, sagte Odette. »Ich war fort von zu Hause, in einem Lehrerkolleg in Cyangugu« – im Südwesten –, »und eines Morgens, als wir vor dem Gang zur Messe frühstückten, schlossen sie die Fenster und die Türen. Dann kamen ein paar Jungen aus einer anderen Schule in den Speisesaal und stellten sich um die Tische. Ich zitterte. Ich weiß noch, daß ich ein Stück Brot im Mund hatte und es einfach nicht hinunterbekam. Die Jungen riefen: »Steht auf, Tutsi. Alle Tutsi aufstehen.« Da war ein Junge von meinem Heimathügel. Wir waren zusammen in die Grundschule gegangen, und er sagte: »Du, Odette, setz dich hin, wir wissen, daß du immer eine Hutu gewesen bist.« Dann kam ein anderer Junge, zog mich am Haar und meinte: »Bei solchem Haar wissen wir, daß du eine Tutsi bist.«

Haar war für John Hanning Speke eines der entscheidenden Merkmale gewesen. Als er einen König als Mitglied der hamitischen Herrenrasse identifizierte, erklärte Speke ihn zu einem Abkömmling »aus Abessinien und von König David, dessen Haar so glatt war wie mein eigenes«, und der König sagte geschmeichelt, ja, es gebe da eine Geschichte, seine Vorfahren seien früher einmal »halb weiß und halb schwarz gewesen, das Haar auf der weißen Seite glatt und das auf der schwarzen Seite gekräuselt«. Odette war weder groß noch besonders dünn, und nach dem »Nasenindex« war sie für eine Ruanderin wahrscheinlich Durchschnitt. Aber Spekes Erbe war so dauerhaft, daß hundert Jahre, nachdem er sich bei einem »Jagdunfall« erschossen hatte, ein Schuljunge in Ruanda Odette quälte, weil sie ihr Haar gern gewellt trug. »Und«, fuhr sie fort, »die Direktorin der Schule, eine Belgierin, sagte über mich: ›Ja, die ist eine Tutsi der ersten Kategorie, nehmt sie mit.‹ Also wurden wir rausgeworfen. Niemand wurde umgebracht. Manchen Mädchen spuckten sie ins Gesicht, sie mußten auf ihren Knien rutschen, und manche wurden geschlagen. Dann mußten wir zu Fuß fortgehen.«

In ganz Ruanda wurden Tutsi-Schüler und -Studenten geschlagen und vom Unterricht ausgeschlossen. Viele von ihnen gingen nach Hause, nur um dort ihre Häuser brennen zu sehen. Diesmal waren die Unruhen durch Ereignisse in Burundi ausgelöst worden, wo die politische Landschaft jener in Ruanda wie in einem blutigen Spiegel entsprach: In Burundi war ein Tutsi-Militärregime an der Macht, und dort fürchteten die Hutu um ihr Leben. Im Frühjahr 1972 hatten einige burundische Hutu einen Aufstand versucht, der schnell niedergeschlagen wurde. Im Namen der Wiederherstellung von »Frieden und Ordnung« begann die Armee danach einen landesweiten Vernichtungsfeldzug gegen gebildete Hutu, bei dem auch viele ungebildete Hutu getötet wurden. Der völkermörderische Wahnsinn in Burundi übertraf alles, was ihm in Ruanda vorangegangen war. Mindestens 100 000 burundische Hutu wurden im Frühjahr 1972 ermordet, und mindestens 200 000 flohen – viele von ihnen nach Ruanda.

Der Zustrom burundischer Flüchtlinge erinnerte Präsident Kayibanda daran, daß ethnischer Antagonismus den Bürgergeist zu elektrisieren vermag. Ruanda stagnierte in Armut und Isolation – ein Aufschwung mußte her. Also beauftragte Kayibanda den Oberbefehlshaber seiner Armee, Generalmajor Juvénal Habyarimana, Komitees für öffentliche Sicherheit zu organisieren, und wieder einmal wurde den Tutsi in Erinnerung gerufen, was Mehrheitsherrschaft in Ruanda bedeutete. Die Zahl der Toten war dieses Mal vergleichsweise niedrig – »nur«, wie Ruander derlei Dinge zählen, einige Hundert –, aber mindestens hunderttausend weitere Tutsi flohen aus Ruanda.

Als Odette über 1973 sprach, erwähnte sie Burundi nicht, ebensowenig Kayibandas politisches Schicksal oder den Massenexodus. Diese Umstände kamen in ihrer Erinnerung nicht vor. Sie hielt sich an ihre Geschichte, aber die reichte völlig aus: Eines Morgens, den Mund voller Brot, war ihre Welt wieder einmal zusammengebrochen, weil sie eine Tutsi war. »Wir waren sechs Mädchen, die aus der Schule verjagt wurden«, erzählte sie mir. »Ich nahm meinen Beutel, und wir gingen.« Nach drei Tagen hatten sie achtzig Kilometer zurückgelegt und kamen nach Kibuye. Odette hatte dort Verwandte – »eine Schwester meines Schwagers, die einen Hutu geheiratet hatte« –, und dort wollte sie bleiben.

»Dieser Mann betrieb eine Schleiferei«, sagte sie. »Ich traf ihn vor dem Haus an seinem Schleifstein. Zunächst beachtete er mich gar nicht. Ich dachte, ist er betrunken? Sieht er nicht, wer da ist? Ich sagte: ›Ich bin es, Odette.‹ Er fragte: ›Warum bist du hier? Es ist doch mitten im Schuljahr.‹ Ich antwortete: ›Aber wir sind hinausgeworfen worden.‹ Dann sagte er: ›Ich nehme keine Schaben auf.‹ Genau das hat er gesagt. Meine Schwägerin kam heraus und umarmte mich, doch er« – Odette hob die Hände über den Kopf und ließ sie wie eine Axt vor sich heruntersausen – »riß uns grob auseinander.« Sie schaute auf ihre ausgestreckten Arme und ließ sie sinken. Dann lachte sie und sagte: »1982, als ich Ärztin wurde, hatte ich meine erste Stelle im Krankenhaus von Kibuye, und mein erster Patient war ausgerechnet dieser Schwager. Ich konnte ihn nicht ansehen, ich zitterte und mußte aus dem Zimmer gehen. Mein Mann war der Leiter des Krankenhauses, und ich sagte ihm, ich könne diesen Mann nicht behandeln. Er war sehr krank und ich hatte meinen Eid geschworen, aber ...«

In Ruanda muß die Geschichte eines Mädchens, das als »Schabe« fortgejagt wird und als Medizinerin zurückkommt, zumindest teilweise eine politische Geschichte sein. Und genau so erzählte Odette sie auch. 1973, nachdem ihr Schwager sie abgewiesen hatte, lief sie weiter, heim nach Kinunu. Das Haus ihres Vaters war leer und eines der Nebengebäude abgebrannt. Die Familie versteckte sich im Busch, kampierte zwischen ihren Bananenbäumen, und Odette lebte mehrere Monate bei ihnen. Dann, im Juli, verjagte Generalmajor Habyarimana, der die Pogrome organisiert hatte, Kayibanda, erklärte sich selbst zum Präsidenten der Zweiten Republik und erließ ein Moratorium für Angriffe gegen Tutsi. Die Ruander, sagte er, sollten in Frieden leben und gemeinsam für die Entwicklung des Landes arbeiten. Die Botschaft war eindeutig: Die Gewalt hatte ihren Zweck erfüllt, und Habyarimana selbst stand für den Abschluß der Revolution.

»Wir tanzten buchstäblich auf den Straßen, als Habyarimana die Macht übernahm«, erzählte mir Odette. »Endlich ein Präsident, der sagte, Tutsi sollten nicht umgebracht werden. Und nach '75 lebten wir wenigstens in Sicherheit. Aber die Ausgrenzung gab es immer noch.« Tatsächlich war in Ruanda unter Habyarimana die Kontrolle schärfer als je zuvor. »Entwicklung« war sein politisches Lieblingswort und zufällig auch ein Lieblingswort der europäischen und amerikanischen Hilfsorganisationen, denen er mit großem Geschick das Geld aus der Tasche zog. Laut Gesetz wurde jeder Bürger Mitglied auf Lebenszeit in der Partei des Präsidenten, der Nationalen Revolutionären Bewegung für Entwicklung (MRND), dem allgegenwärtigen Instrument seines Willens. Die Menschen wurden buchstäblich an ihren Platz gezwungen, denn es war verboten, den Wohnort ohne Erlaubnis der Regierung zu wechseln, und für Tutsi blieb natürlich die alte Neun-Prozent-Quote in Kraft. Angehörige der Streitkräfte durften keine Tutsi heiraten, und natürlich durften sie auch selbst keine Tutsi sein. Zwei Tutsi erhielten schließlich Sitze in Habyarimanas Jasager-Parlament, und ein Alibi-Tutsi wurde sogar Minister. Die Tutsi mochten glauben, sie hätten Besseres verdient, aber sie beklagten sich kaum; Habyarimana und seine MRND versprachen ihnen, sie dürften unbehelligt leben, und das war mehr, als sie in der Vergangenheit hatten erwarten können.

Die belgische Direktorin der Schule in Cyangugu wollte Odette nicht wieder aufnehmen, doch diese fand einen Platz in einer Schule, die auf Naturwissenschaften spezialisiert war, und begann sich auf ein Medizinstudium vorzubereiten. Abermals war die Direktorin eine Belgierin, diese jedoch nahm Odette unter ihre Fittiche, ließ ihren Namen nicht in den Aufnahmebüchern erscheinen und versteckte sie, wenn Regierungsinspektoren kamen, um nach Tutsi zu fahnden. »Es war ein großer Schwindel«, sagte Odette, »und die anderen Mädchen waren deshalb sauer. Eines Nachts kamen sie in meinen Schlafsaal und verprügelten mich mit Stöcken.« Odette ließ sich nicht weiter darüber aus. »Das waren die guten Jahre«, meinte sie. »Die Direktorin kümmerte sich um mich, ich war eine gute Schülerin geworden – die beste meiner Klasse –, und dann wurde ich mit noch etwas mehr Schwindelei an der nationalen medizinischen Fakultät in Butare zugelassen.«

Über ihr Leben als Medizinstudentin berichtete Odette nur soviel: »In Butare kam einmal ein Professor für innere Medizin zu mir und sagte: ›Was für ein hübsches Mädchen.‹ Dann fing er an, mir den Po zu tätscheln, und wollte sich mit mir verabreden, obwohl er verheiratet war.«

Diese Erinnerung kam einfach hoch, ohne sichtbaren Zusammenhang mit dem Gedanken davor oder dem danach. Dann fuhr Odette fort, übersprang die Jahre bis zu ihrem Abschluß und ihrer Heirat. Und doch stand für einen Moment dieses Bild von ihr als einer jungen Studentin in einem peinlichen Moment sexueller Spannung im Raum. Es schien Odette zu amüsieren, und es erinnerte mich an all das, was sie in ihrer Lebensgeschichte nicht erwähnte. Alles, was nicht um das Thema Hutu und Tutsi kreiste, behielt sie für sich. Später begegnete ich Odette öfter auf Partys; sie und ihr Mann waren gesellig und verständlicherweise beliebt. Zusammen leiteten sie eine private Geburts- und Kinderklinik namens *Good Samaritan Clinic*. Sie waren als hervorragende Ärzte und nette Menschen bekannt – warmherzig, lebendig und gut gelaunt. Sie hatten eine charmant liebenswerte Leichtigkeit im Umgang miteinander, und man merkte sofort, daß sie mitten in einem ausgefüllten und arbeitsreichen Leben standen. Doch als wir uns im Garten des Cercle Sportif begegneten, sprach Odette als Überlebende eines Völkermords mit einem ausländischen Korrespondenten. Ihr Thema war die drohende Vernichtung, und die Atempausen in ihrer Geschichte – die schönen Erinnerungen, lustigen Geschichten, Anflüge von Witz – waren, wenn überhaupt, nur kurze Zwischentakte, wie Satzzeichen.

Das leuchtete mir ein. Wir alle sind davon abhängig, wie wir selbst uns sehen und wie andere uns wahrnehmen, und in der Rückschau gibt es jene abgegrenzten Spuren der Erinnerung: die Augenblicke, in denen unser Leben besonders klar durch die Vorstellung definiert wird, die andere von uns haben, oder die eher privaten Gelegenheiten, wenn uns mehr Freiheit bleibt, uns selbst zu sehen. Meine eigenen Eltern und Großeltern kamen als Flüchtlinge vor den Nazis in die Vereinigten Staaten. Sie kamen mit Geschichten, die der von Odette ähnelten: Wie sie von hier nach dort gejagt wurden, weil sie als ein dies und nicht als ein das geboren waren oder weil sie beschlossen hatten, sich im Dienste einer anderen politischen Idee den Jägern zu widersetzen. Gegen Ende ihres Lebens schrieben sowohl meine Großmutter väterlicherseits als auch mein Großvater mütterlicherseits ihre Erinnerungen nieder, und obgleich sich ihre Geschichten und ihre Gefühle deutlich unterschieden, ließen beide ihren Lebensbericht mittendrin enden, im Augenblick der Ankunft in Amerika. Ich weiß nicht, warum sie an diesem Punkt aufhörten. Vielleicht vermochte nichts von dem, was danach kam, ihnen noch einmal ein so intensives oder schreckliches Bewußtsein und Lebensgefühl zu vermitteln. Als ich aber Odette zuhörte, kam mir der Gedanke: Wenn andere dein Leben so oft zu ihrer Sache gemacht haben – dein Leben buchstäblich zu einer Frage gemacht haben und diese Frage zu ihrer Sache –, dann wirst du vielleicht die Erinnerung an die Zeiten für dich bewahren wollen, in denen du mehr Freiheit hattest, dir ein eigenes Bild von dir zu machen – als die einzige Zeit, die wirklich und unverletzlich dir gehört.

Es war das gleiche mit fast allen Tutsi-Überlebenden, denen ich in Ruanda begegnete. Wenn ich nach Geschichten darüber fragte, wie sie während der langen Zeiträume zwischen den Ausbrüchen von Gewalt gelebt hatten – nach Hausgeschichten, Dorfgeschichten, lustigen oder lästigen Geschichten, Geschichten aus der Schule, von der Arbeit, der Kirche, einer Hochzeit, einem Begräbnis, einer Reise, einer Party oder einer Fehde –, die Antwort blieb immer vage: In normalen Zeiten lebten wir normal. Nach einer Weile fragte ich nicht mehr, denn die Frage schien sinnlos, vielleicht sogar grausam. Andererseits bemerkte ich, daß Hutu bereitwillig über ihre Erinnerungen an die anstrengenden täglichen Dramen des Lebens vor dem Genozid berichteten, und diese Geschichten waren, wie es die Tutsi-Überlebenden gesagt hatten: normal – Variationen von Geschichten, die man überall hören könnte, gewürzt mit einer Prise Ruanda.

So hat auch die Erinnerung ihre Ökonomie, wie die Erfahrung selbst. Als Odette die Hand des Professors für innere Medizin auf ihrem Po erwähnte und dabei grinste, sah ich, daß sie diese Ökonomie vergessen hatte und in ihren Erinnerungen umherstreifte, und ich hatte das Gefühl, daß wir beide froh darüber waren. Ein Professor hatte geglaubt, sie sei leicht zu beeindrucken, und sie hatte geglaubt, als verheirateter Mann und ihr Lehrer könnte er sich besser beherrschen. Sie hatten einander falsch eingeschätzt. Aber Menschen haben die seltsamsten Vorstellungen, wenn sie in diesem Leben miteinander umgehen – und in den »guten Jahren«, den »normalen Zeiten«, bedeutet das nicht das Ende der Welt.

Odettes Mann, Jean-Baptiste Gasasira, hatte einen Tutsi-Vater und eine Hutu-Mutter, aber sein Vater war gestorben, als Jean-Baptiste noch sehr jung war, und seine Mutter hatte ihm Hutu-Papiere verschaffen können. »Das hat nicht verhindert, daß er '73 zusammengeschlagen wurde«, sagte Odette, »aber es bedeutete, daß die Kinder Hutu-Papiere besaßen.« Sie hatte zwei Söhne und eine Tochter und hätte vielleicht noch mehr Kinder gehabt, wenn sie und Jean-Baptiste in den achtziger Jahren nicht soviel im Ausland gewesen wären, um sich medizinisch weiterzubilden, »eine tolle Gelegenheit für Tutsi«, die durch ihre Freundschaft mit dem Generalsekretär des Erziehungsministeriums zustande kam.

Als Habyarimana die Macht übernahm, war Ruanda beträchtlich ärmer als jeder seiner Nachbarstaaten, doch Mitte der achtziger Jahre stand es ökonomisch besser da als alle anderen. Odette und Jean-Baptiste, die gut bezahlte Stellen am Zentralkrankenhaus von Kigali angenommen hatten, lebten fast an der Spitze der sozialen Leiter in Ruanda, mit Regierungshäusern, Autos und einem emsigen gesellschaftlichen Umgang unter der Elite von Kigali. »Unsere besten Freunde waren Hutu, Minister und diejenigen aus unserer Generation, die sich einen Platz an der Macht verschafft hatten«, erinnerte sich Odette. »Das war unser Kreis. Aber es war nicht ganz leicht. Auch wenn Jean-Baptiste als Hutu angestellt war, galt er nach Aussehen und Manieren doch als Tutsi, und wir waren als Tutsi bekannt.«

Das Gefühl der Ausgrenzung konnte unmerklich sein, aber allmählich wurde es zunehmend deutlicher. Im November 1989 kam ein Mann in die Entbindungsstation und fragte nach Dr. Odette. »Er war sehr ungeduldig und beharrte darauf, wir müßten miteinander reden. Er sagte: ›Sie werden im Präsidentenpalast erwartet, im Büro des Generalsekretärs für Sicherheit.‹« Odette war entsetzt und glaubte, man wolle sie verhören, weil sie bei gelegentlichen Reisen in Nachbarländer und nach Europa Familienmitglieder und ruandische Freunde im Exil besuchte.

Seit 1959 war die Diaspora der exilierten Tutsi aus Ruanda und ihrer Kinder auf etwa eine Million Menschen angewachsen; es handelte sich um das größte und älteste ungelöste Flüchtlingsproblem Afrikas. Fast die Hälfte dieser Flüchtlinge lebte in Uganda, und Anfang der achtziger Jahre hatte sich dort eine Reihe junger Ruander dem Rebellenführer Yoweri Museveni in seinem Kampf gegen die brutale Diktatur von Präsident Milton Obote angeschlossen. Im Januar 1986, als Museveni den Sieg errungen hatte und als Präsident von Uganda vereidigt worden war, gehörten zu seiner Armee mehrere tausend ruandische Flüchtlinge. Habyarimana fühlte sich bedroht. Seit Jahren hatte er vorgegeben, mit Flüchtlingsgruppen zu verhandeln, die das Recht auf Rückkehr nach Ruanda verlangten, aber unter Berufung auf die chronische Übervölkerung des Landes hatte er sich immer geweigert, die Exilierten heimkehren zu lassen. 95 Prozent des Landes in Ruanda waren bebaut oder Ackerland, und die durchschnittliche Familie bestand aus acht Menschen, die als selbstversorgende Bauern auf weniger als zwanzig Ar lebten. Kurz nach Musevenis Sieg in Uganda hatte Habyarimana einfach erklärt, Ruanda sei voll, und damit basta. Danach wurde jeder Kontakt mit Flüchtlingen für illegal erklärt, und Odette wußte, wie gründlich Habyarimanas Spionagenetz sein konnte. Als sie zum Präsidentenpalast fuhr, wurde ihr klar, daß sie keine Ahnung hatte, was sie sagen sollte, falls ihre Besuche bei Exilierten bekannt geworden waren.

»Dr. Odette«, begann Habyarimanas Sicherheitschef, »es heißt, Sie seien eine gute Ärztin.«

Odette sagte: »Ich weiß nicht.«

»Ja«, fuhr er fort. »Es heißt, Sie seien sehr intelligent. Sie haben an diesen guten Schulen studiert, ohne dazu berechtigt zu sein. Aber was haben Sie neulich auf dem Krankenhauskorridor gesagt, nach dem Tod von Präsident Habyarimanas Bruder?«

Odette wußte nicht, wovon er sprach.

Der Sicherheitschef erklärte ihr: »Sie sagten, die ganze Habyarimana-Familie solle von Dämonen geholt werden.«

Odette, die vor Furcht gezittert hatte, mußte lachen. »Ich bin Ärztin«, sagte sie. »Denken Sie wirklich, ich glaube an Dämonen?«

Der Sicherheitschef lachte ebenfalls. Odette begab sich nach Hause, und am nächsten Morgen ging sie wie gewöhnlich zur Arbeit. »Ich begann meine Runde«, erinnerte sie sich. »Dann trat ein Kollege auf mich zu und sagte: ›Sie fahren immer weg. Wohin gehen Sie denn jetzt, nach Belgien, oder wohin?‹ Und dann wies er mich darauf hin – mein Name war von den Stationstüren entfernt worden, und man hatte allen mitgeteilt, daß ich nicht mehr dort arbeite.«

6 **Nicht nur die Tutsi waren enttäuscht**, als die Zweite Republik sich zu einem ausgewachsenen totalitären Regime verhärtete, in dem Habyarimana sich nach den Präsidentschaftswahlen – ohne jeden Gegenkandidaten – eines lächerlichen Wahlsiegs von 99 Prozent der Stimmen rühmte. Die Entourage des Präsidenten kam vorwiegend aus seiner Heimat im Nordwesten des Landes, und die Hutu aus dem Süden fühlten sich immer stärker benachteiligt. Bei den Bauernmassen blieben die Hutu fast ebenso unterdrückt wie die Tutsi, und auch sie wurden letztlich mißbraucht, als Habyarimana das verabscheute koloniale System der Pflichtarbeit wiederbelebte. Natürlich waren alle dabei, wenn die allgegenwärtigen Einpeitscher der MRND von ihnen verlangten, dem Präsidenten auf politischen Massenversammlungen singend und tanzend ihre Ergebenheit zu beweisen, aber dieser obligatorische Bürgerjubel konnte die zunehmende politische Unzufriedenheit in großen Teilen der ruandischen Gesellschaft nicht verdecken. Das Land insgesamt war in Habyarimanas Amtszeit zwar etwas weniger arm geworden, aber die große Mehrheit der Ruander lebte weiterhin in bitterem Elend, und es blieb nicht unbemerkt, daß der allmächtige Präsident und seine Kumpane sehr reich geworden waren.

Doch im Grunde war es in Ruanda ja nie anders gewesen, und verglichen mit weiten Teilen des übrigen postkolonialen Afrika erschien Ruanda den ausländischen Hilfsorganisationen als Paradies. Fast überall sonst auf dem Kontinent stieß man auf Diktatoren, Schützlinge der Mächte des kalten Krieges, deren Herrschaft von Raub und Mord geprägt war, während von den Rebellen, die sich ihnen entgegenstellten, nur die laute anti-imperialistische Rhetorik zu vernehmen war, die bei weißen Entwicklungshelfern das bittere Gefühl hinterläßt, völlig falsch verstanden zu werden. Ruanda war friedlich – oder schlief zumindest, wie die Vulkane im Nordwesten; es verfügte über gute Straßen, die Kirchen wurden eifrig besucht, die Zahl der Verbrechen war niedrig, und die Standards im öffentlichen Gesundheitswesen und auf dem Bildungssektor verbesserten sich ständig. Wer als Bürokrat Auslandshilfe zu vergeben hatte und seinen beruflichen Erfolg an der Fähigkeit messen lassen mußte, alljährlich positive Statistiken zu den Akten zu legen, ohne sie allzusehr zu schönen, der hatte in Ruanda genau das Richtige gefunden. Belgien schaufelte das Geld nur so in seinen alten Hinterhof; Frankreich, immer um Ausweitung seines neokolonialen afrikanischen Einflußbereichs – *la Francophonie* – bemüht, hatte 1975 begonnen, Habyarimana militärische Unterstützung zu gewähren; die Schweiz schickte mehr Entwicklungshilfe nach Ruanda als in jedes andere Land der Welt; Washington, Bonn, Ottawa, Tokio und der Vatikan betrachteten Kigali sämtlich als hervorragende Adresse für gute Werke. Überall auf den Hügeln wimmelte es von jungen Weißen, die sich, wenn auch unbewußt, zum höheren Ruhme Habyarimanas abmühten.

Dann, 1986, stürzten die Preise der ruandischen Hauptexportartikel Kaffee und Tee auf dem Weltmarkt ins Bodenlose. Leichte Profite waren nur noch zu erzielen, wenn man Projekte der Auslandshilfe molk, und auf diesem Feld herrschte eine erbitterte Konkurrenz unter den Nordwestlern, die an Habyarimanas Rockschößen emporgekommen waren. In Verbrechersyndikaten wie der Mafia heißt es von einem Menschen, der sich auf die Logik und Praxis der Bande eingelassen hat, er gehöre ihr. Diese Denkweise entspricht genau Ruandas traditionellen sozialen, politischen und ökonomischen Strukturen, den festgefügten Beziehungshierarchien zwischen Patron und Klient, die als einziges niemals durch einen Regimewechsel verändert worden sind. Jeder

Hügel hat seinen Häuptling, jeder Häuptling hat seine Unterhäuptlinge und Unterunterbosse; die Hackordnung reicht von der kleinsten sozialen Zelle bis zur höchsten zentralen Autorität. Wenn aber im Grunde der Mwami – oder jetzt der Präsident – Ruanda besaß, wer besaß dann ihn? Durch die Kontrolle der parastaatlichen Wirtschaft, des politischen Apparats der MRND und der Armee hatte ein Klüngel von Nordwestlern Ende der achtziger Jahre den ruandischen Staat in wenig mehr als ein Werkzeug ihres Willens verwandelt – und allmählich ähnelte der Präsident selbst eher einem Geschöpf der regionalen Macht als ihrer Quelle.

Ruandas staatlichem Radio und seinen gewöhnlich lammfrommen Zeitungen hätte man kaum entnehmen können, daß Habyarimana nicht vollständig Herr und Eigentümer seines öffentlichen Bildes war. Und trotzdem kannte jeder den Präsidenten als Mann von unbedeutender Herkunft, vielleicht gar Enkel eines zairischen oder ugandischen Einwanderers, während seine Frau, Agathe Kanzinga, aus großem Hause stammte. Madame Agathe, eine emsige Kirchgängerin, die gerne zu Einkaufsorgien nach Paris flog, war die eigentliche Macht hinter dem Thron; ihre Familie und ihre Freunde hatten Habyarimana seine Aura verliehen, hatten für ihn spioniert, gelegentlich und sehr diskret auch für ihn gemordet, und als Ende der achtziger Jahre allgemein der Gürtel enger geschnallt werden mußte, war es vor allem *le clan de Madame*, dem die ausländische Hilfe zugute kam.

Hier kommt allerdings vielerlei zugleich ins Spiel, das man wissen muß. Erlauben Sie mir daher einen kleinen Exkurs.

Im Herbst 1980 zog sich die Primatenforscherin Dian Fossey, die in den vorangegangenen dreizehn Jahren in den Bergen Nordwest-Ruandas die Gewohnheiten der Berggorillas studiert hatte, an die Cornell University zurück, um dort in Ruhe ein Buch zu beenden. Im Ausgleich dafür hatte sie sich verpflichtet, ein Seminar abzuhalten, und ich gehörte zu ihren Studenten. Eines Tages traf ich sie vor dem Seminar in einer ihrer berühmt düsteren Stimmungen an. Sie hatte gerade entdeckt, daß ihre Putzfrau die Haare aus ihrem – Fosseys – Kamm entfernt hatte. Ich war beeindruckt: Eine Zugehfrau, ganz zu schweigen von einer so eifrigen, erschien meiner jugendlichen Phantasie schlichtweg als exotisch. Dian Fossey jedoch hatte der Frau eine gewaltige Szene gemacht, sie vielleicht sogar entlassen. Mir erzählte sie, um ihr Haar und auch ihre abgeschnittenen Fingernägel kümmere sie sich selbst. Am besten verbrannte man sie, aber man konnte sie auch die Toilette hinunterspülen. Die Putzfrau war also nur ein Sündenbock; wütend war Dian Fossey vor allem auf sich selbst. Ihr Haar herumliegen zu lassen bedeutete Nachlässigkeit; jeder konnte es sich beschaffen und sie so mit einem Fluch belegen. Ich wußte damals nicht, daß Dian Fossey in Ruanda allgemein als »die Zauberin« bekannt war. Auf meine Frage: »Glauben Sie diesen Hokuspokus wirklich?« fauchte sie zurück: »Da, wo ich lebe, wäre ich tot, wenn ich's nicht täte!«

Fünf Jahre danach las ich in der Zeitung, daß Dian Fossey in Ruanda ermordet worden war. Irgend jemand hatte sie mit einer Machete erschlagen. Viel später kam es in Ruanda zu einem Prozeß, einem undurchsichtigen Verfahren: Ein ruandischer Angeklagter wurde in seiner Zelle erhängt aufgefunden, bevor er aussagen konnte, und einer von Fosseys amerikanischen Forschungsassistenten wurde in Abwesenheit angeklagt, für schuldig befunden und zum Tode verurteilt. Der Fall war abgeschlossen, aber es hielt sich der Verdacht, daß er nicht wirklich gelöst war. Viele Ruander sprechen noch immer von einem Vetter oder Schwager von Madame Agathe Habyarimana als dem wahren Auftraggeber des Mordes; sein Motiv soll etwas mit Gold- und Drogenschmuggel – oder vielleicht auch mit Gorilla-Wilderei – im Nationalpark rund um Fosseys Forschungsstation zu tun gehabt haben. Das Ganze war wirklich sehr undurchsichtig.

Als Odette mir von ihrem Gespräch mit Habyarimanas Sicherheitschef über die Dämonen berichtete, fiel mir Dian Fossey ein. Macht ist furchtbar komplex; wenn mächtige Leute an Dämonen glauben, sollte man besser nicht über sie lachen. Ein Pressereferent der Vereinten Nationen in Ruanda gab mir die Fotokopie eines Dokuments, das er nach dem Völkermord in den Trümmern von Habyarimanas Haus gefunden hatte. (Unter den Besitztümern des Präsidenten fanden Trophäenjäger auch eine Filmversion von Hitlers *Mein Kampf*, mit einem hagiographischen Porträt des Führers auf der Hülle.) Das Dokument bestand aus einer Prophezeiung, die 1987 eine katholische Seherin geäußert hatte; sie war als Little Pebbles bekannt, rühmte sich der direkten Kommunikation mit der Jungfrau Maria und sagte baldiges Unheil und das Weltende voraus. Ihr Szenario für die kommenden Jahre umfaßte den Versuch einer kommunistischen Machtübernahme im Vatikan, Bürgerkrieg in jedem Land auf Erden, eine Reihe von Atomexplosionen, darunter auch die eines russischen Reaktors am Nordpol, woraufhin sich ein Eisschild in der Stratosphäre bildete, der die Sonne verdunkelte und einem Viertel der Weltbevölkerung den Tod brachte; danach würden Erdbeben ganze Nationen auslöschen, und viele derer, die bis dahin überlebt hätten, würden durch Hungersnot und Pest dahingerafft. Schließlich, nach einem weltweiten Atomkrieg und dreitägiger Finsternis, so verkündete Little Pebbles, werde »Jesus Christus am Ostersonntag 1992 auf die Erde zurückkehren«.

Ich behaupte nicht, daß Habyarimana diese Vorhersage auch wirklich gelesen hat, sondern nur, daß sie den Weg in seinen Haushalt fand und in vielem den Vorstellungen entsprach, von denen sich seine mächtige Frau faszinieren ließ. Ein Berg namens Kibeho, nahe dem Zentrum Ruandas, erlangte in den achtziger Jahren große Bekanntheit als ein Ort, an dem die Jungfrau Maria immer wieder örtlichen Seherinnen erschien. In Ruanda – dem am stärksten christianisierten Land Afrikas, wo mindestens 65 Prozent der Bevölkerung katholisch und 15 Prozent Protestanten waren – fanden die Seherinnen von Kibeho schnell eine große Anhängerschar. Die katholische Kirche setzte eine offizielle »wissenschaftliche Untersuchungskommission« ein und erklärte das Phänomen für weitgehend authentisch. Kibeho war eine große Sache. Pilger aus aller Welt strömten herbei, und auch Madame Agathe Habyarimana kam des öfteren zu Besuch. Mit Billigung des Bischofs von Kigali, Monsignor Vincent Nsengiyumva (selbst ein eifriges Mitglied des Zentralkomitees der MRND) nahm Madame Agathe häufig mehrere Seherinnen von Kibeho mit auf ihre Auslandsreisen. Diese jungen Frauen hatten viel zu berichten von ihren Gesprächen mit der Jungfrau, aber zu den Marien-Botschaften, die in der Öffentlichkeit den stärksten Eindruck hinterließen, gehörte die wiederholte Behauptung, Ruanda werde binnen kurzem in Blut baden. »Es gab Botschaften, die Ruanda Unheil voraussagten«, erzählte mir Monsignor Augustin Misago, der der Kirchenkommission für Kibeho angehört hatte. »Visionen von der weinenden Jungfrau, Visionen von Menschen, die mit Macheten töteten, von leichenübersäten Hügeln.«

Ruander beschreiben sich selbst häufig als ein besonders mißtrauisches Volk – und das mit gutem Grund. Wo man in Ruanda auch hinkommt, ob in eine Privatwohnung, eine Bar, ein Regierungsbüro oder ein Flüchtlingslager: die Getränke werden verschlossen serviert und erst vor den Augen des Gastes geöffnet. Diese Sitte entspringt der Angst vor Gift. Eine offene Flasche, selbst ein sichtbar lockerer Verschluß sind nicht akzeptabel. Auch Gläser sind verdächtig. Kommt ein Getränk – wie das starke Bananenbier, das die Bauern trinken – aus einem gemeinsamen Gefäß, oder soll ein Getränk geteilt werden, dann muß der Spender wie ein Vorkoster an einem mittelalterlichen Hof den ersten Schluck nehmen, um zu beweisen, daß es nicht vergiftet ist.

Berichte von angeblichen Giftmorden durchziehen die ruandische Geschichte. Marc Vincent, ein Kinderarzt aus Brüssel, der Anfang der fünfziger Jahre bei der Kolonialverwaltung angestellt war, stellte fest, »daß die Einheimischen Vergiftung und Zauberei als die wichtigsten Ursachen aller tödlich verlaufenden Krankheiten betrachteten«. In seiner Monographie *L'enfant au Ruanda-Urundi* erinnert sich Vincent, wie er einen schwerkranken zehnjährigen Knaben zu seinem Vater sagen hörte: »Wenn ich sterbe, mußt du herausfinden, wer mich vergiftet hat.« Und ein Achtjähriger sagte zu Vincent: »Ja, den Tod gibt es, aber alle, die hier sterben, sterben nicht aus gewöhnlichen Gründen, es ist Zauberei; wenn du auf den Boden spuckst, nimmt einer deine Spucke, oder er nimmt den Staub, durch den du gegangen bist. Meine Eltern haben mir gesagt, daß ich aufpassen soll.« Solche Einstellungen, berichtete Vincent, zogen sich durch alle Schichten der Gesellschaft. »Die Eingeborenen sehen überall Giftmörder.«

Auch heute noch werden Todesfälle im *radio trottoir* – dem Bürgersteig-Radio, dem allesverzerrenden Gerücht der Straße – und auch in den formelleren Medien zum Werk unsichtbarer Giftmischer erklärt. In Ermangelung von Belegen, die solche Gerüchte beweisen oder entkräften könnten, wird die ewige Furcht vor Gift gleichsam zur Metapher. Wenn der Tod immer das Werk deiner Feinde ist und die Macht des Staates sich mit dem Okkulten in Einklang wähnt, dann werden Mißtrauen und Doppelzüngigkeit zu Werkzeugen des Überlebens, und die Politik selbst wird zum Gift.

Auf diese Weise wurde Habyarimana von seiner Frau überstrahlt, und zumindest sie hatte Vorahnungen einer völligen

Zerstörung. Die Ruander schienen der Ansicht zu sein, sie müßte es wissen. Im *radio trottoir* trug Madame Agathe den Namen Kanjogera, nach der bösen Königinmutter von Mwami Musinga, der Lady Macbeth der ruandischen Legende. *Le clan de Madame,* Agathes Hofstaat innerhalb des Hofes, war bekannt als *Akazu,* das kleine Haus. Der *Akazu* war der Kern des konzentrischen Netzes aus politischer, ökonomischer und militärischer Stärke und Patronage, das später unter dem Namen Hutu-Power bekannt wurde. Kam der Präsident dem *Akazu* in die Quere, wurde er schnell zurechtgewiesen. Zum Beispiel zog sich Habyarimana einmal einen Protegé von außerhalb des *Akazu* heran, Oberst Stanislas Mayuya; er mochte Mayuya so sehr, daß einer der *Akazu*-Chefs den Oberst erschießen ließ. Der Mörder wurde verhaftet; dann wurden er und der ermittelnde Staatsanwalt gleichfalls umgebracht.

Mayuyas Ermordung fiel in den April 1988. Es folgte ein seltsames Jahr. Der Internationale Währungsfonds und die Weltbank forderten, Ruanda solle ein Programm »struktureller Anpassungsmaßnahmen« durchführen, und der Regierungsetat für 1989 wurde fast halbiert. Gleichzeitig stiegen die Steuern, und die Pflichtarbeit nahm zu. Ausbleibende Regenfälle und eine schlechte Verwaltung der Vorräte führten zu regionalen Hungersnöten. Einzelheiten über Korruptionsskandale sickerten durch, und einige der Habyarimana-Kritiker fielen sogenannten Verkehrsunfällen zum Opfer, bei denen sie überfahren und getötet wurden. Um zu verhindern, daß Ruandas glänzendes Image bei den internationalen Hilfsorganisationen Schaden litt, setzte die Polizei von Kigali Kommandos der Sittenpolizei auf »Prostituierte« an, eine Kategorie, zu der alsbald jede Frau gehörte, die sich bei den höheren Stellen mißliebig gemacht hatte. Das Innenministerium ließ militante Katholiken Läden verwüsten, die Kondome verkauften. Unabhängig gesinnte Journalisten, die über all diese Mißstände berichteten, fanden sich im Gefängnis wieder; dort landeten auch junge Arbeitslose, denen man die Köpfe geschoren hatte und die man auf ein »Umerziehungs«-Programm vorbereitete.

Je mehr Ärger es gab, desto mehr neue Unruhestifter tauchten auf. Hutu-Oppositionelle verschiedener Couleur traten auf und suchten Gehör bei den westlichen Regierungen, deren Zahlungen etwa 60 Prozent des ruandischen Haushalts abdeckten. Der Zeitpunkt war genau richtig. Nach dem Fall der Berliner Mauer im November 1989 – dem gleichen Monat, in dem Odette ihre Arbeit verlor – begannen die Sieger des kalten Krieges in Westeuropa und Nordamerika, von ihren Klientelregimes in Afrika Gesten der Demokratisierung zu verlangen. Es bedurfte einiger Einschüchterung, bis Habyarimana – nach einem Treffen mit seinem wichtigsten ausländischen Gönner, dem französischen Präsidenten François Mitterrand – im Juni 1990 plötzlich verkündete, nun sei die Zeit gekommen, in Ruanda ein politisches Mehrparteiensystem einzuführen.

Habyarimanas Eintreten für Reformen war offensichtlich halbherzig, eine Kapitulation vor dem ausländischen Druck, und statt simpler Erleichterung und Begeisterung rief die Aussicht auf einen offenen Wettbewerb um die Macht in Ruanda allgemeine Besorgnis hervor. Allen war klar, daß die Nordwestler, die von Habyarimanas Macht abhingen und ihrerseits den Präsidenten zunehmend unter Kontrolle hatten, ihre Pfründen nicht bereitwillig opfern würden. Während Habyarimana nach außen hin von einer politischen Öffnung sprach, verstärkte der *Akazu* den Druck auf die Staatsmaschinerie. Und als die Repression mit dem drohenden Wandel zunahm, floh eine Reihe führender Verfechter der Reformen ins Exil.

Schließlich, am frühen Nachmittag des 1. Oktober 1990, fiel eine Rebellenarmee, die sich selbst als Ruandische Patriotische Front bezeichnete, von Uganda aus im nordöstlichen Ruanda ein und erklärte dem Habyarimana-Regime den Krieg; sie legte ein politisches Programm vor, das ein Ende von Tyrannei und Korruption forderte und der Ideologie der Ausgrenzung, welche »Flüchtlinge erzeugt«, den Kampf ansagte.

Jeder Krieg ist unkonventionell auf seine eigene Art. Die Unkonventionalität der Hutu-Power zeigte sich bald. Die Invasion der RPF begann mit fünfzig Mann, die die Grenze überschritten, und obwohl bald Hunderte folgten, war der Schauplatz des Kampfes klar begrenzt: ein Teil des Nationalparks im Nordosten. Wenn man gegen die RPF kämpfen wollte, brauchte man nur an die Front zu gehen. Aber in der Nacht des 4. Oktober – drei Tage nach der Invasion – kam es dann in und um Kigali zu einer wilden Schießerei. Am nächsten Morgen verkündete die Regierung, sie habe einen Rebellenangriff auf die Hauptstadt erfolgreich abgewehrt. Das war eine Lüge. Es hatte überhaupt keine Gefechte gegeben. Die Schießerei war eine Charade gewesen und diente schlicht dem Zweck, die Gefahr für Ruanda zu übertreiben und den Eindruck zu erwecken, Komplizen der Rebellen hätten das Land bis in seinen Kern infiltriert.

Die Invasion der RPF bot der Habyarimana-Oligarchie ihre beste Waffe gegen den Pluralismus: das einigende Gespenst eines gemeinsamen Feindes. Nach der Logik der Staatsideologie – daß nämlich Identität mit Politik und Politik mit Identität gleichzusetzen sei – galten alle Tutsi als »Komplizen« der RPF, und alle Hutu, die sich dieser Sichtweise nicht anschließen wollten, wurden zu verräterischen Tutsi-Freunden erklärt. Habyarimanas Leute wollten keinen Grenzkrieg, aber landesweiter Aufruhr bot ihnen einen willkommenen Vorwand, »innere Feinde« zusammenzutreiben. Die Listen waren schon vorbereitet: gebildete Tutsi, wohlhabende Tutsi und Tutsi, die ins Ausland reisten, sollten mit als erste verhaftet werden; ebenso wurden prominente Hutu aufgegriffen, die aus dem einen oder anderen Grund als nicht regierungskonform galten.

Odettes Mann, Jean-Baptiste, erhielt einen Anruf von einem Beauftragten des Präsidenten, der ihm sagte: »Wir wissen, daß Sie Hutu sind, aber wegen Ihrer Frau stehen Sie diesen Tutsi sehr nahe. Wenn Sie Ihre Familie lieben, sagen Sie diesen Tutsi, sie sollen einen Brief an den Präsidenten schreiben und ihren Verrat mit der RPF bekennen.« Der Mann diktierte einen Musterbrief. Jean-Baptiste antwortete, seine Freunde hätten mit der RPF nichts zu tun, und das entsprach der Wahrheit. Bevor die RPF zuschlug, hatte außerhalb ihrer eigenen Reihen so gut wie niemand von ihrer Existenz gewußt. Habyarimana hatte allerdings wiederholt seine Befürchtung geäußert, die Ruander in der ugandischen Armee hätten sich gegen ihn verschworen, und die Invasion der RPF hatte auch wirklich eine Massendesertion aus den ugandischen Verbänden nach sich gezogen. Für Habyarimana und seine Gefolgschaft war das der Beweis, daß jeder, den sie verdächtigten, kraft ihres Verdachts ein Agent des Feindes war.

Jean-Baptiste teilte seinem Gesprächspartner mit, er besitze keinerlei Kontakte zu Exilierten. Odette wußte nicht, warum man ihn danach in Ruhe gelassen hatte; im Oktober und November 1990 wurden an die zehntausend Menschen verhaftet. Dabei wurden jedoch alle möglichen Fehler gemacht. Als etwa Männer ins Krankenhaus geschickt wurden, um Odette zu verhaften, erwischten sie die Falsche. »Ich hatte meine Stelle zurückbekommen«, berichtete sie, »und ich hatte eine Kollegin, die den gleichen Namen trug. Sie war eine Hutu und leugnete, mit mir identisch zu sein, aber sie war viel größer als ich, und sie sagten: ›Es gibt nur eine Tutsi-Ärztin, die Odette heißt.‹ Also wurde sie eingesperrt und gefoltert, und 1994 wurde sie abermals irrtümlich für eine Tutsi gehalten und ermordet.«

Während der ersten Wochen des Krieges rief die Regierung die Bevölkerung dazu auf, Ruhe zu bewahren. Aber der vorgetäuschte Angriff auf Kigali und die Massenverhaftungen vermittelten eine andere Botschaft. Am 11. Oktober, zehn Tage nach der Invasion der RPF, erklärten örtliche Beamte im Dorf Kibilira in Gisenyi der Hutu-Bevölkerung, ihr kommunaler Arbeitseinsatz in diesem Monat werde darin bestehen, gegen ihre Tutsi-Nachbarn zu kämpfen, mit denen sie seit mindestens fünfzehn Jahren in Frieden zusammengelebt hatten. Die Hutu machten sich singend und trommelnd ans Werk, und das Gemetzel dauerte drei Tage. Etwa dreihundertfünfzig Tutsi wurden getötet und dreitausend ergriffen die Flucht. Unter denjenigen, deren Erinnerung nicht so weit zurückreicht wie die Odettes, gilt das Massaker von Kibilira als der Beginn des Völkermords.

7 **Seit 1987 erschien in Ruanda** eine Zeitung namens *Kanguka*. *Kanguka* bedeutet »Wacht auf«, und das Blatt, herausgegeben von einem Hutu aus dem Süden und unterstützt von einem prominenten Tutsi-Geschäftsmann, stand dem Habyarimana-Regime kritisch gegenüber. Die Zeitung war originell, weil sie das ruandische Leben in den Kategorien ökonomischer und nicht ethnischer Konflikte analysierte. Die mutige Redaktion bekam ständig Ärger, aber bei der schmalen Öffentlichkeit, die das Blatt lesen konnte, hatte es großen Erfolg. Deshalb rief Madame Agathe Habyarimana Anfang 1990 insgeheim mehrere Führer des *Akazu* zusammen, um mit ihnen die Gründung eines Konkurrenzblattes zu besprechen. Vom Zeitungsmachen hatten sie keine Ahnung, aber dafür kannten sie sich mit menschlichen Schwächen aus – besonders mit Eitelkeit und Käuflichkeit; und als Chefredakteur bestellten sie einen kleinen Gauner und grandiosen Selbstdarsteller namens Hassan Ngeze, einen ehemaligen Busschaffner, der sich zum Unternehmer aufgeschwungen hatte und vor einer Tankstelle in Gisenyi Zeitungen und Getränke verkaufte – und von diesem strategischen Punkt aus hatte er sich zu einem humorvollen Straßenkorrespondenten für *Kanguka* entwickelt.

Die Zeitung, die Ngeze herausgab, erhielt den Namen *Kangura* – »Weckt sie auf« – und präsentierte sich selbst als »die Stimme, die das Mehrheitsvolk erwecken und führen will«. Zunächst war sie kaum mehr als ein Abklatsch von *Kanguka*, bewußt im gleichen Format, um die Leser zum Kauf zu bewegen. Zudem beschlagnahmte die Regierung – passend zum Erscheinen der Zeitung – mehrere Ausgaben von *Kanguka*. Der unbotmäßige Ton von *Kangura* klang für den Geschmack des *Akazu* allerdings etwas zu sehr nach dem seines Gegenstücks, und Ngezes Geldgeber ärgerten sich, daß er ganze Seiten der ersten Ausgaben mit Foto-Essays über seine eigenen Vorzüge gefüllt hatte. Im Juli 1990, als Habyarimanas Sicherheitskräfte den Herausgeber von *Kanguka* unter der Anklage des Hochverrats verhafteten, sorgten sie für ein sichtbares Gleichgewicht, indem sie auch gleich Hassan Ngeze mit einsperrten – wegen Störung der öffentlichen Ordnung. Die Taktik erwies sich auf mehreren Ebenen als erfolgreich. Westliche Menschenrechtsgruppen wie *amnesty international* gaben Aufrufe zur Freilassung der beiden Redakteure heraus und verliehen Ngeze die Aura eines Märtyrers des Anti-Establishment, obwohl er in Wirklichkeit ein Propagandist des Regimes war, der seine Gönner enttäuscht hatte. Gleichzeitig lernte Ngeze im Gefängnis seine Lektion: sein Wohlergehen hing davon ab, daß er sich als Laufbursche geschickter anstellte. Er war ein ehrgeiziger Mann und nahm sich die Lehre zu Herzen.

Im Oktober 1990, als Ruandas Gefängnisse voll angeblicher RPF-Komplizen steckten, wurde Ngeze freigelassen, um einen neuen Versuch mit *Kangura* zu wagen. (Der Chefredakteur von *Kanguka* blieb passenderweise hinter Schloß und Riegel.) Vor dem Hintergrund des Krieges fand Ngeze zu einem geschickten Gleichgewicht zwischen seinem Status als ein durch das Gefängnis legitimierter Kritiker des Regimes und seiner geheimen Aufgabe als Marionette des *Akazu*. Während er die Hutu aufrief, sich im Kampf gegen die Tutsi-Gefahr hinter dem Präsidenten zu sammeln, warf er diesem zugleich vor, er führe diesen Kampf nicht mit der gebotenen Wachsamkeit. Die Regierungsfunktionäre waren noch immer durch internationalen Druck daran gehindert, in der Öffentlichkeit explizit ethnische Begriffe zu verwenden – Ngeze dagegen veröffentlichte vorgebliche RPF-Dokumente, die »bewiesen«, daß die Rebellenbewegung nur Bestandteil einer alten Verschwörung der Tutsi-Suprematisten war, mit dem Ziel, die Hutu erneut unter das feudale Joch zu zwingen. Er druckte Listen prominenter Tutsi und Hutu-Sympathisanten ab, die öffentliche Institutionen »unterwandert« hätten, beschuldigte die Regierung des Verrats an der Revolution und forderte eine rigorose Kampagne der nationalen »Selbstverteidigung«, um die »Errungenschaften« von 1959 und 1973 zu wahren. All das tat er mit Regierungskrediten für seine Druckkosten, so daß er den größten Teil der Auflage an Ruandas Bürgermeister zur kostenlosen Verteilung weitergeben konnte.

1990 waren in Ruanda mehrere neue Zeitschriften herausgekommen. Alle außer *Kangura* waren relativ gemäßigt, und alle außer *Kangura* sind heute so gut wie vergessen. Mehr als jeder andere wurde Hassan Ngeze, der Hutu-Suprematist mit der populistischen Note, den die Frau des Präsidenten als Hofnarren von der Straße geholt hatte, zum Autor des Drehbuchs für den kommenden Hutu-Kreuzzug. Es wäre töricht, seine Brillanz als Angstverkäufer zu bestreiten. Als eine andere Zeitung einen Cartoon brachte, der Ngeze auf einer Couch zeigte, wie er von »der demokratischen Presse« psychoanalysiert wurde

Ngeze: Ich bin krank, Herr Doktor!
Doktor: Was tut denn weh?
Ngeze: Die Tutsi ...Tutsi ...Tutsi!!

druckte Ngeze ihn in *Kangura* ab. Er war eines jener destruktiven Geschöpfe, die alles, was gegen sie ins Feld geführt wird, alsbald in eine eigene Waffe verwandeln. Er war komisch und kühn, und in einer der am stärksten unterdrückten Gesellschaften der Welt lieferte er das befreiende Beispiel eines Mannes, der keine Tabus zu kennen schien. Als Rassentheoretiker stellte Ngeze John Hanning Speke bei weitem in den Schatten und ließ ihn als das erscheinen, was er war: ein Amateur. Ngeze war der echte Archetyp des ruandischen Hutu-*génocidaire*, und seine Nachahmer und Schüler waren bald Legion.

Ngeze war zwar praktizierendes Mitglied der kleinen ruandischen Moslem-Gemeinde – der einzigen religiösen Gemeinschaft, wie ein christlicher Führer meinte, die sich »anscheinend recht anständig verhielt, als Gruppe nicht aktiv am Völkermord teilnahm und sogar Tutsi-Moslems zu retten versuchte«; gleichwohl galt sein wahrer Glaube dem »Hututum«. Sein berühmtester Artikel, der im Dezember 1990 veröffentlicht wurde, formulierte das Credo dieses neu entstandenen Glaubens: »Die Zehn Hutu-Gebote«. Mit wenigen Federstrichen ließ Ngeze den hamitischen Mythos wiederaufleben, revidierte ihn und brachte ihn mit der Rhetorik der Hutu-Revolution in Einklang; letztlich verkündete er damit eine Doktrin militanter Hutu-Reinheit. Die ersten drei Gebote behandelten die hartnäckige Überzeugung, die durch den Geschmack weißer Männer und höhergestellter Hutu ständig bekräftigt wurde: daß die Schönheit der Tutsi-Frauen die der Hutu-Frauen übertreffe. Nach Ngezes Protokollen waren alle Tutsi-Frauen Tutsi-Agentinnen; Hutu-Männer, die eine Tutsi-Frau heirateten, sich mit ihr anfreundeten oder sie »als Sekretärin oder Konkubine« einstellten, sollten als Verräter betrachtet werden; die Hutu-Frauen ihrerseits erhielten Anweisung, sich gegen die Tutsi-Präferenzen der Hutu-Männer zu wappnen. Vom Geschlecht ging Ngeze über zum Geschäftsleben und erklärte schlankweg jeden Tutsi für unehrlich – »sein einziges Ziel ist die Vorherrschaft seiner ethnischen Gruppe« – und jeden Hutu, der sich auf finanzielle Geschäfte mit Tutsi einließ, für einen Feind seines Volkes. Das gleiche galt für die Politik: Hutu sollten »alle strategischen Positionen besetzen, in Politik, Verwaltung, Wirtschaft, im Militär und in den Sicherheitskräften«. Im übrigen wurden die Hutu aufgerufen, ihrem »gemeinsamen Tutsi-Feind« gegenüber »Einheit und Solidarität« an den Tag zu legen, »die Hutu-Ideologie« der Revolution von 1959 zu studieren und weiterzugeben sowie jeden Hutu als Verräter zu betrachten, der »seinen Hutu-Bruder verfolgt«, weil er diese Ideologie studiert oder verbreitet.

»Die Zehn Hutu-Gebote« wurden verbreitet und errangen ungeheure Popularität. Präsident Habyarimana begrüßte ihre Veröffentlichung als Beweis für Ruandas »Pressefreiheit«. Gemeindepolitiker im ganzen Land betrachteten sie gleichsam als Gesetz und verlasen sie laut bei öffentlichen Versammlungen. Die Botschaft war durchaus bekannt, aber der Hauch von Heiligem Krieg und ihre unversöhnlichen Warnungen gegenüber wankelmütigen Hutu machten sogar den naivsten Bauern in Ruanda klar, daß hier ein ganz neuer Ton angeschlagen wurde. Das achte und am häufigsten zitierte Gebot lautete: »Hutu dürfen gegenüber Tutsi kein Mitleid mehr zeigen.«

Im Dezember 1990, im selben Monat, in dem Hassan Ngeze »Die Zehn Hutu-Gebote« veröffentlichte, würdigte *Kangura* auch den französischen Präsidenten Mitterrand mit einem ganzseitigen Porträt unter der Überschrift: »Ein Freund in der Not ist ein wahrer Freund.« Der Gruß war angemessen. Hunderte hervorragend ausgerüsteter französischer Fallschirmjäger kämpften an der Seite von Habyarimanas *Forces Armées Rwandaises* (FAR) und hatten die RPF am Vormarsch aus ihrer ersten Bastion im Nordosten gehindert. Ursprünglich hatten auch Belgien und Zaire Truppen zur Unterstützung der FAR geschickt, aber die Zairer tranken, plünderten und vergewaltigten so hemmungslos, daß Ruanda sie bald um ihre Heimkehr bat, und die Belgier zogen sich aus eigenem Entschluß zurück. Die Franzosen blieben, und mit solchem Erfolg, daß Habyarimana die RPF nach dem ersten Monat der Kämpfe für besiegt erklärte. In Wirklichkeit zogen sich die angeschlagenen Rebellenverbände lediglich aus dem offenen Grasland des nordöstlichen Ruanda nach Westen zurück, um auf den schroffen, mit Regenwald bedeckten Hängen des Virunga-Vulkans eine neue Basis zu errichten. Dort – der Kälte und Nässe ausgesetzt und mit schlechter Ausrüstung – erlitt die RPF größere Verluste durch Lungenentzündung als bei Gefechten, während sie einen stetigen Zustrom an neuen Rekruten zu einer entschlossenen und streng disziplinierten Guerilla-Armee ausbildete, die Habyarimana schnell an den Verhandlungstisch gezwungen oder sogar vernichtend geschlagen hätte, wäre da nicht Frankreich gewesen.

1975 war zwischen Frankreich und Ruanda ein Militärabkommen geschlossen worden, das ausdrücklich die Beteiligung französischer Truppen an Kämpfen in Ruanda, an der Kampfausbildung oder an Polizeioperationen ausschloß. Aber Präsident Mitterrand mochte Habyarimana, und Mitterrands Sohn Jean-Christophe, ein Waffenhändler und zeitweiliger Kommissar für afrikanische Angelegenheiten im französischen Außenministerium, mochte ihn ebenfalls. (Als die Militärausgaben Ruandas Budget erschöpften und der Krieg sich hinzog, entwickelte sich in Ruanda ein illegaler Drogenhandel; Armeeoffiziere richteten Marihuana-Plantagen ein, und ein hartnäckiges Gerücht will wissen, Jean-Christophe Mitterrand habe sich an dem Handel bereichert.) Frankreich schickte – auch noch während des Völkermords im gesamten Jahr 1994 – gewaltige Waffenlieferungen nach Ruanda; in den frühen neunziger Jahren dienten französische Offiziere und Mannschaften als ruandische Hilfstruppen; sie leiteten alles – von der Luftraumüberwachung und den Verhören von RPF-Gefangenen bis zum Kampf an der Front.

Als die RPF im Januar 1991 die wichtige Stadt Ruhengeri im Nordwesten einnahm, Habyarimanas Heimatbasis, wurde sie von Regierungstruppen mit Unterstützung französischer Fallschirmjäger binnen vierundzwanzig Stunden wieder vertrieben. Einige Monate später, als der US-Botschafter in Ruanda vorschlug, die Habyarimana-Regierung solle die ethnischen Ausweise abschaffen, erstickte der französische Botschafter diese Initiative im Keim. Paris betrachtete das französischsprachige Afrika als *chez nous*, gleichsam als Erweiterung des Mutterlandes, und die Tatsache, daß die RPF ihren Ursprung im englischsprachigen Uganda hatte, ließ die uralte französische Stammesfurcht vor einer angelsächsischen Bedrohung neu erstehen. Unter diesem imperialen Schutzschirm konnten Habyarimana und seine regierende Clique die RPF über lange Zeiträume ignorieren und sich auf ihren Feldzug gegen den unbewaffneten »inneren Feind« konzentrieren.

Wenige Tage nach der kurzen Besetzung Ruhengeris durch die RPF, im Januar 1991, täuschte Habyarimanas FAR einen Angriff auf eines ihrer eigenen Militärlager im Nordwesten vor. Man beschuldigte die RPF, und zur Vergeltung organisierte ein örtlicher Bürgermeister Massaker an den Bagogwe, einer halbnomadischen Untergruppe der Tutsi, die in extremer Armut lebte; Dutzende wurden umgebracht, und der Bürgermeister ließ die Leichen in seinem eigenen Hinterhof verbrennen. Weitere Massaker folgten; bis Ende März waren im Nordwesten Hunderte Tutsi hingemetzelt worden.

»Wir lebten damals in ständigem Schrecken«, erinnerte sich Odette. »Wir glaubten, auch wir würden den Massakern zum Opfer fallen.« 1989, nach ihrer Entlassung aus dem Krankenhaus, hatte Odette wütend registriert, wie schnell sich vorgebliche Freunde von ihr abwendeten. Ein Jahr später erschienen ihr diese Tage als gute alte Zeit. Wie viele ruandische Tutsi, reagierte Odette auf den Krieg zunächst mit Unwillen gegenüber den Flüchtlingsrebellen, weil sie die im Lande Zurückgebliebenen in Gefahr brachten. »Wir dachten immer, die da draußen hätten sich eingerichtet und seien besser dran als wir«, erzählte sie mir. »Unsere Situation hier empfanden wir inzwischen als normal. Ich habe meinen exilierten Vettern oft gesagt: ›Warum wollt ihr zurückkommen? Bleibt doch, wo ihr seid, dort geht es euch viel besser.‹ Und dann antworteten sie: ›Odette, sogar du redest schon wie Habyarimana.‹ Die RPF mußte uns erst ins Bewußtsein rufen, daß die Menschen im Exil litten, und wir begriffen allmählich, daß wir an diese Exilierten nie gedacht hatten. 99 Prozent der Tutsi hatten keine Ahnung, daß die RPF angreifen würde. Aber wir fingen an, darüber zu diskutieren, und wir erkannten, daß da unsere Brüder kamen und daß die Hutu, mit denen wir zusammenlebten, uns nicht als gleichberechtigt anerkannten. Sie lehnten uns ab.«

Als Odette und ihr Mann Jean-Baptiste die Frauen inhaftierter Tutsi besuchten, erhielt Jean-Baptiste einen Anruf vom Geheimdienstchef, den er für einen guten Freund hielt. Dessen freundschaftlicher Rat lautete: »Wenn du sterben willst, dann geh nur weiter zu diesen Leuten.«

Die Menschen im Gefängnis, wie etwa Bonaventure Nyibizi, der in der Kigali-Mission der US-Behörde für Internationale Entwicklung arbeitete, mußten noch unmittelbarer mit dem Tod rechnen. »Jede Nacht brachten sie Gefangene um, und am 26. Oktober sollte ich an die Reihe kommen«, erzählte er mir. »Aber ich hatte Zigaretten. Der Kerl kam und sagte: ›Jetzt bringe ich dich um‹, und ich gab ihm eine Zigarette, also sagte er: ›Na ja, wir bringen hier Leute für nichts und wieder nichts um, heute nacht lasse ich dich noch mal am Leben.‹ Täglich sind Leute unter der Folter gestorben. Man holte sie, und wenn sie zurückkamen, hatte man sie geschlagen, mit Bajonetten durchbohrt, und sie starben. Einige Nächte lang habe ich mit toten Menschen in einem Raum geschlafen. Ich glaube, ursprünglich wollten sie alle im Gefängnis umbringen, aber das Rote Kreuz begann die Leute zu registrieren, und deshalb wurde es schwieriger für sie. Das Regime wollte international seinen guten Ruf wahren.«

Einer der besten Freunde Bonaventures im Gefängnis war ein Geschäftsmann namens Froduald Karamira. Bonaventure und Karamira kamen beide aus Gitarama im Süden, und beide waren von Geburt Tutsi. Doch schon in seiner Jugend hatte Karamira sich einen Hutu-Ausweis verschafft, und entsprechend war er vorangekommen. 1973, als Bonaventure als Tutsi von der Schule gejagt wurde, blieb Karamira im gleichen Seminar unbehelligt. »Die Habyarimana-Regierung mochte allerdings die Hutu aus Gitarama nicht, und Karamira war reich, also verhafteten sie ihn«, erklärte Bonaventure. »Im Gefängnis war er ein sehr netter Kerl; er versuchte immer, anderen zu helfen, kaufte Zigaretten, einen Platz zum Schlafen, Decken. Als er vor mir entlassen wurde, war meine Frau mit unserem ersten Kind schwanger, und er besuchte sie umgehend. Nach dem März 1991, als die Regierung uns alle freiließ, bin ich ihm öfter begegnet. Er kam häufig in mein Haus oder in mein Büro. Und dann eines Abends« – Bonaventure schnippte mit den Fingern – »wurde er ein völlig anderer. Wir konnten nicht mehr miteinander reden, weil ich Tutsi bin. Das ging mit vielen Leuten so. Sie veränderten sich so schnell, daß man sich fragte: ›Ist das noch der gleiche Mensch?‹«

Im Sommer 1991 war in Ruanda das lang erwartete Mehrparteiensystem eingeführt worden. Ein solcher Sprung aus dem Totalitarismus in einen politisch freien Markt wird selbst dann nicht ruhig ablaufen, wenn er unter wirklich wohlmeinenden Führern erfolgt, und in Ruanda konnte bei der politischen Öffnung von gutem Willen keine Rede sein. Die meisten der etwa zwölf Parteien, die plötzlich um Aufmerksamkeit und Einfluß buhlten, waren einfach Marionetten von Habyarimanas MRND, die vom Präsidenten und dem *Akazu* gegründet wurden, um Verwirrung zu stiften und den Pluralismus lächerlich zu machen. Nur eine der echten Oppositionsparteien wies eine größere Zahl von Tutsi unter ihren Mitgliedern auf; der Rest verteilte sich auf engagierte Reformer und Hutu-Extremisten, die die »demokratische Diskussion« sehr schnell in einen Keil verwandelten, mit dem sie die gespaltene Bevölkerung noch weiter polarisierten, indem sie die ruandische Politik als eine simple Frage der Hutu-Selbstverteidigung darstellten. Es ging um »wir gegen sie« – wir alle gegen sie alle: Wer eine alternative Sichtweise zu vertreten wagte, war einer von »denen« und hatte die Folgen zu tragen. Ausgerechnet Froduald Karamira, der Hutu-Konvertit, verlieh dieser reinlichen Ordnung und der Kakophonie des damit verbundenen ideologischen Diskurses den begeisternden Namen: Hutu-Power.

»Ich weiß nicht, was genau da eigentlich abgelaufen ist«, erzählte mir Bonaventure. »Manche Leute sagen, Habyarimana habe ihm für seinen Sinneswandel zig Millionen gezahlt, und er wurde ja auch Direktor von ElectroGaz« – dem nationalen Energieunternehmen. »Ich weiß nur, daß er sich zu einem der wichtigsten Extremisten entwickelte, und so war er früher nicht. So viel änderte sich so plötzlich, und trotzdem war schwer zu erkennen – schwer zu glauben –, wie sehr sich alles änderte.«

Eines Tages im Januar 1992 kamen Soldaten in Bonaventures Haus in Kigali, während er und seine Frau fort waren. »Sie brachen die Türen auf«, sagte Bonaventure. »Sie nahmen alles mit, fesselten das Personal, und bei meinem neunmonatigen Sohn ließen sie Handgranaten zurück. Drei Stunden lang spielte er im Wohnzimmer mit einer Granate. Dann kam jemand vorbei und merkte es, und mein Sohn hatte Glück und blieb am Leben.«

So ging das Ganze weiter – ein Angriff hier, ein Massaker dort –, während die immer besser organisierten Hutu-Extremisten Waffenlager anlegten, junge Hutu-Milizen anwarben und für die »Zivilverteidigung« ausbildeten. Die ersten dieser Milizen waren die *Interahamwe* – »die zusammen angreifen«; sie hatten ihren Ursprung in Fan-Clubs von Fußballvereinen und wurden von Führern der MRND und des *Akazu* begünstigt. Der wirtschaftliche Zusammenbruch der späten achtziger Jahre hatte Zehntausenden jungen Männern jede Aussicht auf einen Arbeitsplatz genommen; sie schlugen die Zeit tot und entwickelten die entsprechenden Ressentiments – waren folglich reif für die Rekrutierung. Die *Interahamwe* und die verschiedenen anderen Gruppen gleichen Musters, die schließlich in ihnen aufgingen, behandelten den Völkermord wie einen Karnevalsspaß. Jugendführer der Hutu-Power fuhren auf Motorrädern umher, gefielen sich in Pop-Frisuren, dunklen Sonnenbrillen und wild gemusterten Schlafanzügen und Bademänteln, predigten ethnische Solidarität und Zivilverteidigung vor immer größeren Versammlungen, bei denen der Alkohol gewöhnlich in Strömen floß; riesige Banner mit hagiographischen Porträts Habyarimanas flatterten im Wind, und paramilitärische Übungen wurden vorgeführt wie die neuesten Tanzschritte. Der Präsident und seine Frau kamen häufig zu diesen Spektakeln und ließen sich bejubeln, während insgeheim die Mitglieder der *Interahamwe* in kleinen Stadtteilgruppen organisiert wurden; sie erstellten Listen von Tutsi und übten im Busch das Verbrennen von Häusern, den Einsatz von Handgranaten und den Gebrauch von Macheten an Strohpuppen.

Im März 1992 wurde aus dem »Spiel« zum ersten Mal Ernst, als das staatliche Radio Ruanda bekanntgab, man habe einen Tutsi-Plan zu einem Massaker an Hutu »entdeckt«. Das war reine Fehlinformation, aber in vorbeugender »Selbstverteidigung« schlachteten Milizangehörige und Dorfbewohner in der Region Bugesera südlich von Kigali in drei Tagen dreihundert Tutsi ab. Ähnliche Morde ereigneten sich zur gleichen Zeit in Gisenyi; und im August, kurz nachdem Habyarimana – unter dem massiven Druck ausländischer Geldgeber – ein Waffenstillstandsabkommen mit der RPF unterzeichnet hatte, wurden Tutsi in Kibuye ermordet. Im Oktober wurde der Waffenstillstand erweitert: Man entwickelte Pläne für eine neue Übergangsregierung, an der die RPF beteiligt werden sollte. Eine Woche später hielt Habyarimana eine Rede, in der er den Waffenstillstandsvertrag »als einen Fetzen Papier« abtat.

Dennoch floß die Auslandshilfe weiter auf Habyarimanas Konten, und auch große Mengen an Waffen wurden weiter ins Land geschleust – aus Frankreich, Ägypten, aus dem Südafrika der Apartheid. Gelegentlich, wenn Spender ihre Besorgnis über die Morde an Tutsi äußerten, kam es zu Verhaftungen, aber die Verhafteten wurden alsbald wieder freigelassen; niemand wurde wegen der Massaker angeklagt, geschweige denn verurteilt. Um die Nerven der Ausländer zu beruhigen, stellte die Regierung die Morde als »spontane«, »vom Volk ausgehende« Akte der »Empörung« oder des »Selbstschutzes« dar. Die Dörfler wußten es besser: Den Massakern gingen stets politische Versammlungen »zur Einstimmung« voraus, bei denen örtliche Führer, gewöhnlich in Begleitung eines höheren Vertreters der Provinz- oder der nationalen Regierung, die Tutsi als Teufel bezeichneten – mit Hörnern, Hufen, Schwanz und allem, was dazugehörte – und in der alten Sprache der Revolution den »Arbeitsauftrag« erteilten, sie zu töten. Die örtlichen Behördenvertreter profitierten durchweg von den Massakern, sie beschlagnahmten das Land und die Besitztümer der getöteten Tutsi und wurden manchmal befördert, wenn sie besonderen Eifer an den Tag legten; auch die Mörder unter den Bürgern wurden gewöhnlich mit kleinen Beutestücken belohnt.

In der Rückschau wirken die Massaker der frühen neunziger Jahre wie ein Probelauf für das, was die Verfechter des

Hututums 1994 selbst als die »Endlösung« bezeichneten. Dennoch war nichts an diesem Terror unvermeidlich. Mit der Einführung des Mehrparteiensystems war der Präsident durch öffentlichen Druck gezwungen worden, reformgesinnten Oppositionellen beträchtliche Konzessionen zu machen, und es bedurfte schon der hartnäckigen Anstrengungen von Habyarimanas extremistischer Umgebung, um zu verhindern, daß sich in Ruanda die gemäßigten Stimmen durchsetzten. Gewalt bot den Schlüssel dazu. Die *Interahamwe* wurden finanziert und überwacht von einem Konsortium aus *Akazu*-Führern, die auch ihre eigenen Todesschwadronen mit Namen wie *Zero Network* und *Bullets Group* unterhielten. Madame Habyarimanas drei Brüder hatten gemeinsam mit einer Reihe von Obersten und Führern der Nordwest-Mafia diese Gruppen gegründet, die zum ersten Mal während des Bugesera-Massakers im März 1992 neben den *Interahamwe* in Erscheinung traten. Die entscheidendste Neuerung in Bugesera war jedoch der Einsatz des nationalen Radios, um dem Gemetzel den Boden zu bereiten, sowie die Verschärfung der suggestiven Botschaft des »wir gegen sie« zu der kategorisch zwingenden »Töte, oder du wirst getötet«.

Völkermord ist schließlich eine Übung in Gemeinschaftsbildung. Eine wirksame totalitäre Ordnung setzt voraus, daß die Menschen sich in den Plänen der Führenden wiederfinden; Völkermord mag zwar das perverseste und ehrgeizigste Mittel zu diesem Zweck sein, aber es ist auch das umfassendste. 1994 galt Ruanda in großen Teilen der Welt als Beispiel für das Chaos und die Anarchie eines zusammenbrechenden Staates. In Wirklichkeit aber war der Völkermord das Produkt von Ordnung, Autoritarismus, Jahrzehnten moderner politischer Theorien und Indoktrinierung in einem der am penibelsten verwalteten Staaten der Geschichte. Und so seltsam es klingen mag: Die Ideologie – oder in den Worten der Ruander »die Logik« – des Völkermords wurde als ein Weg unterstützt, Leiden nicht zu schaffen, sondern zu lindern. Das Gespenst einer absoluten Bedrohung, welche absolute Vernichtung erfordert, bindet Führer und Volk in einer hermetischen utopischen Gemeinschaft aneinander, und das Individuum – der Totalität immer ein Ärgernis – hört auf zu existieren.

Die meisten Teilnehmer an den »Übungsmassakern« der frühen neunziger Jahre hatten vielleicht kein großes Vergnügen daran, gehorsam ihre Nachbarn zu ermorden. Dennoch weigerten sich nur wenige, und aktiver Widerstand war überaus selten. Der Mord an Tutsi hatte im nachkolonialen Ruanda eine politische Tradition: er schweißte die Menschen zusammen.

In den letzten fünfzig Jahren ist es zu einem Gemeinplatz geworden zu sagen, der industrielle Mord des Holocaust stelle die Idee des menschlichen Fortschritts in Frage, weil Kunst und Wissenschaft direkt durch das berühmte Tor – »Arbeit macht frei« – nach Auschwitz führen könnten. Ohne all die Technologie, so das Argument, hätten die Deutschen gar nicht all die Juden umbringen können. Doch es waren die Deutschen, die das Morden besorgten, nicht die Maschinen. Den ruandischen Führern der Hutu-Power war das völlig klar. Vermag man die Menschen in der Hand zu haben, die die Macheten in der Hand haben, dann bildet der technologische Rückstand kein Hindernis mehr für den Völkermord. Die Menschen waren die Waffe, und das hieß: jeder einzelne – die gesamte Hutu-Bevölkerung mußte die gesamte Tutsi-Bevölkerung auslöschen. Das hatte nicht nur offensichtliche numerische Vorteile, sondern räumte zugleich alle eventuell auftretenden Fragen nach der Verantwortung aus dem Weg. Wenn jeder mittut, dann wird Mittäterschaft zu einem sinnlosen Wort. Mittäterschaft wobei? Sollte ein Hutu denken, es gäbe da irgend etwas, wobei er Mittäter sein könnte, dann war er notwendigerweise auch schon ein Komplize des Feindes.

»Wir, das Volk, sind verpflichtet, selbst die Verantwortung zu übernehmen und dieses Pack auszurotten«, erklärte Léon Mugesera im November 1992, in der gleichen Rede, in der er die Hutu aufforderte, die Tutsi im Nyabarongo-Fluß zurück nach Äthiopien zu schicken. Mugesera war Arzt, ein Vizepräsident der MRND und ein enger Freund und Berater Habyarimanas. Seine Stimme war die Stimme der Macht, und die meisten Ruander können noch immer fast wörtlich aus seiner berühmten Rede zitieren; die Angehörigen der *Interahamwe* deklamierten häufig die bekanntesten Phrasen, während sie loszogen, um zu morden. Das Gesetz, behauptete Mugesera, verlange den Tod für die »Komplizen« der »Schaben«, und er fragte: »Worauf warten wir denn noch, um dieses Urteil zu vollstrecken?« Die Angehörigen der Oppositionsparteien hätten »kein Recht, unter uns zu leben«, und als Führer »der Partei« berief er sich auf seine Pflicht, Alarm zu schlagen und das Volk zur »Selbstverteidigung« aufzurufen. Was die »Schaben« selbst anging, stellte er die Frage: »Worauf warten wir denn noch, um diese Familien zu dezimieren?« Alle, denen es unter Habyarimana gut gegangen sei, rief er auf, »die Operationen zur Beseitigung dieser Menschen zu finanzieren«. Er sprach von 1959 und meinte, es sei ein schrecklicher Fehler gewesen, Tutsi am Leben zu lassen. »Vernichtet sie«, sagte er. »Egal, was ihr tut, laßt sie nicht entkommen«, und dann fügte er hinzu: »Denkt daran, daß der, dessen Leben ihr verschont, das eure bestimmt nicht verschonen wird.« Er schloß mit den Worten: »Jagt sie fort. Es lebe Präsident Habyarimana.«

Mugesera hatte im Namen des Gesetzes gesprochen, aber zufällig war damals ein Mann namens Stanislas Mbonampeka Justizminister, und der sah die Dinge anders. Mbonampeka war ein angesehener Mann, ein wohlhabender Hutu aus dem Nordwesten; er besaß zur Hälfte eine Fabrik für Toilettenpapier, und darüber hinaus war er Oppositioneller, Anwalt und Verfechter der Menschenrechte in den höchsten Rängen der Liberalen Partei, der einzigen Oppositionspartei mit einer nennenswerten Anzahl von Tutsi-Mitgliedern. Mbonampeka sah sich Mugeseras Rede genauer an und erließ einen Haftbefehl gegen ihn – wegen Aufwiegelung zum Haß. Natürlich kam Mugesera nicht ins Gefängnis – er begab sich unter den Schutz der Armee und ging dann ins Exil nach Kanada –, während Mbonampeka bald als Justizminister entlassen wurde. Mbonampeka sah, woher der Wind wehte. Anfang 1993 hatten sich alle neu entstandenen Oppositionsparteien Ruandas in zwei Lager gespalten – Macht und Anti-Macht –, und Mbonampeka schlug sich auf die Seite der Macht. Binnen kurzem konnte man ihn in Radio Ruanda die RPF warnen hören: »Beendet diesen Krieg, wenn ihr nicht wollt, daß eure Anhänger in Ruanda vernichtet werden.«

Im Sommer 1995 traf ich Mbonampeka in einem düsteren kleinen Zimmer im protestantischen Gästehaus in Goma, Zaire, etwa anderthalb Kilometer von der ruandischen Grenze entfernt. »In einem Krieg«, sagte er mir, »kann niemand neutral bleiben. Wenn du nicht für dein Land bist, bist du dann nicht für seine Angreifer?« Mbonampeka war ein großer Mann von ruhigem und gelassenem Auftreten. Er trug eine Brille mit einem goldenen Drahtgestell, sauber gebügelte Hosen und ein rosaweiß gestreiftes Hemd, und er führte den absurden Titel eines Justizministers der ruandischen Exilregierung – eines selbsternannten Organs, das vor allem aus Vertretern jenes Regimes bestand, das dem Völkermord Vorschub geleistet hatte. 1994 hatte Mbonampeka der Regierung zwar nicht angehört, aber informell als ihr Vertreter gewirkt und die Sache der Hutu sowohl im eigenen Land als auch in Europa vertreten. Er selbst betrachtete das als ganz normale Schritte einer Karriere.

»Ich sagte, Mugesera müsse verhaftet werden, weil er die Leute gegeneinander aufhetzte, und das war illegal; außerdem sagte ich, wenn die RPF weiterkämpfe, brauchten wir eine Zivilverteidigung«, meinte Mbonampeka mir gegenüber. »Diese Positionen lassen sich durchaus miteinander vereinbaren. In beiden Fällen war ich für die Verteidigung meines Landes.« Und er fügte hinzu: »Ich persönlich glaube nicht an den Völkermord. Das war kein konventioneller Krieg. Die Feinde lauerten überall. Die Tutsi wurden nicht als Tutsi umgebracht, nur als Sympathisanten der RPF.«

Ich wollte wissen, ob es schwierig gewesen sei, dic Tutsi mit RPF-Sympathien von den anderen zu unterscheiden. Mbonampeka verneinte. »Es gab keinen Unterschied zwischen dem Ethnischen und dem Politischen«, führte er aus. »99 Prozent der Tutsi waren für die RPF.«

Selbst Großmütter und Kleinkinder? Selbst die Föten, die Tutsi-Frauen aus dem Leib gerissen wurden, nachdem Radiosprecher die Hörer ermahnt hatten, sie sollten besonders darauf achten, schwangere Opfer auszuweiden?

»Denken Sie doch mal nach«, entgegnete Mbonampeka. »Sagen wir, die Deutschen greifen Frankreich an, also verteidigt sich Frankreich gegen Deutschland. Dann ist doch klar, daß alle Deutschen der Feind sind. Die Deutschen bringen Frauen und Kinder um, also tut man das auch.«

Indem er den Völkermord, dessen Existenz er zugleich leugnete, als Ausweitung des Krieges zwischen der RPF und dem Habyarimana-Regime betrachtete, schien Mbonampeka zu behaupten, die systematische, vom Staat geförderte Vernichtung eines ganzen Volkes sei ein provozierbares Verbrechen – die Schuld der Opfer nicht weniger als die der Täter. Doch obwohl der Völkermord zeitlich mit dem Krieg zusammenfiel, waren seine Organisation und Durchführung klar von den Kriegsanstrengungen geschieden. Tatsächlich kam die Mobilisierung für den endgültigen Vernichtungsfeldzug erst richtig in Schwung, als die Hutu-Power sich der Drohung des Friedens gegenübersah.

Am 4. August 1993 unterzeichnete Präsident Habyarimana in einem Konferenzzentrum im tansanischen Arusha ein Friedensabkommen mit der RPF, womit der Krieg offiziell beendet wurde. Der sogenannte Vertrag von Arusha sicherte der ruandischen Flüchtlingsdiaspora das Recht auf Rückkehr zu, versprach die Integration der beiden kriegführenden Armeen in eine einzige nationale Verteidigungsstreitmacht und legte einen Entwurf für eine Übergangsregierung vor, die sich aus Vertretern aller nationalen politischen Parteien einschließlich der RPF zusammensetzen sollte. Habyarimana würde bis zu Neuwahlen Präsident bleiben, aber seine Befugnisse wären im Grunde nur mehr zeremoniell. Und vor allem würde während der Umsetzung des Friedensplans eine Friedenstruppe der UN in Ruanda stationiert.

Die RPF hatte niemals wirklich erwartet, ihren Krieg auf dem Schlachtfeld zu gewinnen; sie hatte eine politische Lösung erzwingen wollen, und mit Arusha schien ihr dies gelungen zu sein. »Man zieht in den Krieg, wenn es keine anderen Möglichkeiten mehr gibt, und Arusha eröffnete uns den Weg zum politischen Kampf«, erzählte mir Tito Rutaremara, einer der RPF-Führer, die den Vertrag ausgehandelt hatten. »Dank Arusha kamen wir nach Ruanda hinein, und wenn wir gute Ideen hatten und eine sehr schöne Organisation, dann konnten wir es schaffen. Falls wir verloren, waren unsere Ideen eben nicht gut genug. Der Kampf war nicht ethnisch, er war politisch, und Habyarimana hatte Angst vor uns, weil wir stark waren. Er hatte niemals Frieden gewollt, weil er sah, daß wir politisch Erfolg haben könnten.«

Was Habyarimana angeht, so kam der Vertrag von Arusha in der Tat einem politischen Selbstmord gleich. Die Führer der Hutu-Power empörten sich über den vermeintlichen Verrat und behaupteten, der Präsident selbst sei zu einem »Komplizen« geworden. Vier Tage nach der Vertragsunterzeichnung in Arusha begann *Radio Television Libre des Milles Collines* (RTLM) aus Kigali zu senden, ein neuer Radiosender, der von Angehörigen und Freunden des *Akazu* finanziert war und sich die Propaganda des Völkermords zur Aufgabe machte. RTLM war ein *Kangura* des Äthers; seine Reichweite im radiogesättigten Ruanda war praktisch unbegrenzt, und er wurde ungeheuer populär mit seiner Mischung aus aufrüttelnden Redebeiträgen und Liedern von Hutu-Popstars wie Simon Bikindi, dessen berühmtester Song wohl »Ich hasse diese Hutu« war – ein Lied der »guten Nachbarschaft«:

Ich hasse diese Hutu, diese arroganten Hutu, die Angeber, die andere Hutu verachten, liebe Genossen …
Ich hasse diese Hutu, die keine Hutu mehr sind, die ihre Identität preisgegeben haben, liebe Genossen.
Ich hasse diese Hutu, die da blind einhermarschieren, wie Schwachsinnige,
diese Sorte naiver Hutu, die manipuliert werden und sich selbst zerfleischen, sich einem Krieg anschließen, dessen Sache sie nicht kennen.
Ich verabscheue diese Hutu, die zu töten bereit sind, zu töten, ich schwöre es euch,
und die die Hutu töten, liebe Genossen …
Wenn ich sie hasse, um so besser …

Und so weiter; es ist ein sehr langes Lied.

»Wer glaubt, nach dem Vertrag von Arusha sei der Krieg vorbei, der macht sich was vor«, warnte Hassan Ngeze im Januar 1994 in *Kangura*. Ngeze hatte Arusha von Anfang an als einen Verrat bekämpft, und mit der Ankunft der Blauhelme der *United Nations Assistance Mission in Ruanda* (UNAMIR), Ende 1993, hatte er ein neues Ziel gefunden. Die

UNAMIR, verkündete Ngeze, sei nichts als ein Werkzeug, um »der RPF mit Gewalt zur Macht zu verhelfen«. Aber, so erinnerte er seine Leser, die Geschichte zeige auch, daß solche Friedenswahrer im allgemeinen feige seien und beim Ausbruch von Gewalt lieber »als Zuschauer« dabeistünden. Er sagte voraus, es werde viel zu schauen geben, und warnte die UNAMIR ausdrücklich, sich da herauszuhalten. »Wenn die RPF beschlossen hat, uns zu töten, dann wollen wir einander töten«, verkündete er. »Soll explodieren, was da glimmt … In solchen Zeiten wird viel Blut vergossen werden.«

8

1991 hatte Odette ihre Arbeit am Krankenhaus aufgegeben, um als Ärztin für die Mission des US-Friedenskorps in Kigali zu arbeiten. Zwei Jahre später, als Washington das Programm in Ruanda einstellte, schickte Odette ihre Kinder auf eine Schule in Nairobi und übernahm eine Reihe kürzerer Friedenskorpsaufträge – in Gabun, Kenia und Burundi. Sie war gern in Burundi, weil sie bequem nach Hause zu ihrer Familie fahren konnte und weil es schien, als sei Burundi endlich zu einem Land geworden, in dem Hutu und Tutsi sich dafür engagierten, die Macht friedlich zu teilen. Im August 1993, nach fast dreißig Jahren brutaler Tutsi-Diktatur, wurde ein Hutu als Burundis erster vom Volk gewählter Präsident vereidigt. Der Machtwechsel vollzog sich reibungslos, und Burundi wurde im In- und Ausland als Hoffnungsstrahl für Afrika gefeiert. Im November dann, vier Monate nach seinem Amtsantritt, wurde der neue Präsident von einigen Tutsi-Militärs ermordet. Sein Tod löste einen Aufstand der Hutu aus, dessen gewaltsame Niederschlagung durch die Tutsi-Armee fünfzigtausend Tote forderte. Die Gewalt in Burundi war Wasser auf den Mühlen von Ruandas Angstlieferanten der Hutu-Power, die die Neuigkeiten als Beweis für die Hinterlist der Tutsi hinausposaunten. Außerdem hatte Odette nun keine Arbeit mehr.

Sie wollte nicht zurück nach Kigali. Solange Habyarimana die Umsetzung der Verträge von Arusha verweigerte, häuften sich die Übergriffe auf Tutsi und auf Hutu-Oppositionelle, und Odette mußte bloß ihr Radio auf RTLM einstellen, um sich zu vergewissern, daß ihre Tage dort gezählt sein würden. Das Friedenskorps wollte jedoch seine Arbeit in Ruanda wiederaufnehmen und bot Odette eine Stelle mit fünfundzwanzig Dollar Stundenlohn an – in einem Land, in dem das monatliche Durchschnittseinkommen unter fünfundzwanzig Dollar betrug –, wo sie bei der Vorbereitung des Programms helfen sollte. Sie war es müde, ihre Kinder durch die Welt zu schicken und von Jean-Baptiste getrennt zu sein. Mehr noch, gemäß den Verträgen von Arusha war ein Kontingent von sechshundert RPF-Soldaten in Kigali eingetroffen. Und dann gab es noch die UNAMIR.

»Eigentlich«, so Odette, »veranlaßte uns die UNAMIR zum Bleiben. Wir sahen all diese Blauhelme, und wir sprachen mit Dallaire« – Generalmajor Roméo Dallaire, dem kanadischen Befehlshaber der UN-Truppen. »Wir glaubten, selbst wenn die Hutu uns angriffen, sollten die dreitausend Mann der UNAMIR ausreichen. Dallaire gab uns seine Telefonnummer und seine Funknummer und sagte: ›Wenn Ihnen irgend etwas zustößt, rufen Sie mich sofort an.‹ Also vertrauten wir ihnen.«

Eines Nachts im Januar 1994, kurz nach ihrer Rückkehr aus Burundi, fuhr Odette zwei Vettern, die zu Besuch in Kigali waren, in ihr Hotel zurück, als der Wagen plötzlich von einer Horde schreiender *Interahamwe* umringt wurde. Sie trat aufs Gaspedal, und die *Interahamwe* warfen zwei Handgranaten. Aufgrund der Explosion gingen sämtliche Autoscheiben zu Bruch, so daß Odette und ihre Passagiere mit Glassplittern übersät waren, und es dauerte ein paar Minuten, bis sie merkten, daß sie unverletzt geblieben waren. »Ich rief Dallaire an«, sagte sie, »aber von der UNAMIR kam niemand. Da merkte ich, daß diese Leute uns niemals beschützen würden.«

Mißtrauen gegenüber der UNAMIR war das einzige, was der Hutu-Power und ihren vorgesehenen Opfern ebenso gemeinsam war wie das tiefe Mißtrauen gegeneinander. Und mit gutem Grund. In den Monaten nach der Unterzeichnung der Verträge von Arusha hatten die Ruander mitbekommen, wie die UN-Friedensmissionen in Bosnien und Somalia aufgrund von Unvermögen und Niederlagen schmählich scheiterten. Am 3. Oktober 1993, fünf Wochen vor der Ankunft der UNAMIR in Kigali, wurden achtzehn amerikanische Ranger getötet, die neben den UN-Truppen in Somalia dienten, und die Fernsehbilder davon, wie ihre Leichen durch Mogadischus Straßen geschleift wurden, gingen um die Welt. UNAMIR hatte einen weit begrenzteren Auftrag als die Mission in Somalia: sie durfte keine Gewalt anwenden außer zur Selbstverteidigung, und selbst dafür war sie schlecht ausgerüstet.

Am 11. Januar 1994 – gerade war die Ausgabe von *Kangura* erschienen, in der die UNAMIR gewarnt wurde, »sich der Gefahr bewußt zu sein« – schickte Generalmajor Dallaire ein dringendes Fax an die Abteilung für Friedensoperationen im UN-Hauptquartier in New York. Darin wurde – unter dem Titel »Bitte um Schutz für Informanten« – ausgeführt, daß Dallaire sich eine bemerkenswerte Nachrichtenquelle innerhalb der höchsten Ränge der *Interahamwe* habe sichern können und daß er Unterstützung brauche, um die Sicherheit des Mannes zu gewährleisten. Der Informant, so Dallaire, sei ein ehemaliges Mitglied des Sicherheitsstabes des Präsidenten, der vom Stabschef der Armee und dem Präsidenten der MRND für seine Arbeit als einer der Chef-Ausbilder der *Interahamwe* fast eintausend Dollar im Monat erhalte. Ein paar Tage zuvor sei Dallaires Informant dafür verantwortlich gewesen, achtundvierzig Zivilkommandos, einen MRND-Minister und mehrere örtliche Regierungsvertreter zu koordinieren – in einem Mordkomplott gegen Oppositionsführer und belgische Soldaten während einer Zeremonie im Parlament. »Sie wollten die RPF provozieren … und einen Bürgerkrieg auslösen«, hieß es in dem Fax. »Abgeordnete sollten beim Betreten oder Verlassen des Parlaments ermordet werden. Belgische Truppen« – der Kern der UNAMIR – »sollten provoziert werden, und falls belgische Soldaten Gewalt einsetzten, sollten einige von ihnen getötet werden, damit Belgien sich garantiert aus Ruanda zurückzog.« Dieser Plan sei – fürs erste – aufgegeben worden, aber der Informant habe Dallaire mitgeteilt, über vierzig *Interahamwe*-Zellen von jeweils vierzig Mann seien um Kigali »verstreut«, nachdem sie von der ruandischen Armee in »Disziplin, Waffengebrauch, Sprengstoffen, Nahkampf und Taktik« ausgebildet worden seien. Im Fax hieß es weiter:

- Seit Beginn des UNAMIR-Mandats hat (der Informant) den Befehl, alle Tutsi in Kigali zu registrieren. Er vermutet, daß dies ihrer Vernichtung gilt. Er nannte als Beispiel, daß sein Personal innerhalb von zwanzig Minuten bis zu tausend Tutsi töten könne.
- Der Informant erklärt, daß er nicht mit der Vernichtung der Tutsi einverstanden sei. Er ist für den Widerstand gegen die RPF, kann aber die Ermordung unschuldiger Personen nicht gutheißen. Er erklärte außerdem, er glaube, daß der Präsident nicht mehr die vollständige Kontrolle über sämtliche Elemente seiner alten Partei/Fraktion besitze.
- Der Informant ist bereit, den Ort eines größeren Waffenverstecks mit mindestens 135 Waffen mitzuteilen ... Er war bereit, heute abend zu dem Waffenversteck zu gehen – wenn wir ihm die folgende Garantie gäben. Er fordert, daß er und seine Familie (seine Frau und vier Kinder) unter unseren Schutz gestellt werden.

Nicht zum ersten und nicht zum letzten Mal erfuhr General Dallaire, daß Kigali – in den Verträgen von Arusha als »waffenfreie Zone« bezeichnet – eine Waffenbörse der Hutu-Power war. Es war kaum ein Geheimnis: Handgranaten und Kalaschnikows wurden offen gezeigt und auf dem zentralen Markt der Stadt zu erschwinglichen Preisen feilgeboten;

nach wie vor landeten Flugzeuge mit französischen oder von Frankreich bezahlten Waffenlieferungen; die Regierung importierte Macheten aus China in Mengen, die weit über den landwirtschaftlichen Bedarf hinausgingen; viele dieser Waffen wurden kostenlos an Menschen ohne ausgewiesene militärische Funktion verteilt – herumlungernde junge Männer im fetzigen *Interahamwe*-Dreß, Hausfrauen, Büroangestellte –, und das alles zu einem Zeitpunkt, da in Ruanda zum ersten Mal seit drei Jahren offiziell Frieden herrschte. Dallaires Fax lieferte eine weit präzisere Voraussage der kommenden Ereignisse als irgendein anderes Dokument aus der Zeit, die man später »Vorher« nannte. Alles, was ihm sein Informant mitteilte, sollte drei Monate später eintreffen, und offensichtlich wollte Dallaire damals, daß man seine Quelle sehr ernst nahm. Er kündigte an, er werde innerhalb von sechsunddreißig Stunden ein Waffenversteck ausheben, und schrieb: »Es wird empfohlen, dem Informanten Schutz zu garantieren und ihn aus Ruanda zu evakuieren.«

Dallaire kennzeichnete sein Fax als »höchst dringend« und unterzeichnete auf französisch: »*Peux ce que veux. Allons'y.*« (»Wo ein Wille ist, da ist auch ein Weg. Gehen wir's an.«) Die Reaktion aus New York lautete: Besser nicht. Leiter der UN-Friedensmissionen war damals der Ghanaer Kofi Annan, der spätere Generalsekretär. Annans Stellvertreter Iqbal Riza antwortete Dallaire noch am gleichen Tag und lehnte die in seinem Fax »erwogene Operation« ab – weil sie »über das der UNAMIR erteilte Mandat hinausgeht«. Statt dessen wurde Dallaire angewiesen, Präsident Habyarimana seine Informationen mitzuteilen und ihm zu sagen, die Aktivitäten der *Interahamwe* stellten »eine klare Bedrohung für den Friedensprozeß« und eine »deutliche Verletzung« der »waffenfreien Zone Kigali« dar. Es war irrelevant, daß Dallaires Informant die Pläne zur Vernichtung der Tutsi und zur Ermordung von Belgiern ausdrücklich der Umgebung Habyarimanas zugeschrieben hatte: Das Mandat besagte nun einmal, Verletzungen des Friedensvertrages müßten dem Präsidenten gemeldet werden, und New York gab Dallaire daher den Rat: »Sie sollten davon ausgehen, daß ihm« – Habyarimana – »diese Aktivitäten nicht bekannt sind, und darauf bestehen, daß er sofort die Situation überprüft.«

Dallaire erhielt außerdem die Anweisung, seine Information den Botschaftern Belgiens, Frankreichs und der Vereinigten Staaten in Ruanda mitzuteilen; im Hauptquartier gab man sich jedoch keinerlei Mühe, das UN-Sekretariat oder den Sicherheitsrat über die beunruhigende Nachricht von einem »Vernichtungsplan« in Ruanda zu informieren. Dennoch sagte Kofi Annan bei einer Senatsanhörung in Washington im Mai 1994, auf dem Höhepunkt des Vernichtungsfeldzuges gegen die Tutsi in Ruanda, die Friedenswahrer der UN hätten »das Recht zur Selbstverteidigung, und wir definieren Selbstverteidigung so, daß sie vorbeugende militärische Schläge mit einschließt, um diejenigen bewaffneten Elemente zu entfernen, die uns an unserer Arbeit hindern. Trotzdem haben unsere Kommandeure im Feld, ob in Somalia oder Bosnien, Gewalt immer nur sehr zurückhaltend eingesetzt.« Vor dem Hintergrund von Dallaires Fax fällt auf, daß Annan Ruanda unerwähnt ließ.

»Ich war verantwortlich«, sagte mir später Iqbal Riza, der die Antwort an Dallaire verfaßt hatte, und fügte hinzu: »Das soll nicht heißen, daß Annan nicht gewußt hätte, was vorging.« Die Korrespondenz habe Annan binnen achtundvierzig Stunden vorgelegen, und Kopien seien außerdem an das Büro des damaligen Generalsekretärs Boutros Boutros-Ghali weitergeleitet worden. Aber laut einem der engsten Helfer von Boutros-Ghali war sich das Sekretariat damals der Lage nicht bewußt. »Es ist erstaunlich – ein verblüffendes Dokument«, sagte der Assistent, als ich ihm Dallaires Fax am Telefon vorlas. »Das alles ist in einer Weise dramatisch, wie ich es in den letzten fünf Jahren in der UN höchstens ein- oder zweimal erlebt habe. Es ist einfach unglaublich, daß ein solches Fax hereinkommt und unbemerkt bleibt.« Tatsächlich erhielt Boutros-Ghali am Ende doch noch Kenntnis von dem Fax, nach dem Völkermord tat er es allerdings leichthin mit der Bemerkung ab: »Solche Situationen und beunruhigenden Berichte von vor Ort sind im Rahmen unserer friedenswahrenden Operationen nicht ungewöhnlich, aber natürlich werden sie von den UN-Vertretern mit aller Sorgfalt geprüft.«

Riza vertrat einen ähnlichen Standpunkt. In der Rückschau, sagte er mir, »sieht man das alles sehr klar – da sitzt man vor seinen Papieren, die Musik ist an oder was auch immer, und man kann sagen: ›Ach, schau, da ist dies.‹ Im Eifer des Gefechts sieht das alles ganz anders aus.« Er beschrieb Dallaires Fax einfach als Bestandteil einer fortgesetzten täglichen Kommunikation mit der UNAMIR. »Viele Berichte stecken voller Übertreibungen«, meinte er und bat dann selbst nachträglich um Verständnis: »Wenn wir damit drei Monate nach Somalia zum Sicherheitsrat gegangen wären, dann hätte, soviel kann ich Ihnen versichern, keine Regierung gesagt: ›Jawohl, hier sind unsere Jungs für ein offensives Vorgehen in Ruanda.‹«

Also befolgte General Dallaire seine Befehle aus New York und teilte Habyarimana mit, daß es in seinem Sicherheitsapparat eine undichte Stelle gebe, und damit hätte die Sache abgeschlossen sein können – ohne den Völkermord. Wie zu erwarten war, stellte Dallaires Informant seine Tätigkeit ein, und als der belgische Senat Jahre später eine Kommission zur Untersuchung der Umstände einsetzte, unter denen einige belgische UNAMIR-Soldaten hingemetzelt worden waren, verweigerte Kofi Annan die Aussage und erteilte auch General Dallaire keine Aussagegenehmigung. Die UN-Charta, erläuterte Annan in einem Brief an die belgische Regierung, garantiere UN-Vertretern »Immunität in Rechtsverfahren hinsichtlich ihrer offiziellen Tätigkeit«, und er könne nicht erkennen, daß der Verzicht auf diese Immunität »im Interesse der Organisation« liege.

Gegen Ende März 1994 hatte Odette einen Traum: »Wir flohen, links und rechts schossen Menschen, Tiefflieger schossen, alles brannte.« Sie beschrieb diese Bilder einem Freund namens Jean, und einige Tage später rief Jean sie an und sagte: »Seit du mir diesen Traum beschrieben hast, lebe ich wie in einem Trauma. Ich will, daß du mit meiner Frau nach Nairobi fährst, denn ich habe das Gefühl, wir werden alle noch in dieser Woche sterben.«

Odette begrüßte die Idee, Kigali zu verlassen, und versprach Jean, sie werde am 15. April abfahren, dem Tag, an dem ihr Vertrag mit dem Friedenskorps zu Ende ging. Sie erinnert sich noch, daß sie ihm sagte: »Auch ich habe das alles satt.«

Ähnliche Gespräche fanden überall in Kigali statt. So gut wie jeder Ruander, mit dem ich mich unterhielt, beschrieb die letzten Wochen des März als eine Zeit dunkler Vorahnungen, aber niemand konnte genau sagen, was sich eigentlich geändert hatte. Es gab die üblichen Morde an Tutsi und an Hutu-Oppositionsführern sowie die übliche Enttäuschung, weil Habyarimana das Friedensabkommen nicht umsetzte – das »politische Patt«, das, wie Mitte März der belgische Außenminister Willy Klaes den UN-Generalsekretär warnte, »einen nicht zu unterdrückenden Ausbruch der Gewalt zur Folge haben könnte«. Die Ruander erinnern sich allerdings an mehr, an etwas kaum Wahrnehmbares.

»Wir alle spürten, daß etwas Schlimmes herannahte, das ganze Land«, erzählte mir Paul Rusesabagina, der Direktor des *Hôtel des Diplomates* in Kigali. »Jeder konnte sehen, daß irgendwo etwas falsch lief. Aber wir konnten nicht genau erkennen, was es war.« Paul war ein Hutu, ein unabhängig gesinnter Kritiker des Habyarimana-Regimes, der sich selbst als »immer in der Opposition« beschrieb. Im Januar 1994 war er in seinem Auto angegriffen worden und daraufhin für eine Weile ins Hotel gezogen, um schließlich mit seiner Frau und dem einjährigen Sohn auf Urlaub nach Europa zu fahren. Als er mir erzählte, sie seien am 30. März nach Kigali zurückgekehrt, lachte er, und an seinem Gesicht war das Erstaunen abzulesen. »Ich mußte an die Arbeit zurückkehren«, sagte er. »Aber man konnte spüren, daß es falsch war.«

Bonaventure Nyibizi meinte, er frage sich oft, warum er Ruanda in jenen Tagen nicht verlassen habe. »Der wichtigste Grund war wahrscheinlich meine Mutter«, sagte er. »Sie wurde allmählich alt, und ich hatte wohl das Gefühl, es würde schwierig, mit ihr umzuziehen, ohne zu wissen, wohin. Und wir hofften, die Dinge würden sich bessern. Außerdem habe ich von klein auf, seit ich vier oder fünf Jahre alt war, zerstörte Häuser gesehen, ich habe gesehen, wie Menschen getötet wurden, alle paar Jahre, '64, '66, '67, '73. Also habe ich mir wohl gesagt, es wird schon nicht so ernst werden. Ja – aber offensichtlich wußte ich doch, daß es ernst werden würde.«

Am 2. April, etwa eine Woche nach Odettes Traum von der Vernichtung, fuhr Bonaventure hinunter nach Gitarama, um seine Mutter zu besuchen. Auf dem Heimweg machte er halt in einer Bar an der Straße, die zum Teil Froduald Karamira gehörte, seinem Gefängnisfreund, der zu einem Führer der Hutu-Power geworden war. Bonaventure trank ein Bier und sprach lange mit dem Barkeeper darüber, wie sich Karamira verändert hatte und wohin das Land trieb. Der Barkeeper erzählte, Karamira habe gesagt, jeder solle der Hutu-Power und Habyarimana folgen, und später würden sie dann Habyarimana loswerden. »Ich fragte ihn, wie«, erinnerte sich Bonaventure. »Ich sagte, ›Ihr gebt Habyarimana so viel Macht, wie wollt ihr ihn dann loswerden?‹« Bonaventure lachte: »Er wollte es mir nicht sagen.«

Hassan Ngeze sagte es jedem, der seine Zeitung kaufte. In der März-Ausgabe von *Kangura* brachte er die große Schlagzeile: »Habyarimana wird im März sterben«. Eine Karikatur daneben zeigte den Präsidenten als einen Tutsi-liebenden Komplizen der RPF, und der Artikel selbst erläuterte, er werde »nicht von einem Tutsi umgebracht«, sondern von einem »von den Schaben gekauften Hutu«. *Kangura* entwarf ein Szenario, das dem des Informanten in Dallaires Fax verblüffend ähnlich sah – der Präsident werde »während einer Massenversammlung« ermordet oder »während eines Treffens mit seinen Führern«. Der Artikel begann mit den Worten: »Es passiert nichts, das wir nicht voraussagen«, und endete folgendermaßen: »Niemand mag Habyarimanas Leben mehr als er selbst. Vor allem muß man ihm sagen, wie er umgebracht werden wird.«

9 **Am Abend des 6. April 1994** war Thomas Kamilindi bester Laune. Seine Frau Jacqueline hatte für ein festliches Abendessen in ihrem Haus in Kigali einen Kuchen gebacken. Thomas feierte seinen 33. Geburtstag, und am selben Nachmittag hatte er seinen letzten Arbeitstag als Reporter für Radio Ruanda beendet. Nach zehn Jahren bei dem staatlichen Sender hatte Thomas, ein Hutu, aus Protest gegen die politische Einseitigkeit im Nachrichtenprogramm gekündigt. Er duschte gerade, als Jacqueline an die Badezimmertür hämmerte. »Beeil dich!« rief sie. »Ein Attentat auf den Präsidenten!« Thomas verriegelte die Türen seines Hauses und setzte sich ans Radio, um RTLM einzustellen. Die Gewaltpropaganda des Hutu-Power-Senders war ihm zuwider, aber angesichts der allgemeinen Situation in Ruanda ließ sich aus dieser Propaganda oft sehr genau die politische Wetterlage ablesen. Am 3. April hatte RTLM bekanntgegeben, während der nächsten drei Tage werde »es hier in Kigali etwas unruhig, und auch am 7. und 8. April werden Sie Schüsse und explodierende Handgranaten zu hören bekommen«. Nun gab der Sender bekannt, Präsident Habyarimanas Flugzeug sei auf dem Rückflug aus dem tansanischen Daressalam über Kigali abgeschossen worden und auf das Gelände seines eigenen Palastes gestürzt. Der neue Hutu-Präsident von Burundi und mehrere Spitzenberater Habyarimanas seien ebenfalls an Bord gewesen. Es gebe keine Überlebenden.

Thomas hatte von einflußreichen Freunden gehört, die extremistische Umgebung des Präsidenten bereite im ganzen Land umfangreiche Massaker an den Tutsi vor, und für die erste Mordwelle seien auch Listen von Hutu-Oppositionellen erstellt worden. Aber er war niemals auf den Gedanken gekommen, daß auch Habyarimana selbst im Visier stehen könnte. Wenn die Hutu-Power sogar ihn opferte, wer war dann noch sicher?

Das Radio stellte gewöhnlich um zehn Uhr abends seine Sendungen ein, doch an diesem Abend sendete es weiter. Nach den Nachrichten wurde Musik gespielt, und für Thomas bestätigte diese Musik, die ihn durch seine schlaflose Nacht begleitete, daß in Ruanda das Schlimmste begonnen hatte. Früh am nächsten Morgen begann RTLM den Anschlag auf Habyarimana der Ruandischen Patriotischen Front und Angehörigen der UNAMIR anzulasten. Hätte Thomas das geglaubt, dann hätte er freilich hinter dem Mikrofon gesessen, nicht am Empfänger.

Auch Odette und Jean-Baptiste hörten RTLM. Sie hatten mit einem Besucher Whiskey getrunken, als ein Freund anrief und ihnen sagte, sie sollten das Radio anschalten. Es war 20.14 Uhr, erinnerte sich Odette, und im Radio hieß es, Habyarimanas Flugzeug sei brennend über Kigali abgestürzt. Jean-Baptistes erste Reaktion war: »Wir gehen. Alle in den Jeep, oder wir werden alle umgebracht.« Er wollte nach Süden, nach Butare, der einzigen Provinz mit einem Tutsi-Gouverneur und einigem Rückhalt für den Widerstand gegen die Hutu-Power. Als Jean-Baptiste sich so entschlossen zeigte, sagte ihr Besucher: »Gut, ich auch. Ich verschwinde hier. Stellt Euren Whiskey wieder weg.« Odette lächelte, als sie mir das erzählte. »Dieser Mann mochte Whiskey. Er war behindert, und er war herübergekommen, um uns von seinem neuen Fernseher und seinem Videogerät zu berichten. Mein Mann ist nämlich sehr großzügig, und er hatte diesem Mann Geld gegeben, damit er die Sachen kaufen konnte. Als Behinderter sagte er immer: ›Ich sterbe, wenn ich keinen Fernseher habe.‹ Leider kam er nie dazu, seinen Fernseher zu genießen. Er wurde noch in der gleichen Nacht ermordet.«

Odette wischte sich die Augen, dann fuhr sie fort: »Diese

Geschichte habe ich immer für mich behalten – die mit diesem Behinderten –, weil er so glücklich war mit seinem Fernseher.« Sie lächelte wieder. »So«, sagte sie, »So. So. So glücklich.« Es war das einzige Mal, daß sie weinte, während sie mir ihre Geschichte erzählte. Sie bedeckte ihr Gesicht mit der einen Hand, und die Finger der anderen klopften einen schnellen Rhythmus auf dem Tisch. Dann sagte sie: »Ich hole uns etwas Wasser.« Fünf Minuten später kam sie zurück. »Jetzt geht es wieder. Tut mir leid. Es war dieser Behinderte – Dusabi hieß er –, der mich aus der Fassung gebracht hat. Es ist schwierig, sich das in Erinnerung zu rufen, aber ich denke jeden Tag daran. Jeden Tag.«

Dann erzählte sie mir vom Rest jener »ersten« Nacht im April. Jean-Baptiste war voller Ungeduld – er wollte losfahren. Odette sagte, sie müßten ihre Schwester Vénantie mitnehmen, eine der wenigen Tutsi-Abgeordneten im Parlament. Aber Vénantie ließ sie warten. »Sie telefonierte herum, versuchte alle möglichen Leute zu erreichen«, meinte Odette. »Schließlich sagte Jean-Baptiste zu ihr: ›Wir werden ohne dich losfahren müssen.‹ Vénantie entgegnete: ›Das kannst du nicht tun. Wie wirst du dich später fühlen, wenn ich umgebracht werde?‹ Ich fragte: ›Warum kommst du denn nicht?‹ Und sie antwortete: ›Wenn Habyarimana tot ist, wer soll uns denn dann umbringen? Er war es doch.‹ Dann gab RTLM bekannt, daß jeder zu Hause bleiben müsse, und genau das hatte Jean-Baptiste befürchtet. Er zog seinen Schlafanzug an und sagte: ›Wer immer dies überlebt, wird für den Rest seines Lebens bedauern, daß wir hiergeblieben sind.‹«

Am nächsten Tag hörte die Familie Schüsse auf den Straßen und erhielt erste Nachrichten von den Massakern. »Kinder riefen an und sagten: ›Mutter und Vater sind tot.‹ Ein Vetter rief an mit solchen Nachrichten«, erklärte Odette. »Wir versuchten herauszufinden, wie wir nach Gitarama kommen könnten, wo die Lage noch ruhig war. Die Leute denken immer, ich sei verrückt, wenn ich das erzähle, aber ich rief den dortigen Gouverneur an. Er fragte: ›Warum wollt ihr herkommen?‹« Odette erzählte ihm, ihr Vetter in Gitarama sei gestorben, und sie müßten zum Begräbnis. Darauf antwortete der Gouverneur: »Wer tot ist, leidet nicht mehr, und wenn ihr herfahrt, könnt ihr unterwegs umkommen.«

»Am 6. April«, erzählte mir Paul Rusesabagina, der Hoteldirektor, »war ich hier im Hotel und saß auf der Terrasse, als Habyarimana ermordet wurde. Meine Frau und meine vier Kinder waren allerdings zu Hause – wir wohnten in der Nähe des Flughafens –, und meine Frau hörte die Rakete, die das Flugzeug traf. Sie rief an und sagte mir: ›Ich habe gerade etwas gehört, was ich noch nie gehört habe. Versuch bitte, sofort nach Hause zu kommen.‹«

Ein Offizier, der im Hotel wohnte, sah Paul gehen und riet ihm, seinen üblichen Heimweg zu meiden, weil es bereits eine Straßensperre gebe. Paul wußte immer noch nicht, was passiert war. Auf dem Heimweg fand er die Straßen leer; sobald er nach Hause kam, klingelte das Telefon. Am anderen Ende war der Holländer, der das *Hôtel des Milles Collines* führte; es gehörte der *Sabena*, der belgischen Fluglinie, die auch das *Hôtel des Diplomates* betrieb. »Komm sofort zurück in die Stadt«, sagte er zu Paul. »Euer Präsident ist tot.« Paul rief Bekannte bei der UNAMIR an und bat um eine Eskorte. »Sie antworteten: ›Keine Chance. Überall in Kigali sind Straßensperren, und die Menschen werden auf den Straßen umgebracht‹«, erzählte mir Paul. »Das war eine Stunde nach dem Tod des Präsidenten – gerade mal eine Stunde.«

Niemand wußte in diesem Augenblick genau, wer die Führung der Regierung übernommen hatte, aber die Straßensperren, der zuversichtliche Ton der RTLM-Sprecher und die Berichte von Morden auf offener Straße ließen wenig Zweifel daran, daß die Hutu-Power einen Staatsstreich durchführte. Und so war es. Obwohl Habyarimanas Mörder niemals eindeutig identifiziert worden sind, hat sich der Verdacht auf die Extremisten in seiner eigenen Umgebung konzentriert – besonders auf den quasi pensionierten Oberst Théoneste Bagasora, einen Vertrauten von Madame Habyarimana und Gründungsmitglied des *Akazu* und seiner Todesschwadronen, der im Januar 1993 die Bemerkung geäußert hatte, er bereite die Apokalypse vor. Aber ganz gleich, wer Habyarimana getötet hatte: es bleibt die Tatsache, daß die Organisatoren des Völkermords darauf vorbereitet waren, seinen Tod sofort auszunutzen. (Während Ruandas Elite der Hutu-Power in dieser Nacht die Todesmaschinerie in Gang setzte, riefen in Burundi, dessen Präsident ebenfalls ums Leben gekommen war, die Armee und die UN in Rundfunksendungen dazu auf, Ruhe zu bewahren, und dieses Mal explodierte Burundi nicht.)

Am frühen Abend des 6. April hatte Oberst Bagasora als Gast des Bangladescher Bataillons der UNAMIR an einem Essen teilgenommen. Eine Stunde nach dem Tod des Präsidenten übernahm er den Vorsitz beim Treffen eines selbsternannten »Krisenausschusses«, einer vorwiegend von Militärs geprägten Versammlung, in der die Hutu-Power ihren eigenen Coup bestätigte und – wegen der Anwesenheit General Dallaires und des Sonderbeauftragten des UN-Generalsekretärs – die Einhaltung der Verträge von Arusha beteuerte. Das Treffen endete etwa um Mitternacht. Inzwischen wimmelte die Hauptstadt bereits von Soldaten, *Interahamwe*-Milizen und Angehörigen der Präsidentengarde, ausgerüstet mit Todeslisten. Die Mörder schalteten zunächst vor allem die Führer der Hutu-Opposition aus, darunter auch die Hutu-Premierministerin Agathe Uwilingiyimana, deren Haus wie viele andere bei Tagesanbruch des 7. April umzingelt wurde. Ein Kontingent von zehn belgischen UNAMIR-Soldaten traf dort ebenfalls ein, aber die Premierministerin floh über ihren

Gartenzaun und wurde unweit von ihrem Haus ermordet. Bevor die Belgier abziehen konnten, kam ein ruandischer Offizier vorgefahren und befahl ihnen, ihre Waffen abzuliefern und mit ihm zu kommen. Die zahlenmäßig unterlegenen Belgier wurden nach Camp Kigali gebracht, dem Militärstützpunkt im Stadtzentrum, wo man sie mehrere Stunden festhielt; schließlich wurden sie gefoltert, ermordet und verstümmelt.

Danach begann die umfassende Vernichtung der Tutsi, wobei die UN-Truppen den Mördern wenig Widerstand entgegensetzten. Ausländische Regierungen beeilten sich, ihre Botschaften zu schließen und ihre Staatsbürger auszufliegen. Ruander, die um Hilfe baten, ließ man im Stich, mit Ausnahme einiger Sonderfälle wie Madame Agathe Habyarimana, die mit einem französischen Militärtransport nach Paris expediert wurde. Die RPF, die in der ganzen Zeit der stockenden Umsetzung des Friedensvertrags kampfbereit geblieben war, nahm die Feindseligkeiten keine vierundzwanzig Stunden nach Habyarimanas Tod wieder auf; sie setzte ihre Truppen aus den Kasernen in Kigali in Marsch, um ein höher gelegenes Gebiet um das Parlament herum zu sichern, und startete gleichzeitig eine größere Offensive aus der »entmilitarisierten Zone« im Nordosten. Die Regierungsarmee schlug entschlossen zurück, so daß das Morden ungestört fortgesetzt werden konnte. »Ihr Schaben müßt lernen, daß auch ihr aus Fleisch und Blut seid«, höhnte ein Sprecher über RTLM. »Wir werden euch keine Chance zum Töten geben. Wir werden euch töten.«

Von solchen Botschaften und von Führern aus allen Ebenen der Gesellschaft angefeuert, breiteten sich die Massaker an den Tutsi und die Morde an Hutu-Oppositionellen von Region zu Region aus. Das Beispiel der Milizen vor Augen, machten sich die Hutu, jung und alt, ans Werk. Nachbarn erschlugen Nachbarn in ihren Wohnungen, und Kollegen erschlugen Kollegen am Arbeitsplatz. Ärzte brachten ihre Patienten um, und Schullehrer töteten ihre Schüler. Innerhalb weniger Tage war die Tutsi-Bevölkerung vieler Dörfer so gut wie ausgelöscht, und in Kigali wurden Gefangene in Arbeitsgruppen eingesetzt, um die Leichen von den Straßen aufzusammeln. In ganz Ruanda war das Gemetzel begleitet von Massenvergewaltigungen und Plünderungen. Betrunkene Miliz-Horden, aufgepeitscht durch die verschiedensten Drogen aus geplünderten Apotheken, wurden in Bussen von Massaker zu Massaker gekarrt. Radiosprecher ermahnten ihre Hörer, kein Mitleid mit Frauen und Kindern zu haben. Als zusätzlicher Anreiz für die Mörder wurden die Habseligkeiten der Tutsi im voraus verteilt – das Radio, die Couch, die Ziege, die Gelegenheit zur Vergewaltigung eines jungen Mädchens. Eine Ratsabgeordnete in einem Viertel von Kigali soll fünfzig ruandische Francs (damals etwa dreißig Cent) für jeden abgehackten Tutsi-Kopf geboten haben – das nannte man »Kohlköpfe verkaufen«.

Am Morgen des 9. April sah Paul Rusesabagina, der durch das totale Ausgangsverbot in seinem Haus festgehalten war, jemanden über die Mauer in seinen Garten steigen. Wenn diese Leute hinter mir her sind, dachte er, dann möchte ich allein sterben, bevor meine Kinder und meine Frau und alle Leute hier umgebracht sind. Er ging hinaus in den Hof und erfuhr, daß Oberst Bagasoras »Krisenausschuß« gerade eine neue »Übergangsregierung« ernannt hatte, die sich vollständig aus loyalen Hutu-Marionetten zusammensetzte. Diese Regierung wollte ihr Hauptquartier im *Hôtel des Diplomates* aufschlagen, aber alle Zimmer des Hotels waren verschlossen, und die Schlüssel lagen in einem Safe in Pauls Büro. Zwanzig Soldaten waren losgeschickt worden, um ihn zu holen. Paul rief seine Familie sowie die Freunde und Nachbarn zusammen, die in seinem Haus Zuflucht gesucht hatten, insgesamt etwa dreißig Menschen, und dann fuhren sie mit ihrer Eskorte los. Sie fanden eine schwer geprüfte Stadt vor – »schrecklich«, meinte Paul, »unsere Nachbarn waren alle tot« –, und sie waren noch nicht weit gekommen, als ihre Eskorte plötzlich an den Rand fuhr und anhielt.

»Mister«, sagte einer der Soldaten, »wissen Sie, daß alle Firmendirektoren schon umgebracht sind? Wir haben sie alle getötet. Sie aber haben Glück. Heute töten wir Sie nicht, weil wir Sie für die Regierung holen sollen.« Bei der Erinnerung an diese Worte mußte Paul lachen, ein paar kurze heftige Atemzüge. »Ich sage Ihnen, ich habe geschwitzt. Ich habe angefangen zu verhandeln und ihnen gesagt: ›Hört zu, töten bringt euch nichts. Das lohnt sich nicht für euch. Wenn ich euch Geld gebe, dann habt ihr was davon, ihr könnt euch holen, was ihr braucht. Aber wenn ihr jemanden umbringt – diesen alten Mann hier zum Beispiel, der ist jetzt sechzig Jahre alt, hat mit dieser Welt abgeschlossen –, was habt ihr denn davon?« Am Straßenrand verhandelte Paul mindestens eine Stunde lang auf diese Weise, und bevor er weiterfahren durfte, hatte er über fünfhundert Dollar herausrücken müssen.

Als die *Sabena* Paul 1993 zum Generaldirektor des *Diplomates* ernannt hatte, war er der erste Ruander, der jemals in einer belgischen Firma so weit aufgestiegen war. Am 12. April 1994 jedoch – drei Tage nachdem er mit der neuen Völkermord-Regierung in das Hotel eingezogen war –, als der holländische Direktor des *Hôtel des Milles Collines* Paul anrief und ihm mitteilte, er als Europäer habe für seine Evakuierung gesorgt, da war klar, daß Paul als Ruander zurückgelassen würde. Der Holländer bat Paul, der von 1984 bis 1993 im *Milles Collines* gearbeitet hatte, sich in seiner Abwesenheit um das Hotel zu kümmern. Zum gleichen Zeitpunkt faßte die Hutu-Power-Regierung im *Hôtel des Diplomates* plötzlich den Entschluß, aus Kigali, wo die Kämpfe mit der RPF sich verschärften, zu fliehen und sich in Gitarama einzurichten. Ein schwer bewaffneter Konvoi wurde für die Reise zusammengestellt. Paul lud seine Familie und Freunde in einen Lieferwagen des Hotels, und als sich der Regierungskonvoi in Bewegung setzte, fuhr er hinterher und folgte ihm, als gehöre er dazu, bis man das *Milles Collines* passierte, wo er in die Auffahrt seines neuen Hotels einbog.

Es war eine eigenartige Szenerie im *Milles Collines*, dem besten Hotel Kigalis, wo das Personal in Livree herumlief und eine Übernachtung 125 Dollar kostete – etwa die Hälfte des durchschnittlichen ruandischen Jahreseinkommens. Unter den Gästen waren einige Offiziere der *Forces Armées Rwandaises* und der UNAMIR sowie Hunderte Zufluchtsuchende – die meisten wohlhabende oder einflußreiche Tutsi und Hutu-Oppositionelle samt Familien, die offiziell dem Tode geweiht waren, die es aber durch Beziehungen, Bestechung oder schieres Glück lebend bis ins Hotel geschafft hatten. Dort hofften sie, die UN-Präsenz werde ihnen Schutz bieten.

Als Paul eintraf, waren auch noch einige Auslandskorrespondenten im Hotel, aber sie wurden zwei Tage später ausgeflogen. Josh Hammer, ein *Newsweek*-Korrespondent, der am 13. und 14. April insgesamt vierundzwanzig Stunden in Kigali verbrachte, erinnert sich, wie er an einem Fenster des *Milles Collines* stand und zusammen mit einigen Tutsi-Flüchtlingen beobachtete, wie draußen eine *Interahamwe*-Bande vorbeirannte. »Man konnte buchstäblich sehen, wie das Blut von ihren Keulen und Macheten tropfte.« Als Hammer mit Kollegen losging, um sich in der Stadt umzusehen, kamen sie gerade mal zwei oder drei Blocks weit, bevor sie von *Interahamwe*-Milizen zurückgetrieben wurden. An militärischen Straßensperren, sagte er, »ließen sie einen durch und winkten einem; dann hörte man zwei oder drei Schüsse, und wenn man zurückkam, lagen da neue Leichen.« Am Tag von Hammers Besuch wurde ein Lastwagen des Roten Kreuzes mit verletzten Tutsi auf dem Weg zu einem Krankenhaus an einer *Interahamwe*-Straßensperre angehalten, alle Tutsi wurden herausgeholt und »auf der Stelle« niedergemetzelt. Das entfernte Grollen der RPF-Artillerie ließ die Luft erzittern, und als Hammer ins Dachrestaurant des *Milles Collines* gehen wollte, blockierten Regierungssoldaten die Türen. »Es sah aus, als sei dort das gesamte militärische Kommando bei der Arbeit und organisierte seine Strategie und den Völkermord«, erzählte er.

Schließlich fuhren die Journalisten mit einem UNAMIR-Konvoi zum Flughafen, und Paul blieb zurück, um sich um ein Hotel voller Verdammter zu kümmern. Abgesehen von dem eher symbolischen Schutz durch eine Handvoll UN-Soldaten besaß das *Milles Collines* keinerlei Verteidigung. Führer der Hutu-Power und FAR-Offiziere kamen und gingen nach Belieben, *Interahamwe*-Banden umringten das Hotelgelände, die sechs Telefonleitungen des Hotels nach draußen wurden gekappt, und als sich die Zahl der in Zimmer und Korridore gepferchten Flüchtlinge der Tausend näherte, gab es von Zeit zu Zeit die Ankündigung, sie würden alle umgebracht. »Manchmal«, sagte mir Paul, »kam ich mir tot vor.«

»Tot?« fragte ich. »Schon tot?«

Paul dachte einen Moment nach. Dann sagte er: »Ja.«

Am Morgen bevor Paul in das *Milles Collines* umzog, versuchten Odette und Jean-Baptiste Kigali zu verlassen. Sie hatten täglich dreihundert Dollar Schutzgeld an drei Polizisten aus der Nachbarschaft gezahlt, und ihr Geld war fast aufgebraucht. Odette hatte noch mehrere tausend Dollar an unterzeichneten Travellerschecks, aber die Polizisten mißtrauten dieser Art der Bezahlung. Odette fürchtete, sie könnten ihre Schwester Vénantie entdecken, sobald sie kein Geld mehr hatte. Vénantie hatte sich drei Tage lang in einem Hühnerstall versteckt, der einigen Nonnen nebenan gehörte, aber dann war sie herausgekommen und hatte gesagt, sie wolle lieber sterben. Odette hatte bereits erfahren, daß mindestens eine ihrer Schwestern im Norden getötet worden war, und es war ihr auch klar, daß man die meisten Tutsi in Kigali ermordet hatte. Ihr Freund Jean, der sie gebeten hatte, seine Frau nach Nairobi mitzunehmen, war selbst dorthin gefahren, um ein Haus für seine Familie zu finden, und seine Frau war zusammen mit ihren vier Kindern umgebracht worden. Müllwagen fuhren durch die Straßen und lasen die Leichen auf.

Den Süden jedoch hatten die Massaker noch nicht erreicht. Odette und Jean-Baptiste glaubten, wenn sie dorthin gelangen könnten, wären sie vielleicht sicher; nur der Nyabarongo lag noch dazwischen, und es gab keinerlei Hoffnung, die Brücke knapp südlich von Kigali zu passieren. Sie beschlossen, ihr Glück in den Papyrus-Sümpfen am Ufer zu versuchen – mit einem Boot überzusetzen und zu Fuß durch den Busch weiterzuziehen. Im Austausch für eine Eskorte zum Fluß übereigneten sie ihren Jeep, ihren Fernseher, ihre Stereoanlage und andere Haushaltsgegenstände an ihre Beschützer von der Polizei. Die Polizisten gingen sogar los und fanden Odettes Neffen samt Frau und Baby, die sich irgendwo in Kigali verborgen hatten, und brachten sie in einer Schule in Sicherheit. Der Neffe wurde jedoch am nächsten Tag zusammen mit allen anderen Männern in der Schule ermordet.

In der Nacht vor dem Aufbruch ging Odette zu ihren Nachbarn, den Nonnen, und erzählte der Oberin von ihrem Plan. Die Nonne nahm Odette beiseite und gab ihr über dreihundert Dollar. »Eine Menge Geld«, sagte mir Odette. »Und sie war eine Hutu.« Odette gab etwas von dem Geld an jedes ihrer Kinder, die vierzehn, dreizehn und sieben Jahre alt waren, und in die Schuhe der Kinder steckte sie Zettel mit den Adressen und Telefonnummern von Familienangehörigen und Freunden sowie den Kontonummern von ihr und Jean-

Baptiste – falls sie, wie Odette ihnen sagen mußte, getrennt oder getötet würden.

Die Familie stand um vier Uhr morgens auf. Von den Polizisten war nichts zu sehen. Sie hatten die letzten von Odettes Travellerschecks genommen und sich aus dem Staub gemacht. Also fuhr Jean-Baptiste. Zu dieser frühen Stunde lagen die Straßensperren meistens verlassen. Vénantie, die als Abgeordnete bekannt war, verkleidete sich im Wagen als Moslemin und verschleierte ihr Gesicht. In einem kleinen Dorf in der Nähe des Flusses, wo ein Freund Jean-Baptistes Bürgermeister war, organisierten sie eine lokale Polizeieskorte – zwei Männer vorneweg, einer dahinter, für etwa dreißig Dollar pro Mann – und machten sich zu Fuß auf den Weg, mit etwas Wasser, ein paar Keksen und einem Kilo Zucker, durch mehr als mannshohen Papyrus. Am anderen Ufer sahen sie ein Boot und riefen nach dem Fährmann, aber der sagte: »Nein, ihr seid Tutsi.«

Die Marschen wimmelten von Tutsi, die sich verbargen oder den Fluß zu überqueren versuchten, und zwischen den Papyrusstauden lauerten auch viele *Interahamwe*. Als Odette ihre Tochter schreien hörte: »Nein, tötet uns nicht, wir haben Geld, ich habe Geld, bringt mich nicht um«, begriff sie, daß die Kinder erwischt worden waren.

»Wir rannten hinüber«, erzählte mir Odette. »Jean-Baptiste sagte: ›Nun sehen Sie doch, ich bin bloß ein Hutu, der vor der RPF flieht‹, und wir warfen ihnen all unser Geld hin und alles, was wir hatten. Während sie es aufteilten, rannten wir fort, zurück zum Dorf, wo wir den Jeep zurückgelassen hatten. Dann kam eine andere Gruppe *Interahamwe* und erkannte meine Schwester. Während wir rannten, schrien sie von Hügel zu Hügel: ›Da ist eine Abgeordnete dabei, ihr müßt sie kriegen.‹ Meine Schwester war älter als ich und schwerer, und wir waren sehr müde. Wir tranken aus einer Flasche Obstsaft, und das gab uns Kraft, aber meine Schwester war ganz außer Atem. Sie hatte eine kleine Pistole dabei, und Jean-Baptiste rannte schnell mit den Kindern voraus, und ich rief: ›Warte doch, Jean-Baptiste, wenn wir sterben müssen, wollen wir zusammen sterben.‹ Dann stieß eine Gruppe *Interahamwe* auf uns, und sie hielten uns Handgranaten an den Hals. Das war, als ich die Schüsse hörte. Ich konnte nicht zurückschauen. Ich habe die Leiche meiner Schwester nie gesehen. Sie haben sie mit ihrer eigenen Pistole erschossen.«

Odette sprach schnell, und schnell redete sie weiter. »Oh, ich habe vergessen zu sagen, daß Jean-Baptiste während der April-Krise zwei chinesische Handgranaten gekauft hatte, sehr billig, hier auf dem Markt. Ich mochte das nicht. Ich hatte immer Angst, sie würden explodieren.« Aber die Handgranaten kamen zupaß. Als die *Interahamwe* die Kinder gefangen hatten, und als sie dann erneut die ganze Familie fingen und Vénantie erschossen, da schwenkte Jean-Baptiste die Granaten und sagte den Mördern, sie würden mit seiner Familie zusammen sterben. »Also brachten sie uns nicht um«, sagte Odette. »Statt dessen nahmen sie uns ins Dorf zum Verhör mit, und der Bürgermeister, den wir kannten, brachte etwas Reis und tat so, als wären wir seine Gefangenen, um uns zu beschützen.«

Inzwischen war es später Nachmittag geworden, und es hatte zu regnen begonnen – jene Art blendenden, betäubenden Regens wie aus Kübeln, der sich an Aprilnachmittagen über Ruanda ergießt –, und Jean-Baptiste rannte mit der Familie durch den peitschenden Regen zum Jeep. Die *Interahamwe*-Milizen wollten den Wagen anhalten, doch Jean-Baptiste fuhr durch sie hindurch und dann Richtung Kigali. Er fuhr schnell, hielt nirgends an, und zwölf Stunden nach ihrem Aufbruch kam die Familie in ihr Haus zurück. In jener Nacht hatten sie Radio Muhabura eingeschaltet, den RPF-Sender, wo täglich die Namen der Tutsi verlesen wurden, die als ermordet gemeldet worden waren. Mitten in der Auflistung der Toten hörten sie ihre eigenen Namen.

Thomas Kamilindi hatte sich eine Woche lang in seinem Haus eingeschlossen. Er saß am Telefon, sammelte Nachrichten aus dem ganzen Land und gab Berichte an eine französische Radioagentur durch. Dann, am 12. April, erhielt er einen Anruf von Radio Ruanda, Eliezer Niyitigeka wolle ihn sehen. Niyitigeka, ein ehemaliger Kollege vom Radio, war soeben zum Informationsminister in der Regierung der Hutu-Power ernannt worden und an die Stelle eines Oppositionellen gerückt, den man ermordet hatte. Thomas ging zum Sender, der in der Nähe seines Hauses lag, und Niyitigeka sagte ihm, er müsse an die Arbeit zurückkehren. Thomas erinnerte ihn daran, daß er aus Gewissensgründen gekündigt habe, woraufhin der Minister sagte: »Gut, Thomas, sollen die Soldaten entscheiden.« Thomas verhielt sich ausweichend: er wolle die Arbeit nicht unter Druck aufnehmen, sondern auf einen offiziellen Anstellungsvertrag warten. Niyitigeka willigte ein, und Thomas kehrte nach Hause zurück, nur um von seiner Frau Jacqueline zu erfahren, daß während seiner Abwesenheit zwei Soldaten der Präsidentengarde aufgetaucht seien – mit einer Liste, auf der auch sein Name stand.

Thomas war nicht überrascht zu erfahren, daß er auf einer Todesliste stand. Bei Radio Ruanda hatte er sich geweigert, die Sprache der Hutu-Power zu sprechen, und zwei Streiks angeführt; er war Mitglied der Sozialdemokratischen Partei, die Verbindungen zur RPF unterhielt, und er stammte aus dem Süden, aus Butare. Angesichts dieser Faktoren war Thomas entschlossen, sich eine bessere Zuflucht zu suchen, als sein Haus sie ihm bieten konnte. Am nächsten Morgen standen drei Soldaten vor der Tür. Er lud sie ein, sich zu setzen, aber der Führer des Trupps sagte: »Wir setzen uns nicht bei der Arbeit« und befahl ihm mitzukommen. Thomas erwiderte, er werde sich nicht rühren, solange er nicht wüßte, wohin es gehe. »Sie kommen mit, oder Ihre Familie kriegt Ärger«, sagte der Soldat.

Thomas ging mit den Soldaten den Hügel hinauf, vorbei an der verlassenen amerikanischen Botschaft und über den *Boulevard de la Révolution*. An der Ecke, vor dem Gebäude der Soras-Versicherung und gegenüber dem Verteidigungsministerium, stand eine Gruppe Soldaten um einen neu errichteten Bunker herum. Die Soldaten beschimpften Thomas, weil er in seinen Berichten an die internationalen Medien sie und ihre Taten geschildert hatte. Sie befahlen ihm, sich auf die Straße zu setzen. Als er sich weigerte, schlugen sie ihn. Sie schlugen ihn brutal und ohrfeigten ihn wiederholt, wobei sie Beleidigungen und Fragen schrien. Dann trat ihn jemand in den Magen, und da setzte sich Thomas hin. »Okay, Thomas«, sagte einer der Männer. »Schreib deiner Frau einen Brief und sag ihr, was du willst, denn jetzt wirst du sterben.«

Ein Jeep fuhr heran, die Soldaten darin stiegen aus und traten ebenfalls auf Thomas ein. Dann reichte man ihm Papier und einen Kugelschreiber, und er schrieb: »Hör zu, Jacqueline, sie werden mich töten. Ich weiß nicht, warum. Sie sagen, ich bin ein Komplize der RPF. Deshalb werde ich sterben, und hier ist mein Testament.« Thomas schrieb seinen Letzten Willen nieder und gab ihn den Soldaten.

Einer der Soldaten sagte: »Los, machen wir Schluß« und trat einen Schritt zurück, wobei er sein Gewehr entsicherte.

»Ich habe nicht hingesehen«, erinnerte sich Thomas, als er mir davon erzählte. »Ich habe wirklich geglaubt, sie würden mich erschießen. Dann kam noch ein Fahrzeug, und plötzlich sah ich einen Major, der einen Fuß auf den gepanzerten Wagen gesetzt hatte und fragte: ›Thomas?‹ Als er meinen Namen rief, erwachte ich wie aus einem Traum. Ich sagte: ›Sie machen mich fertig.‹ Er befahl ihnen, sie sollten aufhören, und dann wies er einen Sergeanten an, mich nach Hause zu bringen.«

Thomas ist lebhaft, von gedrungener Gestalt, mit wachen Augen. Sein Gesicht und seine Hände sind ebenso ausdrucksvoll wie seine Rede. Er ist ein Radiomann, ein Erzähler, und auch wenn seine Geschichte düster war: das Erzählen machte ihm Spaß. Schließlich waren er und seine Familie noch am Leben. Nach ruandischen Maßstäben war seine Geschichte glücklich verlaufen. Dennoch hatte ich – bei ihm noch mehr als bei anderen – den Eindruck, daß er die Ereignisse während der Erzählung ganz frisch vor sich sah; während er zurückschaute, war der Ausgang noch völlig ungewiß, und während er mich ansah, die klaren Augen leicht verschleiert, war ihm die Szene, die er beschrieb und vielleicht auch zu verstehen hoffte, immer noch gegenwärtig. Denn die Geschichte ergab keinen Sinn: Der Major, der ihn am Leben ließ, hatte Thomas vielleicht erkannt, aber für Thomas war der Major ein Fremder. Später erfuhr er seinen Namen: Major Turkunkiko. Was bedeutete Thomas für Major Turkunkiko, daß er weiter leben durfte? Es war nicht ungewöhnlich, wenn ein oder zwei Menschen große Massaker überlebten. Wenn man »den Busch säubert«, entgeht immer ein »Unkraut« der Klinge – ein Mann erzählte mir beispielsweise, seine Nichte habe man mit einer Machete geschlagen, dann gesteinigt, dann in eine Latrine geworfen, und jedesmal sei sie wieder aufgestanden und davongestolpert. Thomas dagegen war bewußt verschont worden, und er kannte den Grund nicht. Er warf mir einen Blick komischen Erstaunens zu – die Augenbrauen hochgezogen, die Stirn in Falten, ein verschmitztes Lächeln um die Mundwinkel – und gab damit zu verstehen, daß sein Überleben viel geheimnisvoller als seine Gefahr gewesen sei.

Thomas erzählte mir, als Pfadfinder habe man ihm beigebracht, »der Gefahr ins Auge zu sehen und sie zu analysieren, aber keine Angst zu haben«, und mir fiel auf, daß jede seiner Begegnungen mit der Hutu-Power nach einem bestimmten Muster abgelaufen war: Als der Minister ihn zurück an die Arbeit befahl, als die Soldaten ihn abholen kamen und als sie ihm sagten, er solle sich auf die Straße setzen, weigerte sich Thomas jedesmal, bevor er gehorchte. Die Mörder waren daran gewöhnt, Furcht zu begegnen, und Thomas hatte sich immer verhalten, als müsse es irgendein Mißverständnis geben, daß es jemand für nötig hielt, ihn zu bedrohen.

Solche Feinheiten hätten bedeutungslos sein sollen. Ein Komplize war ein Komplize; es durfte keine Ausnahme geben, und Effizienz war von höchster Wichtigkeit. Während des Völkermords wurde die Arbeit der Mörder in Ruanda nicht als Verbrechen betrachtet; es war im Grunde das Gesetz des Landes, und jeder Bürger war für seine Durchsetzung verantwortlich. Auf diese Weise war sichergestellt, daß ein Mensch, der getötet werden sollte und von einer Gruppe laufengelassen wurde, von jemand anderem gefangen und umgebracht würde.

Ich traf mich mit Thomas an einem milden Sommerabend in Kigali – zur Stunde der plötzlich hereinbrechenden äquatorialen Dämmerung, wenn Schwärme von Krähen und einzelne Bussarde schreiend zwischen den Bäumen und Dächern kreisen. Auf dem Rückweg zu meinem Hotel kam ich an der Ecke vorbei, wo Thomas den Tod erwartet hatte. Der Glaseingang zum Gebäude der Soras-Versicherung war von Einschußlöchern übersät.

»Wenn ich diese Ratte nicht töte, wird sie sterben«, sagt Clov in Samuel Becketts *Endspiel*. Wer jedoch Völkermord verübt, will die Natur zu seinem Feind machen, nicht zu seinem Verbündeten.

Am Morgen des 12. April, zur gleichen Zeit, als die Präsidentengarde Thomas zum ersten Mal aus seinem Haus hatte abholen wollen, erfuhr Bonaventure Nyibizi, daß seine Familie an diesem Nachmittag ermordet werden sollte. Sie hatten sich in seinem Haus und in dessen Nähe versteckt und einige Nächte zusammengekauert in Gräben verbracht. Viele ihrer Nachbarn waren getötet worden, und er erzählte mir: »Ich erinnere mich, daß schon am 10. April im Radio ein Kommuniqué der Provinzverwaltung verlesen wurde, alle Fahrer mit großen Lastwagen sollten sich melden, denn bereits vier Tage nach dem Beginn des Völkermords gab es hier so viele Leichen, daß die Lastwagen gebraucht wurden.«

Bonaventure zweifelte nicht daran, daß seine Familie zu Hause nicht mehr lange Glück haben würde. »Also beschlossen wir, statt uns von einer Machete töten zu lassen, wollten wir uns lieber von einer Handgranate treffen oder erschießen lassen«, sagte er. »Wir nahmen meinen Wagen und fuhren von meinem Grundstück herunter. Wir schafften es bis zur Kirche *Sainte Famille*. Es war kaum ein Kilometer, und wegen der vielen Straßensperren war die Fahrt schwierig. Aber wir schafften es, und am 15. April kamen sie. An jenem Tag brachten sie in *Sainte Famille* etwa hundertfünfzig Menschen um, und die ganze Zeit suchten sie nach mir.«

Die katholische Kathedrale *de la Sainte Famille*, ein riesiger Ziegelbau, steht direkt an einer von Kigalis Hauptverkehrsadern, wenige hundert Meter vom *Hôtel des Milles Collines* entfernt. Aufgrund ihrer Bekanntheit und der entsprechenden Sichtbarkeit für die paar internationalen Beobachter, die sich noch immer in Kigali aufhielten, war diese Kirche einer der wenigen Orte in der Stadt – von kaum einem halben Dutzend, und von keinem Dutzend in ganz Ruanda –, wo Tutsi, die 1994 dort Zuflucht suchten, niemals massenhaft vernichtet wurden. Statt dessen wuchs die Zahl der Opfer an solchen Orten nur allmählich, und für die Verschonten war der Terror von Dauer. *Sainte Famille* wurde ursprünglich von Polizisten beschützt, aber wie gewöhnlich leisteten sie nur geringen Widerstand gegenüber den *Interahamwe*-Milizen aus dem Viertel und den Soldaten, die nach Tutsi jagten. Zu Anfang gaben sich die Mörder damit zufrieden, neue Flüchtlinge bei ihrer Ankunft abzufangen. Am 15. April drangen sie zum ersten Mal massiv in die Kirche ein, und dieser Angriff war von den *Interahamwe* und der Präsidentengarde sorgfältig organisiert.

An jenem Tag wurden nur Männer getötet; sie wurden einzeln aus mehreren tausend Flüchtlingen in der Kirche und ihren Nebengebäuden herausgeholt. Die Mörder hatten Listen, und viele von ihnen waren Nachbarn der Opfer und konnten sie so identifizieren. Ein junger Mann, der für Bonaventure als Hausgehilfe gearbeitet hatte, wurde umgebracht. »Aber ich hatte Glück«, sagte Bonaventure. »Ich ging mit meiner Familie in einen kleinen Raum, und gerade als ich hineinging und die Tür hinter mir schloß, drangen Militär, Milizen und Polizei in die Kirche ein. Sie begannen nach mir zu fragen, aber zum Glück brachen sie nicht die Tür auf, hinter der ich war. Ich blieb da mit den Kindern und meiner Frau. In diesem sehr kleinen Raum drängten sich insgesamt etwa zwanzig Personen.« Bonaventure hatte eine drei Monate alte Tochter dabei. »Sie ruhig zu halten war am schwierigsten.«

Ich fragte ihn, was die Priester getan hätten, als die Morde begannen. »Nichts«, antwortete er. »Einer von ihnen war gut, aber er wurde selbst bedroht, deshalb versteckte er sich am 13. April, und der andere Verantwortliche hatte einen guten Draht zur Miliz. Das war der berühmte Pater Wenceslas Munyeshyaka. Er stand sehr gut mit dem Militär und der Miliz und drehte mit ihnen seine Runden. Zunächst hat er niemanden wirklich denunziert, aber er tat auch nichts für die Menschen.«

Nach dem Massaker half ein jüngerer Priester namens Paulin, Bonaventure in einem sichereren Versteck unterzubringen – dem Hinterzimmer einer Kirchengarage –, wo er vom 15. April bis zum 20. Juni blieb, allein mit einem Freund. »Er war ein Hutu, dieser Priester, aber er war gut«, sagte Bonaventure. »Manchmal öffnete er die Tür, so daß unsere Frauen uns Wasser und Essen bringen konnten. Es gab Gerüchte, ich sei umgebracht worden, und deshalb mußte ich mich bloß weiter versteckt halten.«

Als er von seiner unvollendeten Hinrichtung nach Hause ging, erfuhr Thomas Kamilindi von dem Sergeanten, der ihn begleitete, er sei noch immer zum Tode verurteilt. »Die werden Sie heute umbringen, wenn Sie nicht abhauen.« Thomas hatte keine Ahnung, wohin er gehen sollte. Er schrieb ein neues Testament und gab es seiner Frau mit den Worten: »Ich gehe. Ich weiß nicht, wohin, vielleicht kann dir dieses Papier einmal helfen.«

Als er wieder nach draußen trat, regnete es. Er lief los und landete schließlich beim Sender. »Ich hatte Angst«, sagte er, »weil der Sender praktisch eine Kaserne war.« Aber niemand schien sich um ihn zu kümmern. »Bis in den Abend sah ich fern. Ich rief meine Frau an und sagte ihr, ich sei im Sender, und ich schlief unter einem Tisch auf einer Matte. Ich hatte nichts zu essen, aber ich schlief gut.« Thomas konnte sich nicht vorstellen, wie er hätte überleben sollen, wäre er Tutsi gewesen. Am Morgen erzählte er dem Chefredakteur des Senders, er sei fast umgebracht worden. »Übernimm die Morgennachrichten, und vielleicht glauben sie dann, du gehörst zu uns«, sagte der Redakteur.

»Also übernahm ich die Sechs-Uhr-dreißig-Nachrichten«, erzählte mir Thomas, »aber ich konnte ja nicht so weitermachen.« Er rief bei verschiedenen Botschaften an und fand heraus, daß alle evakuiert waren. Dann versuchte er es beim *Hôtel des Milles Collines*: »Der Mann am Empfang erkannte meine Stimme und sagte: ›Thomas! Du lebst noch. Das ist ja unglaublich. Wir dachten, du seist tot.‹ Und dann meinte er: ›Wenn du es hierher schaffst, könntest du in Sicherheit sein.‹« Es war verboten, ohne Eskorte oder Papiere in einem Auto umherzufahren, deshalb überredete Thomas einen Soldaten, ihn zu fahren. Er traf ohne Geld im Hotel ein, bekam aber trotzdem ein Zimmer. »Wenn Leute kamen, sagten wir, um das Geld würden wir uns später kümmern«, erzählte mir einer vom Hotelpersonal. Noch in derselben Nacht, in der Thomas einzog, klingelte sein Telefon. Es war ein Armeemajor, Augustin Cyiza, der ebenfalls im Hotel wohnte. Cyiza sympathisierte mit den Flüchtlingen – später desertierte er und schloß sich der RPF an –, aber Thomas wußte das damals noch nicht. Er begab sich in Cyizas Zimmer und rechnete damit, umgebracht oder doch zumindest verhaftet zu werden. Statt dessen tranken die beiden Männer Bier und redeten bis spät in die Nacht, und am nächsten Tag verließ Cyiza das Hotel und kehrte mit Thomas' Frau und Tochter zurück.

Bier rettete viele Leben im *Milles Collines*. In der Erkenntnis, daß der Preis der Getränke in der umkämpften Stadt nur steigen konnte, schaffte es der Direktor Paul Rusesabagina durch verschiedene Mittelsmänner, die Hotelkeller immer gut gefüllt zu halten. Dieser Handel, bei dem er auch genug Süßkartoffeln und Reis beschaffte, um seine Gäste vor dem Hunger zu bewahren, erforderte ausgiebige Verhandlungen mit dem Militärkommando, und Paul nutzte diese Kontakte. »Ich benutzte Getränke, um die Leute zu korrumpieren«, erzählte er mir und lachte, weil die Leute, die er korrumpierte, die Führer der Hutu-Power waren, und mit korrumpieren meinte er, daß er sie mit Alkohol versorgte, damit sie die Flüchtlinge unter seinem Dach nicht umbrachten. »Ich gab Getränke und manchmal sogar Geld«, sagte er. Generalmajor Augustin Bizimungu, der Oberbefehlshaber der FAR, war einer von vielen regelmäßigen, unwillkommenen Besuchern im Hotel, die Paul immer gut befeuchtet hielt. »Alle sind gekommen«, berichtete Paul. »Ich hatte, was sie wollten. Das war nicht mein Problem. Mein Problem war, daß niemand aus meinem Hotel abgeholt wurde.«

Paul ist ein freundlicher Mann, robust gebaut und ziemlich unauffällig – ein bourgeoiser Hoteldirektor eben –, und so schien er sich auch selbst einzuschätzen: als einen ganz normalen Menschen, der nichts Besonderes tat, wenn er sich weigerte, dem Wahnsinn um ihn herum nachzugeben. »Menschen wurden Narren. Ich weiß nicht, warum«, meinte er zu mir. »Ich habe ihnen immer wieder gesagt: ›Ich bin nicht einverstanden mit dem, was ihr da tut‹, ganz offen, so wie ich es jetzt Ihnen sage. Ich bin ein Mann, der nein sagen kann, wenn es sein muß. Das ist alles, was ich getan habe – ich verhielt mich, wie mir zumute war. Weil ich mit Mördern niemals einverstanden bin. Ich war nicht einverstanden mit ihnen. Ich habe mich geweigert, und das sagte ich ihnen auch.« Natürlich waren viele Ruander mit dem Völkermord nicht einverstanden, aber viele überwanden ihre Vorbehalte und töteten, und noch viel mehr retteten einfach die eigene Haut. Paul versuchte, jeden zu retten, den er nur retten konnte, und wenn das bedeutete, mit jedem zu verhandeln, der sie töten wollte – dann war das eben nötig.

Eines Morgens kurz vor der Dämmerung kam Leutnant Apollinaire Hakizimana vom militärischen Nachrichtendienst an den Empfang, rief Paul in seinem Zimmer an und sagte: »Ich will, daß Sie innerhalb von dreißig Minuten alle aus diesem Hotel herausschaffen.« Paul hatte geschlafen, doch er war schlagartig wach und verhandelte. »Ich sagte: ›Mein Herr, wissen Sie, daß diese Leute Flüchtlinge sind? Welche Sicherheit können Sie garantieren? Wo sollen sie hin? Wie sollen sie fortkommen? Wer holt sie ab?‹« Leutnant Hakizimana antwortete: »Haben Sie nicht gehört, was ich gesagt habe? Wir wollen jeden draußen haben, und zwar binnen einer halben Stunde.« Paul meinte daraufhin: »Ich bin noch im

Bett. Geben Sie mir dreißig Minuten. Ich dusche, und dann hole ich alle raus.« Paul schickte schnell nach ein paar Flüchtlingen, denen er am meisten vertraute und die gute Beziehungen zum Regime hatten; zu ihnen gehörte auch François Xavier Nsanzuwera, der ehemalige Generalstaatsanwalt von Ruanda, ein Hutu, der einmal ein Verfahren gegen Hakizimana eingeleitet hatte, weil er als Führer von Todesschwadronen der Hutu-Power aufgetreten war. Zusammen bearbeiteten Paul und seine Freunde das Telefon, riefen General Bizimungu an, verschiedene Obersten und jeden anderen, von dem sie glaubten, er könne dem Leutnant gegenüber seinen Rang ausspielen. Ehe die halbe Stunde vorüber war, fuhr ein Jeep der Armee vor dem Hotel vor und überbrachte Hakizimana den Befehl abzuziehen.

»Die haben den Mann rausgeholt«, sagte Paul. Dann machte er eine kleine Pause in seinen Erinnerungen. Für einen Moment wirkte er abwesend. Ich stellte mir vor, er schaue durch sein Fenster im *Milles Collines*. Dann fuhr er fort. »Und was war um uns herum – um das Gelände des Hotels? Soldaten, *Interahamwe*, bewaffnet mit Gewehren, Macheten, mit allem.« Paul schien entschlossen, seine eigene Bedeutung richtig einzuschätzen. Er hatte nicht gesagt: »Ich habe diesen Mann rausgeholt« – sondern: sie haben es getan –, und indem er mir die Reihen der Mörder um den Hoteleingang vor Augen führte, unterstrich er diesen Punkt.

Wenn man dieser Tage über Gewalt diskutiert, nach dem Muster von »Wir gegen sie«, dann ist immer wieder von Massenhaß die Rede. Haß indes kann zwar auch belebend wirken, aber vor allem spricht er Schwäche an. Den »Autoren« des Völkermords, wie die Ruander sie nennen, war völlig klar: Wenn sie riesige Mengen schwacher Menschen dazu bringen wollten, Unrecht zu tun, mußten sie ihren Wunsch nach Stärke ansprechen – und die graue Macht, die Menschen wirklich antreibt, heißt Macht. Haß und Macht sind

Leidenschaften verschiedener Art. Der Unterschied liegt darin, daß Haß ausschließlich negativ ist, während Macht im wesentlichen positive Züge hat: man gibt sich dem Haß hin, aber man strebt nach Macht. In Ruanda erfolgte die Orgie irregeleiteter Macht, die zum Völkermord führte, im Namen des Hututums, und als der Hutu Paul sich daran machte, den Mördern Widerstand zu leisten, tat er das, indem er ihre Leidenschaft für die Macht ansprach: »Sie« hatten beschlossen, Leben zu nehmen – und er begriff, daß sie sich dann auch entscheiden konnten, es als Geschenk zurückzugeben.

Nachdem Odette und ihre Familie die Nachricht von ihrem eigenen Tod im Radio gehört hatten, blieben sie in ihrem Haus. »Wir schalteten niemals das Licht an und gingen nie ans Telefon, außer mit einem verabredeten Signal für Leute, die uns kannten – einmal klingeln lassen, auflegen, wieder anrufen.« So vergingen zwei Wochen. Dann rief Paul aus dem *Milles Collines* an. Er war ein alter Freund, und er probierte einfach herum – um herauszufinden, wer noch am Leben war, wen er retten könnte. »Er sagte, er würde Froduald Karamira vorbeischicken, um uns abzuholen«, erinnerte sich Odette. »Ich antwortete: ›Nein, den will ich nicht sehen. Wenn der kommt, bringt er uns um.‹ Aber so war Paul. Er hielt bis zum Ende den Kontakt mit solchen Leuten aufrecht.« Paul entschuldigte sich nicht dafür. »Natürlich habe ich mit Karamira gesprochen«, meinte er zu mir. »Ich sprach mit ihm, weil alle ins *Milles Collines* kamen. Ich hatte viele Kontakte, und ich hatte meinen Alkohol auf Lager, und ich schickte sie los und ließ sie Leute abholen und ins *Milles Collines* bringen. Nicht nur Odette und Jean-Baptiste und ihre Kinder wurden so gerettet. Es waren noch viele andere.«

Am 27. April kam ein Leutnant zu Odettes Haus, um die Familie mit dem Jeep ins Hotel zu bringen. Selbst ein Armeeoffizier konnte angehalten werden, selbst bei ihm konnten die *Interahamwe* Leute aus dem Auto holen, und deshalb wurde beschlossen, drei getrennte Fahrten zu unternehmen. Odette fuhr als erste. »Auf den Straßen«, sagte sie, »gab es Straßensperren, Macheten, Leichen. Aber ich habe nicht hingeschaut. Ich habe in der ganzen Zeit keine Leiche gesehen, außer im Fluß. Als wir dort in den Sümpfen waren, fragte mein Sohn: ›Was ist das da, Mutter?‹ Ich antwortete, es seien Statuen, die ins Wasser gefallen seien und vorbeitrieben. Ich weiß nicht, wie ich darauf kam. Mein Sohn meinte nur: ›Nein, das sind Leichen.‹«

Als der Leutnant und Odette am Hotel ankamen und feststellten, daß der Eingang umzingelt war – natürlich nicht zum Schutz der Menschen da drinnen, sondern um neue Flüchtlinge abzufangen –, hielt sie eine Handvoll Malariapillen und Aspirin hoch und sagte, sie sei eine Ärztin, die die Kinder des Direktors behandeln wolle. »Normalerweise«, erzählte sie mir, »trinke ich nicht, aber als ich ins Hotel kam, sagte ich: ›Gebt mir ein Bier.‹ Ich trank ein kleines Bier, und danach war ich vollständig betrunken.«

Der Leutnant fuhr erneut los, um Odettes Kinder zu holen, doch auf dem Rückweg zum Hotel wurden sie angehalten. Die Miliz an der Straßensperre fragte die Kinder: »Wenn eure Eltern nicht tot sind oder Tutsi, warum seid ihr nicht bei ihnen?« Odettes Sohn zögerte keinen Augenblick. Er sagte: »Mein Vater ist an einer Straßensperre, und meine Mutter ist im Krankenhaus.« Aber die Mörder waren nicht überzeugt. Zwei Stunden vergingen mit gereizten Diskussionen. Dann fuhr ein Wagen vor, in dem Georges Rutaganda saß, der erste Vizepräsident der *Interahamwe* und Mitglied des Zentralkomitees der MRND. Rutaganda erkannte die Kinder von früher – als er und Menschen wie Odette und Jean-Baptiste sich im gleichen gesellschaftlichen Universum bewegt hatten –, und für einen Augenblick regte sich in seiner verkrümmten Seele die Großmut. Laut Odette sagte er den *In-*

terahamwe, die diese Kinder bedrängten: »Hört ihr kein Radio? Die Franzosen haben gesagt, wenn wir nicht aufhören, Kinder umzubringen, werden sie uns keine Waffen und keine Hilfe mehr schicken.« Und dann: »Los, Kinder, in den Wagen und ab mit euch.«

So verletzte Rutaganda das achte »Hutu-Gebot« und zeigte Mitleid mit Odettes Kindern. Sie jedoch empfand keine Wärme gegenüber dem Mann. Viele, die an den Morden teilnahmen – als Beamte, Soldaten oder Milizen, oder als normale Bürgerschlächter –, nahmen auch den einen oder anderen Tutsi in Schutz, sei es aus persönlicher Sympathie oder um finanzieller oder sexueller Vorteile willen. Es war nicht ungewöhnlich, daß ein Mann oder eine Frau, die sich regelmäßig zum Töten aufmachten, ein paar Tutsi-Günstlinge im eigenen Haus versteckte. Später behaupteten solche Menschen manchmal, sie hätten ein paar Leben genommen, um nicht die Aufmerksamkeit auf ihre Bemühungen zu lenken, andere zu retten. Für sie schienen ihre anständigen Handlungen die Schuld ihrer Verbrechen aufzuwiegen. Für die Überlebenden aber war die Tatsache, daß ein Mörder manchmal ein Leben verschonte, lediglich der Beweis, daß er nicht als unschuldig gelten konnte – wußte er doch offensichtlich, daß Mord unrecht war.

»Der Mensch, der meiner Schwester den Kopf abgeschnitten hat, soll mildernde Umstände geltend machen können? Nein!« sagte Odette zu mir. »Selbst dieser Mr. Rutaganda, der meine Kinder gerettet hat, sollte öffentlich aufgehängt werden, und ich würde hingehen und zusehen.« Die Kinder waren in Tränen aufgelöst, als sie am Hotel ankamen. Selbst der Leutnant weinte. Es dauerte eine ganze Weile, bis sie ihn überreden konnte, auch die letzte Fahrt zu unternehmen und Jean-Baptiste und ihr adoptiertes Mulattenkind ins Hotel zu bringen. »Mulatten«, erläuterte Odette, »galten als die Kinder von Tutsi und Belgiern.«

10

Paul Rusesabagina erinnerte sich, daß das *Hôtel des Milles Collines* 1987 sein erstes Faxgerät angeschafft hatte, und dafür hatte man eine zweite Telefonleitung installiert. Als die Regierung Mitte April 1994 die Leitungen zur Telefonzentrale des Hotels kappte, entdeckte Paul, daß die alte Faxleitung – »auf wundersame Weise«, wie er sagte – noch einen Wählton aufwies. Paul betrachtete diese Verbindung als stärkste Waffe in seinem Kampf um den Schutz seiner Gäste. »Wir konnten den König von Belgien anrufen«, erzählte mir Paul. »Ich konnte direkt zum französischen Außenministerium durchkommen. Viele Faxe schickten wir an Bill Clinton persönlich ins Weiße Haus.« In der Regel, berichtete er, blieb er bis vier Uhr morgens wach – »ich schickte Faxe, telefonierte, rief alle Welt an«.

Die Führer der Hutu-Power in Kigali wußten, daß Paul über ein Telefon verfügte, aber »sie hatten meine Nummer nicht, deshalb wußten sie nicht, wie sie die Leitung unterbrechen sollten, und außerdem hatten sie anderes zu tun«. Paul hütete sein Telefon sorgfältig, aber Flüchtlinge mit nützlichen Auslandskontakten durften es benutzen. Odette schickte regelmäßig Faxe nach Washington an ihre früheren Arbeitgeber in der Zentrale des Friedenskorps, und am 29. April gab Thomas Kamilindi über das Telefon des Hotels einem französischen Sender ein Interview. »Ich beschrieb, wie wir lebten, ohne Wasser – wir tranken Wasser aus dem Schwimmbekken –, wie das mit den Morden war und wie die RPF vorrückte«, erzählte mir Thomas. Das Interview wurde gesendet, und am nächsten Morgen sagte Major Cyiza zu Thomas: »Sie haben es versaut. Die haben beschlossen, Sie umzubringen. Versuchen Sie, hier rauszukommen, solange Sie noch können.«

Thomas wußte nicht, wohin er gehen sollte. Er zog in das Zimmer eines Freundes, und noch am gleichen Nachmittag erfuhr er, ein Soldat sei ins Hotel gekommen, um ihn zu töten. Thomas benutzte das Hoteltelefon und bat seine Frau, den Namen des Soldaten herauszufinden. Es war Jean-Baptiste Iradukunda. »Wir waren Jugendfreunde«, berichtete Thomas, »also rief ich ihn an und sagte: ›Okay, ich komme‹ und ging zu ihm. Er erklärte, das Oberkommando wolle mich tot sehen. Ich fragte, wer das beschlossen und wer ihm den Auftrag gegeben habe. Er zögerte. Dann sagte er sinngemäß: ›Ich weiß nicht, wer dich töten wird. Ich jedenfalls kann es nicht tun. Aber ich verlasse jetzt das Hotel, und dann werden sie bestimmt einen anderen schicken, um dich zu töten.‹«

»Es kam aber niemand«, meinte Thomas. »Die Lage beruhigte sich wieder. Ich wagte mich nach einer Weile wieder in den Flur und blieb im Hotel.«

Als ich Paul nach Thomas' Schwierigkeiten fragte, lachte er. »Das Interview war nicht gut für die Flüchtlinge«, meinte er und fügte hinzu: »Sie wollten ihn herausholen, aber ich habe mich geweigert.«

Ich fragte Paul, wie das funktioniert habe, warum seine Weigerung respektiert worden sei.

»Ich weiß es nicht«, antwortete er und lachte wieder. »Ich weiß nicht, wie es lief, aber ich habe damals so vieles verweigert.«

Inzwischen, in ganz Ruanda: Mord, Mord, Mord, Mord, Mord, Mord …

Nehmen wir die beste Schätzung, wonach in hundert Tagen achthunderttausend Menschen ermordet wurden. Das sind dreihundertdreiunddreißigeindrittel Morde pro Stunde – in jeder Minute gingen fünfeinhalb Leben zu Ende. Wenn wir berücksichtigen, daß die meisten dieser Morde schon in den ersten drei oder vier Wochen begangen wurden, und wenn wir die unzähligen Opfer hinzurechnen, die schwer, aber nicht tödlich verletzt wurden, dazu die systematische und andauernde Vergewaltigung von Tutsi-Frauen – dann gewinnt man einen Eindruck davon, was es bedeutete, daß das *Milles Collines* der einzige Ort in Ruanda war, an dem fast tausend Menschen lebten, die eigentlich hatten sterben sollen – und wie Paul sehr ruhig sagte: »Niemand wurde getötet. Niemand wurde herausgeholt. Niemand wurde geschlagen.«

Hügelabwärts vom Hotel, in seinem Versteck in der Kirche *Sainte Famille*, hatte Bonaventure ein Radio, und wenn er RTLM hörte, konnte er verfolgen, wie »gut« es mit dem Morden voranging. Er hörte die höflichen Ermahnungen des Radiosprechers, kein Grab nur halbgefüllt zu lassen, und die dringlicheren Aufrufe, hierhin oder dorthin zu gehen, weil mehr Hände gebraucht würden, um diesen oder jenen »Job« zu vollenden. Er hörte die Reden der Machthaber aus der Regierung der Hutu-Power, wenn sie durch das Land fuhren und die Menschen aufriefen, ihre Anstrengungen zu verdoppeln. Und er fragte sich, wie lange es dauern würde, bis das langsame, aber stetige Massaker an den Flüchtlingen in der Kirche, in der er sich versteckte, auch ihn erreichte. Am 29. April verkündete RTLM, der 5. Mai sei der »Tag des Aufräumens«, der Tag der endgültigen Vernichtung aller Tutsi in Kigali.

James Orbinski, ein kanadischer Arzt, gehörte zu den etwa fünfzehn internationalen Vertretern von Hilfsorganisationen, die sich noch in Kigali aufhielten. Er beschrieb die Stadt als »buchstäbliches Niemandsland« und sagte: »Das einzig Lebendige war der Wind, außer an den Straßensperren, und die Straßensperren waren überall. Die *Interahamwe* waren furchteinflößend, blutdürstig, betrunken – es wurde viel getanzt an den Straßensperren. Die Menschen brachten ihre Familien in Krankenhäuser und Waisenhäuser. Sie brauchten Tage, um drei, vier Kilometer zurückzulegen.« Erreichte man schließlich ein Krankenhaus, bedeutete das noch keineswegs, daß man in Sicherheit war. Als Orbinski das Hospital besuchte, in dem Odette und Jean-Baptiste gearbeitet hatten, fand er es voller Leichen. Er ging zu einem Waisenhaus, in der Hoffnung, er könne die Kinder evakuieren, und mußte sich von einem ruandischen Offizier sagen lassen: »Diese Leute sind Kriegsgefangene; was mich angeht, sind sie Insekten, und wie Insekten werden wir sie zertreten.«

Ende April war die Stadt entlang ihrem Haupttal geteilt: Der Osten, wo Orbinski stationiert war, stand unter der Kontrolle der RPF, und der Westteil der Stadt gehörte der Regierung. UNAMIR und die wenigen internationalen Helfer wie Orbinski führten stundenlange Verhandlungen, um den Austausch von Gefangenen, von Flüchtlingen und Verwundeten beiderseits der Front zu organisieren. Ihr Erfolg hielt sich in engen Grenzen. »Ich ging jeden Tag zur Kirche *Sainte Famille*, brachte Medikamente, stellte Listen auf«, erzählte mir Orbinski. »Wenn ich am nächsten Tag wieder hinging, waren zwanzig Leute tot, vierzig Leute tot.«

Als Paul erzählte, wie er sein Telefon im *Milles Collines* benutzt hatte, um internationale Aufmerksamkeit für das Elend seiner Gäste zu wecken, sagte er: »Wissen Sie, in der Kirche gab es auch ein funktionierendes Telefon, und dieser Priester, Pater Wenceslas, hat es nie benutzt. Meine Güte.«

Es stimmte, daß das Telefon in der Kirche funktionierte. Selbst Bonaventure Nyibizi in seinem Versteck hatte davon gewußt, und eines Tages Mitte Mai hatte er sich hinausschleichen und es benutzen können. »Ich rief Washington an – die USAID-Mission«, erzählte er mir. »Sie sagten: ›Sie wissen, wie die Lage ist. Wenn Sie eine Chance haben herauszukommen, kontaktieren Sie die nächste Mission.‹« Wohl kaum ein Hoffnungsstrahl; aber für Bonaventure bedeutete es schon eine Beruhigung, daß er einen Kontakt hergestellt hatte und andere wußten, daß und wo er am Leben war.

Warum benutzte Pater Wenceslas sein Telefon nicht für solche Anrufe? Warum hatten nicht mehr Leute so gehandelt wie Paul? »Das ist mir ein Rätsel«, meinte Paul. »Jeder hätte es tun können. Aber Wenceslas selbst trug zum Beispiel eine Pistole bei sich, obwohl er Priester war. Ich kann nicht behaupten, daß er jemanden umgebracht hat. Ich habe ihn niemals töten sehen. Aber ich sah ihn mit einer Pistole. Eines Tages kam er in mein Zimmer. Er sprach darüber, was im Lande geschah, daß die Leute aus *Sainte Famille* heraus – aus seiner Kirche! – auf Soldaten mit Panzerwagen schossen. Er sagte, er habe ihnen Getränke serviert, *weil* sie Leute getötet hätten. Ich meinte dazu: ›Hören Sie, damit bin ich nicht einverstanden.‹ Und meine Frau fragte: ›Pater, warum tragen Sie eine Pistole statt Ihrer Bibel? Warum legen Sie diese Pistole nicht weg und nehmen Ihre Bibel zur Hand? Ein Priester sollte nicht in Jeans und T-Shirt mit einer Pistole herumlaufen.‹«

Später erzählte mir Odette die gleiche Geschichte, und demnach habe Pater Wenceslas geantwortet: »Alles zu seiner Zeit. Jetzt ist die Zeit für eine Pistole, nicht für eine Bibel.«

Paul hatte dieses Gespräch anders in Erinnerung. Ihm zufolge hatte Pater Wenceslas geantwortet: »Sie haben schon neunundfünfzig Priester umgebracht, ich will nicht der sechzigste sein.« Paul hatte erwidert: »Wenn jetzt jemand kommt und Sie erschießt, meinen Sie, mit einer Pistole würden Sie nicht sterben?«

Nach dem Völkermord floh Wenceslas mit Hilfe französischer Missionare in ein Dorf in Südfrankreich, wo er eine Pfarrersstelle erhielt. Im Juli 1995 wurde er verhaftet und nach französischem Recht des Völkermords in Kigali angeklagt, aber sein Fall blieb bald an Verfahrensfragen hängen. Nach zwei Wochen in einem französischen Gefängnis wurde er freigelassen und konnte wieder seine Gemeinde übernehmen. Im Januar 1998 urteilte der französische Oberste Gerichtshof, er könne doch angeklagt werden. Unter anderem wurde ihm vorgeworfen, er habe den Mördern Listen der Tutsi-Flüchtlinge in seiner Kirche zur Verfügung gestellt, Flüchtlinge aus ihren Verstecken gejagt, so daß sie ermordet werden konnten, Massakern beigewohnt, ohne einzugreifen, die UNAMIR-Bemühungen um eine Evakuierung der Flüchtlinge aus der Kirche sabotiert und Flüchtlingsmädchen gezwungen, sich ihm hinzugeben. 1995 wurde er von zwei Interviewern – einem Ruander, dessen Mutter und Schwestern als Flüchtlinge in *Sainte Famille* gewesen waren, und einem französischen Journalisten – gefragt, ob er seine Taten während des Völkermords bedauere. »Ich hatte keine Wahl«, antwortete Wenceslas. »Es mußte so aussehen, als sei man für die Milizen. Hätte ich mich anders verhalten, wären wir alle verschwunden.«

Die letzte bezeugte Erscheinung der Jungfrau Maria am Bergschrein von Kibeho fand am 15. Mai 1994 statt, zu einem Zeitpunkt, als die wenigen überlebenden Tutsi in dieser Gemeinde noch immer gejagt wurden. Im vorangegangenen Monat waren in Kibeho Tausende Tutsi ermordet worden. Das größte Massaker dort hatte in der Kathedrale stattgefunden und mehrere Tage gedauert, bis die Mörder sich schließlich nicht mehr mit ihren Händen abplagen wollten und das Gebäude anzündeten, so daß die Lebenden mit den Toten zusammen verbrannten. Während der Tage vor dem Brand hatte Pater Pierre Ngoga, ein örtlicher Priester, die Flüchtlinge zu verteidigen versucht und dafür mit seinem Leben bezahlt; ein anderer Priester dagegen, Pater Thadée Rusingizandekwe, wurde von Überlebenden als einer der Anführer mehrerer *Interahamwe*-Angriffe genannt. Wie die Milizen in einen Umhang aus Bananenblättern gehüllt, trug Pater Thadée diesen Berichten zufolge ein Gewehr und schoß in die Menge.

Angesichts einer solchen Spaltung in der Kirchenführung bot die Erscheinung vom 15. Mai eine theologische Antwort auf die Frage des Völkermords. Der genaue Wortlaut der Äußerungen der Heiligen Mutter, wie sie die Seherin Valentine Nyiramukiza überlieferte, ist nicht erhalten geblieben. Die Botschaft wurde damals jedoch von Radio Ruanda ausgestrahlt, und mehrere ruandische Priester und Journalisten – auch Thomas Kamilindi, der es im *Hôtel des Milles Collines* mit anhörte – erzählten mir, die Jungfrau solle gesagt haben, Präsident Habyarimana sei bei ihr im Himmel; und diese Worte seien allgemein als Ausdruck ihrer göttlichen Unterstützung für den Völkermord interpretiert worden.

Der Bischof von Gikongoro, Monsignor Augustin Misago, der ein Buch über die Erscheinungen von Kibeho verfaßt hat, erzählte mir, Valentines Behauptung, »der Mord an den Tutsi werde im Himmel gutgeheißen«, habe er für »unmöglich« gehalten, »als eine Botschaft, die von den Politikern stammte«. Aber andererseits waren die Erklärungen der Kirchenführer während der Morde häufig politisch gefärbt. Ja, Bischof Misago selbst wurde häufig als Sympathisant der Hutu-Power geschildert; man hatte ihn öffentlich angeklagt, er habe Tutsi den Zugang zu Zufluchtsstätten verweigert, andere Geistliche kritisiert, weil sie »Schaben« geholfen hätten, und einen Gesandten des Vatikans, der Ruanda im Juni 1994 besuchte, gebeten, dem Papst auszurichten, er müsse »einen Ort für Tutsi-Priester finden, weil das ruandische Volk sie nicht mehr will«. Schlimmer noch: Am 4. Mai des Jahres, kurz vor der letzten Marienerscheinung in Kibeho, war der Bischof dort selbst mit einer Gruppe von Polizisten aufgetaucht; neunzig Tutsi-Schulkindern, die dort für das Gemetzel festgehalten wurden, hatte er versichert, sie sollten sich keine Sorgen machen, denn die Polizei werde sie beschützen. Drei Tage später halfen die Polizisten mit, zweiundachtzig dieser Kinder zu ermorden.

Bischof Misago war ein großer, eindrucksvoller Mann. An der Wand des Raumes, in dem er mich empfing, hing neben einem viel kleineren Bild des Papstes ein Porträt von ihm – gekleidet, wie bei unserem Gespräch, in eine lange, weiße Robe mit purpurroten Knöpfen. Minuten nach meiner Ankunft brach draußen ein gewaltiges Gewitter los. Der Raum verdunkelte sich, die Robe des Bischofs schien noch heller zu glänzen, und über dem Lärm des Regens auf dem Wellblechdach schwoll seine Stimme zu einem Schreien an. Er schien gern zu schreien. Er war nicht besonders erfreut über meinen Besuch – ich war ohne einen Termin, aber mit einem Notizbuch erschienen – und begleitete seine Rede mit einer Menge heftiger Gesten, und nebenher blätterte er ständig in einem winzigen Taschenkalender, ohne hineinzuschauen. Zudem besaß er die unglückselige Gewohnheit, laut und nervös zu lachen, wann immer eine unangenehme Situation wie etwa ein Massaker zur Sprache kam.

»Was konnte ich denn tun?« fragte er, als ich ihn nach den zweiundachtzig toten Tutsi-Schulkindern von Kibeho fragte. Er erzählte mir, er sei mit dem Befehlshaber der Polizei von Gikongoro und einem Sicherheitsbeamten nach Kibeho gekommen, um zu sehen, »wie sich Ordnung und Einheit wiederherstellen ließen«. Er habe gar keine andere Wahl gehabt, als mit diesen Behörden zusammenzuarbeiten. »Ich habe keine Armee. Was konnte ich allein erreichen? Nichts. Das ist elementarste Logik.« Er habe bemerkt, daß die Tutsi-Schüler in Kibeho nicht ausreichend geschützt gewesen seien. »Daraus zogen wir den Schluß, daß die Zahl der Polizisten erhöht werden sollte. Vorher waren es fünf. Jetzt schickten sie etwa zwanzig.«

Der Bischof brach in sein Lachen aus und fuhr fort: »Wir kehrten nach Gikongoro zurück und vertrauten darauf, daß die Lage sich bessern werde. Unglücklicherweise gab es unter diesen Polizisten einige Komplizen der *Interahamwe*. Das konnte ich nicht wissen. Diese Entscheidungen waren Sache der Armee. Also kam der Schulleiter nach Gikongoro, um die Lage zu erläutern und darum zu bitten, daß die Polizisten ausgetauscht würden, und als er heimkam, war das Massaker schon geschehen. Verstehen Sie? Ha-ha-ha! Zuerst wurden wir schlecht informiert, und dann hatten wir keine Möglichkeit, die Situation zu bereinigen. Sie sind ja ein erwachsener Mensch und können daher beurteilen, daß man nicht auf die Idee kommt, jemand würde Kinder ermorden.«

Mir schien es eher, als habe in der vierten Woche des Völkermords kein erwachsener Mensch in Ruanda auf die Idee kommen können, Polizisten seien zuverlässige Beschützer von Tutsi. Der Bischof beharrte darauf, er sei hilflos gewesen. »Ihr – Ihr Westler – seid gegangen und habt uns im Stich gelassen«, sagte er. »Sogar der päpstliche Nuntius ist am 10. April abgereist. Das war nicht bloß der arme Bischof von Gikongoro.«

»Aber Sie hatten immer noch Einfluß«, entgegnete ich.

»Nein, nein, nein«, wiederholte der Bischof. »Das ist eine Illusion.« Er stieß sein nervöses Lachen hervor. »Wenn Männer zu Teufeln werden und man selbst hat keine Armee, was soll man da tun? Alle Wege waren gefährlich. Wie sollte ich Einfluß nehmen? Selbst die Kirche – wir sind keine Außerirdischen, die etwas voraussehen können. Wir sind vielleicht Opfer schlechter Information gewesen. Wenn man schlecht informiert ist, tut man sich schwer, eine Position zu beziehen. Und außerdem gab es massive Fehlinformationen seitens der offiziellen Stellen. Wenn Sie als Journalist sich nicht sicher sind, dann schreiben Sie es nicht – Sie versuchen es nachzuprüfen. Pauschale Anschuldigungen gegen die Kirche sind nicht wissenschaftlich. Das ist ideologische Propaganda.«

Der Bischof leugnete nicht wirklich, daß er in Kibeho einen schweren Fehler begangen hatte. Aber für ein Verbrechen schien er es nicht zu halten, und obwohl er behauptete, er sei

»bestürzt« darüber, daß er sich von der offiziellen Propaganda habe täuschen lassen, zeigte er doch keinerlei Anzeichen von Reue. Er wollte als ein Opfer der gleichen Täuschung erscheinen, die auch zum Gemetzel an zweiundachtzig Kindern geführt hatte. Wenn ich ihn richtig verstanden habe, dann meinte er, er sei ein zutiefst unwissender Mensch gewesen, der sich von Dämonen habe täuschen lassen. Vielleicht. Aber es war doch eigenartig, daß er meine Fragen nach seinem Umgang mit diesen Dämonen als Angriff auf die Institution der römisch-katholischen Kirche begriff, und als ich ihn nach der Kirche fragte, schien sich seine Antwort kaum als Verteidigung zu eignen.

»Meines Wissens«, sagte er, »hat kein offizieller Vertreter der Kirche jemals öffentlich irgendeines dieser Geschehnisse als inakzeptabel bezeichnet. Monsignor Vincent Nsengiyumva, der alte Erzbischof von Kigali, bietet das beste Beispiel dafür. Er machte kein Hehl aus seiner Freundschaft mit Präsident Habyarimana. Natürlich waren die anderen Bischöfe und Geistlichen damit nicht einverstanden. Aber Sie wissen ja, die weltliche Gesellschaft im Westen hat für Öffentlichkeit viel übrig, mit Journalisten, mit Film und Fernsehen; wir dagegen erledigen die Dinge lieber insgeheim und still, ohne sie an die große Glocke zu hängen. Wenn man sich laut äußerte, hätte einem das den Vorwurf der Ketzerei eintragen können.«

Es ist wahr, daß Widerstand gegen die Hutu-Power vielen Ruandern wie Ketzerei erschienen wäre. Aber Bischof Misago schien seinen Ausbruch zu bedauern. Einige Minuten später meinte er: »Ich war müde, als Sie gekommen sind. Ich wollte mich gerade hinlegen. Ich war ein bißchen müde und ein bißchen erregt, das mag meine Antworten beeinflußt haben. Und dann stellen Sie ja auch solche Fragen.«

Offensichtlich hatte Bischof Misago sich nicht so niederträchtig verhalten wie Pater Wenceslas. Dennoch überraschte es mich, daß ein Mann mit seinem Ruf nach dem Völkermord in Ruanda geblieben war. Eine ganze Reihe von Priestern war wegen ihres Verhaltens im Jahre 1994 verhaftet worden, und ein Vertreter des Justizministeriums in Kigali erzählte mir, für eine Verhaftung Misagos sprächen gute Gründe. »Aber der Vatikan ist zu stark und zeigt zu wenig Bedauern, als daß wir uns an Bischöfe heranwagen könnten. Haben Sie noch nie von der Unfehlbarkeit gehört?«

Während eines seiner Besuche im *Hôtel des Milles Collines* hatte Pater Wenceslas Paul Rusesabagina in die Kirche *Sainte Famille* eingeladen, etwas mit ihm zu trinken. Paul verließ jedoch niemals das Hotel, und dafür hätte selbst Wenceslas dankbar sein sollen, da er doch seine eigene Mutter bei Paul in Sicherheit gebracht hatte. Tatsächlich hatte eine ganze Reihe Männer, die mit dem Regime der Hutu-Power in Verbindung standen, ihre Tutsi-Frauen im *Milles Collines* untergebracht, und obwohl deren Gegenwart dort gewiß zur Sicherheit des Hotels beitrug, hatte Paul doch das Gefühl, daß es ein beschämendes Licht auf die Männer warf. »Wenceslas wußte selbst, daß er nicht einmal seine Mutter beschützen konnte«, meinte Paul. »Aber als er sie zu mir brachte, sagte er voller Arroganz: ›Paul, ich bringe dir meine Schabe.‹ Verstehen Sie? Er sprach von seiner Mutter. Sie war eine Tutsi.«

Wenceslas, erzählte mir Paul, sei »einfach – wie nennen Sie das? – ein Bastard. Er kannte seinen Vater nicht.« Aber das erklärt nichts. Viele Leute, die sich genauso schlimm wie Wenceslas aufführten oder sogar noch schlimmer, hatten Väter und hätten ihre Mutter niemals Schabe genannt, während viele Leute, die mit ihrer Herkunft Probleme hatten, nicht kriminell wurden und auch nicht Amok liefen. Ich war nicht daran interessiert, warum Wenceslas schwach war; ich wollte wissen, warum Paul stark gewesen war – und das konnte er mir nicht sagen. »Ich war nicht wirklich stark«, meinte er.

»Das war ich nicht. Aber vielleicht habe ich Mittel genutzt, die andere Leute nicht einsetzen wollten.« Erst später – »als die Leute über diese Zeit sprachen« – sei ihm bewußt geworden, daß er eine Ausnahme gewesen war. »Während des Völkermords war mir das nicht klar. Ich dachte, daß viele Leute täten, was ich tat, denn ich weiß: wenn sie es wirklich gewollt hätten, hätten sie es auch gekonnt.«

Paul glaubte an die Willensfreiheit. Er begriff seine Handlungen während des Völkermords ebenso wie die Handlungen anderer Menschen: als Folge von Entscheidungen. Er schien nicht davon überzeugt, daß man ihn als rechtschaffen bezeichnen konnte – außer im Vergleich mit der Kriminalität anderer, und diesen Maßstab lehnte er ab. Paul hatte all seine Energie der Aufgabe gewidmet, den Tod – den seinen und den anderer – zu vermeiden; aber mehr noch als ein gewaltsames Ende fürchtete er, als – wie er sagte – »Trottel« zu leben oder zu sterben. So betrachtet, ließ sich die Wahlmöglichkeit, zu töten oder getötet zu werden, in die Fragen übersetzen: Töten wozu? Getötet werden als was? – und stellte kein Problem dar.

Rätselhaft war für Paul vielmehr, warum so viele seiner Landsleute sich für die Unmenschlichkeit entschieden hatten. »Das war mehr als eine Überraschung«, sagte er zu mir. »Es war eine Enttäuschung. Ich war von den meisten meiner Freunde enttäuscht, die sich mit dem Völkermord sofort änderten. Früher hielt ich sie einfach für Gentlemen, und als ich sie dann unter den Mördern sah, war ich enttäuscht. Ich habe immer noch ein paar Freunde, denen ich vertraue. Aber der Völkermord hat so vieles verändert – in mir selbst, in meinem eigenen Verhalten. Ich bin früher oft ausgegangen, fühlte mich frei. Ich konnte ausgehen und mit jedermann etwas trinken. Ich konnte Vertrauen haben. Aber heute ist das nicht mehr so einfach.«

Paul hatte also ein ungewöhnliches Gewissen und lernte die

Einsamkeit kennen, die damit einhergeht; aber an seiner Bescheidenheit hinsichtlich seiner Bemühungen um die Flüchtlinge im *Milles Collines* war nichts Falsches. Er hatte sie nicht gerettet, und er hätte sie nicht retten können – nicht endgültig. Nur mit einem Schnapsschrank bewaffnet, mit einem Telefon, einer international bekannten Adresse und seinem Widerstandsgeist hatte er lediglich zu ihrem Schutz beitragen können, bis der Zeitpunkt gekommen war, an dem sie von anderen gerettet wurden.

Am 3. Mai versuchte die UNAMIR zum ersten Mal eine größere Evakuierung aus dem Hotel. Lastwagen fuhren vor, und zweiundsechzig Flüchtlinge, denen Asyl in Belgien angeboten worden war, sollten zum Flughafen gebracht werden, darunter auch Thomas, Odette und Jean-Baptiste mit ihren Familien. Aber als die Flüchtlinge die Lastwagen bestiegen, drängten sich auch Regierungsspitzel in der Menge auf dem Parkplatz und fertigten Listen der Evakuierten an, und über RTLM erging der Aufruf, den Konvoi nicht durchzulassen. Gut einen Kilometer vom Hotel entfernt stoppte ein schnell anwachsender Mob aus *Interahamwe* und Soldaten die Lastwagen an einer Straßensperre. Die Flüchtlinge mußten aussteigen; einige wurden geschlagen und getreten. *Interahamwe* mit Radios hörten über RTLM die Verlesung der Namen bekannter Evakuierter und holten dann die Genannten heraus, um sie besonders zu mißhandeln. Den ehemaligen Generalstaatsanwalt François Xavier Nsanzuwera traf es am schlimmsten. UNAMIR-Vertreter mußten zusehen, wie er mit einem Gewehrkolben zu Boden geschlagen wurde. Während er dort lag und aus dem Kopf blutete, wurden mehrere Schüsse auf ihn abgegeben, die ihn jedoch verfehlten. Der Mob wurde immer erregter und verlangte, die Evakuierten massakrieren zu dürfen. Ruandische Militäroffiziere hielten die Leute zurück, verweigerten aber gleichzeitig dem Konvoi die Weiterfahrt. Ich habe viele Berichte über die Stunden an dieser Straßensperre gehört, allerdings vermochte mir niemand zu erklären, warum der Konvoi schließlich doch zurück zum Hotel fahren durfte – das durfte er jedoch, und Odette mußte den ganzen Abend Wunden verarzten.

Zwölf Tage später tauchte ein Offizier des Militärnachrichtendienstes im Hotel auf und informierte Paul, in dieser Nacht sollten alle Menschen im Hotel getötet werden. Die UNAMIR, soviel war klar, würde keinen Schutz bieten. Wieder einmal mobilisierte Paul alle seine Beziehungen in der Regierung und im Ausland und forderte jeden Flüchtling mit geeigneten Kontakten auf, das gleiche zu tun. Paul erinnert sich an ein Gespräch mit dem Generaldirektor des Außenministeriums in Paris, dem er sagte: »Mein Herrr, wenn Sie diese Menschen gerettet sehen wollen, dann werden sie gerettet. Aber wenn Sie wollen, daß sie sterben, dann werden sie heute noch sterben, und Ihr Franzosen werdet auf die eine oder andere Weise für die Menschen bezahlen, die heute in diesem Hotel umgebracht werden.« Kurz nach diesem Gespräch kamen General Bizimungu von der FAR und General Dallaire von der UNAMIR zu Paul, um ihm zu versichern, daß das Hotel unbehelligt bleiben werde.

Paul gab sich alle Mühe, aber die Entscheidung über Leben und Tod lag wie immer bei den Mördern und, bezeichnend in diesem Fall, bei ihren französischen Gönnern. In jener Nacht schlug ein einzelner Schuß durch ein Fenster des *Milles Collines,* wie um deutlich zu machen, daß die Hand des Todes noch über dem Hotel schwebte. Aber inzwischen tobte schon die Schlacht um Kigali, und das Hotel und mehrere andere bekannte »Zufluchtsstätten«, wie die Kirche *Sainte Famille,* waren zu Tauschobjekten geworden. Die RPF hielt Tausende Regierungsgefangene in einem Stadion auf der anderen Seite der Stadt fest, und das RPF-Kommando schlug jene Art Abkommen vor, die auch die Hutu-Power verstand: Tötet ihr diese, töten wir jene. Es wurde ein Austausch über die Fronten hinweg ausgehandelt; die UNAMIR half bei der Vermittlung und sorgte für den Transport. Später hieß es dann, die UN hätten die Flüchtlinge gerettet, doch die Wahrheit sieht anders aus: sie wurden gerettet, weil die RPF drohte, andere Menschen zu töten.

Die Evakuierung ging langsam vonstatten, Lastwagen für Lastwagen, Tag für Tag. Es gab viele Tage, an denen kein einziger Lastwagen fuhr, und sogar während einige Flüchtlinge in Sicherheit gebracht wurden, dauerten die Massaker in *Sainte Famille* und an anderen Orten Kigalis an. Am 17. Juni, als im *Milles Collines* nur noch eine Handvoll Flüchtlinge zurückgeblieben war, ging Paul in das *Hôtel des Diplomates*, um Alkohol für General Bizimungu aufzutreiben. Bei seiner Rückkehr in das *Milles Collines* war dort inzwischen eine Horde *Interahamwe* in die Suite eingedrungen, in der er mit seiner Familie lebte. Seine Frau und seine Kinder versteckten sich im Badezimmer, während die Miliz das Wohnzimmer verwüstete. Paul traf im Flur auf einige der Eindringlinge. »Sie fragten mich: ›Wo ist der Manager?‹ Ich trug T-Shirt und Jeans, und sie glaubten wohl, ein Manager müsse immer einen Schlips tragen. Ich fragte: ›Der Manager? Sind Sie ihm nicht begegnet?‹ – ›Nein‹, sagten sie, ›wo ist er?‹ Ich antwortete: ›Er ist dort lang gegangen‹ und ging in die andere Richtung. Auf der Treppe waren noch ein paar, und sie fragten mich ebenfalls: ›Wo ist der Manager?‹« Paul lachte. Auch die hatte er in die falsche Richtung geschickt. Dann suchte er nach General Bizimungu, der auf seine Alkoholration wartete. Der General wies einen seiner Sergeanten an, die Miliz hinauszujagen. Nach Pauls Erinnerung sagte der General: »Gehen Sie los und sagen Sie der Miliz, wenn sie jemanden töten, werde ich sie töten. Wenn sie auch nur jemanden schlagen, werde ich sie töten. Und wenn sie in fünf Minuten noch in diesem Hotel sind, dann schieße ich.«

Am nächsten Tag fuhren Paul und seine Familie mit einem UNAMIR-Konvoi in die RPF-Zone. Er hatte getan, was er tun konnte. Hätte die RPF aber nicht von der anderen Seite des Tals aus die Hutu-Power beschossen, dann hätte es keinen Konvoi gegeben – und wahrscheinlich auch keine Überlebenden.

... und es könnte durchaus den meisten unter uns verwöhnten Leuten widerfahren, daß wir mitten in der Schlacht von Armageddon stecken, ohne dabei viel mehr zu verspüren als die Belästigung durch etwas Explosionsrauch und das Kampfgewühl unmittelbar um uns herum.

George Eliot, *Daniel Deronda*

11 **Die Nächte in Ruanda** waren auf eine unheimliche Art still. Sobald die Vögel verstummt waren, hörte man kaum noch Tiergeräusche. Ich konnte das nicht verstehen. Dann fiel mir auf, daß es keine Hunde gab. Was ist das für ein Land, in dem es keine Hunde gibt? Ich begann darauf zu achten, auf den Märkten, auf den Straßen, auf dem Lande, auf Kirchhöfen, Schulhöfen, Bauernhöfen, Friedhöfen, Müllhalden und in den blühenden Gärten schöner Villen. Einmal, weit draußen in den Hügeln, war mir, als hätte ich einen Jungen gesehen, der auf einem Feldweg einen Hund an der Leine führte. Aber dann war es doch eine Ziege. Dorfleben ohne Hunde? Kinder ohne Hunde? Armut ohne Hunde? Es gab viele Katzen – bei einer Hungersnot verschwinden als erste Haustiere die Katzen, aber nicht der Hunger war Ruandas Problem –, und ich begann mich zu fragen, ob die Katzen in Ruanda ihren ewigen Kampf gegen die Hunde gewonnen hatten.

Während meiner ersten drei Monate im Land, von Mai bis August 1995, führte ich eine Liste der Hunde, die mir begegneten: eine belgische Dame im *Hôtel des Milles Collines* besaß ein Paar Zwergpudel, die sie auf ihren Morgenspaziergängen durch den Garten um das Schwimmbecken begleiteten; die französische Vermieterin eines mir bekannten holländischen Entwicklungshelfers besaß einen fetten hellbraunen Jagdhund; ein Team amerikanischer und belgischer Pioniere hatte ein paar deutsche Schäferhunde dabei, die bei der Suche nach Landminen halfen; und einmal sah ich hinter einem Restaurant in der Stadt Gisenyi im Nordwesten eine magere Hündin an einem Fischgerippe nagen, aber sie war vielleicht von Zaire aus über die nahe Grenze geschlüpft, und nach kurzer Zeit erblickte sie ein Koch und jagte sie mit lauten Schreien und Schlägen seines langen hölzernen Löffels davon. Wenn man sich diese Liste ansieht, könnte man zu dem Schluß kommen, der Besitz von Hunden richte sich nach der Hautfarbe: weiße Menschen hatten Hunde, und Afrikaner nicht. Aber Afrikaner mögen Hunde gewöhnlich genauso gern wie der Rest der Menschheit, und deshalb verwirrte mich die beeindruckende Hundelosigkeit Ruandas.

Ich fragte nach und erfuhr, daß es während der ganzen Zeit des Völkermords viele Hunde in Ruanda gegeben hatte. Die Leute beschrieben die Hundepopulation in jenen Zeiten als »viele« und »normal«. Aber die Kämpfer der RPF hatten bei ihrem Vormarsch aus dem Nordosten alle Hunde erschossen.

Was hatte die RPF gegen Hunde? Jeder, den ich fragte, gab mir die gleiche Antwort: Die Hunde fraßen die Toten. »Es ist auf Film festgehalten«, erzählte mir jemand, und seitdem habe ich mehr ruandische Hunde auf Videomonitoren gesehen als jemals in Ruanda selbst – hingekauert in den unverwechselbaren roten Staub des Landes, über den unübersehbaren Leichenhaufen jener Zeit, in der unverkennbaren arttypischen Freßhaltung.

Man erzählte mir von einer Engländerin aus einer Hilfsorganisation, die sich sehr erregt hatte, als sie in einer Halle des Bischofssitzes von Kabgayi, die als Todeslager in Zentralruanda gedient hatte, mit ansehen mußte, wie RPF-Männer die Hunde erschossen, die sich an den Leichen gütlich taten. »Sie können doch keine Hunde erschießen«, sagte die Engländerin zu den Soldaten. Sie irrte sich. Sogar die Blauhelme der UNAMIR erschossen im Spätsommer 1994 jeden Hund, den sie sahen. Nach langen Monaten, in denen die Ruander sich gefragt hatten, ob die UN-Truppen überhaupt schießen konnten, weil sie ihre ausgezeichneten Waffen niemals zum Schutz von Zivilisten einsetzten, stellte sich heraus, daß die Friedenswahrer sogar sehr gute Schützen waren.

Den Völkermord hatte die sogenannte internationale Gemeinschaft toleriert, aber die leichenfressenden Hunde galten den UN, wie mir berichtet wurde, als hygienisches Risiko.

Am 11. Dezember 1946 erklärte die Generalversammlung der Vereinten Nationen den Völkermord zu einem Verbrechen nach internationalem Recht. Am 9. Dezember 1948 ging die Generalversammlung noch einen Schritt weiter und verabschiedete die Resolution 260A (III), die Konvention über die Verhütung und Bestrafung des Völkermordes, wonach sich die »Vertragschließenden Parteien« verpflichteten, »Handlungen, die in der Absicht begangen [werden], eine nationale, ethnische, rassische oder religiöse Gruppe ganz oder teilweise zu zerstören«, zu verhindern und zu bestrafen.

So wie eine staatliche Polizei gelobt, Mord zu verhindern und zu bestrafen, gelobten die Unterzeichner der Völkermord-Konvention, eine schöne neue Weltordnung durchzusetzen. Die Rhetorik der moralischen Utopie ist eine spezifische Reaktion auf den Völkermord. Aber damals herrschte Aufbruchstimmung – unmittelbar nach den Nürnberger Prozessen, als die Vernichtung der Juden in ganz Europa durch die Nazis in ihrem ganzen Ausmaß erkannt worden war: als eine Tatsache, die niemand mehr ignorieren konnte. Die Urheber und Unterzeichner der Völkermord-Konvention wußten ganz genau, daß sie den Zweiten Weltkrieg nicht geführt hatten, um den Holocaust zu beenden, sondern vielmehr – und häufig, wie im Falle der Vereinigten Staaten, nur widerstrebend –, um der faschistischen Aggression Einhalt zu gebieten. Was ließ diese Siegermächte, die damals die UN sogar noch stärker beherrschten als heute, glauben, sie würden in Zukunft anders handeln?

Ruanda besitzt keinen Zugang zum Meer, es ist bettelarm, etwas größer als Vermont, hat nicht ganz so viele Einwohner wie Chicago – es ist ein Land, das von seinen Nachbarn Kongo, Uganda und Tansania so sehr in den Schatten gestellt wird, daß sein Name auf den meisten Landkarten außerhalb seiner Grenzen geschrieben werden muß, damit man ihn überhaupt lesen kann. Was die politischen, militärischen und ökonomischen Interessen der Weltmächte an Ruanda angeht, könnte es auch auf dem Mars liegen. Genaugenommen ist die strategische Bedeutung des Mars vermutlich sogar noch größer. Im Unterschied zum Mars ist Ruanda jedoch von menschlichen Wesen bewohnt, und als in Ruanda ein Völkermord stattfand, ließen es die Weltmächte geschehen.

Am 14. April 1994, eine Woche nach dem Mord an den zehn belgischen Blauhelmen, zog sich Belgien aus der UNAMIR zurück – genauso, wie es die Hutu-Power beabsichtigt hatte. Belgische Soldaten, empört über die Feigheit und Sinnlosigkeit ihrer Mission, zerfetzten auf dem Rollfeld des Flughafens von Kigali ihre UN-Barette. Eine Woche später, am 21. April 1994, erklärte der UNAMIR-Kommandeur, Generalmajor Dallaire, mit nur fünftausend gut ausgerüsteten Soldaten und freier Hand zum Kampf gegen die Hutu-Power könnte er dem Völkermord ein schnelles Ende bereiten. Ich habe nie gehört, daß ein militärischer Analytiker dieses Urteil in Zweifel gezogen hätte, und sehr viele haben es bekräftigt. Der Sender von Radio RTLM hätte sich als offensichtliches Ziel angeboten, und als ein leichtes obendrein. Aber am gleichen Tag verabschiedete der UN-Sicherheitsrat eine Resolution, derzufolge die UNAMIR-Streitmacht um neunzig Prozent verringert wurde: Mit Ausnahme von zweihundertsiebzig Mann wurden alle zurückbefohlen, und diese zweihundertsiebzig Mann erhielten ein Mandat, das ihnen kaum mehr gestattete, als sich hinter ihre Sandsäcke zu kauern und zuzuschauen.

Der Rückzug der UN-Streitmacht aus Ruanda war der bis dahin größte diplomatische Erfolg der Hutu-Power, und er muß fast zur Gänze den USA angelastet werden. Die Erinnerung an das Debakel in Somalia war noch frisch, und so hatte das Weiße Haus gerade erst ein Dokument entworfen, das unter dem Titel *Presidential Decision Directive 25* im Grunde nicht mehr war als eine Liste aller Gründe, eine amerikanische Beteiligung an UN-Friedensmissionen zu vermeiden. Dabei war es weitgehend irrelevant, daß Dallaires Forderung nach Verstärkung und einem erweiterten Mandat gar keine amerikanischen Truppen erfordert hätte oder daß die Mission im Grunde nicht der Friedenswahrung, sondern der Verhinderung eines Völkermords galt. PDD 25 enthielt auch, was die Politiker in Washington eine »Sprache« nennen, wonach die Vereinigten Staaten auch andere von Missionen abhalten sollten, auf die sie sich selbst nicht einlassen mochten. Clintons Botschafterin bei den UN, Madeleine Albright, sprach sich sogar gegen eine Rumpfmannschaft von zweihundertsiebzig Mann in Ruanda aus. Albright wurde später Außenministerin, vor allem wegen ihres Rufs als einer »Tochter Münchens«; sie ist eine Tschechin, die vor den Nazis geflohen war und für Beschwichtigungspolitik keinerlei Verständnis aufbringt sowie mit Vorliebe die Macht der USA im Ausland einsetzen möchte, um verbrecherische Diktatoren und kriminelle Staaten zur Räson zu bringen. Mit Ruanda wird ihr Name nur selten in Verbindung gebracht, aber die Tatsache, daß sie zurückwich und andere zum Zurückweichen drängte, während die Zahl der Toten von Tausenden auf Zehntausende und schließlich auf Hunderttausende anschwoll – das bildet den absoluten Tiefpunkt ihrer Karriere.

Als eine Woche nach der Zerschlagung der UNAMIR die Botschafter der Tschechoslowakei, Neuseelands und Spaniens angesichts der unanfechtbaren Beweise für den Völkermord in Ruanda die Rückkehr der UN-Truppen zu fordern begannen, verlangten die USA die Kontrolle über die Mission. Es gab jedoch keine Mission mehr, die man hätte kontrollieren können. Der Sicherheitsrat, in dem 1994 ausgerechnet Ruanda einen Sitz als nichtständiges Mitglied innehatte, konnte sich nicht einmal zu einer Resolution aufraffen, in der das Wort »Völkermord« vorkam. Dem April folgte der Mai. Während Ruandas Führer des Völkermords ihre Anstrengungen steigerten, um das ganze Volk zur Beseitigung der letzten überlebenden Tutsi zu mobilisieren, wollte der Sicherheitsrat am 13. Mai noch einmal über die Wiederherstellung der vollen Stärke der UNAMIR entscheiden. Botschafterin Albright konnte die Abstimmung um vier Tage hinausschieben. Dann beschloß der Sicherheitsrat, fünftausendfünfhundert Mann für die UNAMIR zu entsenden, allerdings – auf amerikanisches Drängen – nur sehr langsam.

So folgte dem Mai der Juni. Inzwischen hatte eine Gruppe von acht afrikanischen Nationen erklärt, sie wolle eine Interventionstruppe nach Ruanda entsenden, falls Washington fünfzig gepanzerte Mannschaftswagen zur Verfügung stellte. Die Clinton-Regierung stimmte zu, aber statt den mutigen Afrikanern die Fahrzeuge zu leihen, beschloß man, sie den UN für fünfzehn Millionen Dollar, Transport und Ersatzteile eingeschlossen, zu leasen – den gleichen UN, denen Washington Milliarden Dollar an ausstehenden Mitgliedsbeiträgen schuldete.

Im Mai 1994 war ich in Washington, um das *Holocaust Memorial Museum* zu besuchen, eine überaus populäre Touristenattraktion unmittelbar neben der *National Mall*. Schon zwei Stunden vor der Öffnung bildeten sich Schlangen vor der Kasse. Während ich in der Menge wartete, versuchte ich eine Lokalzeitung zu lesen. Aber ich kam nicht über ein Foto auf der ersten Seite hinweg: im Wasser treibende Körper, tote Körper, aufgedunsen und farblos, so viele Körper, daß sie sich ineinander verkeilten und den Strom verstopften. Die Bildunterschrift erläuterte, dies seien die Leichen von Opfern des

Völkermords in Ruanda. Als ich von der Zeitung aufblickte, kam gerade eine Gruppe von Mitarbeitern des Museums zur Arbeit. An ihren kastanienbraunen Blazern trugen einige die Buttons mit den Parolen »Erinnere dich« und »Nie wieder«, die im Museumsladen für einen Dollar verkauft wurden. Das Museum war gerade ein Jahr alt; bei seiner Eröffnung hatte Präsident Clinton es als »eine Investition in eine sichere Zukunft gegenüber jedem nur möglichen zukünftigen Wahnsinn« gerühmt. Offenbar wollte er damit lediglich zum Ausdruck bringen, daß die Opfer zukünftiger Vernichtung nun in dem sicheren Wissen sterben könnten, daß es in Washington bereits einen Schrein zum Gedenken an ihr Leiden gab – damals allerdings schien diese Aussage ein kühneres Versprechen zu enthalten.

Anfang Juni hatte der Generalsekretär der UN – und in einem unbedachten Augenblick auch der französische Außenminister – das Gemetzel in Ruanda als »Völkermord« bezeichnet. Der UN-Hochkommissar für die Menschenrechte hingegen zog immer noch die Formel »möglicher Völkermord« vor, und die Clinton-Regierung verbot sogar den Gebrauch dieses Wortes ohne zusätzliche Erläuterungen. Die offizielle, vom Weißen Haus gebilligte Formulierung lautete: »Es kann zu Akten des Völkermords gekommen sein.« Als Christine Shelley, eine Sprecherin des Außenministeriums, bei einer Pressekonferenz am 10. Juni 1994 diese semantische Verrenkung verteidigen wollte, wurde ihr die Frage gestellt, wie viele Akte des Völkermords denn nötig seien, bis es sich um Völkermord handele. Sie sagte, sie fühle sich nicht »in der Lage zu antworten«, und fügte vage hinzu: »Es gibt Formulierungen, die wir benutzen, in deren Benutzung wir konsistent zu sein versuchen.« Als sie gedrängt wurde, einen Akt des Völkermords zu definieren, zitierte Shelley die Definition des Verbrechens aus der Völkermord-Konvention von 1948, die die Vereinigten Staaten übrigens erst 1989 unterzeichnet hatten, vierzehn Jahre später als Ruanda. Eine Mitschrift des Außenministeriums von dieser Konferenz enthält den folgenden Passus:

FRAGE: Sie sagen also, Völkermord findet statt, wenn bestimmte Handlungen stattfinden, und Sie sagen, daß in Ruanda diese Handlungen stattgefunden haben. Warum können Sie also nicht sagen, daß dort ein Völkermord stattfindet?

MS. SHELLEY: Weil es Gründe für unsere Wortwahl gibt, Alan, und ich habe – vielleicht habe ich – ich bin keine Anwältin, ich gehe hier nicht vom internationalen juristischen und wissenschaftlichen Gesichtspunkt an diese Frage heran. Wir versuchen, so gut wir können, eine Beschreibung so genau wie möglich zu reflektieren, indem wir uns besonders mit dieser Frage auseinandersetzen. Das ist – das Thema ist da draußen. Die Menschen haben es offensichtlich gesehen.

Shelley kam der Sache dann etwas näher, als sie die Bezeichnung »Völkermord« mit der Begründung ablehnte, es gebe »Verpflichtungen, die sich aus dem Zusammenhang mit der Verwendung des Begriffs ergeben«. Sie meinte damit: Wenn es sich um Völkermord handelte, dann waren die Unterzeichnerstaaten durch die Konvention von 1948 zum Handeln verpflichtet. Washington wollte nicht handeln. Also behauptete Washington, es sei kein Völkermord. Dieser Gedankenaustausch mochte etwa zwei Minuten gedauert haben – in Ruanda waren in einem solchen Zeitraum im Durchschnitt elf Tutsi umgebracht worden.

Die Presse und viele Angehörige des Kongresses waren von den schamlosen Ausflüchten der Regierung zu Ruanda so abgestoßen, daß Außenminister Warren Christopher vor Reportern in Istanbul zur gleichen Zeit sagte: »Wenn ein besonderer Zauber darin liegt, es Völkermord zu nennen, dann habe ich keine Hemmungen, das zu tun.« Clintons Beraterstab kreierte sodann eine phantasievolle neue Lesart der Völkermord-Konvention. Die Konvention, so legte das Weiße Haus fest, verpflichte die Unterzeichnerstaaten nicht etwa zur Verhinderung des Völkermordes, sondern stelle solch vorbeugendes Handeln lediglich anheim. Das war natürlich Unsinn, aber durch die Neutralisierung des Wortes »Völkermord« konnten die amerikanischen Offiziellen es nun unbesorgt verwenden. Inzwischen standen die gepanzerten Mannschaftswagen für die allafrikanische Intervention auf einem Flugfeld in Deutschland herum, während die UN um eine Senkung der Leasing-Kosten um fünf Millionen Dollar baten. Als das Weiße Haus sich schließlich damit einverstanden erklärte, standen keine Transportflugzeuge zur Verfügung. Auf der verzweifelten Suche nach irgend etwas, womit sie die ständigen amerikanischen Bekundungen der Sorge um Ruanda bekräftigen könnten, erzählten Vertreter der Regierung den Reportern tatsächlich, Washington beteilige sich an einer Gesundheitsinitiative in Uganda, um die Ufer des Victoria-Sees von über zehntausend ruandischen Leichen zu säubern.

Je mehr sich Washington bemühte, seine Hände in Ruanda sauber zu halten, desto schmutziger wurden sie. Gleichzeitig suchte Frankreich verzweifelt nach einer Möglichkeit, seine Investition an militärischem und politischem Prestige in Ruanda zu retten. Und das hieß, Habyarimanas Hutu-Power-Erben vor der immer bedrohlicheren Aussicht auf eine vollständige Niederlage durch die verabscheute englischsprechende RPF zu bewahren. Die Kommunikation zwischen Paris und Kigali verlief weiterhin konstant, herzlich und häufig eindeutig verschwörerisch. Die Falken unter den französischen Diplomaten und Afrika-Experten übernahmen durchweg die offizielle Position der völkermörderischen Regierung Ruandas: die Massaker an den Tutsi hätten nicht das geringste mit Politik zu tun, sie seien das Ergebnis massenhafter Empörung über den Mord an Habyarimana; »die Bevölkerung« sei »wie ein Mann« zu ihrer Selbstverteidigung aufgestanden; Regierung und Armee wollten nur die Ordnung wiederherstellen; die Morde seien eine Ausweitung des Krieges mit der RPF; diesen Krieg habe die RPF begonnen, und somit sei sie der eigentliche Übeltäter – kurz, die Ruander brächten einander einfach um, wie sie das schon seit unvordenklichen Zeiten aus Stammesgründen getan hatten.

Ungeachtet solcher Mystifikationen blieb der Völkermord eine Tatsache, und obwohl Frankreich in der Vergangenheit selten gezögert hatte, einseitige, parteiergreifende Militäraktionen zur Unterstützung seiner afrikanischen Vasallen durchzuführen, ließ der Völkermord ein solches Vorgehen als unangemessen erscheinen. Frankreichs Presse bedrängte das französische politische und militärische Establishment mit Darstellungen seiner offensichtlichen Komplizenschaft in der Vorbereitung und Durchführung der Schlächterei. Dann, Mitte Juni, verfiel die französische Regierung auf die Idee, eine Militärexpedition nach Ruanda anzukündigen: als »humanitäre« Mission unter der Flagge der UN, mit einigen ausgeliehenen senegalesischen Truppen als Dreingabe, um so eine Aura des Multilateralismus zu erzeugen. Auf die Frage, was er von diesem Plan halte, sagte der empörte UNAMIR-General Dallaire gegenüber dem Londoner *Independent*: »Ich weigere mich rundheraus, diese Frage zu beantworten.« Viele afrikanische Führer außerhalb des französischsprachigen Blocks, wie Südafrikas Präsident Nelson Mandela und

Erzbischof Desmond Tutu, stellten die Motive Frankreichs offen in Frage, und die RPF erklärte den Plan für inakzeptabel. In den Nächten des 16. und 18. Juni landeten Waffenlieferungen für das Hutu-Power-Regime mit stillschweigender Billigung Frankreichs in der ostzairischen Stadt Goma und wurden über die Grenze nach Ruanda gebracht. Am 22. Juni genehmigte der Sicherheitsrat – der sich seiner Schande entledigen wollte und offensichtlich nicht erkannte, welch neue Schande er sich auflud – den »unparteiischen« französischen Einsatz und übertrug ihm ein zweimonatiges Mandat mit der Erlaubnis, offensiv Gewalt anzuwenden – was der UNAMIR systematisch verweigert worden war.

Am nächsten Tag rollten die ersten französischen Truppen der *Opération Turquoise* von Goma aus in Nordwestruanda ein und wurden dort von begeisterten *Interahamwe*-Massen begrüßt – singend, tanzend, mit französischen Trikoloren und Transparenten, auf denen Parolen wie »Willkommen, französische Hutu!« zu lesen waren, während zur gleichen Zeit ein Discjockey von RTLM den Hutu-Frauen den Rat gab, sich für die weißen Männer schön zu machen, mit dem spöttischen Zusatz: »Jetzt, wo die Tutsi-Mädchen alle tot sind, ist eure Chance gekommen.«

Der Zeitpunkt der *Opération Turquoise* war bemerkenswert. Ende Mai hatten die Massaker an den Tutsi nachgelassen, weil die meisten bereits massakriert waren. Die Jagd ging natürlich weiter, besonders in den westlichen Provinzen Kibuye und Cyangugu, aber der Politikwissenschaftler Gérard Prunier, der an der Planung der französischen Intervention beteiligt gewesen war, schrieb später, in Paris habe während der Umsetzung der Mobilisierungspläne Mitte Juni große Sorge geherrscht, ob die Truppen überhaupt noch größere Mengen Tutsi finden würden, die sie vor laufenden Fernsehkameras retten könnten. In großen Teilen Ruandas hatte sich die Botschaft der Hutu-Power an die Massen verändert –

statt zu töten, sollten sie vor dem Vormarsch der RPF-Streitkräfte fliehen. Am 28. April – in dem komprimierten Zeitrahmen der ruandischen Apokalypse vor einer Ewigkeit – war eine Viertelmillion Hutu vor der vorrückenden RPF aus der östlichen Provinz Kibongo über eine Brücke nach Tansania geflüchtet. Dies war die größte und schnellste Massenflucht der Neuzeit über eine internationale Grenze, und obwohl ganze Formationen *Interahamwe* dabei waren, militärische Einheiten, Stadträte und die zivilen Horden, die die Kirche in Nyarubuye und das übrige von Kibongo mit Leichen übersät hatten, wurden die Flüchtenden von den UN- und humanitären Organisationen unterschiedslos mit offenen Armen aufgenommen und als Flüchtlinge in riesigen Lagern untergebracht.

Bevor Frankreich von einer »humanitären« Militärexpedition auch nur zu sprechen begann, kontrollierte die RPF bereits Ostruanda; ihre Streitkräfte rückten stetig nach Westen vor und nahmen Kigali von Norden und Süden in die Zange. Während ihres Vormarsches machten sie der Welt das ganze Ausmaß der Vernichtung der Tutsi in den von ihnen eroberten Gebieten bekannt. Während Vertreter der ruandischen Regierung und RTLM behaupteten, die RPF töte jeden Hutu, dessen sie habhaft werde, und französische Militärsprecher die Vorstellung eines »beidseitigen Völkermords« erweckten und die RPF als *Khmer Noir* bezeichneten, zeichnete die internationale Presse überwiegend das Bild einer erstaunlich disziplinierten und korrekten Rebellenarmee, die entschlossen war, die Ordnung wiederherzustellen. Und für Tutsi und die meisten Hutu mit einem guten Gewissen lag die größte Hoffnung auf Rettung darin, die RPF-Zone zu erreichen oder von der vorrückenden RPF befreit zu werden.

Die RPF bestand zu dem Zeitpunkt aus etwa zwanzigtausend Kämpfern und trieb eine mehr als doppelt so große nationale Armee vor sich her, die außerdem noch durch Milizen und eine große Zahl zur »Selbstverteidigung« aufgerufener Zivilisten unterstützt wurde. Die Sympathisanten der Hutu-Power, deren es in Frankreich einige gab, mußten sich die offensichtliche Frage stellen: Was lief da schief? Die einfachste Antwort lautete, daß das ruandische Regime der Hutu-Power sich weniger auf die Front als vielmehr auf die Vollendung des Völkermords konzentrierte, ähnlich den Deutschen in den letzten Monaten des Zweiten Weltkriegs. In Ruanda machte sich allerdings auch eine raffiniertere Dynamik bemerkbar. Seit Beginn des Krieges mit der RPF, seit 1990, hatten Hutu-Extremisten ihre völkermörderischen Bestrebungen mit der perversen Rhetorik von der Opferrolle der Hutu begründet. Inzwischen hatte die Hutu-Power eines der scheußlichsten Verbrechen in einem Jahrhundert fast unablässigen Massenmords begangen, und wenn sie damit davonkommen wollte, blieb ihr nur die Möglichkeit, weiterhin das Opfer zu spielen. Indem die Führer der Hutu-Power Ruanda der RPF überließen und große Menschenmassen ins Exil führten, konnten sie die Kontrolle über ihre Untertanen aufrechterhalten, einen »Flüchtlings«-Rumpfstaat in von den UN unterhaltenen Lagern begründen und vorgeben, ihre schlimmsten Befürchtungen hätten sich bestätigt.

Frankreich versprach dem Sicherheitsrat, sein Vorgehen in Ruanda schließe »natürlich jede Einmischung in die Entwicklung des Gleichgewichts der militärischen Kräfte zwischen den am Konflikt beteiligten Parteien aus«. Aber binnen einer Woche nach ihrer Ankunft besetzten die französischen Truppen fast ein Viertel des Landes und zogen schnell durch Südwestruanda, bis sie der RPF unmittelbar gegenüberstanden. An diesem Punkt verlieh Frankreich seinem »humanitären« Unternehmen plötzlich eine andere Stoßrichtung und erklärte seine Absicht, das gesamte in Besitz genommene Territorium zu einer »Sicherheitszone« zu machen. Nicht nur die RPF stellte die Frage: Sicherheit für wen? Frankreichs eigener Ex-Präsident Valéry Giscard d'Estaing warf dem französischen Kommando vor, es beschütze »einige derer, die die Massaker verübt hatten«.

Die RPF verschwendete nicht viel Zeit mit Diskussionen. Sie begann eine breite Offensive, um die *Zone Turquoise* zu begrenzen. Am 2. Juli 1994 nahm sie Butare ein, und am 4. Juli eroberte sie Kigali und machte die früheren Pläne der Hutu-Power zunichte, diesen Tag mit einer Begräbnisfeier für Präsident Habyarimana und einer Feier zur vollständigen Vernichtung der Tutsi in der Hauptstadt zu begehen.

Der *Opération Turquoise* wurde schließlich das Verdienst zugeschrieben, mindestens zehntausend Tutsi in Westruanda gerettet zu haben, aber Tausende weitere wurden auch noch in der französisch besetzten Zone ermordet. Brigaden der Hutu-Power drapierten ihre Fahrzeuge mit französischen Flaggen, um Tutsi aus ihren Verstecken in den Tod zu locken; und selbst wenn echte französische Truppen Überlebende fanden, erteilten sie ihnen häufig die Anweisung, auf ihren Abtransport zu warten; dann entfernten sie sich, nur um bei ihrer Rückkehr die Leichen der »Geretteten« vorzufinden. Vom Augenblick ihrer Ankunft an und wo sie auch hinkamen, unterstützten und retteten die französischen Truppen ebenjene politischen Führer, die den Völkermord zu verantworten hatten. Während die USA es noch immer nicht schafften, den afrikanischen UNAMIR-Freiwilligen die versprochenen gepanzerten Mannschaftswagen zu liefern, waren die Franzosen in Zaire kampfbereit eingetroffen, mit einem eindrucksvollen Aufgebot an Artillerie und Panzern sowie einer Armada von zwanzig Militärflugzeugen, die sofort die stärkste Luftwaffe in Zentralafrika darstellte. Und so wie sie das Militärregime der Hutu-Power und seine Milizen als legitime Autorität eines von Rebellen belagerten Staates stützten, so betrachteten sie die RPF auch offen als Feind – zumindest bis zum Fall von Butare. Dann änderten die Franzosen die Tonart. Sie steckten nicht gerade zurück, aber die schneidende Feindseligkeit, mit der *Turquoise*-Sprecher bis zu diesem Zeitpunkt von den Rebellen gesprochen hatten, wich plötzlich so etwas wie widerwilligem Respekt, und es begannen Gerüchte zu zirkulieren, die RPF habe einen direkten militärischen Sieg über Frankreich errungen. Einige Jahre später fragte ich Generalmajor Paul Kagame, der die RPF zum Sieg geführt hatte, ob an dieser Theorie etwas Wahres gewesen sei.

»So etwas Ähnliches«, meinte Kagame. »Es passierte während unseres Vormarsches auf Butare. Ich erhielt über General Dallaire von der UNAMIR eine Botschaft des französischen Generals in Goma, in der er mir mitteilte, wir dürften Butare nicht betreten. Sie wollten mir klar machen, es würde sonst zu Kämpfen kommen.« Kagame ließ Dallaire wissen, er könne »eine solche Provokation und diese Arroganz der Franzosen nicht hinnehmen«. Dann, erinnerte er sich, »befahl ich den Truppen, sie sollten die Richtung ändern und sofort auf Butare marschieren. Sie kamen am Abend an. Ich gab den Befehl, die Stadt nur einzuschließen und abzuwarten. Ich wollte nicht, daß sie in ein Nachtgefecht verwickelt wurden. Also nahmen sie ihre Positionen ein und warteten bis zum Morgen. Als unsere Truppen dann einmarschierten, hatten die Franzosen sich insgeheim nach Gikongoro abgesetzt« – im Westen. »Aber dann erbaten sie über Dallaire die Erlaubnis, einige katholische Schwestern und ein paar Waisen abzuholen, die sie mitnehmen wollten. Ich stimmte zu. Die Franzosen kamen zurück, aber sie wußten nicht, daß wir die Straße von Gikongoro nach Butare bereits kontrollierten. Wir hatten einen langgezogenen Hinterhalt vorbereitet, fast zwei Kompanien neben der Straße.«

Der französische Konvoi bestand aus etwa fünfundzwanzig Fahrzeugen, und als er Butare verließ, fuhren sie direkt in die

Falle. Kagames Streitkräfte forderten die Franzosen auf, alle Fahrzeuge durchsuchen zu lassen. »Wir wollten sichergehen, daß sie keine FAR-Leute oder Milizen mitnahmen. Die Franzosen weigerten sich. Ihre Jeeps hatten Maschinengewehre aufmontiert, und die richteten sie auf unsere Truppen. Als die Soldaten im Hinterhalt erkannten, daß es zu einer Konfrontation kam, verließen sie ihre Deckung, und ein paar Mann mit Raketenwerfern zielten auf die Jeeps. Als die französischen Soldaten das sahen, bekamen sie die Anweisung, ihre Gewehre nach oben zu richten. Und das taten sie. Sie erlaubten unseren Soldaten die Durchsuchung.« In einem der letzten Fahrzeuge, so Kagame, wurden zwei Regierungssoldaten gefunden. Einer rannte davon und wurde erschossen, und Kagame fügte hinzu: »Vielleicht haben sie den anderen auch umgebracht.« Als sie die Schüsse hörten, kehrten die französischen Fahrzeuge, die bereits hatten weiterfahren dürfen, auf der Straße wieder um und eröffneten aus großer Entfernung das Feuer, aber der Schußwechsel dauerte kaum eine Minute.

Kagame erinnerte sich an einen anderen Vorfall, als seine Männer französische Soldaten in Gewahrsam hielten und über General Dallaire spannungsreiche Verhandlungen stattfanden. Bei dieser Gelegenheit, sagte Kagame, »drohten sie mit Hubschraubern zu kommen und unsere Truppen und Stellungen zu beschießen. Ich sagte ihnen, meiner Meinung nach könnte die Sache friedlich beigelegt werden, aber wenn sie kämpfen wollten, hätte ich nichts dagegen.« Letzten Endes, erzählte er, baten die Franzosen, er solle ihnen ihre Männer zurückgeben, und er ließ sie gehen. Für Kagame, der in Uganda als ruandischer Flüchtling aufgewachsen war und Englisch sprach, war die französische Unterstützung für die *génocidaires* – wie selbst englischsprechende Ruander die Anhänger der Hutu-Power nennen – völlig unverständlich, und er spottete über die französischen Ängste vor einer englischsprachigen Eroberung Ruandas. »Wenn sie wollten, daß die Leute hier französisch sprechen, dann hätten sie nicht dabei helfen sollen, Leute umzubringen, die französisch sprachen.«

Kagames Gefühle gegenüber der UNAMIR waren differenzierter. Er sagte, er schätze General Dallaire als Mann, aber »nicht den Helm, den er trug«, und er habe das Dallaire auch ins Gesicht gesagt. »Hier war die UNAMIR, bewaffnet – sie hatten gepanzerte Mannschaftswagen, Panzer, alle möglichen Waffen –, und die Leute wurden umgebracht, während sie zusahen. Ich sagte, das hätte ich niemals zugelassen. Und dann sagte ich zu ihm: ›In einer solchen Situation würde ich Stellung beziehen. Auch wenn ich den UN unterstellt wäre, würde ich die Leute beschützen.‹ Ich weiß sogar noch, daß ich ihm sagte, es sei etwas beschämend für einen General, wenn er sich in einer Situation befinde, in der wehrlose Menschen getötet werden, und er sie trotz all seiner Ausrüstung – er hat Waffen, er hat Männer – nicht beschützen kann.«

Dallaire schien diese Ansicht zu teilen. Zweieinhalb Jahre nach dem Völkermord meinte er: »Der Tag, an dem ich meine Uniform ausziehe, wird auch der Tag sein, an dem sich meine Seele mit traumatischen Erfahrungen auseinandersetzen kann – besonders von Millionen Ruandern.« Selbst bei den französischen Truppen der *Opération Turquoise* gab es beunruhigte Gemüter. »Wir sind getäuscht worden«, äußerte Hauptfeldwebel Thierry Prungnau gegenüber einem Reporter, dem er Anfang Juli 1994 an einem Sammelpunkt für ausgehungerte und von Machetennarben gezeichnete Tutsi begegnete. »Das ist nicht das, was man uns glauben machte. Man sagte uns, die Tutsi töteten die Hutu. Wir dachten, die Hutu wären die Guten und die Opfer.« Aber abgesehen von individuellem Unbehagen erbrachte die *Opération Turquoise* vor allem das Ergebnis, daß das Gemetzel an den Tutsi noch einen weiteren Monat andauerte und daß die Befehlshaber des Völkermords mit vielen Waffen über die Grenze nach Zaire entwischen konnten.

Als die RPF Anfang Juli in Butare und Kigali einmarschierte, begaben sich über eine Million Hutu auf die Flucht und folgten ihren Führern nach Westen. Sie wurden getrieben von der Angst, die RPF würde so mit ihnen umgehen, wie die Hutu-Power ihre »Feinde« behandelt hatte. Diese Angst wurde häufig als Furcht vor Vergeltung bezeichnet, aber bei den Mördern unter den Flüchtlingen hätte man diese Angst wohl eher als Angst vor Gerechtigkeit oder doch wenigstens vor Strafe bezeichnen sollen. Wer die Gerechtigkeit fürchtet, muß natürlich erst einmal glauben, daß er Unrecht getan hat. Den *génocidaires* galt der bevorstehende RPF-Sieg als Beweis, daß sie die Opfer waren, und die Propagandamühlen der Hutu-Power gaben sich alle Mühe, dieses Gefühl nach Kräften auszunutzen.

»Die fünfzigtausend Leichen, die den Victoria-See verseuchen, stammen von Massakern, die nur die RPF begangen haben kann«, erklärte der RTLM-Sprecher Georges Ruggiu in einer typischen Sendung vom 30. Juni. Ruggiu, ein weißer, belgischer Staatsangehöriger italienischer Abstammung, der seine Berufung als Propagandist der Hutu-Power gefunden hatte, verstieg sich zu der absurden Behauptung, in der RPF-Zone seien nur noch fünftausend Menschen am Leben. Der nächste Tag war der 1. Juli, Ruandas Unabhängigkeitstag, und Ruggiu wünschte seinen Hörern »einen schönen Nationalfeiertag, selbst wenn Sie an diesem Feiertag wahrscheinlich arbeiten und kämpfen müssen«. Statt dessen befanden sich Hunderttausende von Ruggius Zuhörern auf der Flucht. RTLM selbst mußte für ein paar Tage schließen, in denen der Sender sein Studio nordwestlich von Kigali verlegte. Sendungen wie die von Ruggiu hatten sogar die Menschen ohne Blut an den Händen überzeugen können, daß es nicht ratsam war, zurückzubleiben. Häufig war das eine blinde Flucht – weil der Rest der Familie floh, oder aufgrund einer Massenpanik; Vernunft oder individuelle Entscheidungen standen hintenan. In vielen Fällen wurden auch ganze Gemeinden auf die Straße geführt und mit Waffengewalt vorangetrieben, an der Spitze ihre Bürgermeister, am Ende Soldaten und *Interahamwe,* die sie vorwärts trieben.

Die nach Süden Fliehenden gelangten in die *Zone Turquoise,* während eineinhalb Millionen Flüchtlinge nach Norden zogen, nach Gisenyi und zur Grenze von Zaire, nach Goma. Auf der Flucht nahmen sie alles Eßbare mit, dessen sie habhaft wurden, jedes Fahrzeug, das noch fuhr und sie und ihr Gepäck beförderte. Was sie nicht mitnehmen konnten, plünderte und zerstörte der Mob der Hutu-Power systematisch: Regierungsbüros, Fabriken, Schulen, Strommasten, Wohnungen, Läden, Tee- und Kaffee-Plantagen. Sie deckten Dächer ab und rissen Fenster heraus, kappten Wasserleitungen.

Tausende von Kindern blieben bei der Flucht zurück, sie gingen im Getümmel verloren oder wurden häufig bewußt im Stich gelassen – wer will behaupten, er wüßte den Grund: Weil man aus irgendeinem Grunde glaubte, so seien die Kinder sicherer? Oder weil die Eltern meinten, ohne ihre Kinder könnten sie schneller fliehen? Aus Scham oder aus Schamlosigkeit? Priester führten ganze Gemeinden ins Ungewisse. Armeebataillone rollten durch die Massen, und Geschäftsleute und Bürokraten fuhren in ihren Autos, die mit Haushaltsgütern, ihren Frauen und Vettern, ihren Kindern und Großmüttern überfüllt waren – und ihren Radios natürlich, eingestellt auf RTLM. Gelegentlich kam es zu panikartigen Szenen, in denen die Menschen zu Dutzenden totgetrampelt wurden.

Die Fronttruppen der RPF folgten den fliehenden Massen in das Kernland der Hutu-Power im Nordwesten und übernahmen von den vertriebenen Regierungstruppen die Kontrolle über das Land. Am 12. Juli verkündete der Leiter des internationalen Komitees des Roten Kreuzes, bei dem Völkermord sei eine Million Menschen getötet worden. Am 13. Juli nahmen die Rebellen Ruhengeri ein, Habyarimanas Heimatstadt, und während der beiden folgenden Tage überquerten schätzungsweise fünfhunderttausend Hutu die Grenze nach Goma. Am 15. Juli entzogen die USA der ruandischen Regierung der Hutu-Power die diplomatische Anerkennung und schlossen deren Botschaft in Washington. Am 16. Juli flohen der Präsident der Hutu-Power und der größte Teil seines Kabinetts in die *Zone Turquoise*. Frankreich hatte versprochen, sie festzunehmen, aber am 17. Juli zogen sie in Begleitung von Oberst Bagasora weiter nach Zaire, wo der Zustrom der Ruander inzwischen auf eine Million geschätzt wurde. Zur gleichen Zeit erklärte in Kigali die RPF, sie werde eine neue nationale Regierung bilden, die sich von den in den Arusha-Verträgen vereinbarten Prinzipien der Machtteilung leiten lasse – ohne Ansehen der ethnischen Herkunft. Am 18. Juli nahm die RPF nach heftigen Artilleriegefechten Gisenyi ein und fing an, die nordwestliche Grenze zu Zaire zu sichern. Am 19. Juli wurde die neue Regierung – eine Koalition aus RPF und überlebenden Angehörigen der Oppositionsparteien – in Kigali vereidigt, und in New York mußte der UN-Botschafter der vertriebenen Völkermord-Regierung seinen Sitz im Sicherheitsrat räumen. Von da an hieß Ruandas nationale Armee Ruandische Patriotische Armee, die exilierten *Forces Armées Rwandaises* wurden zur Ex-FAR, und RPF bezeichnete nur noch den politischen Flügel der früheren Rebellenbewegung, die das Rückgrat des neuen Regimes bildete. Am 20. Juli begannen die Ex-FAR und *Interahamwe*-Milizen mit Überfällen auf Transporte mit Nahrungsmitteln, die für die Flüchtlinge nach Zaire geflogen worden waren. Am selben Tag wurde in Goma von den ersten Choleraerkrankungen in den überfüllten neuen Lagern berichtet. Und damit war der Völkermord Schnee von gestern.

Die Welt hatte während der Vernichtung der Tutsi, wie General Kagame es ausgedrückt hatte, »mit den Händen in den Taschen dabeigestanden«; auf die Massenflucht der Hutu nach Zaire reagierte sie dagegen mit leidenschaftlicher Intensität. Goma im Spätsommer 1994 war eines der verblüffendsten menschlichen Spektakel des Jahrhunderts, und das dort gezeigte Leiden bot »großes TV«, wie die Kameraleute es unverblümt nennen.

Goma liegt am nördlichen Ufer des Kivu-Sees im Schatten hoch aufragender Vulkane, und nördlich und westlich der Stadt breitet sich kilometerweit eine ausgedehnte und ungastliche Ebene aus verhärteter schwarzer Lava aus, bedeckt mit struppigem und kargem Buschwerk. Der Untergrund ist schroff und scharf und verletzt sogar die abgehärteten Fußsohlen der stets barfuß laufenden ruandischen Bauern; dennoch ist der Fels bröckelig, und wer ihm nahekommt, ist alsbald von kohleähnlichem Staub bedeckt. Auf diesem schwefligen Untergrund ließen sich die ruandischen Massen in sechs Lagern nieder, die mehr Einwohner aufwiesen als jede Stadt dieser Region – hier hundertzwanzigtausend, hundertfünfzigtausend dort, zweihunderttausend im dritten –, und sofort begannen sie zu sterben wie die Fliegen. Über dreißigtausend Tote gab es in den drei oder vier Wochen, bevor die Choleraepidemie eingedämmt werden konnte. Ein Mann stolperte die Straße entlang, dann setzte er sich hin, und während die Kameras liefen, krümmte er sich, fiel vornüber und war tot. Und nicht nur Männer, sondern auch Frauen und kleine Kinder waren betroffen – bloß weil sie einen Schluck Wasser getrunken hatten, das mit Kot oder Urin verunreinigt war oder in dem Leichen gelegen hatten. Die Toten wurden in Strohmatten gerollt und an der Straße abgelegt, damit sie aufgesammelt werden konnten; kilometerweit sauber gebündelte Leichen. Bulldozer mußten herangeschafft werden, um Massengräber auszuheben und die Körper unter die Erde zu bringen. Man muß es sich vorstellen: eine Million Menschen, die sich auf einem riesigen schwarzen Feld durch den Rauch von Kochfeuern bewegen, und dahinter – passender Zufall – war der riesige dunkle Kegel des Nyaragongo-Vulkans zum Leben erwacht und spuckte Flammen, die den Nachthimmel röteten, und Rauch, der den Tag noch mehr verdunkelte.

Diese Szenerie wurde der Welt unablässig vor Augen geführt und auf zwei verschiedene Arten wahrgenommen. In der nachlässigen Version hörte oder las man, daß es einen Völkermord gegeben habe, und dann hörte und sah oder las man, daß eine Million Flüchtlinge in dieser fast perfekten Version einer Hölle auf Erden gelandet waren, und man dachte: Völkermord plus Flüchtlinge gleich Flüchtlinge vor dem Völkermord, und das tat einem in der Seele weh. Oder man hörte die Geschichte richtig – dies waren Menschen, die getötet hatten oder die dazu gezwungen worden waren, den Mördern ins Exil zu folgen –, und man hörte oder las oder mußte zu dem Schluß kommen, diese fast perfekte Version einer Hölle auf Erden stelle eine Art göttlicher Vergeltung dar, die Cholera gleiche einer biblischen Plage, der Schrecken sei damit ausgeglichen: und all das war mehr, als man vertragen konnte, geschweige denn begreifen, und auch das tat in der Seele weh. Durch diesen Prozeß der Verdichtung und Imagination überdeckte das unwägbare Gewimmel fiebernder Menschheit in Goma die Erinnerung an den dahinter liegenden Friedhof, und eine Epidemie, die durch schlechtes Wasser verursacht war und Zehntausende tötete, stellte einen Völkermord in den Schatten, der aus hundert Jahren verrückter Identitätspolitik resultierte und fast eine Million Menschenleben kostete.

»Blut kommt auf den Titel«, heißt es in den Nachrichtenredaktionen, doch in Ruanda begann das Blut allmählich zu trocknen. Die Geschichte lief jetzt in Goma ab, und es war nicht mehr nur eine traurige, verwirrende, häßliche afrikanische Geschichte. Es war jetzt auch unsere Geschichte – die ganze Welt war da, um die Afrikaner aus ihrer traurigen, verwirrenden, häßlichen Geschichte zu erlösen. Flugzeuge landeten und starteten vierundzwanzig Stunden am Tag auf dem Flughafen von Goma, sie brachten Plastikplanen für Flüchtlingsunterkünfte, sie brachten tonnenweise Nahrungsmittel, sie brachten Geräte zum Brunnenbohren, Medikamente, eine ganze Armada weißer Geländewagen mit Allradantrieb, Büroausrüstung, Kalk zum Begraben der Toten, Krankenschwestern, Ärzte, Nachschubexperten, Sozialarbeiter, Sicherheitsbeamte und Pressesprecher – im größten, schnellsten und teuersten Einsatz der internationalen Humanitarismus-Branche des zwanzigsten Jahrhunderts. Vorneweg der UN-Flüchtlings-Hochkommissar, und ihm folgte eine Ansammlung von über hundert Hilfsorganisationen, die sich voller Eifer an der erstaunlich dramatischen – und übrigens auch lukrativen – Aktion beteiligen wollten. Fast über Nacht wurde Goma zur Hauptstadt eines neuen, halbautonomen Archipels aus Flüchtlingslagern, die mit ständig steigender Effizienz unter der hellblauen Flagge der UNHCR organisiert wurden. Unter dieser Flagge besaßen die UN allerdings nur geringe Kontrolle.

Zairische Truppen hatten behauptet, sie hätten die Ruander beim Grenzübergang entwaffnet, und tatsächlich türmten sich große Haufen Macheten und Gewehre neben den Kontrollhütten, aber ein amerikanischer Offizier, der aus seinem Wagen diesen Menschenstrom beobachtete, telefonierte nach Washington und diktierte eine Liste mit dem erstaunlichen Arsenal an Artillerie, Panzern und leichten Waffen, mit dem die Ex-FAR an ihm vorbeizog. Unter der Kontrolle dieser weitgehend intakten Armee plus der *Interahamwe* entwickelten sich die Lager schnell zu perfekten Abbildern des Staates der Hutu-Power – die gleichen Versammlungen, die gleichen Führer, die gleiche starre Hierarchie, die gleiche Propaganda, die gleiche Gewalt. Unter diesem Regime war den humanitären Helfern eher die Rolle des Personals in einem heruntergekommenen, von der Mafia übernommenen Hotel zugewiesen: sie durften servieren – Nahrung, Medikamente, Haushaltsgegenstände, eine Aura der Respektabilität; ging man ihnen von Zeit zu Zeit um den Bart, dann nur, weil sie ja dazu da waren, um betrogen zu werden; mußten sie unter Druck gesetzt werden, sammelte sich alsbald ein Mob, der sie einkreiste; und wenn sie im Grunde nicht mehr waren als die Gimpel ihrer kriminellen Gäste, dann war ihnen das nicht unbekannt; allmählich wurden sie aufgrund ihrer tatsächlich geleisteten Dienste zu Gehilfen des Syndikats der Hutu-Power.

Nichts hiervon geschah sonderlich raffiniert oder geheim. Als sich die Franzosen Ende August schließlich aus der *Zone Turquoise* zurückzogen, war eine weitere halbe Million Hutu – darunter viele Loyalisten der Hutu-Power – nach Burundi weitergezogen oder über Bukavu in Zaire in eine Reihe von Lagern am Südufer des Kivu-Sees. Die Lager von Goma waren noch immer die rauhesten; aber auch in allen anderen Lagern, die von den UN eingerichtet wurden, waren Ex-FAR und *Interahamwe* sehr schnell präsent. Das internationale humanitäre Recht verbietet es, Flüchtlingslager weniger als achtzig Kilometer von den Grenzen des Heimatlandes der Flüchtlinge entfernt anzulegen, doch sämtliche Lager für Ruander waren dichter an der Grenze, und die meisten befanden sich nur wenige Kilometer von der ruandischen Grenze entfernt in Tansania, Burundi und Zaire. Fast ein Drittel der ruandischen Hutu-Bevölkerung lebte in diesen Lagern. Natürlich bedeutete das auch, daß zwei Drittel – mehr als vier

Millionen Menschen – sich entschieden hatten, in Ruanda zu bleiben, und die Cholera und das allgemeine Elend in Goma ließen bei vielen Flüchtlingen die Überlegung reifen, daß es ihnen besser ergangen wäre, wenn sie ebenfalls zurückgeblieben wären. Wer jedoch von Rückkehr sprach, wurde häufig als Komplize der RPF denunziert, und manche wurden von den Lagermilizen auch ermordet. Denn falls alle unschuldigen Flüchtlinge zurückkehrten, würden schließlich nur die Schuldigen bleiben, und das Monopol der Hutu-Power auf das internationale Mitleid wäre erschüttert worden.

Ein Reporter, der direkt aus Bosnien nach Goma geschickt worden war, erzählte mir, er wisse genau, was die Hutu-Power sei – er habe auf den Vulkan geschaut und gebetet: »Lieber Gott, wenn dieses Ding jetzt sofort explodiert und die Mörder unter sich begräbt, dann glaube ich, daß du gerecht bist, und ich werde jeden Tag meines restlichen Lebens zur Kirche gehen.« Viele Mitarbeiter humanitärer Hilfsorganisationen berichteten mir von ähnlichen Empfindungen, aber das hinderte die meisten von ihnen nicht daran, sich mit allem abzufinden. Es störte sie, daß die Führer der Lager eventuell Kriegsverbrecher waren, nicht Flüchtlinge in irgendeinem konventionellen Sinn des Wortes, sondern Flüchtige. Es war nicht schön mit anzuhören, wenn diese Führer protzten, die Flüchtlinge würden nur zurückkehren, wie sie gekommen waren, in Massen, und seien sie erst zurückgekehrt, würden sie vollenden, was sie mit den Tutsi begonnen hatten. Und es war wirklich beunruhigend, daß bewaffnete Banden aus den Lagern nur wenige Wochen nach ihrer Ankunft, noch bevor die Cholera vollständig unter Kontrolle gebracht worden war, bereits zu einem Guerilla-Krieg gegen Ruanda übergegangen waren, mit blutigen Überfällen jenseits der Grenze. Manchen Hilfsorganisationen war die extreme Politisierung und Militarisierung der Lager so widerlich, daß sie sich im November 1994 aus Goma zurückzogen. Aber es gab genug andere, die bereitwillig an ihre Stelle rückten.

In den ersten Monaten nach dem Völkermord gab es bei den UN viele Diskussionen über eine internationale Truppe, um die Militanten in den Lagern zu entwaffnen und die politischen und kriminellen Elemente aus den Massen herauszufiltern. Monatelang gab ein hoher internationaler Diplomat nach dem anderen beunruhigende Erklärungen über die Gewalt unter den Flüchtlingen in Zaire ab, versetzt mit Warnungen, die Hutu-Power plane eine massive Invasion Ruandas, und dem dringenden Ruf nach einer Truppe, um Ordnung in die Lager zu bringen. Als aber der Generalsekretär um Freiwillige für eine solche Streitmacht bat, war kein einziges Land bereit, Truppen zur Verfügung zu stellen – obwohl alle größeren Mächte bedeutende Summen für den Unterhalt der Lager aufbrachten.

Die Grenzlager verwandelten die ruandische Krise in eine Krise der gesamten Region. Es blieb – wie zuvor – eine politische Krise, aber die sogenannte internationale Gemeinschaft behandelte sie lieber als humanitäre Krise – als sei das Leid ohne jedes menschliche Zutun entstanden, wie eine Überschwemmung oder ein Erdbeben. Die ruandische Katastrophe wurde tatsächlich weithin als eine Art Naturkatastrophe empfunden – Hutu und Tutsi taten einfach das, was ihrer Natur entsprach, und brachten einander um. Wenn so viele Menschen in solch schreckliche Bedingungen geflohen waren, dachte man, dann mußten sie vor etwas noch Schrecklicherem geflohen sein. Auf diese Weise errangen die *génocidaires* einen weiteren außergewöhnlichen PR-Sieg – dank ihrer geschickten Manipulation massenhaften Leids und, ausgerechnet, eines Appells an das Gewissen der Welt.

Im September 1997, kurz bevor Generalsekretär Kofi Annan ihm die Aussage vor dem belgischen Senat verbot, trat General Dallaire, Ex-UNAMIR, im kanadischen Fernsehen auf und sagte über seine Mission in Ruanda: »Ich bin voll verantwortlich für die Entscheidungen, aufgrund derer zehn belgische Soldaten und auch andere starben, mehrere meiner Soldaten verletzt wurden und erkrankten, weil wir keine Medikamente mehr hatten, sechsundfünfzig Mitarbeiter vom Roten Kreuz getötet wurden, zwei Millionen Menschen vertrieben und zu Flüchtlingen wurden, und etwa eine Million Ruander ermordet wurden – denn die Mission ist gescheitert, und für dieses Scheitern bin ich entscheidend mitverantwortlich.«

Dallaire weigerte sich, die Schuld dem UN-System anzulasten. Statt dessen schob er sie den Mitgliedern des Sicherheitsrats und der Generalversammlung zu. Wenn angesichts des Völkermords Regierungen fürchteten, ihre Soldaten einem Risiko auszusetzen, sagte er, »dann schickt keine Soldaten, sondern Pfadfinder« – und ungefähr dies tat die Welt dann in den Flüchtlingslagern. Dallaire stand in Uniform vor der Kamera; sein ergrauendes Haar war kurzgeschnitten; er streckte sein Kinn trotzig vor; zahlreiche Orden schmückten seine Brust. Er sprach allerdings recht erregt, und seine sorgfältig abgemessenen Sätze konnten seine Empfindung der Ungerechtigkeit oder seine Wut nicht verbergen.

»Ich habe kaum begonnen, richtig über die Apathie und die absolute Distanz der internationalen Gemeinschaft und besonders der westlichen Welt gegenüber dem Leiden der Ruander zu trauern. Denn wen, um mich mal ganz deutlich und soldatisch auszudrücken, wen zum Teufel interessierte Ruanda eigentlich? Seien wir doch ehrlich. Wie viele Leute erinnern sich denn noch an den Völkermord in Ruanda? Wir kennen den Völkermord des Zweiten Weltkriegs, weil alle davon betroffen waren. Aber wer ist denn vom ruandischen Völkermord betroffen? Wer begreift, daß in dreieinhalb Monaten in Ruanda mehr Menschen getötet, verletzt und vertrieben wurden als in dem ganzen jugoslawischen Feldzug, in den wir sechzigtausend Mann schickten, bei dem die gesamte westliche Welt präsent war und in den wir immer noch Milliarden hineinpumpen, um das Problem zu lösen. Wieviel wird denn wirklich getan, um das Problem Ruandas zu lösen? Wer trauert um Ruanda und empfindet diese Trauer wirklich und ist bereit, die Konsequenzen zu tragen? Ich habe persönlich Hunderte Ruander gekannt, die ich dann mit ihren Familien hingeschlachtet fand, Dörfer, die vollständig ausgelöscht waren – Leichenhaufen bis hier –, und über all das haben wir täglich berichtet, und die internationale Gemeinschaft hat einfach weiter zugesehen.«

Die Völkermord-Konvention ging von der utopischen Voraussetzung aus, eine internationale Gemeinschaft autonomer Staaten werde sich von einem moralischen Imperativ leiten lassen, alle Versuche zur Vernichtung ganzer Völker zu verhindern. Das ist eine radikale Vorstellung, die zutiefst dem Prinzip der Souveränität widerspricht, wie das internationalistische Experiment zur Genüge bewiesen hat. Staaten haben noch nie aus rein interesselosen humanitären Gründen gehandelt; die neue Idee lautete, der Schutz der Menschheit liege im Interesse eines jeden Staates, und nach dem Zweiten Weltkrieg war man sich durchaus darüber im klaren, daß jedes Vorgehen gegen Völkermord die Bereitschaft voraussetzen mußte, Gewalt anzuwenden und das Leben der eigenen Leute zu riskieren. Man war überzeugt, der Preis eines solchen Risikos für die Welt sei nicht so hoch wie der Preis der Untätigkeit. Aber an wessen Welt dachten die Autoren der Völkermord-Konvention und der bald darauf folgenden Flüchtlingskonvention?

Als ich zum ersten Mal nach Ruanda flog, hatte ich einen Zwischenaufenthalt in Brüssel, am 8. Mai 1995. Die europäischen Zeitungen standen voller Gedenkartikel zum fünfzigsten Jahrestag der deutschen Kapitulation. Die *Herald Tribune* hatte ihre gesamte Titelseite vom 8. Mai 1945 nachgedruckt, und die Artikel beeindruckten mich durch ihren Kampfgeist: Schlagt die Deutschen, besiegt sie, dann bringt Gerechtigkeit und baut wieder auf. Das europäische *Wall Street Journal* brachte die Ergebnisse einer Umfrage, wonach fünfzig Jahre nach dem Krieg 65 Prozent der Deutschen meinten, es sei gut, daß ihr Land besiegt worden sei. Und ich fragte mich: Können wir uns ein solches Ergebnis für irgendeinen der heutigen Kriege vorstellen?

Ruanda hatte der Welt den offensichtlichsten Fall von Völkermord seit Hitlers Krieg gegen die Juden dargeboten, und die Welt schickte Decken, Bohnen und Binden in Lager, die von den Mördern kontrolliert wurden; anscheinend hoffte man, in Zukunft werde sich jedermann besser benehmen.

Nach dem Holocaust hatte der Westen gelobt, nie wieder Völkermord zu dulden – aber dieses Gelöbnis erwies sich als hohl, und trotz aller hehren Gesinnung, die durch die Erinnerung an Auschwitz inspiriert wurde, bleibt ein Problem bestehen: das Böse anzuprangern bedeutet noch lange nicht, Gutes zu tun.

Im Fernsehen gab sich Generalmajor Dallaire politisch. Er wies keiner Regierung namentlich die Schuld zu. Er sagte: »Die wahre Frage lautet: Was will die internationale Gemeinschaft die UNO wirklich tun lassen?« Er sagte: »Die UN verfügten einfach nicht über die Mittel.« Und er sagte: »Wir wollten uns mit den FAR und den *Interahamwe* nicht anlegen.«

Als ich ihm zuhörte, erinnerte ich mich an ein Gespräch mit einem Offizier des amerikanischen Heeresnachrichtendienstes, der in einer Bar in Kigali sein Abendessen aus Jack Daniels und Coca-Cola zu sich nahm.

»Ich höre, Sie sind an Völkermord interessiert«, meinte er zu mir. »Wissen Sie, was Völkermord ist?«

Ich bat ihn, es mir zu sagen.

»Ein Käsesandwich«, sagte er. »Schreiben Sie das auf. Völkermord ist ein Käsesandwich.«

Ich fragte ihn, wie er das meine.

»Wen kümmert ein Käsesandwich?« entgegnete er. »Völkermord, Völkermord, Völkermord. Käsesandwich, Käsesandwich, Käsesandwich. Wen interessiert denn das? Verbrechen gegen die Menschheit. Wo ist die Menschheit? Wer ist die Menschheit? Sie? Ich? Haben Sie ein Verbrechen gegen sich gesehen? Ach je, bloß eine Million Ruander. Haben Sie je von der Völkermord-Konvention gehört?«

»Ja«, sagte ich.

»Diese Konvention«, meinte der Amerikaner an der Bar, »ist ein prima Einwickelpapier für ein Käsesandwich.«

Teil 2

... Hielt der Erzengel unterdessen inne
Zwischen zerstörter und erstellter Welt ...
John Milton, *Das verlorene Paradies*

12

Im Juli 1995, ein Jahr nach der Amtseinführung von Ruandas neuer Regierung, kam Erzbischof Desmond Tutu aus Südafrika nach Kigali. In einem Fußballstadion hielt er eine Predigt, in der er die versammelte Menge bat: »Bitte, bitte, bitte, Brüder und Schwestern, bitte, bleibt ruhig. Bitte, bitte, weint nicht mehr!«

Das war eine verblüffende Botschaft an ein Volk, dessen Land in Blut versunken war, besonders von einem Mann, dem ein Friedensnobelpreis verliehen worden war, weil er sich geweigert hatte, ruhig zu bleiben. Aber als er dann beschrieb, wie die Schwarzen in Südafrika den Weißen kurz zuvor die Macht entrissen hatten, da wurde deutlich, daß Erzbischof Tutu nicht nur Ruanda in seinem Leid trösten, sondern dem Land auch einen Spiegel vorhalten wollte. In Südafrika, predigte er, »hatten sie verschiedene Sprachen, sie entstammten verschiedenen Rassen, sie hatten eine unterschiedliche Kultur ... Ihr dagegen seid alle schwarz. Ihr sprecht eine Sprache. Und ich möchte gern herausfinden, was in diesen unseren Köpfen eigentlich vorgeht?« Die Menge lachte, aber das Gelächter verstummte, als der Erzbischof fortfuhr: »He? He? He? Wollt ihr mir etwa weismachen, Schwarze seien dumm? Wie? Seid ihr dumm?«

Ein ziemlich leises »Nein« war aus der Menge zu hören.

»Ich kann euch nicht verstehen. Seid ihr dumm?« fragte Tutu erneut.

»Nein.«

Und ein drittes Mal stellte Tutu die Frage: »Seid ihr dumm?«

Die Antwort der Menge war, wie die Frage des Erzbischofs, mit jedem Mal lauter geworden, aber selbst das letzte und lauteste »Nein!« schien durch die Empfindung abgeschwächt, daß die Frage zwar ironisch gemeint sein mochte, aber doch eine Form von Beleidigung enthielt, wie sie Ruander nicht gewöhnt sind.

Was hatte denn die schwarze Hautfarbe mit Ruanda zu tun? Das mochte in Südafrika von Bedeutung sein, aber außer ein paar Ausländern ist in Ruanda ein jeder – ob dumm oder klug, gut oder böse, Mehrheit oder Minderheit – schwarz, und daß sich der Erzbischof an dieser Kategorie festbiß, verriet eine fremde Sicht auf die Leiden des Landes, eine Sichtweise, in der Täter und Opfer unterschiedslos in einen Topf geworfen wurden.

»Ich komme als Afrikaner«, erklärte Tutu später vor einer Versammlung von Regierungsmitgliedern und Diplomaten. »Ich komme als jemand, der wohl oder übel teilhat an der Schande, an der Entwürdigung, an den Versäumnissen Afrikas, denn ich bin Afrikaner. Und was hier geschieht, was in Nigeria geschieht, was überall in Afrika geschieht – das gehört auch zu meinem Leben.«

Eine Parlamentsabgeordnete, die neben mir saß, rollte die Augen. Daß Tutu immer wieder die Rasse hervorhob, sollte als Ausdruck der Solidarität verstanden werden, aber Ruanda war nicht Südafrika oder Nigeria, und Afrikaner hatten sich nicht mehr als andere bemüht, dem Völkermord ein Ende zu bereiten. Deshalb war es eigenartig zu hören, daß ein Verbrechen, das Ruander an Ruandern begangen hatten, ein Verbrechen am afrikanischen Stolz und Fortschritt sein sollte und daß die Schande Ruandas eher eine innerafrikanische Angelegenheit sein sollte als eine Schande für die gesamte Menschheit. Noch eigenartiger war es, gesagt zu bekommen, man solle den Mund halten und sich nicht wie ein dummer Schwarzer benehmen.

Wenn ich in Ruanda deprimiert war, was häufig vorkam, fuhr ich gerne über Land. Unterwegs zerfloß das Land in rauhem Glanz, und während die Szenen wechselten und sich im Wagen der Geruch von Erde, Eukalyptus und Holzkohle ausbreitete, konnte man sich vorstellen, daß die Menschen und ihre Landschaft – die Menschen in ihrer Landschaft – genauso waren, wie sie immer gewesen waren: unberührt. Auf den Feldern arbeiteten Menschen, auf den Märkten feilschten sie, auf den Schulhöfen spielten und rauften die Kinder wie in aller Welt, die Mädchen in hellblauen Kleidern, die Jungen in Khaki-Shorts und Safarihemden. Über lang hingestreckte Täler und hohe Bergpässe bot die Landschaft das vertraute afrikanische Bild: farbenfroh gekleidete Frauen mit auf den Rücken gebundenen Babys und enormen Lasten auf den Köpfen; kräftige junge Männer in Jeans und T-Shirts der Chicago Bulls, die mit leeren Händen vorbeischlenderten – abgesehen vielleicht von einem kleinen Radio; ältere Herren in Anzügen, die auf uralten Fahrrädern rotverstaubte Wege entlang radelten; ein Mädchen, das hinter einem Huhn herjagte, ein Junge, der versuchte, den blutigen Kopf einer Ziege auf den Schultern zu balancieren; winzige Kinder in zerfetzten Kitteln, die mit einem Stock die Kühe aus dem Weg scheuchten.

Leben.

Man wußte aus der Statistik, daß die meisten dieser Menschen Hutu waren, aber man hatte keine Ahnung, wer wer war; ob dieses Mädchen, das einem mit leerem Blick entgegensah, erst im letzten Augenblick blinzelte und ein breites Grinsen aufsetzte, die Überlebende eines Massakers war oder ob sie getötet hatte, oder beides. Hielt man an, um sich ein kaltes Getränk zu kaufen und einen Spieß mit geröstetem Ziegenfleisch, oder um nach dem Weg zu fragen, dann sammelte sich eine kleine Menschenmenge, starrte einen an und gab Kommentare ab, so daß man sich der eigenen Exotik bewußt wurde. Fuhr man im Nordwesten umher und hielt am Straßenrand an, um die Vulkane zu bewundern, kamen Bauern von ihren Feldern herbei und zeigten sich erfreut darüber, daß man in diesem Moment nichts Besseres zu tun hatte, als voller Wohlgefallen ihre Landschaft anzuschauen. Reiste man im Südwesten durch das Schutzgebiet des Nyungwe-Regenwalds und stieg aus, um die Colobus-Affen zu beobachten, winkten und grüßten Menschen aus vorbeifahrenden Minibussen.

Einst bestand der größte Teil Ruandas aus Wald wie dem von Nyungwe, einem dunklen Vegetationsgeflecht unter niedrig hängenden Wolkenfetzen. Jahrhunderte der Landwirtschaft hatten jedoch den Wald verdrängt, und als ich kam, waren selbst die steilsten Hänge kultiviert, beweidet und bebaut, nur an ihrem Gipfel beschattet von einer übriggebliebenen Krone hoher Bäume. Die Intensität, mit der jeder Fleck Land bearbeitet wurde, lieferte einen sichtbaren Beleg für Ruandas Bevölkerungsdichte und die entsprechende Konkurrenz um die Ressourcen; man hat sogar behauptet, der Völkermord sei im Grunde weitgehend ökonomisch motiviert gewesen: »dem Sieger die Beute« und »Ruanda hat nicht Raum für alle« – etwas dergleichen, als seien die Morde eine Art Darwinscher Mechanismus zur Bevölkerungskontrolle gewesen.

Zweifellos ließen sich einige Mörder von der Verheißung materiellen Gewinns und vergrößerten Lebensraums motivieren. Warum aber gab es dann keinen Völkermord in Bangladesch oder einem anderen der vielen schrecklich armen und schrecklich übervölkerten Länder, die man aufzählen könnte? Übervölkerung erklärt nicht, warum Hunderttausende Menschen damit einverstanden waren, binnen weniger Wochen fast eine Million ihrer Nachbarn zu ermorden. Eigentlich gibt es dafür überhaupt keine richtige Erklärung. Man halte sich alle Faktoren vor Augen: die vorkolonialen Ungleichheiten; die fanatisch gründliche und hierarchisch zentralisierte Verwaltung; den hamitischen Mythos und die radikale Polarisierung unter belgischer Herrschaft; die Morde und Vertreibungen, die mit der Hutu-Revolution von 1959 einsetzten; den ökonomischen Zusammenbruch der späten achtziger Jahre; Habyarimanas Weigerung, die Tutsi-Flüchtlinge heimkehren zu lassen; die Verwirrung um das Mehrparteiensystem; den Angriff der RPF; den Krieg; den Extremismus der Hutu-Power; die Propaganda; die »Übungsmassaker«; die massenhaften Waffenlieferungen; die Bedrohung von Habyarimanas Oligarchie durch einen Frieden, der zu Machtteilung und Integration geführt hätte; die extreme Armut, die Unwissenheit, der Aberglaube und die Furcht vor einer geduckten, botmäßigen, zusammengepferchten – und weitgehend alkoholisierten – Bauernschaft; die Gleichgültigkeit der Außenwelt. Man rühre all diese Bestandteile zusammen und man erhält ein hervorragendes Rezept für eine Kultur des Völkermords, so daß sich ohne Mühe behaupten ließe, früher oder später habe etwas Derartiges passieren müssen. Die Dezimierung geschah jedoch völlig willkürlich.

Und danach war die Welt ein anderer Ort für jeden, der darüber nachdenken wollte. Ruander hatten keine Wahl. Ich war im Grunde nicht an ihren Toten interessiert – was läßt sich denn wirklich sagen über eine Million ermordete Menschen, die man nicht gekannt hat? –, sondern vor allem daran, wie diejenigen, die ohne sie leben mußten, damit fertig wurden. Ruanda besaß Erinnerungen und Gewohnheiten einer langen Geschichte, aber der Bruch in dieser Geschichte war so absolut gewesen, daß ich nun durch ein Land fuhr, das es in Wirklichkeit nie zuvor gegeben hatte. Szenen ländlichen Lebens, die mir zeitlos erschienen, Joseph, dem Fahrer, dagegen leer, gehörten nicht dazu. Das Ruanda, das ich in den Jahren nach dem Völkermord besuchte, war eine Welt der Schatten.

Weiter oben habe ich geschrieben, daß Macht weitgehend in der Fähigkeit besteht, andere in deine Geschichte ihrer Realität zu zwingen, selbst wenn man dazu viele von ihnen töten muß. In diesem groben Sinne war Macht in hohem Maße immer und überall gleich; was sich verändert, ist in erster Linie die Art der Realität, die sie anstrebt. Beruht sie eher auf Wahrheit als auf Falschheit – will sagen: Behandelt sie die ihr Unterworfenen mehr oder weniger schlecht? Die Antwort hängt häufig davon ab, wie breit oder schmal die Grundlage dieser Macht ist: Konzentriert sie sich in einer Person, oder ist sie verteilt auf viele verschiedene Zentren, die einander kontrollieren? Und sind ihre Untertanen bloß Untertanen oder auch Bürger? Im Prinzip ist Macht auf schmaler Grundlage leichter zu mißbrauchen, während Macht auf einer breiteren Grundlage einer im Kern wahreren Geschichte bedarf und mit größerer Wahrscheinlichkeit mehr ihrer Untertanen vor Mißbrauch schützen wird. Diese Regel fand ihren berühmtesten Ausdruck bei dem britischen Historiker Lord Acton: »Macht korrumpiert; absolute Macht korrumpiert absolut.«

Aber wie die meisten Gemeinplätze ist auch Actons Maxime nicht ganz wahr. Um ein Beispiel aus der amerikanischen Geschichte heranzuziehen: Präsident Lincoln besaß mehr absolute Macht als Präsident Nixon, aber mit Sicherheit war Nixon der von Grund auf korruptere von beiden. Wenn wir also politische Macht beurteilen, müssen wir nicht nur nach ihrer Basis fragen, sondern auch danach, wie die Macht ausgeübt wird, unter welchen Bedingungen, zu welchen Zwecken, zu welchem Preis und mit welchem Erfolg. All diese Dinge sind schwer zu beurteilen und im allgemeinen umstritten, und für diejenigen unter uns, die in der erstaunlichen allumfassenden Sicherheit der großen westlichen Demokratien am Ende des zwanzigsten Jahrhunderts leben, bedeuten sie schlicht den Stoff öffentlichen Lebens. Daß aber an Orten, an denen Massengewalt und Leid so selbstverständlich sind, daß sie gelegentlich gar sinnlos genannt werden, Menschen sich durchaus auch in sinnvoller Politik engagieren – diesen Gedanken scheinen wir nur widerstrebend ernst nehmen zu können.

Als ich zum ersten Mal nach Ruanda fuhr, las ich ein Buch mit dem Titel *Aussichten auf den Bürgerkrieg,* das bei der Kritik großen Anklang gefunden hatte. Aus einer Perspektive unmittelbar nach dem kalten Krieg schrieb der Autor Hans Magnus Enzensberger: »Sichtbarstes Zeichen für das Ende der bipolaren Weltordnung sind die dreißig bis vierzig offenen Bürgerkriege, die derzeit auf der ganzen Welt geführt werden.« Sodann widmete er sich der Untersuchung, worum sie eigentlich geführt wurden. Das wirkte vielversprechend – bis ich erkennen mußte, daß Enzensberger an den Details dieser Kriege überhaupt nicht interessiert war. Er behandelte sie alle als ein einziges Phänomen und verkündete nach wenigen Seiten: »Was dem Bürgerkrieg der Gegenwart eine neue, unheimliche Qualität verleiht, ist die Tatsache, daß er ohne jeden Einsatz geführt wird, daß es buchstäblich *um nichts* geht.«

Einst – im Spanien der dreißiger Jahre oder in den Vereinigten Staaten in den sechziger Jahren des neunzehnten Jahrhunderts – töteten und starben die Menschen laut Enzensberger gewöhnlich für Ideen, aber heute »hat sich die Gewalt von der Ideologie gelöst«, und Menschen, die Bürgerkriege führen, töten und sterben schlicht in einem anarchischen Ringen um die Macht. In diesen Kriegen, behauptet er, gibt es keinerlei Vorstellung von der Zukunft; es herrscht der Nihilismus; »jedes politische Denken, von Aristoteles und Machiavell bis Marx und Weber, wird aus den Angeln gehoben«, und es »bleibt nur eine negative Utopie übrig – der Hobbessche Urmythos vom Kampf aller gegen alle«. Daß ein solcher Blick auf entlegene Bürgerkriege einen bequemen Grund liefert, sie zu ignorieren, erklärt vielleicht seine enorme Popularität in unserer Zeit. Es wäre doch nett, könnten wir sagen, wenn die Eingeborenen da draußen sich beruhigten, aber wenn sie einander zum Spaß umbringen, dann geht uns das wirklich nichts an.

Es *geht* uns aber an. Wenn Enzensberger die Besonderheit der Völker leugnet, die Geschichte machen, und die Möglichkeit, daß es sich dabei um Politik handelt, dann verwechselt er seine Unfähigkeit zu erkennen, worum es bei Ereignissen geht, mit dem Wesen dieser Ereignisse. Also nimmt er nur Chaos wahr – die Erscheinung statt des Wesens –, und seine Analyse weicht der eigentlichen Frage aus: Wenn es tatsächlich ideologische Unterschiede zwischen zwei kriegführenden Parteien gibt, wie sollen wir sie beurteilen? Wer im Falle Ruandas die Position bezieht, der Bürgerkrieg sei eine Art Massenschlägerei gewesen – bei der jeder gleichermaßen legitimiert und gleichermaßen legitimationslos ist –, der verbündet sich mit der Ideologie der Hutu-Power, wonach es sich bei dem Völkermord um Selbstverteidigung handelte.

Die Politik operiert schließlich meistens in dem Bereich zwischen schlecht – oder, wie Optimisten sagen würden: besser – und schlechter. Im Ruanda nach dem Völkermord bekam man an jedem beliebigen Tag Geschichten von neuen Scheußlichkeiten zu hören, aber genausogut konnte man Beispiele bemerkenswerter sozialer und politischer Verbesserungen kennenlernen. Je mehr Geschichten ich sammelte, desto deutlicher wurde mir, daß das Leben während des Völkermords, seiner Absolutheit wegen, eine Reihe viel einfacherer Reaktionen hervorgerufen hatte, als es dann später möglich war, angesichts der Aufgabe mit der Erinnerung an ihn weiterzuleben. Bei denen, die ausgehalten hatten, funktionierten Geschichten und Fragen in der Regel nach dem Muster Signal-Reaktion – Geschichten beschworen Fragen herauf und diese weitere Geschichten und die noch mehr Fragen –, und niemand, der denken konnte, schien genaue Antworten zu erwarten. Bestenfalls hoffte man auf Verständnis, auf die Erkenntnis von Möglichkeiten, am Ende dieses Jahrhunderts unerwarteter Extremfälle über die trotzige *condition humaine* nachzudenken. Ziemlich häufig hatte ich das Gefühl, daß diese Geschichten mir auf die gleiche Weise angeboten wurden, in der schiffbrüchige Menschen, weder ertrunken noch gerettet, eine Flaschenpost abschicken: in der Hoffnung, daß sie auch dann, wenn sie dem Absender keinerlei Vorteil bringt, doch zu irgendeinem anderen Zeitpunkt irgend jemandem an irgendeinem anderen Ort von Nutzen sein könnte.

Selbst heute, in den ersten Monaten des Jahres 1998, während ich dieses Buch schreibe, dauert Ruandas Krieg gegen den Völkermord an. Vielleicht wird zu dem Zeitpunkt, da Sie dies lesen, der Ausgang des Ganzen klarer sein. Vielleicht hat Ruanda erneut im ganzen Land maßlose Blutbäder erlebt, vielleicht hat die Hutu-Power sich erneut die Herrschaft über das Land oder große Teile davon erkämpft. Möglicherweise ist Ruanda auch Schauplatz eines anhaltenden, erbitterten Kampfes, mit Phasen und Regionen umfassenden Terrors und solchen empfindlicher Stabilität – so wie es seit dem Völkermord mehr oder weniger ständig gewesen ist. Wenn Sie natürlich eine Art Archäologe sind, der dieses Buch in ferner Zukunft ausgräbt, in fünf, fünfzig oder fünfhundert Jahren, dann ist Ruanda vielleicht ein friedliches Land voller Leben, Freiheit und Glück. Vielleicht wollen Sie dort Ihren nächsten Urlaub verbringen, und die Geschichten, die Ihnen auf diesen Seiten begegnen, bieten nur noch einen mahnenden Hintergrund, so wie wir heute Geschichten über den Völkermord an den amerikanischen Indianern lesen oder aus den Tagen der Sklaverei, oder Berichte über all die scheußlichen Verbrechen gegen die Menschlichkeit, die Europas Fortschritt begleiteten, und dann mag einem der Gedanke kommen, den Joseph Conrads Romanfigur Marlow über England ausspricht: »Wir leben in diesem flackernden Strahl – mag er währen, solange die alte Erde sich dreht! Doch gestern noch herrschte hier Dunkelheit.«

13

In den insgesamt neun Monaten, die ich bei sechs Besuchen in Ruanda verbrachte, sah ich nur einen einzigen kurz zuvor getöteten Menschen: einen jungen Mann, der bei einem Autounfall getötet worden war. Drei Minuten zuvor war er noch durch sein Leben gefahren, dann wich sein Fahrer einer alten Frau aus, die über die Straße lief, und nun lag er seitlich im hohen Gras, zusammengekrümmt wie ein Embryo, mit klaffender Kopfwunde. Besäße ich ein Bild von ihm und würde es hier abdrucken mit der Unterschrift »Tutsi-Opfer des Völkermords« oder »Hutu-Opfer der RPF«, dann könnten Sie diese Täuschung niemals durchschauen. Der Appell an Ihr Mitgefühl und an Ihr Gefühl der Empörung wäre in beiden Fällen gleich.

Auf ebendiese Weise ist gewöhnlich aus Ruanda berichtet worden, während sich der Krieg zwischen den *génocidaires* und der von der RPF eingesetzten Regierung hinzieht. In einem typischen Beitrag mit der Überschrift »Vergebliche Suche nach festem Grund für Ruandas Moral« beschrieb meine Zeitung zu Hause, die *New York Times*, einen Hutu-Flüchtling, der bei einem Angriff von Tutsi-Soldaten zum Krüppel geschlagen worden war, sowie einen Tutsi-Flüchtling, der von Milizen der Hutu-Power zum Krüppel geschlagen worden war, als »Opfer in einem epischen Ringen zwischen zwei rivalisierenden ethnischen Gruppen«, in dem »niemand mehr ohne Schuld ist«. Durch solche Berichte wird der Eindruck hervorgerufen, daß keine der beiden Seiten Unterstützung verdient, weil auf beiden Seiten die Opfer gleichermaßen leiden. Um diesen Punkt noch zu unterstreichen, bat die *Times* den Belgier Filip Reyntjens, einen der führenden europäischen Ruanda-Experten, um eine Stellungnahme. »Das ist keine Geschichte von gut oder böse«, sagte Reyntjens. »In dieser Geschichte gibt es nur böse. Punkt.«

Nach der Lektüre mehrerer ähnlicher Zeitungsartikel faßte ich zum ersten Mal den Entschluß, nach Ruanda zu fahren. Ein Jahr nach dem Völkermord hatte die Ruandische Patriotische Armee den Auftrag erhalten, ein Lager für »internally displaced persons«, für inländische Vertriebene, in Kibeho zu schließen, auf ebenjenem Hügel, der durch die Marienerscheinungen Berühmtheit erlangt hatte. In diesem Lager, das ursprünglich die Franzosen während der *Opération Turquoise* eingerichtet hatten, lebten über achtzigtausend Hutu, die nach dem Völkermord aus ihrer Heimat geflohen waren. Die RPA-Operation zur Schließung des Lagers war schief gelaufen, und Meldungen zufolge waren dabei mindestens zweitausend Hutu getötet worden. Wieder einmal war ein UN-Bataillon zugegen gewesen, ohne ins Geschehen einzugreifen. Ich erinnere mich an ein Zeitungsbild, das einen UN-Soldaten bei den Aufräumarbeiten nach dem Gemetzel zeigte: in jeder Hand hielt er ein totes Baby.

Erst der Völkermord und jetzt dies, dachte ich: Hutu töten Tutsi, dann töten Tutsi Hutu – wenn es wirklich nur darauf hinausläuft, dann ist es kein Wunder, daß wir uns nicht damit abgeben wollen. War das wirklich alles so geistlos und einfach?

Die aufgehäuften Leichen der Opfer politischer Gewalt sind heutzutage eine übliche Massenware in unserer Informationskost, und den üblichen Berichten zufolge entstehen alle Massaker auf die gleiche Weise: die Toten sind unschuldig, die Mörder monströs, die Politik dahinter wahnsinnig oder nicht existent. Abgesehen von den Namen und Landschaften liest es sich wie die immer gleiche Geschichte aus beliebigen Gegenden der Welt: Ein Stamm an der Macht schlachtet einen entmachteten Stamm ab, nur eine weitere Runde in jenem Kreislauf uralter Feindschaften – je mehr sich ändert, desto mehr bleibt alles gleich. Wie in Berichten von Erdbeben oder Vulkanausbrüchen erfahren wir, daß Experten von der Existenz einer Verwerfungslinie wußten, daß der Druck zunahm, und wir werden gedrängt, uns aufzuregen – aus Furcht, Schmerz, Mitleid, Wut oder gar schlichter morbider Faszination – und für die Überlebenden vielleicht ein Almosen zu erübrigen. Die typische Massakergeschichte spricht von »endemischer« oder »epidemischer« Gewalt und von Orten, an denen die Menschen »einander« töten, und der allgegenwärtige Pesthauch scheint jeden Anreiz auszulöschen, über den Einzelfall nachzudenken. Diese Geschichten schießen aus dem Nichts hervor und verschwinden auch genauso unvermittelt wieder im Nichts. Die anonymen Toten und ihre anonymen Mörder werden zu ihrem eigenen Kontext. Der Schrecken wird absurd.

Ich wollte mehr wissen. Die Toten im Lager Kibeho lieferten einen Vorgeschmack auf das, was auch bei einer eventuellen Auflösung von UN-Grenzlagern – insbesondere den stark militarisierten Enklaven der Hutu-Power in Zaire – zu erwarten war. Die Lager waren Zufluchtsstätten für Kriegsverbrecher und Urheber von Greueltaten, und ihre bloße Existenz brachte jeden Menschen in ihnen und ihrer Umgebung in Lebensgefahr. Niemand hatte eine Ahnung, wie man sie auf friedliche Weise schließen könnte; niemand schien das überhaupt für möglich zu halten. Die Geschichte Ruandas hatte mich beschäftigt, und ich wollte herausfinden, wie das Gemetzel im Lager Kibeho mit dem vorangegangenen Völkermord in Verbindung stand, ob es sich mit ihm vergleichen ließ. Nach der heutigen Orthodoxie der Menschenrechte sind solche Vergleiche tabu. Um mit *amnesty international* zu sprechen: »Welche Greuel die eine Seite auch verübt haben mag, sie können niemals ähnliche Greuel der anderen Seite rechtfertigen.« Was aber bedeutet das Wort »ähnlich« im Kontext eines Völkermords? Eine Greueltat ist doch eine

Greueltat und laut Definition nicht zu rechtfertigen, oder? Die nützlichere Frage hieße, ob die Geschichte sich auf eine Greueltat reduzieren läßt.

Nehmen wir General Shermans berühmten Marsch zur Küste durch Georgia, einen Feldzug der Unionsarmee kurz vor Ende des amerikanischen Bürgerkriegs. Das war ein Feldzug der verbrannten Erde mit Mord, Vergewaltigung, Brandstiftung und Plünderung, der als Lehrbeispiel für schwere Verletzungen der Menschenrechte dienen könnte. Die Historiker scheinen nicht der Ansicht, die Greuel von Shermans Marsch hätten einem strategischen Zweck gedient, der auf andere Weise nicht zu erreichen war. Dennoch herrscht allgemeine Einigkeit darüber, daß die Bewahrung der Einheit der Union und die konsequente Abschaffung der Sklaverei dem nationalen Wohl dienten; und deshalb betrachten die Historiker Shermans Marsch als eine Episode mit kriminellen Exzessen von Vertretern des Staates, nicht als Beleg für die grundlegende Kriminalität des Staates.

Ähnlich wurden in Frankreich in den Monaten unmittelbar nach dem Ende des Zweiten Weltkriegs zwischen zehn- und fünfzehntausend Menschen als faschistische Kollaborateure in einem nationalen Rausch der Selbstjustiz umgebracht. Obwohl niemand mit Stolz auf diese »Säuberungen« zurückblickt, hat kein nationaler Führer sie jemals öffentlich bedauert. Frankreich, das sich als Geburtsort der Menschenrechte begreift, besaß ein ehrwürdiges Rechtssystem mit vielen Polizisten, Anwälten und Richtern. Aber Frankreich hatte auch eine schwere Prüfung hinter sich, und der schnelle Tod der Kollaborateure galt allgemein als Seelenreinigung der Nation.

Die Tatsache, daß die meisten Staaten aus gewaltsamen Umstürzen hervorgegangen sind, bedeutet natürlich nicht, daß Unordnung zur Ordnung führt. Bei der Darstellung sich noch entwickelnder Ereignisse in einem noch ungefestigten

Staat läßt sich unmöglich bestimmen, welche Tendenzen sich zu welchem Preis durchsetzen werden. Am sichersten geht, wer die Position der Menschenrechte einnimmt und ein Regime – strikt negativ – an der Summe seiner Verbrechen und Verstöße bemißt: Wenn man alle Übeltäter verdammt und einige sich später bessern, kann man das immer dem eigenen guten Einfluß zuschreiben. Leider ist die sicherste Position nicht unbedingt auch die klügste, und ich fragte mich, ob es in solchen Fällen möglich – oder nicht sogar notwendig – sei, ein politisches Urteil abzugeben.

Das Lager in Kibeho war wie Dutzende andere für »internally displaced persons« – IDPs – in der *Zone Turquoise* angelegt worden. Als die Franzosen sich Ende August 1994 zurückzogen, lebten in den Lagern mindestens vierhunderttausend Menschen, und sie standen unter der Aufsicht der wiederhergestellten UNAMIR sowie verschiedener UN-Institutionen und privater internationaler Hilfsorganisationen. Die neue Regierung hatte die Lager sofort auflösen wollen. Ruanda, behauptete sie, sei so sicher, daß ein jeder heimkehren könne, und die beträchtlichen Konzentrationen von Militär- und Milizangehörigen der Hutu-Power unter den IDPs machten die Lager selbst zu einer Bedrohung für die nationale Sicherheit. Die Hilfsorganisationen stimmten dem grundsätzlich zu, bestanden allerdings darauf, daß die Leute die Lager freiwillig verlassen sollten.

Die IDPs jedoch wollten die Lager gar nicht verlassen, in denen sie von den Hilfsorganisationen gut ernährt und medizinisch versorgt wurden; zudem verbreiteten die *génocidaires,* die nach wie vor starken Einfluß auf die Menschen besaßen, Gerüchte, wonach die RPF massenhaft Hutu ermorde. Wie in den Grenzlagern zögerten die *Interahamwe* nicht, Rückkehrwillige zu bedrohen und anzugreifen – aus Furcht, daß eine massenhafte Heimkehr der Zivilbevölkerung sie isoliert und exponiert zurücklassen würde. Die *génocidaires* unternahmen zudem häufige Ausfälle aus den Lagern und terrorisierten und plünderten die Gemeinden in der Umgebung; sie attackierten Tutsi-Überlebende des Völkermords sowie Hutu, von denen sie glaubten, sie könnten gegen sie aussagen. Kibeho war das Epizentrum solcher Aktionen. Laut Mark Frohardt, der bei dem Emergency Office der UN für Ruanda arbeitete und später als stellvertretender Leiter der UN-Menschenrechtsmission in Ruanda fungierte, hatte die UNAMIR festgestellt, »daß Ende November und Anfang Dezember 1994 ein unverhältnismäßig hoher Anteil der Morde in Ruanda innerhalb eines Gebiets von zwanzig Kilometern um das Lager Kibeho stattgefunden hatte«.

In jenem Dezember führten die UNAMIR und die RPA ihre einzige gemeinsame Operation durch: eine eintägige Razzia in Kibeho, bei der etwa fünfzig »Elemente des harten Kerns« – das heißt *génocidaires* – verhaftet und einige Waffen beschlagnahmt wurden. Kurz darauf begann die RPA die kleineren Lager zu schließen. Man bediente sich vorzugsweise einer Strategie des gewaltlosen Zwangs: die Menschen wurden aus ihren Hütten gewiesen, dann wurden die Hütten verbrannt. Die IDPs verstanden die Botschaft, und auch die Hilfsorganisationen zeigten sich kooperativ und halfen, über hunderttausend Menschen heimkehren zu lassen. Spätere Untersuchungen von internationalen Helfern und UN-Menschenrechtsbeobachtern kamen zu dem Ergebnis, daß mindestens 95 Prozent dieser IDPs sich friedlich an ihren Heimatorten niederließen. Gleichzeitig flohen viele *génocidaires* in andere Lager, vor allem nach Kibeho, während einige IDPs, die in ihre Dörfer zurückgekehrt waren, unter der Anklage des Völkermords verhaftet wurden; darüber hinaus fielen einige von ihnen Racheakten oder Banditen zum Opfer.

Anfang 1995 hielt sich in den Lagern noch eine Viertelmillion IDPs auf; Kibeho war das größte, eine Heimstatt für die größte Ansammlung von *génocidaires*, die dem harten Kern zuzurechnen waren. Die UN-Vertreter und Hilfsorganisationen fürchteten die Konsequenzen erzwungener Schließungen und sprachen sich für eine alternative Vorgehensweise aus. Die Regierung wartete ab. Monate vergingen, ohne daß die Hilfsorganisationen sich auf einen Schließungsplan einigen konnten. Ende März gab die Regierung bekannt, die Zeit laufe ab, und Mitte April erhielt die RPA den Auftrag, tätig zu werden: Lager für Lager schickte die Armee daraufhin mindestens zweihunderttausend Menschen auf geordnete Weise nach Hause.

Kibeho kam als letztes Lager an die Reihe. Am 18. April, noch vor Morgengrauen, riegelte die RPA das Lager ab, in dem noch immer mindestens achtzigtausend Männer, Frauen und Kinder lebten. Alarmiert von den Soldaten und in Panik versetzt von den Vertretern der Hutu-Power im Lager, stürmten die IDPs blindlings den Hügel hinauf und sammelten sich in einer dichten Traube um das mit Sandsäcken und Stacheldraht befestigte Hauptquartier von Zambatt – dem sambischen Kontingent der UNAMIR. In dieser Panik wurden mindestens elf Kinder zu Tode getrampelt, und Hunderte Menschen erlitten schwere Verbrennungen durch umgekippte Kochtöpfe oder trugen schlimme Schnittwunden davon, als sie gegen den UN-Stacheldraht gedrückt wurden.

Die RPA verstärkte ihren Ring um das Lager, und während der nächsten beiden Tage wurden mehrere Durchgänge eingerichtet. Die Hilfsorganisationen stellten Registrationstische auf, so daß etwa fünftausend Menschen aus dem Lager durchsucht und in ihre Heimat transportiert werden konnten. Es gab jedoch zu wenige Durchgänge, die Registrierung lief nur langsam ab, es mangelte an Lastwagen, die *génocidaires* im Lager erhöhten den Druck auf die übrigen IDPs, sich zu verweigern, und sogar einige ausländische Mitarbeiter von Hilfsorganisationen rieten den Lagerinsassen, sich der Evakuierung zu widersetzen. Im Lager waren kaum noch Essen und Wasser zu finden. Die meisten Menschen konnten sich kaum noch auf den Beinen halten; sie standen in ihrem eigenen Urin und Kot. Am 19. April warfen einige IDPs Steine gegen die RPA, und angeblich versuchten manche, RPA-Waffen zu erbeuten. Die Soldaten eröffneten das Feuer und töteten mehrere Dutzend Menschen. Im Laufe des Tages trafen Angehörige des australischen Sanitätsbataillons in der UNAMIR, Ausmed, im Lager ein, um die Sambier zu verstärken.

Gegen Abend des 20. April setzte heftiger Regen ein. In der gleichen Nacht begannen in dem überfüllten Lager einige Menschen mit Macheten auf die Leute um sich herum einzuschlagen. Außerdem kam es zu sporadischen Schußwechseln zwischen RPA-Soldaten und bewaffneten Elementen im Lager. Als der Morgen anbrach, waren mindestens einundzwanzig Menschen getötet worden, in erster Linie durch Schüsse; weitaus mehr waren verwundet, vor allem durch Macheten. Weitere Kinder waren zu Tode getrampelt worden. Die RPA verstärkte noch einmal ihre Absperrung. Während des ganzen nächsten Tages zogen die Menschen weiter an den Registrationstischen vorüber und verließen das Lager – vorwiegend zu Fuß, weil der Regen die Straßen weitgehend unbefahrbar gemacht hatte. Die RPA schränkte den Zugang der IDPs zu ärztlicher Versorgung und Wasser ein und feuerte von Zeit zu Zeit in die Luft, um die Menge zu den Registrationsstellen zu treiben. Im Lager kam es weiterhin zu Gewaltakten. »Bei der sambischen Kompanie«, erinnerte sich später ein Ausmed-Offizier, »versuchte ständig eine Gruppe Schutz zu finden und sich auf ihrem Gebiet zu verbergen. Wir halfen den Sambiern, sie hinter den Draht zurückzutreiben.«

Am späten Vormittag des 22. April brach die durchnäßte und gequälte Masse der IDPs in Kibeho erneut los, rannte gegen die Linien der RPA an und durchbrach sie am talwärts gelegenen Ende des Lagers. Ein Strom IDPs rannte durch die Öffnung hinaus ins Tal zu den gegenüberliegenden Hügeln. Die RPA-Truppen eröffneten das Feuer und schossen unentwegt und wahllos in die Menge; Dutzende von Soldaten machten sich an die Verfolgung der Fliehenden, schossen auf sie und warfen Handgranaten. Das Feuer der RPA hielt über Stunden an; außer mit automatischen Waffen schossen sie mit Raketenwerfern und mindestens einem Granatwerfer ins Lager.

Da die UN-Friedenstruppen Gewalt laut Mandat ausschließlich zur Selbstverteidigung einsetzen durften, griffen sie im Zambatt-Lager nur zu den Waffen, um das Eindringen der anstürmenden IDPs zu verhindern. Viele erinnerten sich später an ihre Tränen der Wut und Verwirrung inmitten von Tod und Verstümmelung. In einer typischen Zeugenaussage beschrieb ein Angehöriger von Ausmed, er habe »durch ein Fenster einen Mann gesehen, der eine Frau mit einer Machete angriff«, dann IDPs, die »Steine und so weiter nach uns warfen«, dann feuerten RPA-Soldaten mit ihren Gewehren und warfen Handgranaten auf die IDPs, dann schoß jemand von den IDPs auf die Friedenstruppen, dann »jagten hinter der Verwundetensammelstelle vier RPA ein junges Mädchen und gaben achtzehn Schüsse auf sie ab«, dann »mähte ein auf ein Fahrzeug montiertes Maschinengewehr mit langen Salven viele IDPs nieder«, dann »töteten Soldaten der RPA zwei alte Frauen ... kickten sie den Hügel hinunter«.

Ein weiterer Ausmed-Mann erinnerte sich daran, gesehen zu haben, wie RPA-Soldaten Frauen und Kinder ermordeten, und meinte: »Das schien ihnen Spaß zu machen.« Wieder ein anderer Ausmed-Zeuge beschrieb, wie ein paar RPA-Soldaten in die Menge feuerten: »Sie sprangen lachend umher und machten weiter. Sie schienen wie in einem Rausch.« Der gleiche Mann sagte auch aus: »Es war ziemlich scheußlich mit anzusehen, wie mindestens vier RPA-Soldaten um eine IDP herumstanden und jeweils mindestens ein Magazin leerschossen. Manche der IDPs blieben stehen, und deshalb warfen die RPA-Soldaten Steine nach ihnen, damit sie weiterrannten, so daß sie wieder auf sie schießen konnten. Diese IDPs waren unbewaffnet und völlig verängstigt.«

Um vier Uhr nachmittags traf der britische Major Mark Cuthbert-Brown, der Kommandeur der UNAMIR-Militärpolizei, mit einem Hubschrauber in Kibeho ein; zu diesem Zeitpunkt waren von der Schießerei nur noch entfernte sporadische Salven und kurze Feuerstöße aus automatischen Waffen zu hören. Aus der Luft hatte Cuthbert-Brown gesehen, wie Tausende IDPs in langen Reihen die RPA-Kontrollstellen passierten, durchsucht und registriert wurden und dann die von Kibeho wegführenden Straßen entlangzogen. Die Australier, die Sambier und Angehörige von Hilfsorganisationen hatten inzwischen begonnen, die Toten und Verwundeten zu bergen, wobei sie häufig von RPA-Männern behindert wurden. Dann, nach einer Stunde im Lager, bemerkte Major Cuthbert-Brown »eine plötzliche Zunahme der Feuerintensität«. Die IDPs hatten erneut den RPA-Kordon durchbrochen und strömten den Hügel hinunter, woraufhin sich die früheren Greueltaten für mehrere Stunden wiederholten. Mit seinem Fernglas hinter Sandsäcke gekauert, beobachtete Cuthbert-Brown, wie RPA-Soldaten die IDPs das Tal entlang bis zu den entfernten Hügeln jagten, während andere RPA-Soldaten nach wie vor Tausende IDPs für den Abmarsch abfertigten.

Kurz nach der Abenddämmerung hörte die zweite Welle der Schießerei langsam auf. Cuthbert-Brown notierte:

20.10 Uhr. Nehme jetzt ein Wimmern im Hintergrund wahr, aus der Gegend des westlichen Lagers (aber das kann sich allmählich aufgebaut haben).

21.00 Uhr. Das Wimmern hält an, aber die Schüsse und Handgranatenexplosionen lassen allmählich nach.
21.20 Uhr. Ein paar Handgranatenexplosionen in der Nähe des Zambatt-Lagers.
21.30 Uhr. Sporadisch einzelne Schüsse in der gleichen Gegend.
21.33 Uhr. Sechs Feuerstöße am Lagerzaun.
21.55 Uhr. Hysterische Schreie übertönen das Wimmern im Hintergrund. Sambische Offiziere vermuten, daß es mit einem Machetenkampf im Lager zusammenhängt. Verklingt für kurze Zeit zum normalen Wimmern; das hält die ganze Nacht hindurch an.

Ein Ausmed-Mann sagte: »Am Ende dieses Tages waren wir angewidert von der RPA und auch davon, daß die UN nicht mehr Leute schickten außer einer einzigen Kompanie Sambier und etwa fünfundzwanzig Australiern.«

In der Nacht stellte die RPA das Feuer ein. »Kurz nach der Morgendämmerung«, schrieb Major Cuthbert-Brown in sein Diensttagebuch, »schaute ich über den Zaun ... und sah überall Leichen liegen.« Im Laufe des Tages wurden Zehntausende IDPs zu Fuß und auf Lastwagen aus dem verwüsteten Lager hinausgebracht, während UN-Teams und Mitarbeiter von Hilfsorganisationen sich um die Verwundeten kümmerten und die Toten zählten. Am frühen Nachmittag trafen Reporter im Lager ein, und Cuthbert-Brown notierte: »Medienversammlung zwischen den Gräbern«. Die erste Zählung, die nach draußen drang, sprach von achttausend Toten, aber das wurde schnell auf eine Zahl zwischen zwei- und viertausend korrigiert – wobei die meisten bei den Massenpaniken zu Tode getrampelt worden seien, viele habe die RPA erschossen, einige seien auch von *Interahamwe* mit Macheten und Keulen erschlagen und sogar mit Speeren erstochen worden. Diese Zahlen waren jedoch lediglich Schätzungen; an einigen Stellen lagen die Leichen so dicht, daß man nicht hindurchgehen konnte, und die RPA verwehrte den ungehinderten Zugang.

In der darauffolgenden Woche waren die Straßen, die aus Kibeho herausführten, verstopft von Zehntausenden durchnäßter IDPs, die nach Hause wollten. Hier und da sammelten sich Gruppen von Zivilisten, die sie verhöhnten und manchmal verprügelten. In Ruanda herrschte eine Zeit der Anspannung. »Letztes Jahr, als kein Mensch auf der Welt dem Völkermord ein Ende zu machen versuchte und ich den ersten RPA-Soldaten kommen sah, um Ruanda zu befreien, da waren diese Kerle Helden. Ich bin ihm entgegengegangen und habe ihm die Hand gedrückt«, erzählte mir Fery Aalam, ein Schweizer Delegierter des Roten Kreuzes. »Nach Kibeho weiß ich nicht mehr, ob ich als erster die Hand geben würde.«

Bei den Rückkehrern aus Kibeho kam es zu etwas mehr Verhaftungen und Gewalttätigkeiten als bei denen aus anderen Lagern. Viele Anhänger der Hutu-Power aus Kibeho sollen jedoch durch den Busch geflohen sein und jenseits der ruandischen Grenzen den humanitären Archipel der UN-Lager erreicht haben. Für die *génocidaires* gab es nun keine andere Zuflucht mehr.

An meinem fünften Tag in Ruanda, als ich von Kigali aus nach Süden fuhr, kam ich an die Stelle, wo der junge Mann bei einem Autounfall getötet worden war. Es gab mehrere Verletzte, und die Leute, in deren Wagen ich mitfuhr, nahmen sie mit ins Krankenhaus nach Butare. Einige Rot-Kreuz-Schwestern aus Norwegen kamen heraus, um zu plaudern. Die Krankenschwestern versorgten eine Station, die eigens für Verwundete aus Kibeho eingerichtet worden war. Sie hatten täglich dreißig größere Operationen durchgeführt und an diesem Morgen eine große Gruppe Patienten entlassen. Nur die schlimmsten Fälle waren zurückgeblieben.

»Wollen Sie es sehen?« fragte eine der Schwestern und ging voraus. Zwanzig oder dreißig Feldbetten standen dichtgedrängt im schwachen Neonlicht, es stank nach faulendem Fleisch und Medikamenten. »Die Patienten, die noch hier sind«, sagte die Schwester, »haben sämtlich Verletzungen durch Macheten.« Das konnte ich sehen – viele Amputationen, gespaltene Gesichter, die an den Nähten geschwollen waren. »Bei einigen kam das Gehirn heraus«, meinte die norwegische Schwester lebhaft. »Seltsam, nicht? Die RPA benutzt keine Macheten. Sie haben das ihren eigenen Leuten angetan.«

Ich fühlte mich benommen und ging in die Vorhalle hinaus, wo ich mich neben einem offenen Fenster flach auf den kühlen Betonboden legte. Die Norwegerin folgte mir. »Ein seltsames Land«, sagte sie. Ich stimmte zu. Sie fuhr fort: »Dieses Krankenhaus – im letzten Jahr gab's hier ein großes Massaker. Hutu töteten Tutsi, Ärzte töteten Ärzte, Ärzte töteten Patienten, Patienten töteten Ärzte, Schwestern, jedermann. Ich bin beim Roten Kreuz – sehr schweizerisch, sehr neutral. Ich bin neu, gerade erst wegen dieser Kibeho-Sache hergekommen. Aber man denkt darüber nach. Mit Kibeho, sagen die Leute, fängt es von vorne an. Das ist schon der Anfang des nächsten Völkermords. Ich schaue mich um. Ich rede mit den Leuten. Ich sehe, was passiert ist, und denke, vielleicht geht es ja auch einfach nur sehr häßlich und langsam zu Ende.«

»Woran erkennen Sie den Unterschied?« fragte ich.

»Ich rede mit den Leuten. Sie haben Angst. Sie sagen: ›Was ist mit den Lagern in Zaire, in Burundi, in Tansania? Wie ist das mit der Rache? Wie mit der Gerechtigkeit?‹ Gut. Wenn Leute so viel Angst haben, dann haben sie auch Hoffnung. Sie sagen, sie haben etwas zu verlieren – ein wenig Hoffnung.«

Ich sagte: »Ich merke, daß Sie eine gute Schwester sind.«

»Nein, wirklich«, entgegnete sie. »Die Leute reden immer schlecht über eine Regierung – das ist wie bei Ärzten. Gut. Also ist dies vielleicht, wie bei Ärzten, deshalb passiert, weil man sie immer gerade dann am meisten braucht, wenn sie einem nicht helfen können.«

Ich mußte lachen. »Sie meinen, wie Ärzte bringen sie ein paar um, einigen können sie nicht helfen, und manche retten sie?«

»Ist das so schlimm?« antwortete sie. »Fragen Sie doch die Leute. Tun Sie an einem Ort wie diesem einfach so, als wären Sie Journalist. Fragen Sie die Leute.«

Ich erzählte ihr, ich sei Journalist. »Oh«, meinte sie. »Olala. Ich darf nicht mit Ihnen reden. Rotkreuz-Regeln. Vergessen Sie alles, was ich gesagt habe.«

Aber wie könnte ich diese norwegische Schwester vergessen? Sie war der optimistischste Mensch, dem ich in Ruanda je begegnet bin.

Eines Nachts, ein paar Wochen später, saß ich mit Annick van Lookeren Campagne und Alexandre Castanias in einem Bistro in Kigali. Annick, eine Holländerin, und Alexandre, ein Grieche, arbeiteten als Beobachter für die UN-Menschenrechtsmission in Ruanda. Sie hatten beide die Katastrophe in Kibeho miterlebt, und dieses Essen war ihr letztes Zusammensein vor Annicks Heimkehr nach Holland. Vielleicht sprach Alexandre deshalb über Kibeho. Er sagte, er rede zum ersten Mal darüber, und als wir fertig gegessen hatten, blieben wir noch stundenlang in diesem Bistro sitzen. Wir bestellten einen zweiten Krug Wein und ließen Zigaretten kommen, und Alexandre ließ eine Runde Kognac nach der anderen auffahren.

Das Gespräch über Kibeho hatte begonnen, als Alexandre mich fragte, ob ich in der Kirche von Nyarubuye gewesen sei, um dort das Mahnmal der unbeerdigten Toten des Völkermords zu sehen. Ich war zu diesem Zeitpunkt noch nicht dort gewesen, und obwohl ich es nicht bereute, als ich dann später hinfuhr, lieferte ich Alexandre ein in meinen Augen gutes Argument gegen solche Orte – ich denke noch heute so. Ich sagte, mir widerstrebe schon die bloße Idee, Leichen derart herumliegen zu lassen, auf ewig in diesem Zustand der Entwürdigung – ausgestellt zur Erinnerung an das Verbrechen, das man an ihnen begangen hatte, an die Armeen, die dem Morden ein Ende bereitet hatten, und an ihr verlorenes Leben. Solche Orte widersprächen dem Geist des populären ruandischen T-Shirts mit der Aufschrift: »Völkermord. Begrabt die Toten und nicht die Wahrheit.« Ich hielt das für einen guten Slogan und äußerte meine Zweifel, ob es wirklich nötig sei, die Opfer zu sehen, um mich mit dem Verbrechen auseinanderzusetzen. Der ästhetische Ansturm des Makabren erzeugt Erregung und Emotion, aber dient das Schauspiel wirklich unserem Verständnis vom Unrecht? Wenn ich an meine eigene Reaktion auf grausige Bilder denke, an all das, was ich im Hospital an Verwundeten aus Kibeho gesehen hatte, dann frage ich mich, ob Menschen nicht darauf geeicht seien, ein Zuviel an Schrecken abzuwehren. Selbst wenn wir Greuel sehen, finden wir Wege, sie als irreal zu betrachten. Und je länger wir schauen, desto stärker werden wir abgehärtet und nicht belehrt.

All das trug ich vor, und Alexandre sagte: »Ich bin völlig anderer Meinung. Ich habe Kibeho wie einen Film erlebt. Es war irreal. Erst danach, als ich meine Fotos sah – da wurde es real.«

Als die erste Welle der Schießerei losging, war Alexandre beim Zambatt gewesen. »Ich erinnere mich, daß Tausende Menschen auf den Parkplatz drängten. Tausende und Abertausende. Ich war oben auf dem Dach und beobachtete. Und ich sah diese eine Frau, eine dicke Frau. Unter Tausenden und Abertausenden von Menschen sah ich nur diese eine dicke

Frau, niemanden sonst. Es waren Tausende. Und diese dicke Frau, die in der Menge mitdrängelte – während ich zusah, ging sie unter wie eine Ertrinkende.« Alexandre legte seine Hände zusammen, ließ sie nach innen fallen und sinken, und dann schien er zu schrumpfen. »Eben stand sie noch, und im nächsten Moment versank sie in der Menschenmenge, und ich sah, wie es geschah. Sie verschwand. Von da an wollte ich nur noch fotografieren. Diese dicke Frau, nur an diese dicke Frau erinnere ich mich wirklich, sobald jemand das Wort Kibeho erwähnt. Das wird für immer mein einziges reales Bild von Kibeho bleiben, diese dicke Frau, die in Tausenden und Abertausenden von Menschen ertrunken ist. Ich weiß noch, daß sie eine gelbe Bluse trug.«

Ich habe Alexandres Fotos nie gesehen, aber ich sagte ihm, seine Beschreibung dieses Augenblicks und die seines eigenen Wechsels von einem Gefühl der Irrealität während der Ereignisse zur Realität seiner Bilder seien verstörender, lebendiger und informativer als alles, was die Fotos meiner Meinung nach aussagen könnten. In gewisser Weise sei es stiller; der Augenblick des Schocks sei weniger konzentriert, aber er wirke sich auch stärker aus und nehme einen mit.

»Ich weiß nicht«, meinte er darauf. »Ich könnte Ihnen nichts sagen, wenn ich nicht hinschaute.«

»Man sieht und man sieht nicht«, schaltete sich Annick ein. »Meistens tut man einfach etwas. Die Bilder kommen erst später. Als sie das Tor vom Zambatt aufdrücken wollten, stemmten wir uns dagegen, und da fingen die Menschen an, Babys herüberzuwerfen. Man fängt sie einfach auf. Man tut Dinge, von denen man nie ein Bild sehen möchte.«

»Etwa über Leichen gehen«, sagte Alexandre. »Das macht mir sehr zu schaffen. Es war sehr irreal und wahnsinnig, diese Entscheidung, über tote Menschen zu gehen. Ich weiß nicht. Ich weiß nicht, was richtig oder falsch war, oder ob ich mich schuldig fühle; ich fühle mich einfach schlecht. Es mußte sein. Es war die einzige Möglichkeit, durchzukommen.«

»Wir mußten die Lebenden herausziehen«, ergänzte Annick. Sie und Alexandre hatten Hunderte verlorener und verwaister Kinder aus den Leichenhaufen geborgen, aus jedem Spalt, in dem sich ein kleiner Mensch verkriechen konnte; aus den Radkästen der Lastwagen, unter den Motorhauben.

»Ich weiß nicht, warum, aber die Leute, die erschossen worden waren, kümmerten mich nicht. Sie waren mir völlig gleichgültig«, sagte Alexandre. »Sie waren tot, und die durch Kugeln verwundeten Menschen bedeuteten mir genausowenig. Schlimmer waren die Menschen, die totgetrampelt worden waren.«

»Kugeln und Macheten sind dazu da, um zu töten«, sagte Annick. »Die totgetrampelten Leute aber wurden einfach von anderen Menschen getötet, verletzlich wie sie, die nur leben wollten.«

»Ich holte einen Arzt«, fuhr Alexandre fort. »Ich sagte: ›Die sehen alle aus, als ob sie schliefen. Ich weiß nicht, wie man herausfinden soll, ob sie tot sind.‹ Er ging herum und überprüfte zwanzig oder dreißig Körper, und dann sagte er: ›Sie sind tot. Sie sind alle tot.‹ Als ich aber über sie drüberlaufen mußte, kam es mir vor, als könnte ich sie jeden Augenblick aufwecken.«

»Sie wirkten wie all die Gepäckstücke«, sagte Annick. Das konnte ich mir vorstellen: Kibeho war eine Geisterstadt, übersät von der verlassenen Habe vertriebener Menschen, nach Tod riechend – und oben auf dem Hügel die rußgeschwärzte Kathedrale, die während des Völkermords zu einem Krematorium geworden war. »Als wir über ›das Gepäck‹ liefen«, fuhr Annick fort, »lagen wahrscheinlich noch Lebende darunter. Man kann sich nicht schuldig fühlen, weil es sinnlos ist, und man ging ja über sie, um Leben zu retten.«

»Über sie hinwegzugehen, erinnerte einen daran, daß man

selbst lebendig war«, sagte Alexandre. »Nach einer Weile ging es nur noch darum, weiterzuleben. Die Toten sind tot. Man kann nichts daran ändern. Selbst die Lebenden, was sollten wir mit ihnen tun? Wir gaben ihnen Wasser. Es war unsere einzige Medizin. Es war wie ein Wunder. Man hatte das Gesicht eines Jungen vor sich, der in der Menge hingefallen war und totengleich dalag, und man spritzte ihm ein paar Tropfen Wasser ins Gesicht, und er ist wie – aahhh!« Alexandres Gesicht blühte auf, und er erhob sich leicht von seinem Sitz, wie das im Zeitraffer gezeigte Aufgehen einer Blüte. »Dann dreht man sich um«, sagte er. »Und in der nächsten Minute waren alle, denen wir Wasser gaben, tot.«

»Genau«, meinte Annick.

»Leichen«, sagte Alexandre.

»Der Mann mit dem Speer in der Kehle«, sagte Annick. »Ich ließ ihn einfach liegen. Und irgendwann lachte ich nur noch, ich konnte gar nicht mehr aufhören zu lachen. Ich kümmerte mich um die Verwundeten, überall war Blut, eine Schulter war von einer Granate halb abgerissen worden, ein Mund war aufgeschlitzt von einer Machete, und ich lachte nur noch. Ausgerechnet ich! Früher bin ich bei einer Spritze ohnmächtig geworden, und hier vernähte ich Machetenwunden. Ich konnte nur noch denken: Lege ich die Binde so herum?« – sie beschrieb mit der Hand einen horizontalen Kreis – »oder so?« – obenherum.

»Als wir am Sonntag abfuhren, lagen überall Menschen auf der Straße, Tote und Verletzte«, sagte Alexandre. »In normalen Zeiten würde man für Menschen in einem viel besseren Zustand anhalten und alles nur mögliche tun. Wir haben nicht angehalten. Wir haben sie einfach liegengelassen. Ich fühle mich sehr schlecht deshalb. Ich weiß nicht, ob das ein Schuldgefühl ist; es ist ein sehr schlechtes Gefühl.«

»Ja«, meinte Annick. »Das war schlimm, nicht? Wir fuhren einfach weiter. Es waren zu viele.«

»Zu viele Menschen«, sagte Alexandre. Er hatte Tränen in den Augen, und seine Nase lief und hinterließ einen Streifen auf seiner Oberlippe. »Ich weiß nicht, was in meinem Kopf vorgeht. Ich weiß es einfach nicht. Wenn Menschen tot sind, rechnet man damit, noch mehr Tote zu sehen. Ich weiß noch, 1973 in Athen, sie hatten aus Autos eine Barrikade gebaut, und die Panzer kamen und zermalmten die Autos. Ich war elf oder zwölf und sah die Menschen. Sie waren tot, und ich rechnete immer weiter damit, tote Menschen zu sehen. Es wird normal. Es gibt so viele Filme, in denen Menschen erschossen werden, aber dies ist der reale Tod, das Zertrampeltwerden. In Kibeho, beim zweiten Angriff, haben sie einfach wie verrückt geschossen. Sie schossen, wie man es sich gar nicht vorstellen kann. Die RPA schoß und schoß, sie achteten gar nicht darauf, wohin sie schossen. Ich stand da draußen, es regnete, und ich konnte nur noch denken, daß ich aus dem Regen heraus wollte. Ich dachte nicht einmal an das Schießen, dabei schossen sie wie verrückt. Aus dem Regen raus – mehr wollte ich nicht.«

»Du solltest dich nicht schlecht fühlen«, sagte Annick. »Wir haben viele Leben gerettet. Manchmal war es sinnlos, da konnten wir nichts tun.«

»Wissen Sie«, sagte Alexandre, »die RPA – sie nahmen die Verwundeten und warfen sie in die Latrinengruben. Sie lebten noch. Wußten Sie das?«

»Stimmt«, meinte Annick. »Das war schlimm.«

»Ich will nicht, daß jemand ein Urteil über mich abgibt«, sagte Alexandre. »Ich will nicht, daß Sie mich beurteilen.«

Er stand auf, um zur Toilette zu gehen, und Annick bemerkte: »Ich mache mir Sorgen um Alexandre.«

»Wie steht es mit Ihnen?« fragte ich.

»Sie sagen, ich soll zu einem Psychiater gehen«, antwortete sie. »Die Menschenrechtsmission. Sie sagen, ich hätte posttraumatischen Streß. Was werden sie mir geben? Prozac?

Das ist Schwachsinn. Ich will keine Drogen. Kibeho ist ja nicht mein Problem.«

Als ich dann später nach Nyarubuye fuhr und selbst zwischen und auf den Toten herumlief, erinnerte ich mich an den Abend mit Annick und Alexandre. »Man weiß nicht, was man darüber denken soll«, hatte Alexandre gesagt, als er an den Tisch zurückkam, »wer recht hat und wer unrecht, wer gut ist und wer böse, denn viele von denen in dem Lager hatten sich zuvor am Völkermord beteiligt.«

Aber wie denken wir über Völkermord? »Ich werde Ihnen sagen, wie«, hatte der amerikanische Offizier über seinem Jack Daniels mit Cola an der Bar in Kigali zu mir gemeint. »Es ist wie bei der Wandertaube. Haben Sie je eine Wandertaube gesehen? Nein, und Sie werden's auch nie. Das ist es. Ausgestorben. Sie werden nie wieder eine Wandertaube sehen.« Sergeant Francis von der RPA, der mich in Nyarubuye herumgeführt hatte, verstand das. »Die Leute, die dies getan haben«, sagte er zu mir, »glaubten, niemand würde je davon erfahren, ganz gleich, was passierte. Es machte nichts aus, denn sie würden jeden töten, und dann gäbe es nichts mehr zu sehen.«

Genau deshalb schaute ich weiter hin, aus Trotz. 95 Prozent der Tier- und Pflanzenarten, die existierten, seit es Leben auf der Erde gibt, sollen ausgestorben sein. So viel zur Vorsehung, wenn ein Spatz vom Himmel fällt. Warum sollte da noch die Tatsache des Aussterbens schockierend wirken. Ich habe in Nyarubuye mehrere hundert Tote gesehen, und die Welt schien voll von Toten. Man konnte nicht gehen vor lauter Toten im Gras. Dann hört man die Zahlen – achthunderttausend, eine Million. Im Kopf dreht sich alles.

Für Alexandre hatte sich ganz Kibeho auf eine dicke Frau in einer gelben Bluse reduziert, die unter Tausenden anderen »ertrunken« war. »Nach dem ersten Tod gibt es keinen anderen mehr«, schrieb Dylan Thomas in seinem Gedicht über den Zweiten Weltkrieg, »A Refusal to Mourn the Death, by Fire, of a Child in London«. Oder wie Stalin es berechnete, der den Mord an mindestens zehn Millionen Menschen zu verantworten hatte: »Ein einzelner Tod ist eine Tragödie, eine Million Tode sind eine Statistik.« Je mehr Tote sich aufhäufen, desto mehr geraten die Mörder ins Blickfeld – die Toten sind nur noch als Beweismaterial von Interesse. Wenn wir die Sache aber umkehren, dann wird deutlich, daß es mehr Grund zur Freude gibt über zwei gerettete Leben als über eines. Annick und Alexandre hatten beide gesagt, sie hätten nach einiger Zeit die Toten nicht mehr gezählt, obwohl das Zählen zu ihrer Aufgabe gehörte und nicht die Sorge um die Verwundeten.

Dennoch erscheint es uns als größeres Verbrechen, zehn zu töten statt einen, oder zehntausend statt eintausend. Stimmt das? Du sollst nicht töten, lautet das Gebot. Eine Zahl steht nicht dabei. Die Zahl der Toten mag steigen und mit ihr unser Schrecken, aber das Verbrechen wächst nicht proportional. Wenn jemand vier Menschen tötet, wird ihm nicht der Mord an vier Menschen vorgeworfen, sondern viermal der Mord an einem und einem und einem und einem. Er erhält keine schwerere Strafe, sondern vier einzelne Strafen, und wenn er zum Tode verurteilt wird, kann ihm *sein* Leben nur einmal genommen werden.

Niemand weiß, wie viele Menschen in Nyarubuye getötet wurden. Manche sagen tausend, manche sagen mehr: fünfzehnhundert, zweitausend, dreitausend. Große Unterschiede. Aber auf die Zahl der Leichen kommt es bei einem Völkermord nicht an – einem Verbrechen, für das bis zum Zeitpunkt meines ersten Besuchs in Ruanda noch niemand auf Erden vor Gericht gestellt, geschweige denn verurteilt worden war. Was den Völkermord vom Mord – selbst von Akten politischen Mordes, die ebensoviel Opfer fordern – unterscheidet, ist die Absicht dahinter. Das Verbrechen besteht darin, ein Volk auslöschen zu wollen. Die Idee ist das Verbrechen. Kein Wunder, daß man es sich so schwer vorstellen kann. Dazu muß man das Prinzip der Täter akzeptieren und keine Menschen vor sich sehen, sondern *ein Volk*.

In Nyarubuye lagen hier und da winzige Kinderschädel verstreut, und von einem nahegelegenen Schulhof hörte man die Stimmen ihrer früheren Klassenkameraden bis in die Kirche herüber. Im leeren und weiten Kirchenschiff, in dem ein dunkler Puder getrockneten Blutes die eigenen Fußspuren sichtbar machte, lag eine einzige Leiche stellvertretend für die anderen auf dem Boden vor dem Altar. Der Körper schien zum Beichtstuhl zu kriechen. Die Füße waren abgehackt, die Hände waren abgehackt. Das war während des Völkermords eine beliebte Folter für Tutsi gewesen; dahinter steckte der Gedanke, große Menschen »zurechtzustutzen«, und wenn das Opfer sich im Todeskampf wand, stand die Menge herum, höhnte, lachte und jubelte. Die Knochen ragten aus den Ärmeln des toten Mannes hervor wie Zweige, und von seinem Schädel hing noch immer ein viereckiges Haarbüschel und ein perfekt geformtes, vom Wetter geschrumpftes und grün gefärbtes Ohr.

»Schauen Sie auf seine Hände und Füße«, sagte Sergeant Francis. »Wie er gelitten haben muß.«

Aber was zählte sein Leid? Der junge Mann bei dem Verkehrsunfall hatte auch gelitten, wenn auch nur für einen Augenblick, und gelitten hatten die Menschen in Kibeho. Was hat das Leiden mit Völkermord zu tun, wenn die Idee selbst das Verbrechen ist?

Drei Tage, nachdem die Schüsse in Kibeho verklungen waren, kam Ruandas neuer Präsident, Pasteur Bizimungu, ein Hutu aus der RPF, in die Trümmer des Lagers und erwies den vor ihm aufgebahrten Leichen die letzte Ehre; danach hielt er eine Pressekonferenz ab und gab bekannt, die offizielle Zahl der Toten bei der Schließung des Lagers betrage dreihundertvierunddreißig. Diese absurd niedrige Zahl ließ vermuten, daß hier etwas vertuscht werden sollte, und der internationale Aufschrei über das Vorgehen der Regierung bei der Lagerschließung fiel entsprechend laut aus. Auf besonders energisches Drängen Frankreichs hin setzte die Europäische Union ihr ohnehin eingeschränktes Hilfsprogramm für Ruanda aus und nahm es auch dann nicht wieder auf, als eine unabhängige internationale Untersuchungskommission zu Kibeho die ausländischen Geldgeber drängte, mit der neuen, von der RPF geführten Regierung zusammenzuarbeiten und sie weiter zu unterstützen.

Die Kibeho-Kommission war auf Initiative ebenjenes Regimes zustande gekommen und sollte deutlich machen, daß die blutige Lagerschließung für Ruanda alles andere als einen normalen Vorgang darstellte; sie bestand aus Diplomaten, Kriminologen, Juristen sowie Experten für Militär und Gerichtsmedizin aus acht Ländern, den UN und der OAU sowie einem ruandischen Minister. In ihrem Abschlußbericht brachten die Kommissionsmitglieder das Kunststück fertig, alle vor den Kopf zu stoßen, die mit Kibeho zu tun gehabt hatten – die Regierung, die UN und die Hilfsorganisationen, sogar die *génocidaires* –, indem sie die Schuld an der Katastrophe ziemlich gleichmäßig auf alle drei Parteien verteilten.

Im Oktober 1994 war eine ähnliche Expertenkommission des UN-Sicherheitsrats zur Untersuchung des Gemetzels nach Habyarimanas Ermordung zu dem Ergebnis gekommen, daß zwar »beide Seiten des bewaffneten Konflikts in Ruanda Verbrechen gegen die Menschlichkeit begangen« hätten, daß aber die »konzertierten, geplanten, systematischen und methodischen« Handlungen der »Massenvernichtung, die von Hutu-Elementen an der Bevölkerungsgruppe der Tutsi begangen« worden seien, »Völkermord darstellten«. Zudem hätten sich keinerlei Beweise dafür gefunden, »daß Tutsi-Elemente Handlungen mit der Absicht begingen, die ethnische Gruppe der Hutu als solche zu vernichten«. Es war dies überhaupt das erste Mal seit Verabschiedung der Völkermord-Konvention im Jahre 1948 durch die Generalversammlung, daß die UN ein Verbrechen als Völkermord bezeichneten. Deshalb fiel auf, daß der Bericht der Kibeho-Kommission mit den Worten endete: »Die Tragödie von Kibeho resultierte weder aus einer geplanten Aktion ruandischer Behörden zur Vernichtung einer bestimmten Bevölkerungsgruppe, noch war sie ein Unfall, der nicht hätte verhindert werden können.«

Die Botschaft war deutlich: Die Kommission betrachtete die weitere Existenz des Lagers Kibeho als »wichtiges Hindernis für die Bemühungen des Landes, sich von den verheerenden Auswirkungen des Völkermordes im letzten Jahr zu erholen«, und kam zu dem Ergebnis, daß sowohl Angehörige der RPA als auch »Elemente unter den IDPs« die Menschen im Lager »willkürlicher Tötung und schweren körperlichen Schäden« ausgesetzt hätten. Wem dies als eigenartig aseptische Wortwahl für Vorgänge erscheint, bei denen unbewaffnete Kinder mit Macheten zerhackt oder von hinten erschossen werden, der sollte sich daran erinnern, daß Menschenrechtsorganisationen den gesamten ruandischen Völkermord häufig als eine einzige »größere Menschenrechtsverletzung« beschreiben – genau denselben Begriff benutzen diese Organisationen auch für die Todesstrafe in den Vereinigten Staaten. Die Kommission stellte fest, daß die RPA eine Guerilla-Armee sei, also weder in der Kontrolle von Menschenmengen noch in Polizeiarbeit geübt, und sie forderte in ihren Empfehlungen die Regierung Ruandas auf, ihre Fähigkeit zu einer menschlichen und disziplinierten Reaktion auf »Situationen sozialer Spannungen und des Notstands« besser zu entwickeln. Darüber hinaus kam man zu dem Ergebnis, daß die internationalen Hilfsorganisationen, die durch politische Konflikte gespalten seien, sich als unfähig erwiesen hätten, Kibeho auf friedlichem Wege zu schließen, und man empfahl ihnen, ihre eigenen Angelegenheiten in Ordnung zu bringen. Schließlich appellierte die Kommission an die Regierung, »eine Untersuchung der individuellen Verantwortlichkeit innerhalb ihrer Streitkräfte« durchzuführen, verlor jedoch kein Wort darüber, die *génocidaires* unter den IDPs für ihre Verbrechen in Kibeho zur Rechenschaft zu ziehen.

Ungefähr zur gleichen Zeit, als die Kibeho-Kommission ihren Bericht veröffentlichte, wurden zwei RPA-Offiziere verhaftet, die während der Lagerschließung das Kommando geführt hatten, und etwa ein Jahr später wurden sie vor einem Militärgericht angeklagt. Das Urteil lieferte einen vielsagenden Hinweis darauf, wie das neue Regime mit seiner prekären Situation umging. Die Offiziere wurden von dem Vorwurf freigesprochen, sie hätten ein Massaker geleitet oder zugelassen, aber man befand sie für schuldig, die ihnen zur Verfügung stehenden militärischen Mittel nicht eingesetzt zu haben, um bedrohte Zivilisten zu schützen – das entsprach natürlich genau dem Vorwurf, den die RPF der UNAMIR und der internationalen Gemeinschaft insgesamt während des Völkermords von 1994 gemacht hatte.

Aber vor wem hätte die RPA die IDPs schützen sollen, wenn nicht vor ihr selbst? Die im Kibeho-Urteil implizierte Antwort lautete, daß die größte Gefahr von den *génocidaires* im Lager ausgegangen war sowie von den internationalen Hilfsorganisationen, die sie dort schalten und walten ließen. Mit anderen Worten, die RPA bescheinigte sich selbst, die Seite der Hutu-Massen gegen die Führer der Hutu-Power ergriffen zu haben, die ihnen soviel Unheil bereitet hatten. Das Gericht forderte, die Morde in Kibeho so zu begreifen, wie es die norwegische Krankenschwester vorgeschlagen hatte, als ich auf dem Krankenhausboden in Butare lag – nicht als einen Maßstab für die neue Ordnung, sondern als die häßliche Schlußphase der alten Ordnung.

Mark Frohardt, ein Veteran »internationaler Notstandsmissionen« im Tschad, im Sudan und in Somalia sowie stellvertretender Leiter der UN-Menschenrechtsmission in Ruanda, kam zu einer verblüffend ähnlichen Schlußfolgerung. »Ich will überhaupt nicht die Art und Weise rechtfertigen, wie Kibeho geschlossen wurde«, sagte Frohardt nach seinem zweieinhalbjährigen Aufenthalt in Ruanda. »Aber ich glaube, man muß auch verstehen, daß die Bühne für die folgende Tragödie durch die Unfähigkeit der Hilfsorganisationen bereitet wurde, eine erfolgreiche Operation in die Wege zu leiten. Sobald die Armee erkannte, daß die Hilfsorganisationen die Menschen nicht aus dem Lager bringen würden, war klar, daß allein die Armee die Lager schließen konnte.« Und er fügte hinzu: »Der Hauptgrund dafür, daß wir die Lager nicht leeren konnten und der Einsatz der RPA zu einer Katastrophe wurde, lag in der ... Unfähigkeit, die am Völkermord Beteiligten auszusondern, die Schuldigen an Verbrechen gegen die Menschlichkeit von jenen zu trennen, die unschuldig und unbeteiligt waren.«

Frohardt sprach in Washington als Angehöriger einer Menschenrechts- und Hilfsorganisation vor einem Publikum, das sich in erster Linie aus Kollegen zusammensetzte, und er sah im Versagen dieser Gemeinschaft in Kibeho das Symptom eines tieferliegenden Versagens ihrer kollektiven menschlichen und politischen Vorstellungskraft. »Niemals habe ich in einer Nachkriegsgesellschaft gearbeitet, in der kürzliche Ereignisse und die neueste Geschichte einen so unablässigen Einfluß auf die derzeitige Situation besaßen«, sagte er. »Und niemals habe ich in einem Lande gearbeitet, in dem humanitäre und Entwicklungsorganisationen sich so sehr sträubten, Ursache und Folge dieser Ereignisse in ihrer Analyse der derzeitigen Situation zu berücksichtigen.« Ende 1994, kaum sechs

Monate nach dem Völkermord, so erinnerte sich Frohardt, »konnte man von Angehörigen der Hilfsorganisationen in Ruanda häufig Erklärungen hören wie ›Sicher ist der Völkermord passiert, aber jetzt ist es Zeit, ihn zu überwinden und weiterzumachen‹ oder ›Über den Völkermord ist jetzt genug geredet worden, bauen wir lieber das Land wieder auf‹.«

Auch ich bekam solche Bemerkungen zu hören, und zwar ständig. Frohardt erkannte nicht als einziger ausländischer Besucher, daß »alles, was man in Ruanda tut, im Kontext des Völkermords erfolgen muß«, aber er stand nur für eine kleine Minderheit. Den meisten erschien die Erinnerung an den Völkermord eher als eine Belästigung oder – schlimmer noch – als politischer Trick, den die neue Regierung als Alibi für ihre Fehler verwendet habe. Nach einer Weile fragte ich gewöhnlich: »Falls, was Gott verhüten möge, ein enges Familienmitglied oder ein Freund von Ihnen ermordet würde – oder einfach nur stürbe –, wie lange würden Sie brauchen, um über das unmittelbare Gefühl des Verlusts hinwegzukommen? Und was, wenn Ihr gesamtes soziales Universum ausgelöscht wäre?« In der Regel erhielt ich dann Antworten wie »Ja gut, sicher, aber das macht den Völkermord noch nicht zu einer Entschuldigung für die Probleme von heute«.

Manchmal saß ich in Ruanda im Speisesaal eines Hotels und verfolgte die Nachrichten im amerikanischen Satellitenfernsehen. Zu den Themen, die zwischen 1995 und 1997 eine besondere Faszination ausübten, zählten der Prozeß gegen O. J. Simpson und die Berichte über das Bombenattentat von Oklahoma City. O. J., ein Football-Spieler, der zu einer Werbegröße geworden war, wurde des Mordes an seiner Exfrau und deren Freund angeklagt, und Millionen Menschen in aller Welt wurden mehrere Jahre lang von der Suche nach Wahrheit und Gerechtigkeit – und dem Verrat an dieser Suche – in Bann geschlagen. In Oklahoma City waren in dem Gebäude einer Bundesbehörde hundertachtundsechzig Menschen in die Luft gesprengt worden, weil ein paar Verrückte glaubten, die Regierung der Vereinigten Staaten habe Computerchips in ihre Körper eingepflanzt, und die Familien der Opfer wurden zu Dauergästen in den Fernsehstuben. Warum auch nicht? Ihre Welt war in einem einzigen Augenblick des Wahnsinns zerstört worden. Die Ruander im Speisesaal des Hotels schienen das durchaus zu verstehen, wenn auch manchmal der eine oder andere in ruhigem Ton feststellte, daß diese Verbrechen im amerikanischen Fernsehen wohltuend isoliert seien und daß die »Überlebenden«, wie die Familien von Opfern im Westen genannt werden, sich selbst nicht in Gefahr befunden hätten.

Jeder im Speiseaal des Hotels schaute zu und diskutierte die Einzelheiten dieses Traumas oder die juristischen Details und fragte sich, wie das alles enden würde. Das führte uns zusammen. Dabei lebten wir in einer Gesellschaft, deren Seele in Fetzen gerissen worden war, in der man den Versuch unternommen hatte, eine ganze Kategorie der Menschheit auszulöschen, in der sich kaum ein Mensch fand, der nicht mit irgendeinem Täter oder Opfer verwandt war, und in der die Drohung einer weiteren Mordwelle höchst real blieb; und hier waren junge Ausländer, entsandt im Namen der Humanität, und sagten, die Ruander sollten aufhören, nach Entschuldigungen zu suchen.

Ein Jahr nach Kibeho, im Mai 1996, sprach ich mit General Kagame, der nach dem Krieg Ruandas Vizepräsident und Verteidigungsminister geworden war. Wir unterhielten uns darüber, daß die UN-Lager an Ruandas Grenzen mehr Probleme aufzuwerfen schienen, als sie lösten. »Ich werde Ihnen ein Beispiel nennen«, sagte Kagame. »Vielleicht ist es ein schlechtes Beispiel, weil es eine Tragödie war. Reden wir also über Kibeho, das berühmte Kibeho. Es waren Hunderttausende Menschen in diesen Lagern. Nun wurden unglücklicherweise bei der Schließung der Lager Menschen getötet – sehr unglücklich –, etwa achttausend, um die höchste Zahl zu nehmen. Dennoch haben wir es geschafft, diese Hunderttausende wieder anzusiedeln. Ich sage nicht, daß der Preis unvermeidlich war. Aber wir bestanden darauf. Wir sagten: ›Wenn Ihr die Lager nicht schließen wollt, werden wir sie schließen.‹ Und genau das ist eingetreten, diese tragische Situation. Die Lager jedoch waren danach verschwunden, verstehen Sie, und wären die Lager geblieben, hätte das gesamte Land erheblich mehr Ärger bekommen.«

Ich war überrascht, daß Kagame von sich aus Kibeho zur Sprache brachte; er hätte auch vorziehen können, es zu vergessen. Und ebenso überraschte mich, daß er die Zahl von achttausend Toten benutzte. Ich fragte ihn, ob er das für die richtige Zahl hielt.

»Absolut nicht«, antwortete er. »Es waren viel weniger.«

»Aber diese Operation ging schief«, sagte ich. »Und dann konnte sie niemand mehr aufhalten, oder jedenfalls hat sie niemand aufgehalten.«

»Sie brachten sie zu Ende«, erwiderte er. »Natürlich wurde sie zu Ende gebracht. Hätte man das nicht getan, wären vielleicht zwanzig- oder dreißigtausend Menschen umgekommen.«

»Aber es gab exzessive Gewalt.«

»Sicher, von seiten einzelner.«

»Von seiten Ihrer Soldaten.«

»Ja«, sagte Kagame. »Ja, ja – und das zeigt gerade, wie dem Ganzen ein Ende gemacht wurde.«

14

Einmal sprach ich mit einer Frau aus der Stadt Mbarara in Südwestuganda, die Paul Kagame noch aus der gemeinsamen Schulzeit Anfang der siebziger Jahre kannte. Ich fragte sie, wie er damals gewesen sei. »Dürr«, antwortete sie und lachte, denn Kagame als dürr zu bezeichnen hieß, Wasser naß nennen. Wenn man ihn anschaute, mußte man sich unwillkürlich fragen, ob man je einen so dürren Menschen gesehen hatte. Er war etwas über 1,80 Meter groß, und seine Hosenbeine hingen herab, als seien sie leer – die Bügelfalten so scharf wie Rasierklingen. Seine an Giacometti erinnernde Zahnstocherfigur wirkte wie der Traum der Hutu-Power-Karikaturisten von *Kangura* – mit feinen skelettartigen Fingern, wie man sie von einem »Schaben«-Häuptling erwarten würde.

Nach einem verbreiteten Mythos trinken die Tutsi gerne Milch, essen aber nicht sonderlich gern; und obwohl ich viele Tutsi herzhaft habe zulangen sehen, steckt in dem Mythos doch ein Körnchen Wahrheit, jedenfalls in bezug auf die Eßsitten. »Tutsi-Frauen sind miserable Köchinnen, weil ihre Männer sich für Essen nicht interessieren. Wir picken nur ein bißchen darin herum«, erzählte mir einmal ein Tutsi. Er hatte eine Art informeller Studie der Tutsi-Mysterien erstellt. »Vielleicht ist es Ihnen aufgefallen: Wenn wir Sie zum Trinken einladen, gibt es hinterher natürlich auch etwas zu essen, aber wir werden niemals sagen: ›Philip, ich bin so hungrig, jetzt wollen wir mal richtig reinhauen‹.« Das war mir in der Tat aufgefallen. Diese Gewohnheit wurde mir als Überrest aristokratischen Raffinements erklärt, ähnlich den gemessenen Bewegungen oder dem leisen Sprechen – die ebenfalls als Tutsi-Manieren gelten. Dahinter steckt die Vorstellung, daß gemeine Menschen, Bauern, sich zum Sklaven ihres Hungers machen, gerne herumlaufen und im Durcheinander ihres ungehobelten Lebens unnötig herumschreien, während Leute von Rang Distanz zu wahren wissen. Hutu beschreiben Tutsi oft als »arrogant«, und Tutsi denken für gewöhnlich nicht daran, sich dafür zu entschuldigen.

Die ugandische Frau hatte den jungen Kagame allerdings anders gesehen. Als sie ihn als dürr bezeichnete, fügte sie hinzu: »Er war ein Flüchtling«, womit sie andeuten wollte, sein Körperbau habe auf Unglück, nicht auf aristokratische Herkunft hingewiesen. Sie sagte auch, er sei ein hervorragender Schüler gewesen und habe Musik geliebt – »Ich habe ihn immer im Plattenladen herumstehen sehen, bis der abends zumachte« –, aber das war auch schon so ziemlich alles, woran sie sich erinnerte. »Ich habe nicht besonders auf ihn geachtet«, meinte sie. »Er war Ruander.«

Ebendies spielte eine Rolle in Uganda: Er war Ausländer. Die Bevölkerung Ugandas, wie die der meisten afrikanischen Länder, verteilt sich über so viele regionale und Stammesgruppen, daß es keine Mehrheitsbevölkerung gibt, nur größere oder kleinere Minderheiten. Als Kagame in Uganda aufwuchs, bildeten die Menschen aus Ruanda eine der größeren Gruppen. Die meisten galten ihrer Herkunft nach als Hutu, aber vor dem Hintergrund Ugandas bedeuteten die Etiketten Hutu und Tutsi kaum mehr als unterschiedliche historische Erfahrungen: fast alle Tutsi waren politische Flüchtlinge, während die Hutu in erster Linie Nachfahren präkolonialer Siedler oder Wirtschaftsemigranten waren. Trotz der verbreiteten Überzeugung, Hutu und Tutsi hegten eine angeborene Erbfeindschaft, lebten die exilierten Ruander in Uganda, Kenia, Tansania und auch – bis Anfang der neunziger Jahre, als die Politik der Hutu-Power sich dorthin ausbreitete – in Zaire friedlich zusammen. Nur in Burundi bestand für Flüchtlinge keine Hoffnung, der Hutu-Tutsi-Politik zu entkommen.

»Im Exil haben wir einander als Ruander wahrgenommen«, erläuterte Tito Ruteremara, einer der Gründer und Politkommissare der RPF. »Wenn man außerhalb Ruandas lebt, sieht man einander nicht als Hutu oder Tutsi, weil man alle anderen als Fremde empfindet und man selbst als Ruander zusammengeführt wird, und für die Ugander ist ohnehin ein Ruander ein Ruander.«

Demnach empfanden die Flüchtlinge sich selbst so, wie ihre Nachbarn sie sahen, und sie erblickten darin nicht nur eine Beleidigung oder Demütigung, der man sich entziehen mußte, sondern auch einen Wert, der sich in eine gemeinsame Sache verwandeln ließ. Hier fand sich »die Empfindung nationaler Einheit« und »das Gefühl, ein einziges Volk zu bilden«, das der Historiker Lacger hinter der kolonialen Polarisierung wahrgenommen hatte. Und in den Augen der RPF-Gründer hatten Ruandas postkoloniale Hutu-Diktatoren im Namen der Mehrheitsherrschaft sogar noch mehr als die Belgier dazu beigetragen, die Vorstellung von einer einzigen Nation zu entwerten. Die Gegenrevolution, die die RPF schließlich in Angriff nahm, ergab sich unmittelbar aus dieser eindeutigen Analyse. Es ging darum, den Geist des Ruandertums für alle Ruander zu retten, vom dürrsten bis zum dicksten, damit die Möglichkeit der Solidarität nicht auf ewig zerstört werde.

1961 erlebte Kagame, wie Hutu-Banden Tutsi-Höfe in der Umgebung seines Elternhauses auf dem Hügel Nyaratovu in Gitarama in Brand steckten. Der damals Vierjährige sah einen Wagen die Straße herauffahren, den sein Vater für die Flucht der Familie gemietet hatte, und er sah, daß die Brandstifter diesen ebenfalls bemerkt hatten. Sie ließen alles stehen und liegen und rannten auf das Haus der Kagames zu. Der Wagen war schneller, und so entkam die Familie nach Norden, nach Uganda. »Wir wuchsen dort auf«, erzählte er mir. »Wir hatten Freunde. Die Ugander verhielten sich uns gegenüber freundlich, aber wir waren dennoch stets Außenseiter. Irgendwie ließ man uns immer spüren, daß wir nie dazugehören würden, denn wir waren Ausländer.«

Einbürgerung ist in Afrika nur selten möglich; nur wenige ruandische Flüchtlinge haben jemals eine ausländische Staatsbürgerschaft angenommen, und viele davon erwarben sie durch Bestechung oder Fälschung. Unter der verheerenden Diktatur von Milton Obote und Idi Amin Ende der sechziger, Anfang der siebziger Jahre nahmen Diskriminierung und Feindseligkeit gegenüber den Ruandern in Uganda zu. Die internationale Hilfe für die ruandischen Flüchtlinge war mittlerweile weitgehend versiegt. In krassem Unterschied zu 1994, als die nach dem Völkermord aus Ruanda fliehenden Hutu im Brennpunkt der öffentlichen Aufmerksamkeit standen, waren sie laut Kagame »mehr als dreißig Jahre lang Flüchtlinge, und kein Hahn krähte nach uns. Die Menschen vergaßen. Sie sagten: ›Geht zum Teufel.‹ Sie sagten: ›Ihr Tutsi, wir wissen, daß ihr arrogant seid.‹ Aber was hat Arroganz damit zu tun? Es ist eine Frage der Menschenrechte. Wollen Sie leugnen, daß ich zu Ruanda gehöre, daß ich Ruander bin?«

Die Flüchtlingspolitik in den frühen Sechzigern wurde von den Monarchisten beherrscht, und dreißig Jahre später wiesen Propagandisten der Hutu-Power gern darauf hin, daß Kagame selbst ein Neffe der Witwe von Mutara Rudahigwa sei, dem Mwami, der 1959 gestorben war, nachdem er von einem belgischen Arzt eine Spritze erhalten hatte. Tito Ruteremara von der RPF jedoch, fast zwanzig Jahre älter als Kagame, erläuterte mir gegenüber: »Die Leute aus unserer politischen Generation, deren Bewußtsein im Exil geprägt wurde, als Flüchtlinge, verachteten die Monarchisten – verachteten die ganze alte koloniale ethnische Korruption, mitsamt der hamitischen Hypothese und allem, was dazugehört.« Kagame stimmte dem zu: Ein Tutsi zu sein oder ein

Monarchist – beides war ein ererbtes Problem, und keine dieser Identitäten schien irgend jemandem gut zu bekommen.

Politische Führer erzählen gerne von ihrer Kindheit, ob glücklich oder traurig, und stutzen ihre Darstellung in der Rückschau oft zu einer Vorahnung künftiger Größe zurecht. Nicht so Kagame. Er war ein überaus privater Mann der Öffentlichkeit; nicht etwa schüchtern – seine Meinung äußerte er mit ungewöhnlicher Direktheit –, sondern ohne jedes Gehabe. Er zog sich gut an, war verheiratet, Vater von zwei Kindern, es hieß, er möge Dinner-Partys, tanze gern und liebe Poolbillard, und er war regelmäßig auf den Tennisplätzen von Kigalis Cercle Sportif zu finden; seine Soldaten verehrten und bewunderten ihn und hatten seinen Namen in viele Lieder und Gesänge aufgenommen. Kagame war mit Sicherheit der meistdiskutierte Mann Ruandas, aber bei seinen öffentlichen Auftritten bemühte er sich keine Sekunde, charmant zu sein oder in irgendeinem konventionellen Sinne charismatisch. Er verbreitete nicht viel Wärme, doch dafür wirkte seine Kühle bezwingend. Selbst in einem überfüllten Raum stach er aus der Menge hervor. Er war ein Taktiker; Stationen seiner Karriere waren Nachrichtendienst, Aufklärung und Guerilla-Kriegführung; er studierte und antizipierte gern die taktischen Züge anderer, und er liebte es, wenn seine eigenen Züge ein Überraschungsmoment enthielten.

»Ich wollte in meinem eigenen Denken originell sein, besonders in bezug auf meine Situation hier«, erzählte er mir einmal und fügte hinzu: »Natürlich ist mir klar, daß es genug andere Leute gibt, die Bewunderung verdienen, aber es entspricht einfach nicht meinem Wesen, jemanden zu bewundern. Selbst wenn etwas funktioniert hat, denke ich: Es gibt noch viele andere Dinge, die ebenfalls funktionieren könnten. Wenn etwas anderes gut funktioniert hat, dann werde ich mir sicherlich ein Stück davon abschauen. Falls es aber einen anderen Weg gibt, wie etwas funktionieren kann – dann würde ich den gern entdecken. Wenn ich originell denken kann, dann ist mir das nur recht.«

Abgesehen vom Stil, klang er wie Rilke zum Thema Liebe und Kunst, aber Kagame sprach über Führung im Staat und im Krieg, vor allem aber – wie immer – darüber, Ruander zu sein. Er wollte auf eine ganz eigene Art Ruander sein, und Ruanda konnte diese Art mit Sicherheit gebrauchen. Dennoch ist Eigenart ein gefährliches Unterfangen, und Ruanda war ein gefährlicher Ort. Kagame sagte, er habe »beispielhaft« sein wollen – also verwendete er viel Aufmerksamkeit darauf, welches Beispiel er gab; vielleicht mahnte ihn gerade sein Ringen um eine eigenwillige Reaktion auf seine wahrlich eigenartige Situation zur Vorsicht, anderen keinen Einblick in die verlorene Welt seiner Kindheit zu gewähren. Natürlich hatte es in seiner Kindheit prägende Einflüsse gegeben, aber sprechen wollte er nur über seine Freundschaft mit einem anderen ruandischen Flüchtlingsjungen namens Fred Rwigyema.

»Die Beziehung zu Fred«, erzählte mir Kagame, »war für beide Seiten etwas Besonderes. Wir wuchsen zusammen auf, fast wie Brüder. Wir waren uns so nahe, daß Leute, die es nicht wußten, automatisch glaubten, wir stammten aus der gleichen Familie. Und schon als Kinder in der Grundschule diskutierten wir über die Zukunft der Ruander. Während dieser ganzen Zeit lebten wir als Flüchtlinge in einem grasgedeckten Haus in einem Flüchtlingslager. Fred und ich lasen Geschichten darüber, wie Menschen um ihre Befreiung kämpften. Wir hatten Vorstellungen von unseren Rechten. Das alles beschäftigte uns schon als Kinder.«

1976, im Gymnasium, ging Rwigyema von der Schule ab und schloß sich den ugandischen Rebellen unter Führung Yoweri Musevenis an, die von Stützpunkten in Tansania aus gegen Idi Amin kämpften. Kagame traf Rwigyema erst 1979 wieder, als Amin ins Exil geflohen war, und Kagami gehörte nun mit seinem Freund zur Museveni-Fraktion der neuen ugandischen Armee. 1981 ergriff der ehemalige Diktator Milton Obote erneut die Macht in Uganda, und Museveni kehrte alsbald in den Busch zurück, um den Kampf wiederaufzunehmen. Seine Armee bestand aus siebenundzwanzig Männern, darunter Rwigyema und Kagame.

Als weitere junge Exil-Ruander in Uganda zu den Rebellenkräften stießen, setzte Obote eine massive fremdenfeindliche Kampagne gegen die ruandische Bevölkerung in Gang. Nach Massenentlassungen und Hetzreden kam es im Oktober 1982 zu einer Welle von Morden, Vergewaltigungen und Plünderungen; an die fünfzigtausend Ruander wurden gewaltsam vertrieben und nach Ruanda zurückgeschickt. Habyarimana steckte sie in Lager, wo viele von ihnen starben; 1984 wurden die Überlebenden zwangsweise wieder nach Uganda zurückgeschickt. Zwei Jahre später, bei der Machtübernahme Musevenis, waren mindestens 20 Prozent seiner Soldaten ruandischer Herkunft. Rwigyema hatte eine Position in der Nähe des Oberkommandos, und Kagame wurde Leiter des Geheimdienstes.

Vor diesem Hintergrund hatte Habyarimana 1986 erklärt, es gebe keine weitere Diskussion über das Recht der ruandischen Flüchtlinge auf Rückkehr. Im Jahr darauf wurde die RPF als Geheimbewegung gegründet, die sich dem bewaffneten Kampf gegen das Habyarimana-Regime verschrieb. Tito Ruteremara führte den politischen Flügel, und Rwigyema leitete die Bruderschaft ruandischer Offiziere in der ugandischen Armee, die dann den Kern der RPF-Streitmacht bildete. »Den Anfang dieser Entwicklung hatten wir schon bei den Kämpfen in Uganda gespürt«, sagte Kagame. »Wir kämpften dort für unsere Ziele, und das entsprach auch unserem Denken – wir bekämpften die Ungerechtigkeit; außerdem bot es damals vielleicht die sicherste Möglichkeit, als Ruander in Uganda zu leben. Tief in unseren Herzen und Köpfen wußten wir jedoch, daß wir zu Ruanda gehörten, und wenn sie das Problem nicht politisch lösen wollten, lag die Alternative im bewaffneten Kampf.«

Ich fragte Kagame einmal, ob ihm damals je der Gedanke gekommen sei, er könne eines Tages der Vizepräsident Ruandas und der Befehlshaber der nationalen Armee werden. »Nicht im entferntesten«, antwortete er. »Das entsprach nicht einmal meinem Ehrgeiz. Ich war einfach besessen davon, zu kämpfen und meine Rechte als Ruander zurückzugewinnen. Wohin mich das führen würde, war eine ganz andere Frage.«

Afrikaner früherer Generationen meinten, wenn sie von »Befreiung« sprachen, die Freiheit von den europäischen Imperien. Für die Männer und Frauen der RPF und für mindestens ein halbes Dutzend weitere afrikanische Rebellenbewegungen der achtziger und neunziger Jahre bedeutete »Befreiung« die Emanzipation von den Klientel-Diktaturen des Neokolonialismus des kalten Krieges. Während ihrer Jugend in einem angeblich freien und unabhängigen Afrika betrachteten sie ihre räuberischen Führer als unreife Menschen, derer man sich schämen müßte, statt Stolz auf sie zu empfinden, als unwürdig und unfähig, ihren Völkern zu dienen. Die Korruption, die so große Teile Afrikas plagte, galt ihnen nicht nur als eine Angelegenheit von Schmiergeldern; die Seele war in Gefahr. Und für diese aufstrebende Generation bestand der eigentliche Schrecken darin, daß Afrikas postkoloniale Agonie von Afrikanern verursacht war – auch wenn der Westen oder die Sowjetunion ihre Hände sehr wohl im Spiel hatten. Museveni, der mit der Rebellion und später dem Wiederaufbau Ugandas aus blutigem Elend zum Vorbild der RPF geworden war, erzählte mir einmal, man könne es nicht mehr den Ausländern zur Last legen, wenn Afrika keine respektable Unabhängigkeit erlangt habe. »Das lag mehr an den einheimischen Kräften, die schwach und unorganisiert waren.«

Weil Museveni in den späten achtziger Jahren innenpolitisch unter starkem Druck stand, die Ruander aus seiner Armee und Regierung zu entfernen und den ruandischen Viehzüchtern große Teile ihres Landes zu nehmen, hat man ihn häufig beschuldigt, er selbst habe die RPF organisiert. Doch die Massendesertion ruandischer Offiziere und Mannschaften aus seiner Armee zur Zeit der Invasion im Oktober 1990 war für den ugandischen Führer eine peinliche Überraschung. »Ich glaube, daß Museveni uns irgendwann einmal sogar als Verräter beschimpft hat«, erzählte mir Kagame. »Er dachte: ›Das sind Freunde, die mich verraten und niemals in ihre Pläne eingeweiht haben.‹ Wir haben aber niemanden gebraucht, der uns Ratschläge erteilt, und außerdem standen uns die Ugander auch sehr mißtrauisch gegenüber. Sie würdigten nicht einmal die Opfer, die wir im Kampf gebracht hatten. Wir waren ja bloß Ruander – und eigentlich war uns das auch ganz recht. Es lieferte uns ein weiteres Motiv, und ein paar schwache Leute in Uganda mochten glauben, sie hätten ein Problem gelöst, als wir gingen.«

Erstaunlicher noch als die Geheimhaltung der Ruander in Ugandas Armee war die intensive internationale Kampagne der RPF, mit der sie in der ruandischen Diaspora um Unterstützung warb. »Es war komisch«, erzählte mir ein Ugander in Kampala. »Ende der achtziger Jahre kümmerten sich viele dieser Ruander plötzlich sehr intensiv um ihre Abstammung und organisierten Familientreffen. Sie brachten alle Verwandten zusammen und stellten Stammbäume auf, sie machten Listen von allen Ruandern, die sie kannten: Namen, Alter, Beruf, Adresse und so weiter. Erst später habe ich begriffen, daß sie eine Art Datenbank der gesamten Gemeinde anlegten, und zwar weit über Uganda hinaus – in ganz Afrika, Europa, Nordamerika. Hier waren ständig ihre Geldbeschaffer unterwegs, bei Verlobungen, Hochzeiten, Taufen. Das ist normal, aber es wurde ein großer Druck ausgeübt, viel zu spenden; man kann sich kaum vorstellen, um wieviel Geld es dabei ging. Bei einer großen Hochzeit waren es fünfzigtausend Dollar. Da fragte man sich, was für große Partys sie mit so viel Geld veranstalteten – aber nichts da: keiner wurde fett. Damals haben wir es einfach nicht kapiert.«

Von Anfang an waren in der RPF-Führung Hutu ebenso vertreten wie Tutsi, einschließlich Abtrünnigen aus Habyarimanas engstem Kreis, aber der militärische Kern bestand stets vor allem aus Tutsi. »Das war ganz natürlich«, sagte Tito Ruteremara. »Die Tutsi waren die Flüchtlinge. Aber der Kampf galt der Politik in Ruanda, nicht den Hutu. Das haben wir immer deutlich gemacht. Wir haben den Menschen die Wahrheit gesagt – über den Diktator, über unsere Politik der Befreiung und der Einheit durch Diskussion. So wurden wir stark. In Ruanda selbst rekrutierten sie mit Gewalt und Zwang. Bei uns gab es nur Freiwillige. Sogar die alten Frauen gingen auf Plantagen arbeiten, um Geld zu beschaffen. Wenn jemand krank war, reichten schon seine guten Wünsche.«

Der Ugander, der verwirrt dabei zugesehen hatte, wie die Ruander Familienstammbäume zeichneten und Geld sammelten, hatte eine Freundin, die mit einem Ruander verheiratet war. »Am Morgen des 1. Oktober 1990 sagte dieser Mann zu seiner Frau: ›Dies wird ein sehr wichtiger Tag in der Geschichte.‹ Mehr wollte er nicht sagen, nur: ›Denk an meine Worte.‹ Sie und ihr Mann hatten eine sehr enge Beziehung, aber erst als sie in den Nachrichten hörte, daß Fred Rwigyema mit seinen Leuten nach Ruanda gegangen war, begriff sie, wovon er gesprochen hatte.«

Museveni reagierte auf die RPF-Invasion in Ruanda, indem er der ugandischen Armee befahl, die Grenze zu sperren und die Massendesertion von Ruandern zu verhindern, die jedes Stück Ausrüstung mitnahmen, dessen sie habhaft werden konnten. Er setzte sich auch mit Habyarimana in Verbindung und drang auf Verhandlungen. »Wir versuchten Frieden zu stiften«, erzählte mir Museveni. »Aber Habyarimana war dazu nicht bereit. Er war damit beschäftigt, Belgien und Frankreich für sich einzuspannen. Dann fing er an, mich zu beschuldigen, ich hätte das alles angefangen. Da haben wir eben den Dingen ihren Lauf gelassen.« Tito Ruteremara lachte, als er sich an die ersten Tage des Krieges erinnerte. »Habyarimana war ein sehr dummer Mann«, meinte er. »Indem er Museveni beschuldigte, rettete er uns. Statt uns daran zu hindern, die Grenze nach Ruanda zu überschreiten, riegelte Museveni nun die Grenze von der anderen Seite her ab – so daß wir nicht zurückkehren konnten. Auf diese Weise hat Habyarimana uns tatsächlich gezwungen, den Kampf gegen ihn weiterzuführen, selbst wenn wir das Gefühl gehabt hätten zu verlieren.«

Kagame verfolgte die ersten Berichte über die RPF-Invasion aus Fort Leavenworth, Kansas, wo er als Ugander an einem Ausbildungskurs für Offiziere teilnahm. Am zweiten Tag des Krieges kam Fred Rwigyema ums Leben. Es ging das Gerücht, er sei von zwei seiner eigenen Offiziere ermordet worden, die man dann ihrerseits vor ein Militärgericht gestellt und exekutiert habe. Später behauptete die RPF gewöhnlich, Rwigyema sei durch feindliches Feuer getötet worden, während die beiden Offiziere in einem Hinterhalt des Feindes ums Leben gekommen seien. Wie auch immer, innerhalb von zehn Tagen nach Rwigyemas Tod brach Kagame seinen Kursus in Kansas ab und flog zurück nach Afrika, wo er seine ugandische Position im Stich ließ und seinen ermordeten Freund als Feldkommandeur der RPF ersetzte. Das war wenige Tage vor seinem 33. Geburtstag.

Ich fragte ihn einmal, ob er gerne kämpfe. »O ja«, antwortete er, »ich war voller Ärger. Ich war sehr wütend. Ich werde weiterkämpfen, wenn ich Grund dazu habe. Ich werde immer kämpfen. Das macht mir keine Probleme.« Jedenfalls war er gut darin. Militärexperten betrachten die Armee, die er aus den abgerissenen Überresten von Rwigyemas ursprünglicher Truppe schmiedete, wie auch seinen Feldzug von 1994, als das Werk eines echten Genies. Daß er das geschafft hatte, nur mit einem Arsenal aus Granat- und Raketenwerfern und vor allem mit gebrauchten Kalaschnikows, die ein amerikanischer Waffenspezialist mir gegenüber einmal als »Scheißzeug« bezeichnete, hat zu seiner Legende nur noch beigetragen.

»Die Ausrüstung ist nicht das Problem«, sagte mir Kagame. »Das Problem ist immer der Mann dahinter. Versteht er, warum er kämpft?« Seiner Ansicht nach können entschlossene und disziplinierte Soldaten, die eine klare Vorstellung von politischen Fortschritten besitzen, immer die Soldaten eines korrupten Regimes schlagen, das nur für seine eigene Macht einsteht. Die RPF behandelte die Armee als eine Art Felduniversität. Während des gesamten Krieges wurden Offiziere und ihre Mannschaften nicht nur durch militärischen Drill, sondern auch durch ein unablässiges Programm politischer Seminare in Form gehalten; der einzelne wurde ermutigt, für sich selbst zu denken und zu reden, die Parteilinie zu diskutieren und zu debattieren, auch wenn man ihm zugleich beibrachte, dieser Linie zu folgen. »Wir haben versucht, die kollektive Verantwortung zu fördern«, erläuterte Kagame. »In all meinen Stellungen – in der RPF, in der Regierung, in der Armee – besteht meine wichtigste Aufgabe darin, die Entwicklung von Menschen zu unterstützen, die jede Art von Verantwortung übernehmen können.«

Neben politischer Disziplin erwarb sich die RPF während ihrer Jahre als Guerillastreitmacht einen Ruf für ihren strengen Verhaltenskodex. In großen Teilen Afrikas galten Uniform und Gewehr eines Soldaten für kaum mehr als einen

Freibrief zum Banditentum, und das ist auch heute noch so. Während der vierjährigen Kämpfe in Ruanda durften die RPF-Kader nicht heiraten, ja nicht einmal um eine Frau werben; Diebstahl wurde mit der Peitsche bestraft, und Offiziere und Soldaten, die Verbrechen wie Mord und Vergewaltigung begangen hatten, mußten mit der Exekution rechnen. »Ich sehe keinen Grund, jemanden am Leben zu lassen, der andere so sehr verletzt hat«, sagte mir General Kagame. »Und die Leute haben das respektiert. Es hat für einen gesunden Geist und Disziplin gesorgt. Man läßt bewaffneten Menschen nicht die Freiheit zu tun, was sie wollen. Wer für die Anwendung von Gewalt ausgerüstet ist, muß diese vernünftig einsetzen. Wer die Chance erhält, seine Waffen irrational zu benutzen, kann zu einer sehr großen Gefahr für die Gesellschaft werden. Das steht ganz außer Frage. Das Ziel besteht im Schutz der Gesellschaft.«

Am Ende des Krieges, im Juli 1994, betrachteten selbst viele internationale Helfer die RPF mit Hochachtung und sprachen mit bewegender Überzeugung von der Richtigkeit ihrer Sache und ihres Verhaltens. Die RPF war kaum aus humanitären Gründen in den Krieg gezogen, aber sie war letztlich die einzige Macht der Welt gewesen, die den Erfordernissen der Völkermord-Konvention von 1948 gerecht geworden war. Daß RPF-Leute Vergeltungsakte gegen angebliche *génocidaires* und Greuel an Hutu-Zivilisten begangen hatten, stand außer Zweifel; 1994 berichtete *amnesty international*, zwischen April und August seien »Hunderte – vielleicht sogar Tausende – unbewaffneter Zivilisten und bewaffneter Kriegsgefangener« von RPF-Truppen getötet worden. In den letzten Tagen des Völkermords waren Beobachter gleichwohl besonders beeindruckt von der allgemeinen Zurückhaltung dieser Rebellenarmee – selbst wenn die Soldaten feststellten, daß ihre Dörfer und ihre eigenen Familien vernichtet worden waren.

»Die Leute von der RPF legten eine eindrucksvolle Zielstrebigkeit an den Tag«, erzählte mir der kanadische Arzt James Orbinski, der während des Völkermords in Kigali arbeitete. »Ihre Vorstellungen von Recht und Unrecht waren offensichtlich flexibel – sie waren nun einmal eine Armee –, aber im Grunde waren ihre Ideen und Handlungen weit eher richtig als falsch. Armeen haben immer einen bestimmten Stil. Diese Kerle nun – ihre Uniformen waren immer gebügelt, sie waren sauber rasiert, und ihre Stiefel waren geputzt. Man sah sie hinter den Linien herumgehen, zwei Jungen, Hand in Hand, nüchtern, stolz. Sie kämpften wie die Teufel. Wenn sie dann aber einen Ort einnahmen, kam es nicht zu den üblichen afrikanischen Plünderungen. Ich weiß noch, daß beim Fall von Kigali ein Soldat ein Radio aus einem Haus mitnahm – er wurde sofort abgeführt und erschossen.«

Ein Hutu-Geschäftsmann erzählte mir eine andere Geschichte: »Sie waren sehr gut organisiert, sehr strikt, *und* sie plünderten wie die Teufel. Es stimmt schon, da plünderte keiner für sich selbst. Das lief meistens ganz geregelt ab, mit einer Befehlsstruktur. Aber was sie brauchten oder haben wollten, das nahmen sie, ob Oberst oder gemeiner Soldat. Sie kamen mit Lastwagen zu meinem Laden und räumten ihn aus. Das gefiel mir nicht, aber damals bin ich schön ruhig geblieben. Ich betrachtete es mehr oder weniger als Befreiungssteuer – damals.«

Helden, Retter, Boten einer neuen Ordnung: Kagames Männer – und Jungen (eine ganze Menge von ihnen war nicht sauber rasiert, da noch viel zu jung zum Rasieren) – waren all das zugleich. Ihr Triumph blieb dennoch vom Völkermord überschattet, und ihr Sieg war alles andere als vollständig. Der Feind war nicht besiegt; er war nur davongelaufen. Wo man auch hinging – in Ruanda und in den Grenzlagern, bei den RPF-Führern und Führern der Hutu-Power, bei Entwicklungshelfern und ausländischen Diplomaten, in den Hügeln, in Cafés, selbst in Ruandas überfüllten Gefängnissen –, man bekam unweigerlich zu hören, es werde einen weiteren Krieg geben, und zwar bald. Solches Gerede hatte schon unmittelbar nach dem letzten Krieg begonnen, und ich hörte es fast täglich, bei jedem meiner Besuche.

Es war eigenartig, auf einen Krieg zu warten; zumindest tat ich das ebenso wie alle anderen während der meisten Zeit meiner Aufenthalte in Ruanda. Je sicherer er zu kommen schien, desto mehr fürchtete man ihn, aber desto mehr wünschte man auch, er würde endlich ausbrechen und man hätte es dann hinter sich. Es war schon fast so etwas wie eine Verabredung. Zu vermeiden war der Krieg einzig und allein durch eine entschlossene, kampfbereite internationale Truppe, die die geflüchtete Armee der Hutu-Power und ihre Milizen in den Grenzlagern der UN überwältigte und entwaffnete, und dazu kam es nie; statt dessen beschützten wir sie. Also wartete man und fragte sich, wie dieser Krieg ablaufen würde, und allmählich fiel mir auf, daß diese besorgte Erwartung eigentlich schon dazugehörte: Wenn der nächste Krieg unvermeidlich war, dann war der letzte Krieg niemals zu Ende gegangen.

In diesem Klima des Ausnahmezustands und des Mißtrauens, zwischen Krieg und Frieden, ging die RPF daran, die Fundamente eines neuen ruandischen Staates zu legen und eine neue Interpretation der nationalen Geschichte zu entwickeln, die den Völkermord thematisieren und zugleich einen Weg anbieten konnte, von dort aus voranzuschreiten. Das Ruanda, für dessen Schaffung die RPF gekämpft hatte – ein Land, in dem alle Ruander zum ersten Mal seit der Unabhängigkeit friedlich zusammenleben sollten –, war ein radikaler Traum. Die Existenz eines Rumpfstaats der Hutu-Power in den UN-Flüchtlingslagern erzwang nun die Verschiebung dieses Traums, und schon vor Kibeho sagte Kagame des öfteren, wenn die internationale Gemeinschaft die *génocidaires* in Zaire nicht aus der allgemeinen Lagerbevölkerung herausholen werde und die Massen nicht nach Hause schicke, dann werde er das eben selbst übernehmen. »Wir wollen die Menschen zurückhaben«, sagte er zu mir, »weil es ihr Recht ist und es in unserer Verantwortung liegt, daß sie zurückkommen, ob sie uns nun unterstützen oder nicht.«

Inzwischen kam alles Gerede über Versöhnung und nationale Einheit nicht an der Tatsache vorbei, daß der nächste Krieg ein Krieg *um* den Genozid sein würde. Denn während die RPF und die neue Regierung verlangten, der Völkermord solle, wie Kagame sagte, »als bestimmendes Ereignis der ruandischen Geschichte« betrachtet werden, versuchte die Hutu-Power noch immer, ihr Verbrechen zum Erfolg zu führen, indem sie es ununterscheidbar in das Kontinuum ruandischer Geschichte einfügte.

Kagame erzählte mir einmal, nach der Unterzeichnung der Verträge von Arusha, im Sommer 1993, habe er erwähnt, er spiele mit dem Gedanken, sich aus den Kämpfen zurückzuziehen – »um wieder zur Schule zu gehen oder sonstwohin und auszuruhen«. Doch »nach wenigen Wochen wurde das zu einem politischen Problem. Es kamen Leute aus Kigali und sagten: ›Hör mal, alle machen sich Sorgen. Sie denken, wenn du davon sprichst auszusteigen, würdest du etwas aushecken.‹« Kagame lachte, ein helles, stoßweises Kichern. »Meine Antwort war: ›Leute, ihr seid wirklich unfair. Wenn ich dabei bleibe, bin ich ein Problem. Wenn ich sage, ich steige aus, bin ich ein Problem. Wenn ich ein Problem sein wollte, dann wäre ich einfach ein Problem. Ich brauche nicht heulend herumzuspringen, versteht ihr.‹« Natürlich dauerte der Frieden nie so lange, daß Kagame sich hätte entspannen können. »Meine Aufgabe war der Kampf«, sagte er. »Ich habe gekämpft. Dann war der Krieg vorbei. Ich sagte: ›Teilen wir die Macht.‹ Und das war ernst gemeint. Wenn nicht, hätte ich einfach alles übernommen.«

Es ärgerte Kagame und seine RPF-Kollegen, daß Ruandas neue Regierung in der internationalen Presse immer wieder als *seine* Regierung und als »Tutsi-beherrscht« beschrieben wurde, oder noch deutlicher: als »Regierung einer Minderheit«. Man hatte ein Moratorium für politische Parteiaktivitäten verhängt, aber im Geiste der Verträge von Arusha nahm die Regierung viele Mitglieder der alten, gegen die Hutu-Power gerichteten Oppositionsparteien in Spitzenstellungen auf. Mehr noch, sechzehn der zweiundzwanzig Kabinettsminister, darunter der Premierminister und die Minister für Justiz und Inneres, waren Hutu, während die Armee, deren Stärke zügig auf mindestens vierzigtausend Mann verdoppelt wurde, mehrere tausend ehemalige Offiziere und Mannschaften aus der Armee und Polizei Habyarimanas übernahm. Präsident Pasteur Bizimungu, ein Hutu, erklärte mir, wer von Tutsi-Herrschaft spreche, übernehme »die Parolen oder die Darstellungsweise der Extremisten«, obwohl es zum ersten Mal in den hundert Jahren seit der Kolonisierung »in diesem Lande Behörden gibt, Hutu und Tutsi, die der Politik den ihr gebührenden Platz geben, so daß die Menschen gleiche Rechte und Pflichten haben, ungeachtet ihres ethnischen Hintergrunds – und die Extremisten sind darüber gar nicht glücklich«.

Kagame, für den eigens das Amt des Vizepräsidenten eingerichtet wurde, leugnete nicht, daß die RPF das Rückgrat des Regimes bildete und daß er als oberster militärischer und politischer Stratege die mächtigste politische Persönlichkeit des Landes war. »Wer die Armee kontrolliert, kontrolliert alles«, sagen die Ruander gerne, und nach der vollständigen Vernichtung der Infrastruktur des Landes während des Völkermords galt dies mehr denn je. Kagame führte allerdings institutionelle Kontrollen für seine eigene Macht ein – wer außer ihm hätte das tun können? –, und als er sagte, er könne diese Kontrollen aus dem Weg räumen, gab er nur zu verstehen, was ohnehin jedem klar war. Vielleicht übertrieb er sogar ein wenig, denn nach dem Völkermord war nicht mehr so ganz klar, ob er die vollständige Kontrolle über die Armee besaß; doch er versuchte deutlich zu machen, welche Bedeutung es hatte, daß er kein absoluter Führer sein wollte – in einem Land, das mit etwas anderem keinerlei Erfahrung besaß. Und er sagte: »Ich habe mir nie vorgemacht, daß diese politischen Aufgaben leicht zu bewältigen seien.«

In einer ihrer ersten Amtshandlungen schaffte die neue Regierung das System der ethnischen Ausweise ab, die während des Völkermords für Tutsi wie Todesurteile waren. Aber auch ohne Ausweise schien ein jeder zu wissen, wer seine Nachbarn waren. Nach dem Völkermord waren die ethnischen Kategorien so wichtig geworden, so belastet wie nie zuvor. Ruanda verfügte über keine Polizei und keine funktionierenden Gerichte; die meisten seiner Juristen waren getötet worden oder hatten selbst gemordet, und während mutmaßliche *génocidaires* zu Tausenden verhaftet wurden, zogen es viele Ruander vor, ihre Rechnungen privat zu begleichen, ohne darauf zu warten, daß der Staat sich etablierte.

Es gab also Morde; niemand weiß, wie viele, aber alle paar Tage vernahm man Geschichten von neuen Morden. In der Regel waren die Opfer Hutu, und die Mörder blieben unbekannt. Die RPA behauptete, sie habe Hunderte undisziplinierter Soldaten ins Gefängnis gesteckt, aber militärische Geheimhaltung neigte dazu, diese Affären zu verschleiern. Und es *war* ja auch eine delikate Angelegenheit, wenn zwei Soldaten von einem RPA-Tribunal wegen Vergeltungsmorden zum Tode verurteilt wurden, obwohl zum gleichen Zeitpunkt für die Verbrechen während des Völkermords noch niemand vor Gericht gestellt worden war. Dennoch reagierten die Führer der Hutu-Power in ihrem Exil bei jedem Vergeltungsmord in Ruanda mit einer Empörung, die häufig eher entzückter Begeisterung glich – als würden mit jedem ermordeten Hutu ihre eigenen Verbrechen gemindert. Hassan Ngeze hatte sich nach Nairobi abgesetzt und brachte erneut *Kangura* heraus. Er wie auch zahllose andere »Flüchtlings«-Schreiberlinge begannen eine unablässige Kampagne vor allem gegen westliche Diplomaten, Journalisten und Entwicklungshelfer; lauter denn je verkündeten sie, der eigentliche völkermörderische Aggressor in Ruanda sei die RPF.

»Erst hat diese Bande einen Völkermord begangen, dann schreiben sie Hutu-Tutsi, Hutu-Tutsi, und jetzt ist für sie alles ein Völkermord«, schäumte Kagame und fügte hinzu: »Allein in Johannesburg gibt es mehr Verbrechen als in ganz Ruanda. In Nairobi auch. Ich gebe ja zu, daß wir Probleme haben. Ich gebe zu, daß die Lage nicht schön ist. Aber ich sage auch: Man muß unterscheiden. Wenn wir alles gleich behandeln, dann machen wir einen Fehler.«

Den neuen Führern Ruandas blieb das Paradoxon nicht verborgen, daß der Völkermord ihnen größere Macht gegeben und gleichzeitig ihre Aussichten vergiftet hatte, diese Macht so zu nutzen, wie sie es versprochen hatten. »Wir waren gezwungen, uns mit einer völlig neuen, ganz anderen Situation auseinanderzusetzen – einer Situation, mit der wir überhaupt nicht gerechnet hatten«, meinte Kagame. »Die Wende war so abrupt und das Ausmaß der entstehenden Probleme so enorm, daß es immer schwieriger wurde, die Menschen zusammenzubringen und dem Land seine Einheit zurückzugeben. Sie werden feststellen, daß in der Armee etwa ein Drittel der Leute, vielleicht etwas mehr, die Familie verloren hat. Gleichzeitig werden die Menschen, die dafür verantwortlich waren, nicht mit dem nötigen Nachdruck vor Gericht gebracht. Ich denke, daß die ursprüngliche Hingabe und Disziplin dadurch untergraben werden. Das ist nur natürlich, absolut natürlich, und es hat seine eigenen Konsequenzen.«

Eine Untersuchung der UNICEF kam später zu dem Ergebnis, daß fünf von sechs Kindern, die während des Gemetzels in Ruanda gewesen waren, Blutvergießen zumindest mit angesehen hatten, und man kann davon ausgehen, daß es den Erwachsenen nicht anders ging. Man stelle sich vor, was die Gesamtheit einer solchen Verwüstung für eine Gesellschaft bedeutet, und dann wird einem auch klar, daß das Verbrechen der Hutu-Power viel größer war als der Mord an fast einer Million Menschen. Niemand in Ruanda entkam der unmittelbaren physischen oder psychischen Schädigung. Der Terror sollte bewußt allumfassend und dauerhaft sein, er sollte die Ruander auf lange Zeit in den Mahlstrom ihrer Erinnerungen stürzen, sie verwirren und desorientieren – und in dieser Hinsicht war er erfolgreich.

Manchmal war ich versucht, Ruanda nach dem Völkermord als ein unmögliches Land zu begreifen. Kagame schien sich den Luxus einer so unnützen Vorstellung niemals zu gönnen. »Die Menschen sind nicht von Grund auf schlecht«, sagte er zu mir. »Aber sie können schlecht gemacht werden. Und man kann ihnen beibringen, gut zu sein.«

Er klang immer so beruhigend vernünftig, selbst wenn er mit seiner charakteristischen Direktheit die endlosen Entmutigungen und den anhaltenden Ärger beschrieb, die mit Sicherheit noch zu erwarten waren. Er sprach von all den Leiden seines winzigen geschlagenen Landes, als seien es Probleme, die gelöst werden mußten, und er schien diese Herausforderung zu genießen. Er war ein Mann mit ungewöhnlich weitem Horizont – ein Mann der Tat mit einem scharfen menschlichen und politischen Intellekt. Allem Anschein nach gab es keinen einzigen Aspekt der Geschichte, in die er hineingeboren war und die er selbst schrieb, den er noch nicht bedacht hatte. Und wo andere eine Niederlage sahen, winkte ihm eine Gelegenheit. Er war schließlich ein Revolutionär;

mehr als fünfzehn Jahre lang hatte sein Leben daraus bestanden, Diktatoren zu stürzen und unter den schwierigsten Umständen neue Staaten zu schaffen.

Weil er kein Ideologe war, wurde Kagame häufig als Pragmatiker bezeichnet. Das läßt jedoch Gleichgültigkeit gegenüber Prinzipien vermuten; er dagegen, mit den strengen Denkgewohnheiten des Soldaten, strebte danach, prinzipiell rational zu sein. Vernunft kann unbarmherzig sein, und Kagame, aufgewachsen in unbarmherzigen Zeiten, war überzeugt, mit Vernunft könne er alles ein wenig gerader biegen, was in Ruanda verbogen war; das Land und seine Menschen könnten wirklich geändert werden, könnten gesünder und damit besser werden – und das zu beweisen war er entschlossen. Der Prozeß mochte vielleicht häßlich sein; gegenüber jenen, die der Vernunft die Gewalt vorzogen, war Kagame zum Kämpfen bereit, und im Unterschied zu den meisten Politikern wollte er, wenn er sprach oder handelte, nicht geliebt, sondern verstanden werden. Deshalb drückte er sich deutlich aus, und er konnte bemerkenswert überzeugend sein.

Wir trafen uns immer in seinem Büro im Verteidigungsministerium, einem großen Raum mit durchsichtigen, zugezogenen Vorhängen. Er nahm mit seiner spindeldürren Gestalt in einem großen schwarzen Ledersessel Platz, ich saß zu seiner Rechten auf einer Couch, und er beantwortete meine Fragen ohne Unterbrechung zwei oder drei Stunden lang mit einer ruhigen, geradezu verbissenen Entschlossenheit. Und was er sagte, hatte Gewicht, denn Kagame war wirklich ein bedeutender Mann. Er machte Dinge möglich.

Mehrere Male, wenn ich bei ihm saß, mußte ich an einen anderen berühmtermaßen großen und dürren Bürgerkriegskämpfer denken, Abraham Lincoln, der einmal gesagt hatte: »Wer annimmt, daß nicht immer wieder Männer mit Talent und Ehrgeiz unter uns erstehen, der leugnet, was die Geschichte der Welt uns als wahr lehrt. Und wenn diese Männer auftreten, werden sie ihre Leidenschaft zum Herrschen ebenso natürlich zu befriedigen suchen, wie es andere vor ihnen taten ... ob nun durch die Befreiung von Sklaven oder die Versklavung von Freien.« Kagame hatte selbst ziemlich wirkungsvoll bewiesen, daß er bekam, was er wollte, und wenn Kagame wirklich eine originelle Antwort auf seine ursprünglichen Umstände finden wollte, stand ihm als einziger Weg nur die Befreiung offen. So stellte er es jedenfalls dar, und ich zweifelte nicht daran, daß er das auch wirklich wollte. Aber immer wieder nahte der Moment, da ich sein Büro verlassen mußte. Kagame stand auf, wir schüttelten uns die Hand, ein Soldat mit einem Seitengewehr öffnete die Tür, und ich trat wieder hinaus in das Land Ruanda.

15

Bonaventure Nyibizi und seine Familie wurden Mitte Juni 1994 aus der Kirche *Sainte Famille* in die RPF-Zone evakuiert. Als er von seinem Lastwagen zurückschaute, erschien ihm Kigali wie eine Totenstadt. »Nichts als Blut und« – er machte ein zischendes Geräusch, als ginge einem Reifen die Luft aus – »pffhhh-h-hh.«

In den RPF-Sammellagern für Überlebende forschte Bonaventure nach Nachrichten über seine Familie und die Freunde. Es dauerte nicht lange, bis ihm klar wurde, »daß es unrealistisch war zu hoffen, irgend jemand habe überlebt«. Wie sich herausstellte, war eine seiner Schwestern noch am Leben, aber drei ihrer fünf Kinder waren umgebracht worden, ebenso wie seine Mutter und alle, die mit ihr zusammengelebt hatten. Die meisten Angehörigen der Familie seiner Frau und ihre Freunde waren ebenfalls tot. »Manchmal«, berichtete er, »traf man jemanden, den man für tot gehalten hatte, der es aber irgendwie geschafft hatte, am Leben zu bleiben.« Die Euphorie solcher Begegnungen, die die Trauer der Überlebenden noch Monate nach dem Völkermord unterbrachen, wurde allerdings beeinträchtigt durch die ständige Bestätigung von Verlusten. »Meistens«, so Bonaventure, »wollte man nicht einmal mehr hoffen.«

Um den 20. Juli herum kehrte Bonaventure nach Hause zurück und versank in Verzweiflung. »Kigali war kaum zu begreifen«, erzählte er. »Die Stadt roch nach Tod. Nur sehr wenige Menschen kannte man noch von früher, es gab kein Wasser, keinen Strom, aber das größte Problem für die meisten Leute war, daß man ihre Häuser zerstört hatte. Der größte Teil meines Hauses war zerstört. Die Leute fanden ihre Möbel und ihre Habe in den Wohnungen von Nachbarn, die geflohen waren, oder nahmen sich die Sachen der Nachbarn. Mir aber erschien das alles völlig unwichtig. Ich war gar nicht wirklich daran interessiert, irgend etwas zu tun.«

Bonaventure war der Ansicht, Überleben habe erst dann wieder Sinn, wenn man »einen Grund fand, um weiterzuleben, einen Grund, nach vorne zu schauen«. Diese Sichtweise war weit verbreitet in Ruanda, wo die Depression epidemische Ausmaße annahm. Der sogenannte Überlebensinstinkt wird häufig als ein animalischer Drang beschrieben, sich selbst zu schützen. Aber die Seele braucht auch dann noch Schutz, wenn die unmittelbare Gefahr der körperlichen Vernichtung vorüber ist, und eine verwundete Seele wird zur Quelle ihres eigenen Leidens; sie kann sich nicht selbst gesund pflegen. Überleben kann daher wie ein Fluch erscheinen, denn eines der vorherrschenden Bedürfnisse einer bedürftigen Seele ist es, selbst gebraucht zu werden. Als ich Überlebende kennenlernte, stellte ich fest, daß der Drang, für andere zu sorgen, häufig stärker ist als der Drang, sich um sich selbst zu kümmern. Überall in dem gespenstischen Land suchten Überlebende einander, sammelten Ersatzfamilien um sich und hausten gemeinsam in verlassenen Hütten, in Verschlägen auf Schulhöfen und in ausgebrannten Läden, hofften auf Sicherheit und Trost in hastig zusammengestellten Haushalten. Eine Schattenwelt der schwer Traumatisierten und schmerzvoll Trauernden richtete sich in den Ruinen ein. Besonders die Zahl der Waisen war beängstigend: zwei Jahre nach dem Völkermord sorgten mehr als hunderttausend Kinder in Heimen ohne jeden Erwachsenen für sich selbst.

Bonaventure hatte noch seine Frau und seine Kinder, und er fing an, weitere Kinder zu adoptieren. Er bekam seinen Wagen zurück sowie das, was von seinem Zuhause übrig war, und er erhielt auch ausstehende Gehälter von seinem ausländischen Arbeitgeber. Doch selbst er brauchte noch etwas anderes, wofür er leben konnte – eine Zukunft, wie er sagte.

Eines Tages im August erfuhr er, daß USAID jemanden schickte, um die Mission in Kigali wieder einzurichten. Bonaventure holte den Mann am Flughafen ab und kehrte mit verbissener Wut an die Arbeit zurück. »Jeden Tag vierzehn Stunden«, sagte er zu mir. »Ich war sehr müde, aber es half eine ganze Menge.« Bonaventure begann die Trägheit und die Interesselosigkeit zu fürchten, die er mit seiner vergangenen Opferrolle assoziierte. »In den meisten Fällen«, meinte er, »wird ein Mensch, der seine Familie und seine Freunde verloren hat, wenn man genauer hinschaut, in Wirklichkeit gar nichts tun. Also gibt es für ihn auch keine Hoffnung. Sich zu beschäftigen ist sehr sehr wichtig.«

Alles mögliche mußte getan werden – und alles zur gleichen Zeit. Bonaventure konnte sich nicht vorstellen, wie Ruanda jemals zu einer auch nur annähernd funktionierenden Ordnung zurückkehren sollte, und auch die etlichen internationalen Katastrophenexperten, die auf ihren Reisen zur Einschätzung der Lage durch das Land fuhren, waren sich einig: Ein so verwüstetes Land hatten sie noch nie erlebt. Als die neue Regierung vereidigt wurde, war in der Schatzkasse kein einziger Dollar, kein einziger Franc mehr; in den meisten Regierungsgebäuden fand sich nicht ein Stoß sauberes Papier, keine Büroklammer, ganz zu schweigen von einem Hefter. Wo es noch Türen gab, besaß niemand einen Schlüssel dazu; wo ein Fahrzeug zurückgelassen worden war, war es vermutlich nicht funktionstüchtig. Ging man zur Latrine, war sie wahrscheinlich von Leichen verstopft, und das gleiche galt für den Brunnen. Strom, Telefon, Wasserversorgung – Fehlanzeige. Den ganzen Tag hörte man in Kigali Explosionen, weil irgend jemand auf eine Landmine getreten war oder einen Blindgänger berührt hatte. Krankenhäuser lagen in Trümmern, und zugleich wurden sie dringend benötigt. Viele Kirchen, Schulen und andere öffentliche Einrichtungen, die nicht als Schlachthäuser mißbraucht worden waren, standen ausgeplündert, und die meisten von denen, die für sie verantwortlich gewesen waren, waren entweder geflohen oder tot. Die Tee- und Kaffee-Ernte eines ganzen Jahres war verloren, und Vandalen hatten neben allen Teefabriken auch etwa 70 Prozent der Maschinen zum Entkernen der Kaffeebohnen zerstört.

Unter diesen Umständen hätte man annehmen können, der Traum von der Rückkehr würde für die Tutsi der ruandischen Diaspora einiges an Reiz verlieren; daß Menschen, die im Ausland in Sicherheit lebten und vom Massenmord an ihren Eltern und Geschwistern, an ihren Vettern und Schwagern hörten, ihre Aussichten auf einen natürlichen Tod im Exil bedenken und dort bleiben würden. Man hätte annehmen können, solche Menschen würden für immer jede Hoffnung aufgeben, Ruanda noch einmal als »Heimat« zu bezeichnen – und sei es nur aus dem schlichten Wunsch, nicht verrückt zu werden. Statt dessen begannen die Exilierten, noch bevor das Blut getrocknet war, scharenweise nach Ruanda zurückzuströmen. Zehntausende folgten der RPF auf den Fersen, und Hunderttausende kamen nur wenig später. Die Tutsi-Rückkehrer und Scharen fliehender Hutu zogen an den Grenzen aneinander vorüber.

Die heimkehrenden Ruander kamen aus ganz Afrika und von noch weiter her – aus Zürich und Brüssel, Mailand, Toronto, Los Angeles und La Paz. Neun Monate nach der Befreiung Kigalis durch die RPF waren über siebenhundertfünfzigtausend ehemalige Tutsi-Flüchtlinge (und fast eine Million Kühe) nach Ruanda zurückgekehrt – annähernd ein Heimkehrer für jeden Toten. Als Bonaventure die Bemerkung machte, daß er bei seiner Rückkehr nach Kigali nur wenige vertraute Gesichter sah, sprach er nicht nur von den Fehlenden, sondern auch von all den Menschen, die er nie zuvor gesehen hatte. Wenn Ruander mich fragten, wie lange ich schon in Ruanda sei, gab ich ihnen häufig die gleiche Frage zurück, und nach wenigen Monaten im Lande stellte sich nicht selten heraus, daß ich schon länger da war als der Ruander, mit dem ich gerade sprach. Fragte ich Leute, warum sie gekommen seien, erhielt ich gewöhnlich beiläufige Antworten – mal schauen, ich will sehen, wer noch lebt, ich will sehen, ob ich irgendwie helfen kann –, und fast immer hörte ich: »Es ist gut, zu Hause zu sein.«

Abermals bot das seltsame kleine Ruanda der Welt ein historisch beispielloses, geradezu episches Phänomen. Selbst die Führer der RPF, die doch jahrelang – bewußtseinsbildend, Geld sammelnd und rekrutierend – die Flüchtlingsdiaspora bearbeitet hatten, staunten über das Ausmaß dieser Heimkehr. Was veranlaßte diese Menschen, von denen sehr viele nie zuvor einen Fuß auf ruandischen Boden gesetzt hatten, ein relativ geordnetes und sicheres Leben aufzugeben, um sich auf einem Friedhof niederzulassen? Das Erbe der Vertreibung, der Druck des Exils, die Erinnerung an ein Heimatland oder die Sehnsucht danach – alles spielte eine Rolle. Dasselbe galt auch für eine häufig anzutreffende Entschlossenheit, dem Völkermord zu trotzen, als Mensch an einem Ort zu zählen, an dem man hätte ausgelöscht sein sollen. Und für viele mischte sich das Zugehörigkeitsgefühl mit einem eindeutigen Profitmotiv.

Angelockt von leerem Wohnraum, der nur auf seine Inbesitznahme wartete, und von einer gewaltigen, das Angebot bei weitem übersteigenden Nachfrage nach Waren und Dienstleistungen, brachten die Rückkehrer ganze Ladungen Textilien, Metallwaren, Medikamente, Gemüse ins Land – alles, was man sich nur vorstellen kann. Wer mit einem Auto kam, konnte sofort einen Platz in der Transportbranche beanspruchen; wer einen Lastwagen besaß, wurde Spediteur; mit ein paar tausend Dollar konnte man sich eine hübsche Nische im Kleingewerbe sichern, und mit hunderttausend war man Industriekapitän. Man erzählte sich von Leuten, die sich etwas Bargeld besorgten, ein Fahrzeug mieteten, es mit Zigaretten, Kerzen, Bier, Benzin oder Batterien vollstopften, nach Ruanda fuhren, alles mit einem Profit von 200 oder 300 Prozent verkauften und dann das Ganze zehn- oder fünfzehnmal wiederholten – nach wenigen Wochen waren sie reich.

Sie oder ich hätten das fast genausogut gekonnt, wenn wir es ernsthaft darauf angelegt hätten, und ein paar ausländische Spekulanten verdienten sich im ruandischen Nachspiel auch wirklich eine goldene Nase. Wenn aber schnelles Geld das Motiv war, dann bestand doch für ruandische Freiberufler mit schöner Karriere, die mit kleinen Kindern im Exil lebten, ohne jemals befürchten zu müssen, daß einem der Nachbar den Kopf abschlug, keinerlei Notwendigkeit, ihre gesamte Familie in das Land zurückzubringen. Das Profitmotiv erklärt nur, wie die Rückkehr überhaupt zu einer Option werden konnte und wie es möglich war, daß im Verlauf weniger Monate wieder Minibus-Taxis die wichtigsten Straßen Kigalis befuhren: Läden machten auf, die meisten öffentlichen Dienstleistungen kamen wieder in Gang, und neue Geldscheine wurden ausgegeben, womit zugleich die alte Währung, die von den fliehenden *génocidaires* mitgenommen worden war, ihre Gültigkeit verlor. Der Ruandische Franc war im Verlauf des einen Jahres 1994 um mindestens 250 Prozent abgewertet worden, aber als das Geld wieder über die Grenzen floß, brauchte ein Nachtclub nur den Generator anzuschmeißen und die Musik aufzudrehen, und schon war die Tanzfläche gerammelt voll. Der alte Spruch, es sei viel leichter zu zerstören als Neues zu schaffen, behielt seine Gültigkeit, aber die Geschwindigkeit, mit der große Teile der wichtigsten technischen Anlagen Ruandas wieder zum Laufen gebracht wurden, erschien fast so verblüffend wie die Geschwindigkeit ihrer vorherigen Demolierung.

Es war unmöglich, von der Massenheimkehr der »Neunundfünfziger« nicht angerührt zu sein; unmöglich war es aber auch, sie nicht als beunruhigend zu empfinden. 1996 waren angeblich über 70 Prozent der Menschen in Kigali und Butare und in einigen ländlichen Gebieten Ostruandas Neuankömmlinge. Menschen – Tutsi wie Hutu –, die das Land niemals verlassen hatten, fühlten sich häufig in ihren eigenen Heimatorten fehl am Platze. Ihre Klagen waren stets begleitet von der Bemerkung: »Erwähnen Sie bloß nicht meinen Namen.« Solche Bitten um Anonymität können vielerlei Bedeutung haben. Sie vermitteln eine Atmosphäre der Intrige und Furcht sowie den Wunsch, die Wahrheit unter Bedingungen zu sagen, in der die Wahrheit eine Gefahr darstellt. Aber sie umschließen vielleicht auch verstohlene Augenblicke in einer längeren Unterhaltung, Augenblicke, in denen der Sprecher seine eigene Aussage zu bezweifeln scheint oder persönlich wird, gar gemein, oder in denen er wild übertreibt, vielleicht sogar offen lügt, um einen Punkt hervorzuheben, von dem er weiß, daß er ihn nicht wirklich vertreten kann. Der Empfänger solcher Vertraulichkeiten tut gut daran, nach der Berechnung hinter dieser Bitte zu suchen. Bei Ruandern, die aus Erfahrung gelernt hatten, keine Furcht als geringfügig abzutun, konnte das recht heikel werden. Ich war besonders vorsichtig bei anonymen Bemerkungen, die einer ganzen Menschengruppe – einschließlich der des Sprechers – die eine oder andere Eigenschaft zuschrieben. Wenn also Menschen, die sich offen aussprachen, plötzlich um Anonymität baten und dann schreckliche Dinge über die Tutsi-»Neunundfünfziger« sagten, als seien die alle nur ein einziger Mensch, war ich skeptisch. Aber ich hörte die gleichen Geschichten und Einstellungen Hunderte von Malen.

Ein Tutsi-Überlebender sagte: »Sie kommen her, sie sehen uns und sagen: ›Wie habt ihr überlebt? Habt ihr mit den *Interahamwe* kollaboriert?‹ Sie denken, wir waren verrückt, daß wir im Land blieben – vielleicht waren wir das ja auch –, und deshalb verachten sie uns. Sie wollen nicht erinnert werden. Das erschüttert uns bis in die Knochen.«

Ein Hutu, ein Feind Habyarimanas, sagte: »Bei den Massakern im letzten Jahr waren die Tutsi in Schwierigkeiten, und jetzt wird die Armee von Tutsi beherrscht. Also dachten wir, man würde sich um die Überlebenden kümmern, das wäre die erste Aufgabe der neuen Regierung. Doch Wohnungen bekommen nur die Heimkehrer aus dem Ausland. Und wenn jetzt Rückkehrer von draußen Probleme mit einem Hutu haben, dann beschuldigen sie ihn, er habe sich am Völkermord beteiligt, bei dem sie nicht einmal dabei waren.«

Ein Tutsi erzählte: »Wir Überlebenden finden es sehr schwer, uns an die gegenwärtige Gesellschaft zu gewöhnen, und – ich hasse es, das zu sagen – auch an die Regierung. Sie haben ihren eigenen Stil von draußen mitgebracht, und sie vertrauen uns auch nicht besonders. Als sie gekommen sind, haben sie das Land übernommen, als hätten sie es erobert. Sie dachten, es sei nun an ihnen, sich darum zu kümmern. Über uns Tutsi, die wir noch hier waren, sagten sie: ›Die Klugen sind tot und die Überlebenden traumatisiert.‹ Die jungen RPF-Kämpfer haben alle ihre Eltern von draußen nachkommen lassen. Sie hatten die Entbehrungen des Kampfes satt, also nahmen sie Wohnungen und Sachen für ihre Familien und mochten es nicht, wenn die Überlebenden ihnen dabei im Wege standen. Außerdem sagten sie: ›Wenn alle anderen getötet worden sind und du hast überlebt, dann hast du wohl kollaboriert.‹ Das haben sie zu einer Frau gesagt, die täglich zwanzigmal vergewaltigt wurde, Tag für Tag, und jetzt hat sie ein Baby davon. Zu einem Tutsi, der mit einer Hutu verheiratet ist, oder zu einem verwaisten Kind sagen sie das. Können Sie sich so etwas vorstellen? Wir hatten zuerst viel zu große Schwierigkeiten, mit dem Tod so vieler Menschen fertig zu werden, mit der Tatsache, daß wir niemanden mehr kannten. Wir kamen gar nicht auf die Idee, uns bessere Häuser zu nehmen, und jetzt sind wir es, die sich um die meisten Waisen kümmern.«

Ein Hutu meinte: »Die kennen das Land überhaupt nicht. Sie vertrauen nur einander. Sie sind nicht hier gewesen, und sie können nichts verstehen. Manche ihrer Einflüsse sind gut. Wir brauchten Veränderungen, neue Ideen. Aber es gibt unter ihnen viele Extremisten. Und viele Hutu, die während der Morde im letzten Jahr Schwierigkeiten hatten, haben unter diesem Regime erneut Schwierigkeiten. Menschen, die damals als RPF-Sympathisanten gefährdet waren, bekommen heute zu hören, sie seien *génocidaires*. Manche sind im Gefängnis. Manche sind in ein anderes Land geflohen. Manche sind tot. Die Armee kontrolliert die Regierung, und in der Armee gibt es nicht genug Kontrolle. Ehrlich, wenn ich es aushalten könnte, unter Plastikplanen in einem Lager mit *génocidaires* zu leben, dann würde ich Flüchtling.«

Ein Tutsi berichtete: »Unsere Frauen sammelten früher Geld und kauften Tampax für die Frauen der RPF, als die da oben in den Bergen waren, und wenn wir jetzt mit unseren alten Hutu-Freunden zusammen sind, Menschen, die zu den uns nächsten auf der Welt gehören, dann schauen uns diese Leute an, als wollten sie sagen: ›Was hast du denn immer mit diesem Hutu?‹ Und wir sagen zu uns selbst: ›Wir haben unser ganzes Leben mit Hutu zusammengelebt, und wir sprechen fast die gleiche Sprache, und wir haben erlebt, wie unsere Familien von Hutu ermordet worden sind, aber ihr seid rassistischer als wir.‹ Der Feind sitzt in ihrem Unterbewußtsein. Ihre Idee vom Zusammenleben ist sehr theoretisch. Für Hutu ist es jetzt so wie für uns, bevor die RPF kam. Selbst wenn man zurückgezogen lebt, kann man viele Dinge nicht sagen, man kann einen Politiker nicht kritisieren, man muß in Furcht leben. Natürlich haben jetzt alle Hutu irgend jemanden in den Lagern oder im Gefängnis, und man kann seinen Bruder doch nicht im Stich lassen, selbst wenn er Menschen getötet hat. Es ist also ein wirkliches Problem, wem man trauen kann. Aber die Rückkehrer wollen nicht einmal darüber reden.«

Selbst unter den Rückkehrern gab es viele Klagen über andere Rückkehrer. Sie hatten sich vorgestellt, sie seien ein Volk, das nach Hause zurückgefunden hatte, nur um herauszufinden, daß sie ganz verschiedene Menschen aus ganz verschiedenen Ländern waren. Wer die vergangenen drei Jahrzehnte in Uganda gelebt hatte und als Ruander bezeichnet worden war, war in Wirklichkeit im tiefsten Inneren Ugander, und Leute, die in Burundi als Ruander bezeichnet worden waren, erschienen ihm von Grund auf fremd. Sie hatten genausowenig Gründe, einander als verwandt zu betrachten, wie ein von sizilischen Eltern in Argentinien geborenes Kind gegenüber einem Mailänder, der sein ganzes Erwachsenenleben als Emigrant in Schweden gelebt hat. Das Leben in Zaire unter der launenhaften Diktatur von Mobutu Sese Seko und das Leben in Tansania unter dem autoritären Sozialismus des Julius Nyerere boten keine vergleichbaren Erfahrungen. Manche der Rückkehrer hatten in französischsprachigen Ländern gelebt, andere in englischsprachigen, und obwohl die meisten noch immer zumindest etwas Kinyarwanda sprachen, fühlten sich viele eher in Swahili oder einer anderen afrikanischen Sprache zu Hause, die wiederum andere Rückkehrer nicht verstanden.

Hutu-Power schuf eine Welt, in der es nur »die und wir« gab, und Ruanda galt von innen wie von außen gesehen gewöhnlich immer noch als eine bipolare Welt aus Hutu und Tutsi. Aber direkt unter der Oberfläche befand sich ein verwickeltes Geflecht von Unterkategorien. Es gab Hutu mit einer guten Geschichte und verdächtige Hutu, Hutu im Exil und vertriebene Hutu, Hutu, die mit der RPF zusammenarbeiten wollten, und Anti-Hutu-Power-Hutu, die zugleich aber auch Anti-RPF waren, und natürlich gab es außerdem auch noch all die alten Spannungen zwischen den Hutu des Nordens und denen des Südens. Was die Tutsi anging, gab es die verschiedenen Exil-Hintergründe und -Sprachen sowie Überlebende und Rückkehrer, die sich gegenseitig mißtrauisch beäugten; es gab RPF-Tutsi, Nicht-RPF-Tutsi und Anti-RPF-Tutsi; es gab Stadtbewohner und Viehzüchter, deren Interessen als Überlebende wie als Rückkehrer fast nichts miteinander gemein hatten. Und natürlich existierten noch viele weitere Unterkategorien, die sich mit den anderen überschnitten und jederzeit wichtiger werden konnten. Es gab Clans und Familien, reich und arm, Katholiken, Moslems und Protestanten der verschiedensten Glaubensrichtungen, und dazu eine Reihe eher privater Animismen wie auch die normalen sozialen Cliquen und Bindungen, darunter Männer und Frauen, die sich förmlich in die Ehe stürzten, jetzt, da der Krieg vorüber war und auch die RPF das Heiraten erlaubte, und jetzt, da so viele jede andere Form von Familie verloren hatten.

Es machte einen schwindelig. Selbst Ruander behaupteten, sie blickten nicht mehr durch. Meistens hielten sie sich an die Menschen, die sie von früher kannten, und störten sich nicht daran, daß sie keine neuen Freunde fanden, solange sie wenigstens keine neuen Feinde bekamen. Langfristig schien für mein amerikanisches Denken einige Hoffnung in der Tatsache zu liegen, daß dieses Land mehr Vielfalt aufwies als früher, obgleich es durch den verrückten Wunsch zerstört worden war, jeder Bürger solle genau die gleiche Identität haben wie jeder andere – die Identität eines Massenmörders, nicht weniger. Aber das war schon sehr langfristig gedacht. Eheschließungen zwischen Hutu und Tutsi waren so selten wie nie zuvor – noch ein Pluspunkt für die *génocidaires* im neuen, offiziell ethnizitätslosen Ruanda; und es verging kein Tag, ohne daß im *radio trottoir* eine neue Geschichte von der bevorstehenden Invasion der Hutu-Power aus Zaire die Runde machte.

»Sie sagen, der Krieg sei gewonnen, aber für uns ging zuviel verloren«, erzählte mir Odette Nyiramilimo. Nach dem Völkermord hatten sie und Jean-Baptiste zehn Kinder adoptiert, und sie behandelten überlebende Kinder kostenlos in ihrer Klinik. »Wir halten das für eine moralische Verpflichtung«, sagte sie, »aber die Kinder sind so traumatisiert, daß wir kaum wissen, wie wir ihnen helfen sollen.«

Nachdem die Familie aus dem *Hôtel des Milles Collines* evakuiert worden war, hatte Jean-Baptiste für eine RPF-Sanitätseinheit gearbeitet, die sich um Überlebende kümmerte, und Odette hatte ihre drei Kinder nach Nairobi gebracht und geschworen, nie wieder werde sie einen Fuß nach Ruanda setzen. Dann erhielt sie die Nachricht, einige ihrer Neffen und Nichten hätten überlebt. »Sobald ich das hörte, wußte ich, daß ich zurückkommen mußte«, meinte sie. »Wir suchten sie und nahmen sie auf, aber es ist sehr schwer, all ihren Bedürfnissen gerecht zu werden. Einer von ihnen – ein Vierjähriger – wog gerade noch siebzehn Pfund, als er gefunden wurde.« Ein andermal erzählte sie mir: »Wir saßen im Wagen, Jean-Baptiste, ich und unsere drei Kinder, und eines der Kinder sagte: ›Ich bin so froh, daß wir fünf mal wieder zusammen sind.‹ Wir fragten: ›Lebt ihr nicht gern mit euren Vettern zusammen?‹ Aber sie sagten nichts dazu.«

Odette schaute hinüber zu ihren Kindern im Schwimmbecken des Cercle Sportif. Dann wandte sie sich wieder mir zu. »Dieses Leben nach dem Völkermord ist wirklich ein schreckliches Leben.« Von ihren vergangenen Leiden hatte sie flüssig und eindringlich berichtet; aber als sie das Leben danach schilderte, wich dieser Tonfall einem frei assoziierenden Rhythmus. »Als ich noch in Nairobi war und behauptete, ich wolle nie zurückkommen, gab es da eine Gruppe von jungen ruandischen ›Neunundfünfzigern‹, die gerade zum ersten Mal nach Ruanda gefahren waren«, erzählte sie. »Sie kamen zurück nach Nairobi und schwärmten, wie schön und wunderbar alles gewesen sei, und das einzige Problem in Ruanda seien die Überlebenden, die einem ständig ihre Geschichten erzählen wollten. Das ging mir wirklich an die Nieren.«

Dann fuhr sie fort: »Das Trauma wird immer stärker, je mehr die Zeit vergeht – dieses Jahr stärker als letztes Jahr. Wie könnte ich mich also auf nächstes Jahr freuen? Wir flüchten uns in unsere Arbeit, aber viele Leute werden sehr deprimiert. Ich habe Angst, daß es schlimmer wird. Ich träume öfter von meinen Schwestern und weine im Schlaf.«

Odette hatte einen Neffen, der den Völkermord in Kinunu überlebt hatte, auf dem Hügel in Gisenyi, wo auch sie geboren war. Sie hatte ihn nur einmal besucht, um ihm zu helfen, die zahlreichen Toten zu begraben, und sie wollte nicht noch einmal dorthin. »Alle Hutu dort beobachteten uns, als wir kamen, und manche wollten mich umarmen«, berichtete sie. »Ich habe geschrien: ›Faßt mich nicht an. Wo habt ihr sie alle hingebracht?‹ Einer war mit einer Cousine von mir verheiratet gewesen. Ich fragte ihn: ›Wo ist Thérèse?‹ Er antwortete: ›Ich konnte nichts tun.‹ Ich fragte: ›Was soll das heißen?‹ Er antwortete: ›Ich habe es nicht getan.‹ Ich sagte: ›Ich will dich nicht mehr sehen. Ich will dich nicht mehr kennen.‹ Wenn jetzt die Hutu sehen, daß ein Wagen zu meinem Neffen kommt, läßt sich keiner blicken. Die Leute werden sagen, ich sei eine Extremistin, weil ich die Menschen, die meine Familie getötet haben, nicht akzeptieren oder tolerieren kann. Aber wenn sie jetzt nur einmal in ihrem Leben Angst haben – ich hatte Angst seit meinem dritten Lebensjahr –, dann sollen sie wissen, wie sich das anfühlt.«

Es sei schwierig, Freunde unter den Rückkehrern zu finden. »Sie sind mit all ihren Sachen gekommen. Sie können lachen, können Partys feiern. Unter uns wird immer vom

Völkermord gesprochen, und das hören sie nicht gern. Wenn sie sehen, daß ich mit einem Hutu verheiratet bin, daß ich ein paar alte Hutu-Freunde habe, dann verstehen sie das nicht. Wirklich, jetzt lebt jeder für sich.«

Dann meinte sie: »Ich habe mit meinem Jüngsten gesprochen, mit Patrick, und ihn gefragt: ›Woran denkst du?‹ Er hat geantwortet: ›An diese beiden Kerle, die mit Macheten gekommen sind. Es kommt immer wieder.‹ Die Kinder gehen nicht aus dem Haus – man muß sie regelrecht hinausscheuchen –, sie bleiben lieber zu Hause. Sie denken viel darüber nach. Mein kleiner Patrick, er kommt allein in ein Zimmer und schaut unter das Bett nach *Interahamwe*. Meine Tochter Arriane war in einer sehr guten Internatsschule in Nairobi, und eines Nachts wachte sie auf, als alles wieder hochkam, und sie weinte. Um Mitternacht kam die Schlafsaalaufseherin vorbei, und sie blieben fast die ganze Nacht auf. Arriane erzählte ihr, was passiert war, und die Aufseherin war verblüfft. Sie hatte keine Vorstellung davon gehabt. Und das war eine Kenianerin. Niemand weiß wirklich Bescheid. Niemand will Bescheid wissen.«

Odette nickte herüber zu meinem Notizbuch, in das ich geschrieben hatte, während sie redete. »Wollen die Leute in Amerika das wirklich lesen? Manche Leute sagen mir, ich soll all diese Dinge aufschreiben, aber es ist in mich hineingeschrieben. Ich freue mich fast auf den Tag, an dem ich vergessen kann.«

Eines Tages begegnete ich in Kigali Edmond Mrugamba, einem Mann, den ich in der Stadt kennengelernt hatte, und er lud mich ein, ihn zu der Latrine zu begleiten, in die seine Schwester mit ihrer Familie während des Völkermords geworfen worden war. Er hatte die Geschichte schon früher erwähnt. Ich erinnerte mich daran, daß er ein bestimmtes Geräusch – *tcha, tcha, tcha* – gemacht und mit seiner Hand durch die Luft geschlagen hatte, um den Mord an seiner Schwester zu beschreiben.

Edmond fuhr einen Mercedes, einen der wenigen, die es in Ruanda noch gab, und er trug ein verblichenes Baumwollhemd, Jeans und schwarze Cowboystiefel. Er hatte für ein deutsches Entwicklungsprogramm in Kigali gearbeitet, und seine Frau war Deutsche; nach dem Völkermord war sie mit den Kindern in Berlin geblieben. Als wir in Richtung Flughafen fuhren, erzählte mir Edmond, er sei viel herumgekommen, und nach zahlreichen Reisen in Ostafrika und Europa habe er immer das Gefühl gehabt, die Ruander seien die nettesten und anständigsten Menschen der Welt. Jetzt aber könne er dieses Gefühl nicht mehr aufbringen. Nach den ersten RPF-Angriffen, 1990, hatte man ihn bedroht, weil er Tutsi war; er war ins Exil gegangen und erst zurückgekommen, als die neue Regierung ihr Amt angetreten hatte. Edmond war Ende Dreißig, sein Vater war ein Viehzüchter in Kigali gewesen. Sein ältester Bruder war bei den Massakern von 1963 ermordet worden. »Und ich spreche erst gar nicht von meinen Onkeln, die '59 und '61 umgebracht wurden«, sagte er, »oder von meiner Großmutter, die mit ihrem Haus verbrannt wurde, meinem Onkel mütterlicherseits, einem Krankenpfleger, der in Stücke gehackt wurde. Noch viele andere wurden umgebracht, und andere gingen zum Glück nach Uganda.« Edmond selbst hatte elf Jahre in Burundi gelebt, bevor er unter Habyarimana zurückgekehrt war und Arbeit bei den Deutschen gefunden hatte. Er zeigte mir einen Schnappschuß von sich selbst in voller Tarnuniform samt Khaki-Buschhut. 1993 hatte er Deutschland in Richtung Uganda verlassen und sich ausgerüstet, weil er sich der RPF anschließen wollte – »dann hatte ich einen Blinddarmdurchbruch und mußte operiert werden«.

Edmond sprach ruhig, mit großer Intensität, und sein bärtiges Gesicht war sehr ausdrucksvoll auf eine flüchtig ruckhafte Art. Trotz seiner Leiden, erzählte er mir, habe er sich niemals die ganze Häßlichkeit, die Gemeinheit – »die Krankheit«, sagte er – vorstellen können, von der Ruanda befallen worden sei, und er könne nicht verstehen, wie das so gut habe verborgen bleiben können. »Ein Tier tötet, aber doch niemals um eine ganze Rasse, ein gesamtes Volk auszulöschen. Zu was macht uns das in der Welt?«

Edmond war aus dem Exil zurückgekehrt, weil er es unerträglich gefunden hatte, in einem fremden Land zu leben und zu denken, er könne in Ruanda nützlich sein. Nun lebte er allein in einem kleinen, dunklen Haus mit einem Jungen, einem Neffen, der während des Völkermords seine Eltern verloren hatte. »Und ich frage mich manchmal, ob meine Anwesenheit hier wirklich einen Sinn hat? Um ein neues Ruanda aufzubauen. Ich träume ständig. Ich träume von Theorien über diese Geschichte der Gewalt. Ich träume davon, ein Ende für sie zu finden.«

Nahe den Außenbezirken Kigalis bogen wir in einen staubigen Feldweg ein, der sich schließlich verengte und zwischen hohen Schilfzäunen um bescheidene Häuser herum abwärts führte. Ein blaues Metalltor zu dem Haus seiner toten Schwester stand offen. Im Hof stand knochentrockenes Gestrüpp mit Geröll dazwischen. Eine Tutsi-Familie, die gerade aus Burundi zurückgekehrt war, saß im Wohnzimmer und spielte Scrabble. Edmond kümmerte sich nicht um sie. Er führte mich um das Haus herum zu einer Reihe vertrockneter Bananenstauden. Dort waren zwei Löcher im Boden, etwa dreißig Zentimeter voneinander entfernt und jeweils mit einem Meter Durchmesser – saubere, tiefe, maschinell gebohrte Brunnen. Edmond hielt sich an einem Busch fest, beugte sich über die Löcher und sagte: »Man kann die Schienbeine erkennen.« Ich folgte seinem Beispiel und sah die Knochen.

»Vierzehn Meter tief«, kommentierte Edmond. Er erzählte mir, sein Schwager sei ein fanatisch religiöser Mensch gewesen, und als er am 12. April 1994 an einer Straßensperre von *Interahamwe* angehalten und gezwungen wurde, sie zu seinem Haus zu führen, habe er die Mörder überredet, ihn beten zu lassen. Edmonds Schwager hatte eine halbe Stunde lang gebetet. Dann sagte er den Milizen, er wolle nicht, daß seine Familie zerstückelt werde; deshalb forderten sie ihn auf, seine Kinder lebendig in die Latrine zu werfen, und das tat er. Schließlich wurden Edmonds Schwester und sein Schwager hinterhergeworfen.

Edmond nahm seine Kamera aus einer Plastiktasche und machte einige Fotos von den Löchern im Boden. »Die Leute kommen nach Ruanda und sprechen von Versöhnung. Das ist eine Beleidigung. Stellen Sie sich vor, man hätte 1946 zu Juden von Versöhnung gesprochen. Vielleicht irgendwann einmal, aber das ist dann eine private Angelegenheit für jeden einzelnen.« Die Hausbewohner waren herausgekommen. Sie standen in der Nähe zusammen, und als sie Edmonds Geschichte mitbekamen, begannen sie zu weinen.

Auf dem Weg zurück in die Stadt fragte ich Edmond, ob er die Leute kannte, die im Haus seiner Schwester lebten. »Nein«, antwortete er. »Wenn ich Leute sehe, die in einem Haus leben, das nicht ihnen gehört, während es doch überall Überlebende gibt, die ihre Häuser verloren haben, dann weiß ich, daß das miese Typen sind. Mit denen will ich nichts zu tun haben. Ich kann nur an die Menschen denken, die ich verloren habe.« Er erinnerte mich daran, daß neben seiner Schwester und ihrer Familie auch einer seiner Brüder ermordet worden sei. Dann erzählte er mir, er kenne den Mörder seines Bruders und begegne dem Mann manchmal in Kigali.

»Ich würde gerne mit ihm reden. Ich will, daß er mir erklärt, was da los war, wie er das tun konnte. Meine noch lebende Schwester sagt, wir sollen ihn anzeigen. Ich habe gesehen, was da abgelaufen ist – eine große Verhaftungswelle –, und habe gesagt: ›Was soll das Gefängnis bringen, wenn er nicht so fühlt wie ich? Soll er lieber in Angst leben.‹ Zum richtigen Zeitpunkt werde ich ihm klar machen, daß ich nicht seine Verhaftung fordere, sondern daß er immer mit seiner Tat leben muß. Ich will, daß er den Rest seines Lebens daran denkt. Das ist eine Art psychologischer Folter.«

Edmond hatte sich selbst als Ruander begriffen – sich mit seinem Volk identifiziert –, aber nach dem Völkermord hatte er dieses Gefühl der Verwurzelung verloren. Nun, um sich selbst als seines Bruders Hüter zu beweisen, wollte er dem Mörder seines Bruders das Kainszeichen aufprägen. Ich mußte daran denken, wie gut es Kain nach dem Mord an seinem Bruder ergangen war: er baute die erste Stadt – und obwohl wir nicht so gerne darüber reden, stammen wir doch alle von ihm ab.

16

Die fliehenden Vandalen der Hutu-Power hatten bei ihrer Flucht nicht viel unzerstört gelassen – Ruandas zentrale Gefängnisanlage allerdings war intakt geblieben: dreizehn Bollwerke aus roten Ziegeln, erbaut für zwölftausend Gefangene. Während des Völkermords hatte man die Tore geöffnet, so daß die Häftlinge zum Morden und zum Aufsammeln der Leichen eingesetzt werden konnten, aber die Gefängnisse standen nicht lange leer. Im April 1995, ein Jahr nach den Massakern, waren mindestens dreiunddreißigtausend Männer, Frauen und Kinder wegen mutmaßlicher Beteiligung am Völkermord inhaftiert. Am Ende des Jahres war ihre Zahl auf sechzigtausend angestiegen. Manche Gefängnisse waren erweitert, einige neu gebaut worden, und Hunderte kleinerer Haftanstalten in den Gemeinden waren zum Bersten überfüllt, aber dennoch konnten die vorhandenen Kapazitäten nicht mit dem erforderlichen Bedarf Schritt halten. Ende 1997 waren in Ruanda mindestens einhundertfünfundzwanzigtausend Hutu eingesperrt, denen man Verbrechen während des Völkermords vorwarf.

Gewöhnlich standen an den Außenmauern der ruandischen Gefängnisse ein paar Soldaten herum, innen jedoch gab es keine Wächter. Auf diese Weise fühlten sich die Gefangenen ebenso wie die Soldaten sicherer. Wenngleich die Regierung sich scheute, Soldaten in die Gefängnisse zu schicken, so galt diese Furcht doch nicht für ausländische Besucher, und ich durfte immer eine Kamera mitbringen. Das wunderte mich. Ruandas Gefängnisse hatten keine besonders wohlwollende Presse und galten allgemein als eine Menschenrechtskatastrophe.

Obwohl die eng zusammengepferchten Insassen sämtlich

schrecklicher Gewalttaten angeklagt waren, verhielten sie sich im allgemeinen ruhig und ordentlich; Kämpfe unter ihnen galten als selten, und Morde waren nicht vorgekommen. Besuchern traten sie freundlich entgegen, häufig lächelnd und mit ausgestreckter Hand zur Begrüßung. Im Frauengefängnis in Kigali lagen dreihundertvierzig Frauen kaum bekleidet in der stickigen Hitze auf dem Boden weniger überfüllter Zellen und Korridore; Babys krabbelten einem zwischen den Füßen herum, und in einer Ecke lasen zwei inhaftierte Nonnen in gestärkten weißen Habits die Messe. Im Gefängnishof von Butare standen alte Männer in einem Wolkenbruch, sie hatten Plastikfetzen über die Köpfe gezogen, und in einer kleinen Zelle sangen zusammengepferchte Jungen im Chor »Alouette«. Im Männerblock des Gefängnisses von Kigali führte mich der Wachkommandant mit seinem Adjutanten an Akrobaten- und Sängergruppen vorbei, an einer Pfadfindertruppe und drei Männern, die *Tintin* lasen. Der Adjutant bahnte mir mit einem kurzen Knüppel einen Weg durch die dichten Reihen der Gefangenen. Der Kommandant rief immer wieder: »Hier kommt ein Journalist aus den Vereinigten Staaten!«, woraufhin die vor unseren Füßen zusammengekauerten Männer mechanisch klatschten und kleine Verbeugungen machten. Mir kam der Gedanke, daß dies die berühmte Mob-Mentalität blinden Gehorsams gegenüber der Autorität war, wie sie bei den Versuchen, den Völkermord zu erklären, so häufig beschrieben wurde.

Hinter den Gefängnismauern waren Ruandas konventionelle Hierarchien wiederhergestellt; »Intellektuelle«, Staatsbedienstete, Angehörige freier Berufe, Geistliche und Kaufleute hatten die vergleichsweise bequemsten Zellen, während die Masse der Bauern und Arbeiter sich draußen zurechtfinden mußte; in den nicht überdachten Höfen kauerten sie sich in die knochigen Höhlen der Gliedmaßen ihrer Nachbarn und gaben alle Fragen an ihre Führer weiter. Warum fanden sie sich damit ab? Warum rebellierten sie nicht dagegen? Warum kamen Fluchtversuche in Ruanda so selten vor, obwohl die Bewachung so nachlässig war? Ein wilder Mob von fünftausend Gefangenen hätte mühelos die Mauern von Kigalis Zentralgefängnis überwinden und die Hauptstadt in eine schwierige Lage bringen, vielleicht eine größere Krise für die verachtete Regierung auslösen können, ja sogar einen allgemeinen Aufstand, wenn sie Unterstützung fänden. Niemand vermochte die Passivität in den Gefängnissen so recht zu erklären; am wahrscheinlichsten war immer noch, daß die Gefangenen, denen man eingeredet hatte, sie würden von der RPF abgeschlachtet, und die nun statt dessen regelmäßig von freundlichen internationalen Entwicklungshelfern, Reportern und Diplomaten besucht wurden, schlichtweg erstaunt waren, noch am Leben zu sein, und ihr Glück nicht auf die Probe stellen wollten.

Zwischen meinen Besuchen in den Gefängnissen suchte ich General Kagame in seinem Büro im Verteidigungsministerium auf. Ich fragte ihn, warum die Regierung das Risiko einer schlechten Berichterstattung über die Gefängnisse einging und warum seiner Meinung nach die Gefangenen ihre scheußlichen Haftbedingungen scheinbar so ruhig hinnahmen. Kagame beantwortete meine Frage mit einer Gegenfrage: »Wenn eine Million Menschen hier gestorben sind, wer hat sie getötet?«

»Eine Menge Menschen«, antwortete ich.

»Genau«, sagte er. »Haben Sie viele gefunden, die zugeben, daß sie mitgemacht haben?«

Nein, das hatte ich nicht. In den ersten Tagen nach dem Völkermord konnten Besucher in den Gefängnissen, den Flüchtlingslagern und sogar auf den Straßen Ruandas ohne Probleme auf Menschen stoßen, die zugaben, daß sie an den Massakern teilgenommen hatten, und sich sogar damit brüsteten. Als ich dagegen zum ersten Mal nach Ruanda kam, hatten die Verbrecher inzwischen erkannt, daß ein Geständnis ein taktischer Fehler war. In den Gefängnissen und den Grenzlagern konnte ich niemanden finden, der mir gegenüber auch nur einräumte, daß ein Völkermord stattgefunden hatte. Einen Bürgerkrieg hatte es gegeben, ja, und auch einige Massaker, aber niemand gab zu, davon auch nur irgend etwas gesehen zu haben. Jeder einzelne der Dutzenden von Gefangenen, mit denen ich sprach, behauptete, er sei willkürlich und zu Unrecht verhaftet worden, und natürlich war das in jedem einzelnen Fall auch durchaus möglich. Aber viele Gefangene erzählten mir auch, sie seien zuversichtlich, daß bald ihre »Brüder« aus den UN-Grenzlagern kommen würden, um sie zu befreien.

Kagame äußerte einmal die Vermutung, daß bis zu einer Million Menschen direkt oder indirekt an dem Völkermord teilgenommen hätten. Sein Berater Claude Dusaidi, der zu extremen Äußerungen neigte, erhöhte diese Zahl sogar auf drei Millionen, was im Grunde bedeutete, jeden zweiten Hutu für schuldig zu erklären. Solche Behauptungen, die weder zu beweisen noch zu widerlegen waren, wirkten auf viele Ruander und ausländische Beobachter wie Einschüchterungsversuche, sorgfältig berechnet, um alle Hutu in den Geruch des Verdachts zu bringen; und diese Wahrnehmung wurde noch bestärkt, als eine Initiative der UN, Hutu wie Paul Rusesabagina zu ehren, die während des Völkermords Tutsi beschützt hatten, durch interne Konflikte zwischen ruandischen Kabinettsministern torpediert wurde. Dusaidi bestand dennoch darauf, daß Ruandas unglaublich überfüllte Gefängnisse der Unglaublichkeit der begangenen Verbrechen nicht gerecht wurden. »Manchmal hat einer sechs Menschen getötet, und manchmal haben drei Menschen einen getötet«, sagte Dusaidi. »Man braucht sich nur in irgendeinem der Filme über den Völkermord anzusehen, wie sie Menschen umbringen. Da sieht man eine Gruppe, die einen Menschen tötet. Auf den Straßen laufen also noch viel mehr Mörder herum, als in den Gefängnissen sitzen. Die in den Gefängnissen sind nur die Spitze des Eisbergs.«

Daß Schuldige noch frei herumliefen, hieß natürlich noch lange nicht, daß im Gefängnis die Richtigen saßen. Ich fragte Kagame, ob es ihn störe, daß eine ganze Menge unschuldiger Menschen eingesperrt sein könnte – vielleicht würde diese Erfahrung sie in die Opposition treiben. »Ja«, antwortete er. »Das ist schon ein Problem. Aber wir mußten mit der Situation fertig werden. Hätten wir diese Leute durch Racheakte verloren, wäre das ein noch größeres Problem für uns geworden. Lieber stecke ich sie ins Gefängnis, denn das ist der beste Weg für den Prozeß der Gerechtigkeit; ich will sie einfach nicht draußen haben, weil die Leute sie umbringen würden.«

Im Juli 1995 ordnete Ruandas *National Commission of Triage* – ein unregelmäßig zusammentretendes Gremium mit der Aufgabe, jene Gefangenen zu benennen, gegen die die Völkermordanklagen nicht ausreichten – die Freilassung von Placide Koloni aus dem Gefängnis von Gitarama an. Vor, während und auch noch nach dem Völkermord war Koloni – bis zu seiner Verhaftung – Vizegouverneur gewesen. Das war normal; die meisten Provinz- und Gemeindebeamten hatten, soweit sie nicht aus Ruanda geflohen oder als *génocidaires* eingesperrt worden waren, ihre Posten behalten. Koloni war fünf Monate lang im Gefängnis gewesen, und nach seiner Freilassung trat er sein Amt wieder an. Drei Tage später, in der Nacht des 27. Juli, beobachtete eine Wache in einem UN-Stützpunkt, der mit Blauhelmen aus Mali besetzt war, wie ein paar Männer Kolonis Haus betraten. Man hörte einen Schrei, und das Haus ging mit einer Explosion in Flammen auf. Die ganze Nacht hindurch sahen die Blauhelme das Feuer lodern. Kurz nach Tagesanbruch drangen sie in das Haus ein und fanden Koloni, seine Frau, deren zwei Töchter und ein Hausmädchen ermordet vor.

Eine Woche später wurden ein Hutu-Vizegouverneur in Gikongoro, westlich von Gitarama, und ein katholischer Priester in der Gemeinde Kamonyi unweit von Kigali erschossen. In Ruanda breitete sich eine gereizte Stimmung aus, nicht weil die Zahl der Todesopfer besonders hoch war, sondern weil es sich bei den Opfern um prominente Führungspersönlichkeiten handelte. Mitte August geriet die Regierung in Bedrängnis, als Premierminister Faustin Twagiramungu und Innenminister Seth Sendashonga zurücktraten – aus Protest gegen die anhaltend unsichere Lage in den Provinzen, wofür sie die Schuld der RPA anlasteten. Beide Männer waren Hutu – Twagiramungu ein Führer der Anti-Hutu-Power-Opposition unter Habyarimana; Sendashonga ein prominentes Mitglied der RPF –, und beide gingen ins Exil.

General Kagame, der niemals müde wurde, die Zahl der RPA-Soldaten zu zitieren, die wegen Mordes und Disziplinlosigkeit in Militärgefängnisse gesteckt worden waren – vierhundert, siebenhundert; nach tausend verlor ich den Überblick –, wies gerne darauf hin, daß nach dem Völkermord nicht nur die Soldaten bis zur Kriminalität frustriert waren und daß es in Ruanda sehr wohl auch unpolitische Verbrecher gab. »Aber in unserer Lage«, meinte er, »gelten gewöhnliche Verbrechen nicht mehr als gewöhnliche Verbrechen.« Seine Unterscheidung bot verängstigten Hutu wenig Trost. »Wenn man sieht, wie Koloni umgebracht wurde, sind wir lieber hier drin als da draußen«, sagte mir ein Häftling im Gefängnis von Gitarama, das im Sommer 1995 als Ruandas schlimmstes Gefängnis galt.

In Gitarama waren über sechstausend Männer auf einer Fläche zusammengepfercht, die für siebenhundertfünfzig vorgesehen war. Das bedeutete, daß drei bis vier Gefangene auf einem Quadratmeter lebten: Tag und Nacht mußten die

Gefangenen stehen oder zwischen den Beinen der Stehenden sitzen; und selbst in der Trockenzeit bedeckte eine Schicht aus Kondenswasser, Urin und heruntergefallenen Essensresten den Fußboden. Die verkrampften Füße und Knöchel der Gefangenen, manchmal sogar ihre ganzen Beine, schwollen auf das Zwei- bis Dreifache des normalen Umfangs an. Sie litten unter einer Atrophie ihrer geschwollenen Gliedmaßen und an Fäulnis; häufig waren Infektionen die Folge. Hunderte hatten amputiert werden müssen.

Als Oberstleutnant R. V. Blanchette, ein kanadischer Militärbeobachter der UN, von den Zuständen im Gefängnis von Gitarama erfuhr, wollte er sich selbst ein Bild machen. »Ich ging mit meiner Taschenlampe nach hinten«, erzählte er mir, »und sah den Fuß eines Mannes. Ich hatte schon gehört, daß es da drin ziemlich scheußlich zuging, aber das war nun wirklich häßlich – stark geschwollen, und sein kleiner Zeh fehlte. Ich richtete meine Taschenlampe auf sein Gesicht, worauf er an seinen Fuß langte und den nächsten Zeh abzog.«

Einige Wochen nach Blanchettes Erlebnis erzählten mir Gefangene in Gitarama, die Bedingungen hätten sich erheblich verbessert. Das Rote Kreuz, das alle Zentralgefängnisse Ruandas mit Nahrungsmitteln und Brennmaterial versorgte, hatte Laufstege installiert und die schlimmsten Krankheitsfälle evakuiert. »Im Juni hatten wir sechsundachtzig Tote, im Juli nur noch achtzehn«, berichtete mir ein Arzt in der Gefängnisklinik. Die wichtigsten Todesursachen, fügte er hinzu, seien Malaria und Aids, was für Männer in Ruanda normal sei, und während die Gefängnisbedingungen düster blieben – scheußlich in den meisten der kleinen Gemeindegefängnisse –, lagen Mitte 1996 die Sterblichkeitsziffern in den Zentralgefängnissen angeblich niedriger als in der ruandischen Bevölkerung insgesamt.

Am Tag meines Besuchs im Gefängnis von Gitarama bildeten 6424 Gefangene einen massiv wirkenden Knäuel, und ich mußte jeden Schritt sorgsam abwägen. Man konnte sich nur schwer vorstellen, wie die Leute zueinander paßten – welche Gliedmaßen zu welchem Körper gehörten, oder warum ein Kopf auf einmal drei Beine zu haben schien, ohne einen dazugehörenden Körper. Viele der Füße waren schlimm geschwollen. Die Körper waren in Lumpen gehüllt.

Die Gesichter verrieten gleichwohl nichts von der Unbequemlichkeit, in der die Körper gefangen waren. Sie besaßen eine Klarheit, Gelassenheit und Offenheit des Ausdrucks, der sich kaum von dem der Menschen draußen unterschied. Hier und da traf ich natürlich auf den fiebrigen Glanz wahnsinniger Augen oder das rohe Grinsen erschreckender Brutalität. Aber als ich mich durch die Menge drängte, begegnete ich dem üblichen Lächeln, freudigen Rufen und Händedrücken. In der Zelle der Kinder saßen dreiundsechzig Jungen im Alter von sieben bis sechzehn auf dem Fußboden aufgereiht vor einer Tafel, an der ein älterer Gefangener – ein vormaliger Schullehrer – Unterricht hielt. Sie sahen aus wie beliebige Schuljungen. Ich fragte einen, warum er im Gefängnis sei. »Sie sagen, ich habe gemordet«, antwortete er. »Hab ich aber nicht.« Andere Kinder gaben die gleiche Antwort, ausweichend und mit niedergeschlagenen Augen, so wenig überzeugend wie jeder normale Schuljunge.

Die formalen Verfahrensregeln bei Verhaftungen in Ruanda wurden nur selten eingehalten – manchmal reichte es aus, wenn jemand auf einen anderen zeigte und »Völkermord« sagte. Der kanadische Anwalt Luc Côté, der das UN-Menschenrechtsbüro in Butare leitete, meinte allerdings, daß sich »die meisten Verhaftungen auf einige Beweise gründeten, und sehr häufig auf sehr viele Beweise«; das bedeutete zwar, daß sie technisch unkorrekt sein mochten, deshalb aber nicht unbedingt willkürlich waren. Und selbst wenn die Vorschriften auf den Buchstaben genau befolgt wurden, war nicht klar, welchen Unterschied das machen sollte, denn Ruandas Gerichte arbeiteten nicht, und mehr als zweieinhalb Jahre lang wurde niemand vor Gericht gestellt.

Die Regierung schrieb die Lähmung der Gerichte deren Personal- und Geldmangel zu. Ständig wurden Polizeiinspektoren angeworben und ausgebildet, um die Anklageschriften zu erstellen, aber sie waren unerfahrene Anfänger, die sich Hunderten komplizierter Fälle gegenübersahen, ohne Transportmöglichkeiten, ohne Assistenten und obendrein häufig den Drohungen der Angeklagten wie der Ankläger ausgesetzt. Ruanda bat ausländische Spender um Fahrräder, Motorräder und Schreibutensilien, aber diese unbedingt notwendigen Dinge kamen erheblich langsamer als die Bekundungen der »Sorge«, es werde nicht genug getan, um die Rechte der Angeklagten zu schützen.

Niemand sprach je ernsthaft von der Möglichkeit, Zehntausende Mordprozesse in Ruanda durchzuführen. Westliche Rechtsexperten sagten oft, selbst die Vereinigten Staaten mit ihrem Überfluß an Anwälten könnten Ruandas unzählige Fälle nicht fair und schnell bewältigen. »Es ist sachlich gesehen unmöglich, all die abzuurteilen, die an den Massakern teilgenommen haben, und auch politisch bringt es nichts, obwohl es gerecht wäre«, sagte mir Tito Ruteremara von der RPF. »Das war ein wirklicher Völkermord, und die einzige richtige Antwort darauf ist wirkliche Gerechtigkeit. Aber in Ruanda gilt die Todesstrafe, und – nun, es würde viele weitere Tote bedeuten.«

Mit anderen Worten, ein wirklicher Völkermord und wirkliche Gerechtigkeit lassen sich nicht miteinander vereinbaren. Ruandas neue Führer versuchten, dieses Problem zu umgehen, indem sie den Völkermord als ein Verbrechen von Planern und Handlangern darstellten. Keine von beiden Kategorien konnte als unschuldig gelten, aber wenn es sich um ein politisches Verbrechen handelte und die Gerechtigkeit dem politischen Wohl dienen sollte, dann mußte die Strafverfolgung zwischen den kriminellen Urhebern und den kriminellen Handlangern eine Trennlinie ziehen. »Bei den Planern des Völkermords ist die Sache klar«, sagte mir General Kagame. »Sie müssen direkt der Gerechtigkeit zugeführt werden. Weniger Sorgen machen mir die gewöhnlichen Bauern, die ihre Macheten genommen und Menschen wie Tiere in Stücke gehackt haben.« Er erläuterte, »vor langer Zeit« sei in Ruanda in Dorfversammlungen Recht gesprochen worden, und dabei seien vor allem Geldstrafen verhängt worden. »Der Mann, der das Verbrechen beging, kann Salz geben oder etwas anderes, und das kann die Menschen wieder zusammenbringen.«

Salz für staatlich geförderten Massenmord? Die Gerechtigkeit des Dorfes, wie Kagame sie darstellte, klang hoffnungslos unpassend. Aber der Anwalt François Xavier Nkurunziza erläuterte: »Wenn man mit unseren Bauern über Gerechtigkeit spricht, dann kommt es ihnen auf die Entschädigung an. Ein Viehzüchter oder Ackerbauer, der seine ganze Familie verliert, hat sein gesamtes ökonomisches Unterstützungssystem verloren. Man kann den Mann töten, der Völkermord verübte, aber das ist keine Entschädigung – das ist bloß Angst und Wut. So denken unsere Bauern.« Kagame hatte das Problem angesprochen, als er von Salz sprach – nach dem Völkermord konnte Entschädigung bestenfalls symbolisch sein.

Die Regierung diskutierte darüber, die Gerichte zu entlasten, indem sie verschiedene Grade der Verantwortlichkeit unter den *génocidaires* festsetzte und kleinere Übeltäter an Arbeits- oder Umerziehungsprogramme überwies. Politisch kam es der RPF mehr auf den Prozeß an, der in Nachkriegsdeutschland »Entnazifizierung« genannt worden war, als auf die Strafverfolgung jedes einzelnen, der während des Völkermords ein Verbrechen begangen hatte. »Im Grunde versuchen wir, so vielen gewöhnlichen Leuten wie nur möglich aus der Patsche zu helfen«, erläuterte Gerald Gahima, ein politischer Vertreter der RPF und stellvertretender Justizminister. »Aber mit Gerechtigkeit hat das natürlich wenig zu tun. Es ist nicht die Gerechtigkeit, die das Gesetz vorsieht. Es ist auch nicht die Gerechtigkeit, wie die meisten Menschen sie haben wollen. Es ist nur die beste Gerechtigkeit, die wir unter diesen Umständen kriegen können.«

Während aber einerseits die Schuldigen niemals vollständig bestraft und die Überlebenden niemals angemessen entschädigt werden konnten, betrachtete die RPF andererseits auch Vergebung als unmöglich – solange nicht zuallermindest die Täter des Völkermords bekannten, daß sie Unrecht getan hatten. Im Laufe der Zeit verwandelte sich das Streben nach Gerechtigkeit weitgehend in ein Streben nach Reue. Wo zuvor Minister und Parlamentarier den Mord an den Nachbarn als bürgerliche Tugend gepriesen hatten, da fuhren nun die Mitglieder der neuen Regierung über Land, um das Evangelium der Versöhnung durch Bußfertigkeit zu predigen.

Zeremonien, bei denen eine große Zahl von Opfern des Völkermords in neue Gräber umgebettet wurden, nahm man gern zum Anlaß, die neue Botschaft zu verkünden. Im Sommer 1995 war ich Zeuge einer solchen Umbettung auf einem Hügel inmitten der üppigen, dunstigen Teeplantagen von Gisenyi. In dieser erstaunlich friedvollen Umgebung war das neu gewachsene Gras beseitigt worden, um ein Massengrab freizulegen. Die Leichen wurden exhumiert und auf einem langen Gestell niedergelegt. Auf Befehl der Dorfführer hatten die Bauern der Gegend kommen und sich dem Geruch des Todes aussetzen müssen, und Präsident Bizimungu war mit einem halben Dutzend Ministern und vielen anderen Würdenträgern anwesend. Soldaten verteilten unter den Dörflern durchsichtige Plastikhandschuhe und wiesen sie in ihre Arbeit ein, Leichenteile in Särge zu legen und den Rest in grüne Plastiktücher zu hüllen. Es gab Reden und Segenssprüche. Ein Soldat erklärte mir, der Präsident habe in seiner Rede die Bauern gefragt, wo sie gewesen seien, als diese Toten in ihrer Gemeinde umgebracht worden waren, und sie zur Buße ermahnt. Dann wurden die Toten in neue Massengräber gelegt und wieder mit Erde bedeckt.

Wenn Ruander von Wiederaufbau und Versöhnung sprachen, redeten sie immer auch von der Notwendigkeit, sich von der »alten Mentalität« des Kolonialismus und der Diktatur zu befreien, ebenso wie von der perfekten Hackordnung aus Einschüchterung und Gehorsam, die als der Motor des Völkermords gedient hatte. Die Denkweisen, mittels derer diese alten Geisteshaltungen eingeimpft worden waren, trugen Namen – Straflosigkeit, Vetternwirtschaft, Ethnizität, Feudalismus, Hamitismus –, aber die Geisteshaltungen selbst waren in jedem Ruander tiefer verwurzelt, verinnerlicht durch die Erfahrungen eines ganzen Lebens mit all seiner Brutalität: wir oder sie; töten oder getötet werden. Als Kagame sagte, man könne Menschen zu schlechten Menschen machen, aber man könne sie auch lehren, gut zu sein, hatte er hinzugefügt: »Es gibt Mechanismen in der Gesellschaft – Erziehung, Formen der Beteiligung. Man kann etwas erreichen.« Diese Ansicht war – in unterschiedlicher Ausprägung von Überzeugung und Skepsis – weit verbreitet, nicht nur in der RPF, sondern auch bei vielen der überlebenden Hutu-Führer aus der alten Opposition gegen Habyarimana und – jedenfalls an guten Tagen – auch in großen Teilen der ruandischen Öffentlichkeit.

Wo aber sollte Ruanda nach einem Vorbild suchen? Die Gerechtigkeit von Nürnberg hatten die ausländischen Eroberer gebracht, und die Entnazifizierung in Deutschland erfolgte in einer Umgebung, in der die verfolgte Menschengruppe nicht mehr Seite an Seite mit ihren Mördern leben wollte. In Südafrika war der bewaffnete Kampf zu Ende gegangen, und nach der Apartheid konnte die Wahrheitskommission davon ausgehen, daß die besiegten weißen Herren des Landes die Legitimität der neuen Ordnung anerkannt hatten. In Ruanda bot sich eine solch ordentliche Lösung nicht an. Die Guerilla-Angriffe von Einheiten der Hutu-Power in Zaire eskalierten unablässig während des gesamten Jahres 1995, ebenso wie die Angriffe auf Zeugen und Überlebende des Völkermords. »Wollte man jetzt eine allgemeine Amnestie verkünden, wäre das gleichbedeutend mit einer Einladung zum Chaos«, sagte mir Charles Murigande, der Vorsitzende von Ruandas Völkermord-Kommission, die vom Präsidenten eingesetzt worden war. »Wenn wir allerdings die Führer zu fassen bekämen, würde sogar eine Amnestie gut aufgenommen.«

Das war ein sehr großes »wenn«. Habyarimanas Tod hatte ihn nicht nur zu einem Märtyrer der Hutu-Power gemacht, sondern auch dafür gesorgt, daß das angeblich zur »Verteidigung« seines Namens begangene Massaker niemals eine eindeutige Unterschrift getragen hatte: es gab hier keinen Hitler, keinen Pol Pot, keinen Stalin. Die Liste von Ruandas »Meistgesuchten« war eine Ansammlung von Angehörigen des *Akazu*, Armeeoffizieren, Journalisten, Politikern, Geschäftsleuten, Bürgermeistern, Staatsbeamten, Geistlichen, Schullehrern, Taxifahrern, Ladeninhabern und Totschlägern ohne jeden Titel – kaum zu verfolgen und unmöglich in eine präzise Kommandohierarchie einzuordnen. Einige sollen – laut oder leise – Befehle gegeben haben, andere wiederum Befehle übermittelt oder befolgt haben, aber der Plan selbst und seine Durchführung waren so geschickt entworfen, daß alles planlos wirkte.

Immerhin konnten ruandische Untersuchungsbeamte eine Liste mit etwa vierhundert Spitzen-*génocidaires* erstellen – den wichtigsten Planern und Ausführenden. Alle jedoch befanden sich im Exil und somit außer Reichweite für Ruanda.

Fast unmittelbar nach ihrem Amtsantritt 1994 hatte die neue Regierung die Vereinten Nationen um Hilfe bei der Ergreifung flüchtiger Hutu-Power-Führer gebeten, um sie vor der Nation zur Rechenschaft ziehen zu können. Statt dessen riefen die UN den Internationalen Strafgerichtshof für Ruanda ins Leben, im wesentlichen eine Kopie des Tribunals, das für den schmutzigen Balkankrieg der frühen neunziger Jahre geschaffen worden war. »Wir baten um Hilfe, um diese geflüchteten Täter zu fassen und sie ordnungsgemäß vor unseren eigenen Gerichten anzuklagen«, sagte mir ein ruandischer Diplomat. »Aber der Sicherheitsrat schrieb einfach überall statt ›Jugoslawien‹ ›Ruanda‹ hin.«

Die ruandische Regierung empfand diese Entscheidung der UN als Affront. Die bloße Existenz eines UN-Gerichtshofes implizierte, daß das ruandische Gerichtswesen keine gerechten Urteile gewährleisten könne, und schien von vornherein alle eventuellen Prozesse in Ruanda abzuwerten, weil sie nicht den internationalen Maßstäben entsprächen. »Wenn die internationale Gemeinschaft wirklich etwas dagegen tun will, daß die Täter straflos bleiben, dann sollte sie Ruanda helfen, diese Menschen zu bestrafen«, sagte mir Gerald Gahima im Justizministerium. »Es wird viel schwieriger, den gewöhnlichen Menschen zu vergeben, wenn wir die Führer nicht vor ruandische Gerichte stellen können, vor dem ruandischen Volk, nach ruandischem Recht.« Aber das UN-Tribunal wollte nicht einmal in Ruanda tagen, wo die Zeugen und das betroffene Publikum waren; statt dessen bezog es seinen Sitz auf »neutralem Gebiet«, in Arusha in Tansania. »Das Tribunal«, sagte Charles Murigande, »wurde im Grunde nur geschaffen, um das Gewissen der internationalen Gemeinschaft zu beruhigen, die ihrer eigenen Völkermord-Konvention nicht gerecht werden konnte. Sie will den Anschein erwekken, sie täte etwas, und das ist oft schlimmer, als gar nichts zu tun.«

Tatsächlich schien das UN-Tribunal während der ersten beiden Jahre seiner Existenz nicht sehr viel zu tun. Es war personell unterbesetzt und litt unter einem systematischen Mißmanagement, und die Strategie der Strafverfolgung wirkte ziellos und opportunistisch. Die meisten Anklagen kamen zustande, wenn in verschiedenen afrikanischen Ländern Ruander auf der Flucht zufällig aufgrund von Verstößen gegen Einwanderungsbestimmungen festgenommen worden waren; und in einigen wichtigen Fällen, wie bei Oberst Bagasora, den man in Kamerun verhaftet hatte, gingen die UN gegen einen ruandischen Auslieferungsantrag vor und präsentierten ihren eigenen. Auf diese Weise brachte das Tribunal schließlich eine eindrucksvolle Sammlung von Führern der Hutu-Power in seinen Gewahrsam. Es wurde jedoch bald deutlich, daß die Ankläger nicht die Absicht hatten, mehr als ein paar Dutzend Fälle zu verhandeln. Das verstärkte in Kigali bloß das Gefühl, das UN-Tribunal solle nicht den nationalen Interessen Ruandas dienen, denn für die große Mehrheit der flüchtigen *génocidaires* lautete die Botschaft, sie hätten nichts zu befürchten: die internationale Gemeinschaft würde weder Ruanda bei der Strafverfolgung helfen noch den Versuch unternehmen, die Täter selbst zu fassen. »Es ist ein Witz«, sagte Kagames Berater Claude Dusaidi zu mir. »Dieses Tribunal funktioniert wie eine Bremse.«

Die größten Ansammlungen von Ruandas meistgesuchten Personen befanden sich in Zaire und Kenia – in Staaten, deren notorisch korrupte Präsidenten Mobutu Sese Seko und Daniel arap Moi Kumpane Habyarimanas gewesen waren und seine Witwe, Madame Agathe, in ihren Palästen aufgenommen hatten. Mobutu hatte Habyarimana als seinen »kleinen Bruder« bezeichnet und die sterblichen Überreste des ermordeten Ruanders, die während der Massenflucht nach Goma über die Grenze gebracht worden waren, in einem Mausoleum auf dem Grundstück seines eigenen Palastes beisetzen lassen. Honoré Rakotomanana aus Madagaskar, der das UN-Strafverfolgungsteam in Ruanda leitete, gab auf meine Frage, wie er Anklage gegen Personen aus Zaire oder Kenia erheben wolle, die Antwort: »Es gibt internationale Verträge, die von diesen Ländern unterzeichnet worden sind.« Im Laufe von fast zwei Jahren hatte Rakotomanana, bevor er 1997 abgesetzt wurde, sich allerdings niemals die Mühe gemacht, auch nur einen einzigen Untersuchungsbeamten nach Zaire zu schicken. Inzwischen kritisierte Kenias Präsident Moi das Tribunal im Oktober 1995 als »willkürlich« und verkündete: »Ich werde nicht erlauben, daß einer von diesen Leuten nach Kenia kommt, um Vorladungen zu überbringen und hier nach Menschen zu suchen. Keinesfalls. Wenn solche Leute hierher kommen, werden sie festgenommen. Wir müssen unsere Selbstachtung wahren. Wir lassen uns nicht unter Druck setzen.«

Als Kagame mit ansehen mußte, wie die alte Kumpanei der afrikanischen starken Männer für die ihren sorgte, sprach er von »einem Gefühl des Verrats, selbst seitens unserer afrikanischen Brüder«, und fügte vielsagend hinzu: »Wir werden sie daran erinnern, daß das, was hier geschehen ist, überall geschehen kann – es kann auch in ihren Ländern geschehen –, und dann, da bin ich sicher, kommen sie zu uns gerannt. Das kann schon morgen geschehen. Es sind Dinge geschehen, und die können wieder geschehen.«

Selbst als endlich einige Verantwortliche des Völkermords an das Tribunal ausgeliefert wurden, blieb das Problem bestehen, daß die UN dem Gericht verboten hatten, ein Todesurteil zu verhängen. Die Nazis in Nürnberg und die japanischen Kriegsverbrecher in Tokio hatten nach dem Zweiten Weltkrieg mit der Todesstrafe rechnen müssen. Waren die Verbrechen gegen die Menschlichkeit in Ruanda mindere Verbrechen als jene, die dazu geführt hatten, daß die Völkermord-Konvention verfaßt wurde? Kagame berichtete, die

UN hätten auf den Protest Ruandas, das Tribunal solle aus Respekt vor Ruandas Gesetzen die Todesstrafe verhängen, ihrerseits Ruanda aufgefordert, die Todesstrafe abzuschaffen. Kagame bezeichnete diesen Ratschlag als »zynisch«.

»Die Menschen in Ruanda wissen, daß dies die gleiche internationale Gemeinschaft ist, die danebengestanden und zugesehen hat, wie man sie töten wollte«, meinte Gerald Gahima. Und sein RPF-Kollege Tito Ruteremara sagte zu mir, als er hörte, die vom Tribunal verurteilten Ruander sollten ihre Strafen in Skandinavien verbüßen: »Es entspricht nicht unserer Definition von Gerechtigkeit, wenn die Urheber des ruandischen Völkermords in einem schwedischen Gefängnis mit Bedienung und Fernsehen sitzen.« Wie sich zeigte, waren dann nicht einmal die Führer der Hutu-Power im UN-Gewahrsam in Arusha von den regelmäßig zum Frühstück servierten Croissants besonders angetan. Sie waren ihnen zu nahrhaft. Nach einiger Zeit protestierten die Gefangenen des Tribunals und forderten ein normales ruandisches Frühstück aus Mehlsuppe.

17

»In Ihrem Land«, sagte der RPA-Oberst, »haben Sie wohl viele Komiker.« Wir saßen auf seiner Veranda, in der kühlen, feuchten Nacht des zentralruandischen Hochlands, tranken Bier und Whiskey und aßen gekochte Kartoffeln und Spieße mit gegrilltem Ziegenfleisch. Der Oberst zog mit den Zähnen einen Brocken Fleisch von seinem Spieß. Er kaute eine Weile darauf herum, und dann meinte er: »Wenn ich das richtig sehe, sind viele dieser Komiker in Amerika Schwarze. Was meinen Sie, woran liegt das?«

Ich antwortete, es könne etwas mit Unglück zu tun haben. Menschen, die es schwer haben, entwickeln manchmal einen besonderen Blick für das Funktionieren dieser Welt – ihr Innerstes, ihre Absurdität –, und manchmal, wenn sie komisch sind, machen sie sich darüber lustig.

»Diese Schwarzen *sind* komisch«, sagte der Oberst.

»Die komischen schon«, entgegnete ich.

Sein folgendes Lachen war eher ein kurzes Husten, und die anderen auf der Veranda, seine Begleitung, lachten ein bißchen mit. Nach einer Weile sagte der Oberst: »Keine Komiker in Ruanda. Viele Schwarze, viel Unglück – aber keine Komiker.«

»Sie müssen doch Witze haben«, sagte ich.

Er erwiderte: »Die sind nicht wirklich komisch.«

Ich bat ihn, mir einen zu erzählen. »Ein andermal«, antwortete er. Eine Frau war im Raum, und der Oberst reckte sein Kinn in ihre Richtung. »Ruandische Witze«, sagte er, »sind unanständig.«

Ich war enttäuscht. Ich rechnete nicht damit, den Oberst noch einmal zu treffen, und das Thema interessierte mich ohnehin – nicht nur die Witze, sondern Kunst überhaupt. In den benachbarten Ländern, im Kongo, in Tansania, in Uganda bestehen großartige künstlerische Traditionen: bildende Kunst und Musik herrschen vor, und in der postkolonialen Zeit hat sich auch eine literarische Kultur herausgebildet. Selbst Burundi hat weltberühmte Trommler-Ensembles aufzuweisen. Ruanda hat ein paar spektakuläre Kostümtänze, einige traditionelle Lieder und eine mündlich überlieferte Literatur aus Gedichten und Sagen, die sich an archaische Formen aus vorkolonialer Zeit halten, jedoch keine Künste, in denen das Land mit seinen Nachbarn konkurrieren könnte. Einer »kulturellen Blüte« am nächsten kam das moderne Ruanda in der faschistischen Agitprop der Hutu-Power-Zeitungen und -Radiosender oder im brutalen Chic der Aufzüge und Marschlieder der *Interahamwe*. Neue Musik wird zum größten Teil importiert, und einige Ruander haben tatsächlich Romane geschrieben, doch gelesen hat sie so gut wie niemand.

Ich hätte den Oberst gerne über die dürftige ruandische Kunst befragt, aber ich wollte ihn nicht beleidigen. So wandte sich das Gespräch anderen Themen zu. Schließlich ging die Frau, und der Oberst sagte: »Also gut, ich erzähle Ihnen einen Witz.« Er war ganz einfach aufgebaut: Ein ruandischer Junge wächst in den Hügeln auf, hat Erfolg in der Schule, geht mit einem Stipendium nach Paris und kommt mit ganz neuen Manieren zurück – mit moderner Kleidung, einem hochtrabenden Vokabular, einem gezierten Akzent, sogar einem anderen Gang, »wie ein kleines Pferd«, sagte der Oberst. Eines Tages sagt der Vater des Jungen, ein einfacher alter Bauer: »Junge, was ist denn in dich gefahren? Du bist also in Frankreich gewesen. Na und? Schau mich an. Ich habe deine Mutter fünfundvierzig Jahre lang gebürstet, und ich stolziere trotzdem nicht wie du herum.« Der Oberst streckte die Hände aus und bewegte dazu heftig seine Hüften – wie »Mann« es seit jeher macht.

Ich lachte. Aber die Ruander auf der Veranda, die Begleiter des Obersten, nickten nur ernst. »Sehen Sie«, sagte der Oberst, »das ist im Grunde gar kein komischer Witz. Er handelt von der Logik. Ruandische Witze sind so, ein bißchen intellektuell. Ein Junge kriegt zum Beispiel einen Haarschnitt verpaßt, den wir französisch nennen – an den Seiten rasiert, oben kurz –, und seine Freunde sagen: ›Wie kommst du zu einem französischen Haarschnitt? Du sprichst doch noch nicht mal Französisch.‹«

Dieses Mal lachten die Ruander, während ich nur nickte. »Es geht um die Logik«, sagte der Oberst wieder. »Es ist ein Trick. Du lachst über den Jungen mit dem Haarschnitt, *und* du lachst über seine Freunde.«

Mir schien, als hätten beide Witze eine Logik, wie es bei einem Witz ja auch sein muß, daß sie aber eher Provinzlertum und ausländische Einflüsse zum Thema hatten. Sie handelten vom Streben nach dem Bild und den Angeboten einer größeren modernen Welt, und sie handelten von dem gegenläufigen Zug der traditionellen ruandischen Isolierung und Konformität; von dem Gefangensein zwischen einer Vergangenheit, die man ablehnt oder doch wenigstens zu fliehen sucht, und einer Zukunft, die man sich nur in Begriffen importierter Stile vorstellen kann, die man sich aber auch nicht aufzwingen lassen will und ebenfalls zu fliehen sucht. Diese Witze schienen gut in ein Land zu passen, das den katastrophalsten Entkolonisierungsprozeß ganz Afrikas durchlebte. Ungefähr diese Gedanken versuchte ich stockend dem Obersten zu vermitteln, und er erwiderte: »Vielleicht haben wir deshalb keine Komiker.« Er klang ziemlich entmutigt.

»Aber die Witze sind komisch«, sagte ich.

»Nein«, beschied er mich. »Sie sind nicht komisch. Es wird noch lange dauern, bis wir die alte Mentalität überwunden haben.«

Manchmal hatte es den Anschein, als besäßen die Ruander statt der schönen Künste die Politik: die Staatskunst, in den höchsten Rängen der Regierung wie in den alltäglichsten Verhandlungen. Was war denn schließlich der Kampf zwischen Verfechtern einer »neuen Ordnung« und Anhängern der »alten Mentalität« anderes als ein Zusammenstoß zwischen zwei fundamental entgegengesetzten Sichtweisen der ruandischen Realität? Nach einem Jahrhundert, in dem Ruander unter der Mystifizierung und Täuschung des hamitischen Mythos gelitten hatten, dessen letzte Perversion die Form des Völkermords angenommen hatte, beschrieben die RPF und ihre Anti-Hutu-Power-Verbündeten ihren Kampf gegen die Vernichtung als Revolte von Realisten. »Ehrlichkeit« war eines ihrer Lieblingswörter, und im Grunde vertraten sie die Position, größere Macht solle sich auch auf mehr Wahrheit stützen. Unter den herrschenden Umständen konnte Hutu-Power dem nur – in der üblichen Kombination von Wort und Tat – entgegensetzen, Ehrlichkeit und Wahrheit seien selbst bloß etwas Künstliches, niemals die Quelle der Macht, sondern immer nur ihr Ergebnis, und der einzige Maßstab für Recht und Unrecht finde sich im verzerrten Mehrheitsprinzip: in physischer Kraft.

Angesichts dieser Grenzlinien stellte sich der Krieg um den Genozid wahrlich als postmoderner Krieg dar: als Kampf zwischen denen, die alles für gleichermaßen wahr oder falsch, gültig oder ungültig, gerecht oder ungerecht halten, weil alle Realitäten unserer Welt Konstrukte der Einbildung sind, und jenen, die daran glauben, daß Konstrukte der Realität als richtig oder falsch, gut oder schlecht beurteilt werden können, ja sogar müssen. Akademische Debatten über die Möglichkeit einer objektiven Wahrheit komplizieren sich häufig bis zur Absurdität, Ruanda jedoch demonstrierte, daß diese Frage eine Sache von Leben und Tod ist.

Im Sommer 1995 suchte mich in Kigali ein Mann auf. Er

habe gehört, daß ich an den Problemen seines Landes interessiert sei. Er sei seit langem mit ruandischer Politik vertraut – zunächst als Anhänger der Hutu-Power, dann in der Opposition, und nun arbeite er für die neue Regierung. Er sagte mir, er wolle sich ganz offen über die Angelegenheiten seines Landes äußern, aber anonym bleiben. »Wenn Sie meinen Namen preisgeben«, meinte er, »werde ich alles abstreiten.«

Mein Besucher war ein Hutu; er hatte einen Soldaten mit einer Kalaschnikow im Gefolge. »Hören Sie«, sagte er, »Ruanda hatte eine Diktatur. Ruanda hatte einen Völkermord, und jetzt steht Ruanda vor einer sehr ernsten Bedrohung an seinen Grenzen. Man braucht nicht zur RPF zu gehören, um zu begreifen, was das bedeutet. Man muß nicht in das alte Denken verfallen – daß man, wenn man nicht auf der einen Seite ist, auf der anderen stehen muß.« Er erläuterte dann sehr ausführlich, warum man Ruandern niemals trauen dürfe. »Ausländer können dieses Land gar nicht kennen«, sagte er. »Wir betrügen. Wir sagen Ihnen immer wieder die gleichen kleinen Dinge, aber eigentlich sagen wir Ihnen gar nichts. Wir lügen sogar untereinander. Wir besitzen eine Tradition der Geheimhaltung und des Mißtrauens. Sie können sich hier ein ganzes Jahr aufhalten und doch nicht wissen, was Ruander denken oder tun.«

Ich erzählte ihm, daß mich das nicht sonderlich überrasche, denn ich hätte ohnehin den Eindruck, daß Ruander sich häufig zweier verschiedener Sprachen bedienten – nicht bloß des Kinyarwanda und des Französischen oder Englischen, sondern einer Sprache untereinander und einer völlig anderen Sprache gegenüber Außenstehenden. Als Beispiel führte ich ein Gespräch mit einem ruandischen Anwalt an, der mir die Schwierigkeiten beschrieben hatte, seine europäische Ausbildung in seiner ruandischen Praxis anzuwenden. Er liebe das kartesianische, napoleonische Rechtssystem, welches Ruanda als Modell diente, aber es entspreche nicht immer der ruandischen Realität, die für ihn ein ebenso abgeschlossenes vollständiges Gedankengebäude darstellte. Entsprechend habe dieser Anwalt, als er sich mit mir über Ruanda unterhielt, eine Sprache benutzt, die sich recht deutlich von derjenigen unterschied, in der er mit seinen ruandischen Landsleuten redete.

»Sie sprechen darüber«, meinte mein Besucher, »und zugleich sagen Sie: ›Ein Anwalt hat mir das und das erzählt.‹ Ein Ruander würde Ihnen niemals sagen, was ein anderer gesagt hat, und wenn Sie einem Ruander sagen, was Sie von jemand anderem gehört haben, wird er normalerweise sofort den Rhythmus seiner Sprache verändern und sich Ihnen gegenüber verschließen. Er wird glauben, daß Sie das, was er gesagt hat, weitergeben werden. Er wäre vorsichtig.« Er blickte auf und sah mich einen Moment aufmerksam an. »Ihr Westler seid so ehrlich«, sagte er. Der Gedanke schien ihn zu bedrücken. »Sie sagen, was Sie denken, und Sie sagen, was Sie gesehen haben. Sie sagen: ›Ein Anwalt hat mir erzählt.‹ Glauben Sie denn, es gibt hier so viele Anwälte?«

Ich sagte, ich hätte einige getroffen, und der, von dem ich gesprochen hätte, habe mir erlaubt, seinen Namen zu nennen. »Schön«, warf mein Besucher ein. »Aber ich sage Ihnen, Ruander sind kleinlich.« Ich war mir nicht ganz sicher über das französische Wort, das er benutzt hatte: *mesquin*. Als ich ihn bat, es genauer zu erläutern, beschrieb er einen Menschen, der eine bemerkenswerte Ähnlichkeit mit Jago aufwies – ein Hochstapler, Betrüger, Verräter und Lügner, der jedem das sagt, was dieser seiner Ansicht nach hören will – und alles nur für seine eigenen Zwecke, um zu bekommen, was er will. Oberst Dr. Joseph Karemera, ein Gründungsmitglied der RPF und Ruandas Gesundheitsminister, erzählte mir, es gebe für ein solches Verhalten ein Wort in Kinyarwanda. Nachdem er das Erbe von vierunddreißig Jahren ethnischer Hutu-Diktatur als »eine sehr schlechte Geisteshaltung« bezeichnet hatte, sagte Karemera: »Wir nennen es *ikinamucho* – daß man sich, wenn man etwas vorhat, doppelzüngig und nicht geradeheraus verhält. Zum Beispiel könnten Sie zu mir kommen, um mich umzubringen« – er griff sich an die Kehle –, »und das gelingt Ihnen auch, aber danach brechen Sie in Tränen aus. Das ist *ikinamucho*.«

Mein Besucher mochte das Wort *mesquin*. Er benutzte es mehrfach. Ich ließ die Bemerkung fallen, er scheine keine besonders hohe Meinung von seinem Volk zu haben. »Ich versuche, Ihnen etwas darüber zu sagen und nicht zu lügen«, meinte er dazu.

Kurz nach unserem Gespräch erfuhr ich, daß er Ruanda verlassen und sich den Führern der Hutu-Power im Exil angeschlossen hatte. Außerdem erfuhr ich, daß *ikinamucho* »Theater« bedeutet.

Während ihres letzten Jahres an der medizinischen Fakultät, Anfang der achtziger Jahre, studierte Odette Nyiramilimo bei einem Professor für Kinderheilkunde namens Théodore Sindikubwabo. »Ich war hochschwanger, als ich meine Prüfung bei ihm ablegte, und er merkte, daß es mir nicht gut ging«, erinnerte sich Odette. »Er nahm mich mit in sein Büro und gab mir eine Fanta, und dann fuhr er mich heim. Das war eine sehr menschliche Verhaltensweise, die echte Reaktion eines Vaters. Aber er war ein Mann mit Maske. In der Ersten Republik, unter Präsident Kayibanda, war er Gesundheitsminister. Als Habyarimana die Macht übernahm und alle Minister einsperrte, ging er direkt ins Zentralkrankenhaus von Kigali, nahm ein Stethoskop und begann als Kinderarzt zu praktizieren. Dann wurde er Abgeordneter im Parlament. Er nahm sich gerne wichtig. Er kam aus dem Süden, hatte ein großes Haus in Butare, einer Hochburg der Anti-Power, und in der MRND war er ein Mann der Hutu-Power – sehr geschickt. Er hatte die Mentalität eines Chamäleons. Aber ich hätte nie geglaubt, daß er auch zum Mörder werden könnte.«

Drei Tage nach dem Attentat auf Habyarimana wurde Sindikubwabo von Oberst Bagasoras Krisenausschuß als Ruandas Interimspräsident eingesetzt. Zu der Zeit war Butare die einzige Provinz mit einem Tutsi-Gouverneur, und während andere zivile und politische Führer ihre Wähler zum Morden anhielten, rief der dortige Gouverneur, Jean-Baptiste Habyalimana, zur Zurückhaltung auf. In den ersten zwölf Tagen der Massaker blieb Butare ein regelrechter Hafen der Ruhe, und die Tutsi, die vor den Massakern an anderen Orten flohen, strömten in diese Region. Dann aber, am 19. April 1994, kam Théodore Sindikubwabo nach Butare. Er entließ den Gouverneur (der kurz darauf getötet wurde) und berief eine Versammlung ein, bei der er zu den Waffen rief, was über Radio im ganzen Land verbreitet wurde. Am Tag nach der Rede Sindikubwabos wurden Soldaten der Präsidentengarde nach Butare geflogen, Busse und Lastwagen mit Milizen und Waffen trafen ein, und das Schlachten begann. In Butare kam es zu einigen der schlimmsten Massaker des Völkermords: In nur zwei oder drei Wochen wurden in der Gemeinde Cyahinda mindestens zwanzigtausend, in der Gemeinde Karama mindestens fünfunddreißigtausend Tutsi umgebracht.

Sindikubwabos alte Villa in Butare war nur noch ein Schutthaufen, als ich sie besuchte, aber er besaß ein sehr hübsches neues Haus in einem exklusiven Viertel von Bukavu in Zaire, wo er als Präsident der Exilregierung lebte. Das Anwesen lag dort unmittelbar hinter dem Haus des Gouverneurs und gewährte einen herrlichen Ausblick auf die Hügel Ruandas jenseits des Südendes des Kivu-Sees. Zwei schwarze Mercedes-Limousinen der ruandischen Regierung standen in der Auffahrt, als ich Ende Mai 1995 vorbeikam, und mehrere junge Ruander lungerten vor dem Tor herum. Ein liebenswürdiger Mann in einem roten Sporthemd begrüßte mich und stellte sich als Sindikubwabos Protokollchef vor. Er sagte, die Presse sei immer willkommen, weil Ruanda in der Welt auf schreckliche Weise mißverstanden werde: Ja, das Land habe einen Völkermord durchlitten, aber der sei von der RPF begangen worden, und die Opfer seien die Hutu gewesen. »Schauen Sie uns an, hier im Exil«, meinte er und fügte hinzu: »In diesem Moment, während wir hier sprechen, tötet Paul Kagame alle Hutu in Ruanda, ganz systematisch.« Dann teilte er mir ungefragt mit, Sindikubwabo sei ein unschuldiger Mann, und fragte, ob ich nicht auch glaubte, daß jeder solange unschuldig sei, bis man seine Schuld bewiesen habe. Ich antwortete, meines Wissens habe man Sindikubwabo bisher vor keinem Gericht irgendwelcher Verbrechen angeklagt, woraufhin er mir erzählte, alle ruandischen Flüchtlinge warteten auf das Urteil des internationalen Tribunals. »Aber wer ist dieses Tribunal?« fragte er. »Wer beeinflußt es? Wem dient es? Will es die Wahrheit herausfinden oder will es nur der Realität aus dem Wege gehen?«

Der Protokollchef bat mich, an Ort und Stelle zu warten, und nach einer Weile nahm André Nkurunziza seinen Platz ein, Sindikubwabos Pressesprecher. Nkurunziza wirkte ein wenig heruntergekommen, denn er hatte ein paar abgebrochene Zähne und trug ein abgetragenes Jackett; außerdem sprach er in einem weinerlichen Jammerton. »Diese Regierung ist das Opfer einer Verschwörung der Medien, die sie als eine Regierung des Völkermords bezeichnen«, sagte er. »Aber das sind keine Menschen, die irgend jemanden getötet haben. Es heißt, sie seien die Planer des Völkermords, aber das sind alles nur Gerüchte, die Kigali in die Welt gesetzt hat. Selbst Sie – wenn Sie nach Kigali kämen, könnte man Ihnen Geld geben, damit Sie schreiben, was die wollen.« Er streckte eine Hand aus, um mir beruhigend den Oberarm zu tätscheln. »Natürlich meine ich nicht, daß Sie sich bezahlen lassen. Das sollte nur ein Beispiel sein.«

1991 sei er in Washington gewesen. »Die wußten nicht einmal, daß in Ruanda Krieg herrschte«, meinte Nkurunziza. »Sie hatten keine Ahnung von Ruanda. Ich sagte: ›Es ist ein kleines Land neben Zaire.‹ Sie fragten: ›Wo liegt Zaire?‹ Wie können sie dann behaupten, sie wüßten, was letztes Jahr in meinem Land passierte?«

Wir standen in Zaire und blickten hinüber nach Ruanda. Ich fragte ihn: »Was ist denn letztes Jahr passiert?«

»Das ist ein langer Krieg«, sagte Nkurunziza. »Und es wird noch einen Krieg geben. Das denken wir hier. Es gibt noch einen Krieg.«

Schließlich führte man mich zu Sindikubwabo, einem Mann Mitte Sechzig – nach ruandischen Maßstäben ein hohes Alter. Er saß in einem niedrigen Sessel in seinem bescheiden möblierten Wohnzimmer. Es hieß, er sei krank, und so sah er auch aus: hager, mit fahlen, vom grauen Star getrübten Augen und einem auffallend knochigen, asymmetrischen Gesicht, das durch eine breite Narbe geteilt wurde – Folge eines Motorradunfalls in seiner Jugend; die Narbe zog seinen Mund zu einem diagonalen Hohnlächeln auseinander. Er erzählte mir, gemäß den Verträgen von Arusha würde er »einen offenen und ernsthaften Dialog über die Verwaltung Ruandas« mit der RPF begrüßen. Als ich fragte, warum irgend jemand mit dem Mann verhandeln sollte, dem man vorwarf, er habe die Massaker in Butare angestiftet, begann Sindikubwabo zu lachen, ein trockenes, heiseres Kichern, das erst endete, als er außer Atem war.

»Noch ist die Zeit nicht gekommen zu sagen, wer schuldig ist und wer nicht«, sagte er. »Die RPF kann Anklagen erheben gegen wen auch immer, und sie können diese Anklagen formulieren, wie es ihnen gefällt, sie können sie umstellen, zusammenflicken, eine Montage aus Zeugenaussagen herstellen. Das ist keine Kunst. Sie sind Journalist und wollen behaupten, Sie wüßten nicht, wie so etwas gemacht wird?«

In seinem Gesicht begann es um die Narbe zu zucken. »Es wird ein richtiges Theaterstück – *une comédie* –, was die da gerade in Kigali vorführen, aber vor dem Tribunal wird sich alles aufklären. Ich komme aus Butare, und ich weiß, was ich in Butare gesagt habe, und die Menschen in Butare wissen auch, was ich gesagt habe.«

Er wollte mir jedoch nicht mitteilen, was er denn eigentlich gesagt hatte. Selbst wenn ich ein Tonband von seiner Rede fände, beschied er mich, würde ich es ihm erst zur Interpretation vorlegen müssen – »jedes Wort in seiner Bedeutung, jeden Satz in seiner Bedeutung, denn die Ideen und Gedanken anderer zu interpretieren ist nicht leicht und nicht fair«. Als ich seine Worte später gegenüber Odette wiederholte, meinte sie: »Da gab es nichts zu interpretieren. Er sagte Sachen wie: ›Schaltet sie aus, die da denken, sie wüßten alles. Macht ohne sie weiter.‹ Ich habe gezittert, als ich das hörte.«

Sindikubwabos Rede gehörte zu den Augenblicken des Völkermords, die besonders in Erinnerung geblieben waren – denn sobald die Morde in Butare begannen, war jedem klar, daß kein Tutsi in Ruanda verschont bleiben sollte. Er selbst bestand aber darauf, er sei falsch verstanden worden. »Wenn die Bürgermeister von Butare behaupten, die Massaker hätten auf meinen Befehl hin begonnen – *sie* tragen die Verantwortung, denn ihre Aufgabe war es, die Ordnung in ihren Gemeinden aufrechtzuerhalten. Wenn sie meine Botschaft als Befehl interpretierten, dann haben sie einen Befehl gegen meine Worte ausgeführt.« Ich fragte ihn, warum er sie nicht korrigiert habe, da er doch Arzt sei und als Präsident amtiert habe, während Hunderttausende Menschen in seinem Lande ermordet wurden. Er entgegnete, wenn die Zeit gekommen sei, werde er diese Frage vor dem internationalen Tribunal beantworten.

Als ich mir anhörte, wie Sindikubwabo mir eine Art Kostprobe dessen bot, was er vor dem Tribunal zu seiner Verteidigung vorbringen wollte, hatte ich den Eindruck, er sehne sich fast nach der Anklage, ja sogar nach der Verhaftung, nur um noch einmal eine Stunde im Rampenlicht zu erleben. Aber vielleicht wußte er auch, daß er in Zaire außer Reichweite des UN-Tribunals lebte. Immer wieder behauptete er, eine »wirklich unparteiische« Untersuchung müsse ihn einfach freisprechen. Als Beispiel überreichte er mir, was er als einen definitiven Bericht über die neuere ruandische Geschichte betrachtete: es handelte sich um einen Artikel, der aus der *Executive Intelligence Review* ausgeschnitten war, einer Veröffentlichung des kryptofaschistischen amerikanischen Verschwörungstheoretikers Lyndon LaRouche. Ich überflog ihn kurz; er schien beweisen zu wollen, daß die britische Königsfamilie mittels ihrer ugandischen Marionetten und in Zusammenarbeit mit mehreren anderen dubiosen Institutionen wie dem World Wildlife Fund for Nature die Vernichtung der ruandischen Hutu-Mehrheit unterstützt hatte.

Hinter Sindikubwabos Sessel hing ein Porträt von Präsident Habyarimana. Der tote Führer, in hochgeknöpfter Militäruniform mit üppigen Litzen, wirkte weitaus glücklicher als der Exilführer, und mir schien, als toter Mann befinde er sich in einer angenehmeren Position. Für sein Volk war Habyarimana der wahre Präsident geblieben, das hatten mir in den UN-Lagern viele Menschen gesagt; Sindikubwabo dagegen galt als ein Niemand, der den Job nur für eine kurze unglückselige Zeitspanne ausfüllte. »Er ist Präsident von gar nichts«, sagten einige Flüchtlinge. Auch seinen Feinden galt Sindikubwabo als ein Niemand; RPF-Führer und Überlebende des Völkermords betrachteten ihn als einen Bediensteten, den man im Augenblick der Krise aus den unteren Rängen der Hutu-Power hervorgeholt hatte, gerade weil er völlig damit zufrieden war, die Marionette zu spielen. Sindikubwabos eigener Schwiegersohn gehörte der neuen Regierung als Landwirtschaftsminister an, und bei einer Massenumbettung in Butare hatte er seinen Schwiegervater als Mörder angeklagt und die Ruander aufgerufen, aufgrund familiärer Bindungen weder Schuld zuzuschreiben noch Schuldige zu schützen.

Aber selbst in seinem verachteten und diskreditierten Zustand blieb Sindikubwabo für den Apparat der Hutu-Power von Nutzen – als Sündenbock. Im Laufe der Zeit hatten die Führer der ehemaligen FAR, die ihr Hauptquartier fünfzehn Kilometer westlich von Goma am nördlichen Ende des Kivu-Sees aufgeschlagen hatten, sich von der Exilregierung distanziert und eine Reihe neuer politischer Frontorganisationen geschaffen. Deren Vertreter konnten der Welt als »sauber« präsentiert werden, weil sie nicht dafür bekannt waren, am Völkermord beteiligt gewesen zu sein. Dazu gehörte vor allem die *Rassemblement Democratique pour la Retour* (RDR), die in ihrer Propaganda die Schuld an der Flüchtlingskrise der RPF anlastete und als Voraussetzung für die Repatriierung eine allgemeine Amnestie forderte; damit hatte sie sich die Sympathie vieler humanitärer Helfer und Journalisten gesichert. Örtliche Vertreter des UN-Hochkommissars für Flüchtlingsfragen versuchten mich gern mit RDR-Führern zusammenzubringen, wenn ich die Lager besuchte. Ich konnte das nicht verstehen. Die RDR-Führer klangen genau wie Sindikubwabo, und dennoch schienen ihre Freunde aus den Hilfsorganisationen überzeugt, sie seien vernünftige und legitime Vertreter der Ausgeschlossenen. RDR-Sprecher in Zaire, Kenia und Brüssel wurden in der BBC oft als »führende Vertreter der Flüchtlinge« zitiert. Daß es zwischen der RDR und den *génocidaires* einen Zusammenhang geben könnte, daß es sich bei der RDR tatsächlich um ein Schattenregime der Hutu-Power handelte, im Auftrag des Oberkommandos der Ex-FAR in Goma, daß RDR-Vertreter die Verwaltung der Lager besorgten und – in bar oder einem Anteil an den Nahrungsrationen – eine monatliche Steuer von jeder Flüchtlingsfamilie in Zaire einzogen, daß sie Flüchtlinge einschüchterten, die nach Hause zurückkehren wollten – das alles wurde kaum einmal auch nur beiläufig erwähnt.

Es gehörte zu den großen Mysterien des Krieges um den Völkermord, wie sich die internationale Sympathie immer wieder bereitwillig von den Lügen der Hutu-Power täuschen ließ. Es war schon verwirrend genug, daß die UN-Grenzlager einen Rumpfstaat des Völkermords konstituieren durften, mit einer Armee, die regelmäßig in aller Öffentlichkeit große Waffenlieferungen erhielt und junge Männer zu Tausenden für den nächsten Vernichtungsfeldzug rekrutierte. Und es zerriß einem das Herz zu sehen, daß für die überwältigende Mehrheit der eineinhalb Millionen Menschen in diesen Lagern offensichtlich überhaupt kein Risiko bestand, in Ruanda ins Gefängnis zu kommen, geschweige denn um ihr Leben fürchten zu müssen, daß sie aber durch die Propaganda und brutale Gewalt des Hutu-Power-Apparats zu Geiseln gemacht worden waren, zu einem menschlichen Schutzschild. Fast unerträglich wurden die Besuche in den Lagern jedoch durch das Schauspiel, wie sich Hunderte internationaler Helfer offen als Nahrungslieferanten ausbeuten ließen – für die vermutlich größte Ansammlung flüchtiger Verbrecher gegen die Menschlichkeit, die es je gab.

Hilfsorganisationen stellten Transportmittel zur Verfügung, Versammlungsorte und Büromaterial für die RDR und paramilitärische Gruppen, die als Selbsthilfeorganisationen auftraten; sie füllten die Kriegskassen der Hutu-Power-Elite, indem sie Lastwagen und Busse von ihnen mieteten und die Bewerber einstellten, die sich aufgrund des internen Patronagesystems der *génocidaires* als Kandidaten anboten. Einige Helfer bezahlten sogar den Hutu-Power-Popstar Simon Bikindi – den Dichter der *Interahamwe*-Hymne »Ich hasse diese Hutu« – für einen Auftritt mit seiner Band bei einer Party. In den Grenzlagern in Tansania begegnete ich einer

Gruppe Ärzte, die gerade aus Europa eingetroffen war und mir erzählte, wieviel Spaß die Flüchtlinge machten. »Man kann ihnen an den Augen ablesen, wer unschuldig ist«, sagte mir eine Ärztin aus – ausgerechnet – Sarajewo. Und einer ihrer Kollegen erzählte: »Sie wollten uns ein Video von Ruanda 1994 zeigen, aber das fanden wir doch zu stark.«

Sobald die Choleraepidemie in Goma eingedämmt war, boten die Lager keine Lösung mehr für die Flüchtlingskrise; sie sorgten statt dessen dafür, daß diese weiter andauerte. Je länger die Lager dort blieben, desto unvermeidlicher war ein Krieg, und das bedeutete, daß die Lager, statt Menschen zu beschützen, sie direkt in die Schußlinie stellten.

Während der Jahre 1995 und 1996 setzten die Hutu-Power-Streitkräfte im Exil ihren Guerilla-Krieg gegen Ruanda fort, wobei die Angreifer aus den Lagern über die Grenze schlichen, um hier eine Straße zu verminen, dort den Mast einer Stromleitung in die Luft zu jagen oder Überlebende und Augenzeugen des Völkermords anzugreifen. Darüber hinaus zerstreuten sich die Ex-FAR und *Interahamwe* aus den Lagern in Goma über die umgebende Provinz von Nord-Kivu, in der eine beträchtliche Anzahl Zairer ruandischer Herkunft lebte, und begannen zairische Hutu zu rekrutieren, auszubilden und zu bewaffnen, um mit ihnen auf beiden Seiten der Grenze zwischen Ruanda und Zaire für ethnische Solidarität zu kämpfen. Bald häuften sich die Berichte über Angreifer der Hutu-Power, die sich in der Praxis ausbilden ließen – bei Angriffen gegen Tutsi-Viehzüchter und dem Raub ihres Viehs von den reichen Hochlandweiden der Masisi-Region Nord-Kivus. Als dann Mitte 1995 zairische Stammesmilizen Widerstand zu leisten begannen, wurde Masisi zu einem offenen Kampfgebiet. »Dies ist eine direkte Folge der Lager«, sagte mir ein Sicherheitsbeamter beim UNHCR-Hauptquartier in Goma, »und wir können dabei nur zusehen.«

Solche Bekundungen der Ohnmacht waren bei den Helfern, die die Lager betrieben, häufig zu hören. Jacques Francquin von der UNHCR, ein ehemaliger Theaterregisseur aus Belgien, mußte Lager in Tansania beaufsichtigen, in denen über vierhunderttausend ruandische Hutu lebten; er erzählte mir, er kenne eine Reihe von *génocidaires* in diesen Lagern. »Aber verlangen Sie nicht, daß ich sie aussortiere«, sagte er. »Verlangen Sie nicht von mir, die Kriminellen aus den Lagern zu holen und dadurch die Helfer in Gefahr zu bringen.« Dahinter steckte seine Überzeugung, die ich auch von anderen wiederholt zu hören bekam: Solange die Großmächte im Sicherheitsrat, die den größten Teil der Hilfe aufbrachten, sich nicht zum Handeln gegen die Hutu-Power aufrafften, konnte man den Helfern nicht die Folgen zur Last legen.

»Nahrung, Unterkunft, Wasser, Gesundheitsversorgung, Hygiene – wir leisten gute Arbeit«, sagte mir der Chef einer Hilfsorganisation in Goma. »Das will die internationale Gemeinschaft, und das kriegt sie von uns.« Aber mochten die Fehler der internationalen Reaktion auch nicht ihren Ursprung in der Hilfsbranche haben, so faßten sie dort doch schnell Fuß. Selbst wenn es wünschenswert wäre, nicht Partei zu ergreifen, so ist es doch unmöglich, in einer politischen Situation ohne politische Folgen tätig zu werden.

»Die Haltung der Helfer besteht darin, nicht zu denken – einfach zu tun«, sagte ein französischer UNHCR-Funktionär in den ruandischen Lagern in Burundi. »Wir sind wie Roboter – man hat uns programmiert, einige Leben zu retten. Sobald aber die Verträge auslaufen oder die Lage zu gefährlich wird, dann gehen wir, und vielleicht werden dann die Leute, die wir gerettet haben, doch noch umgebracht.« Helfer ließen sich nicht gerne als Söldner bezeichnen, aber »nicht zu denken – einfach zu tun«, wie es der UNHCR-Mann ausgedrückt hatte, entspricht der Geisteshaltung eines Söldners. Ein Schweizer Delegierter für das Internationale Komitee des

Roten Kreuzes sagte mir: »Wenn die humanitäre Hilfe zu einem Schleier wird, um die politischen Folgen zu verdecken, die sie tatsächlich bewirkt, und wenn sich dahinter Staaten verbergen und sie als Vehikel der Politik benutzen, dann sind wir an dem Konflikt beteiligt.«

Ihrem Mandat zufolge liefert die UNHCR Hilfe ausschließlich an Flüchtlinge – Menschen, die über eine internationale Grenze geflohen sind und eine begründete Sorge belegen können, sie würden in ihrem Heimatland verfolgt; Menschen, die vor Strafverfolgung fliehen, sind dagegen ausdrücklich ausgenommen. Das Mandat verlangt außerdem, daß die Empfänger der UNHCR-Hilfe ihr Anrecht auf den Flüchtlingsstatus nachweisen können. Man machte jedoch kein einziges Mal den Versuch, die Ruander in den Lagern zu überprüfen; das galt als viel zu gefährlich. Mit anderen Worten, wir – alle Steuerzahler in den Ländern, die für die UNHCR aufkommen – ernährten Menschen, von denen man fürchtete, sie würden uns (oder unsere Vertreter) angreifen, falls wir ihr Recht auf unsere Fürsorge in Frage stellten.

Niemand weiß genau, wie viele Menschen in den Lagern in Zaire lebten, weil niemals eine gründliche Zählung in Angriff genommen wurde, und Versuche von Teilzählungen wurden systematisch, häufig auch gewaltsam, von den *génocidaires* sabotiert, die ein politisches Interesse an möglichst hohen Zahlen besaßen und auch gegen die zusätzlichen Rationen nichts einzuwenden hatten. Die Geburtenrate in den Lagern lag nahe der Grenze menschlicher Möglichkeiten; mehr Hutu zu zeugen gehörte zur Politik der Hutu-Power, und die erzwungene Schwängerung einer jeden Frau im fortpflanzungsfähigen Alter galt unter den dort lebenden *Interahamwe* als eine Art Dienst an der Ethnie. Andererseits war es etwa einer halben Million Menschen gelungen, im ersten Jahr nach dem Völkermord aus eigenem Antrieb nach Ruanda zurückzukehren. Danach behauptete die UNHCR, die Zahl der Lagerbewohner habe sich bei eineinviertel Millionen Ruandern stabilisiert, aber mehrere UNHCR-Angehörige sagten mir, diese Schätzungen lägen um wenigstens 20 Prozent zu hoch.

Die einzige sichere Statistik über die Lager in Zaire besagte, daß sie ihre Geldgeber mindestens eine Million Dollar täglich kosteten. Ein Dollar pro Person pro Tag mag nicht nach viel klingen, besonders wenn man berücksichtigt, daß nicht weniger als 70 Prozent dieses Geldes in Form von Unkosten, Vorräten, Ausrüstung, Personalunterbringung, Gehältern, Sonderleistungen und anderen Ausgaben direkt in die Taschen der Hilfsorganisationen und ihrer Ausrüster zurückflossen. Aber selbst wenn für jeden Flüchtling nur fünfundzwanzig Cent pro Tag ausgegeben wurden, so war dieser Betrag immer noch fast doppelt so hoch wie das Pro-Kopf-Einkommen der meisten Ruander. Die Weltbank gelangte zu dem Ergebnis, daß Ruanda nach dem Völkermord zum ärmsten Land der Erde geworden war, mit einem Durchschnittseinkommen von achtzig Dollar jährlich. Da Tausende Menschen in Ruanda im Jahr Tausende Dollar verdienten, lebten mindestens 95 Prozent der Bevölkerung vermutlich von einem Durchschnittseinkommen, das eher bei sechzig Dollar im Jahr oder sechzehn Cent pro Tag lag.

Unter diesen Umständen war das Leben in einem Flüchtlingslager nicht das schlechteste Geschäft für einen Ruander, vor allem, wenn er in das Patronagenetz der Hutu-Power eingebunden war. Die Verpflegung war nicht nur kostenlos, sondern auch reichlich; in den Lagern herrschte weit weniger Unterernährung als sonst in dieser Region – sie entsprach etwa der Situation in Westeuropa. Die allgemeine medizinische Versorgung war ebenfalls so gut, wie sie in Zentralafrika nur sein konnte; Zairer, die in Goma lebten, sprachen voller Neid von den Möglichkeiten der Flüchtlinge, und manche erzählten mir, sie hätten sich als Flüchtlinge ausgegeben, um sich in den Kliniken des Lagers behandeln zu lassen. Nachdem sämtliche wesentlichen Ausgaben durch die Wohlfahrt abgedeckt waren, konnten die Lagerinsassen sich dem Handel widmen, wozu die Hilfsorganisationen häufig die Mittel lieferten, etwa in Form landwirtschaftlicher Vorräte. Die größeren Lager in Zaire entwickelten sich schnell zu den größten, reichhaltigsten und billigsten Märkten der Region. Zairer kamen von weither, um *chez les Rwandais* einzukaufen, wo offenbar mindestens die Hälfte des Handels mit humanitären Hilfsgütern ablief – Bohnen, Mehl und Öl aus Säcken und Dosen, die mit den Logos ausländischer Spender bedruckt waren. Und als die *Interahamwe* und Ex-FAR ihre Angriffe auf die Tutsi-Viehzüchter von Nord-Kivu intensivierten, wurden die Märkte der Lager von Goma berühmt für ihr unglaublich billiges Rindfleisch.

Die Lager waren eng und verraucht, und sie stanken, aber all das galt auch für die Häuser, aus denen viele Ruander geflohen waren; und im Unterschied zu den meisten ruandischen Dörfern waren die wichtigsten Durchgangsstraßen der großen Lager gesäumt von gut ausgestatteten Apotheken, zweistöckigen Videobars, die ihren Strom aus Generatoren bezogen, Bibliotheken, Kirchen, Bordellen, Fotostudios – was man sich nur denken kann. Wenn Helfer mich herumführten, klangen sie wie stolze Hausbesitzer und sagten Dinge wie »großartiges Lager«, selbst wenn sie gleichzeitig von »diesen armen Menschen« sprachen und fragten: »Was tun wir hier?«

Die Profite aus dem Handel der Flüchtlinge landeten in vielen Taschen, aber große Summen flossen direkt über die politischen Netze in den Kauf von Waffen und Munition. Richard McCall, der Stabschef der *United States Agency for International Development*, beschrieb Zaire als »unkontrolliertes Tor für Waffenlieferungen« an die *génocidaires*. Die

UNHCR drückte sich ähnlich, wenn auch etwas vorsichtiger aus, ließ sich deshalb aber niemals davon abhalten, mehr Geld für den Unterhalt der Lager zu verlangen.

Offiziell bestand die Politik der UNHCR in den Grenzlagern darin, die »freiwillige Rückkehr« zu fördern. Zunächst erfolgte dies, indem die Rückkehrwilligen sich ein oder zwei Tage vor Abfahrt der Busse anmeldeten. Als eine Reihe dieser Menschen vor ihrer Abfahrt zusammengeschlagen oder umgebracht wurde, beschloß man einfach, in den Lagern jeden Morgen Busse mit laufendem Motor bereitzustellen, damit jeder, der wollte, sein Glück versuchen konnte. Wenig überraschend erwies sich auch dieser Versuch bald als Fehlschlag. »Was heißt freiwillig?« fragte mich General Kagame einmal. »Normalerweise bedeutet es, daß jemand nachdenkt und eine Entscheidung trifft. Ich denke nicht, daß es für die unschuldigen Menschen auch nur eine freiwillige Entscheidung ist, in den Lagern zu bleiben. Ich glaube, es gibt da einen gewissen Einfluß. Wie können wir also davon sprechen, sie würden freiwillig gehen?«

Tatsächlich sorgte häufig sogar eben die ach so humanitäre Gemeinschaft, die angeblich die Rückkehr förderte, für eine gewisse Stimmung gegen das Verlassen der Lager. »Sie sind nicht sicher, wenn sie heimkehren«, hörte ich von etlichen Helfern. »Sie könnten verhaftet werden.« Und wenn sie verdienten, verhaftet zu werden? »Das können wir nicht beurteilen«, sagte man mir, und um die Diskussion zu beenden, hieß es gewöhnlich: »Ohnehin will die Regierung in Kigali sie gar nicht wirklich zurückhaben.« Natürlich waren nur sehr wenige von den Leuten, die in den Lagern arbeiteten, überhaupt jemals in Ruanda gewesen; ihre Organisationen unterstützten das nicht. Daher griff unter ihnen allmählich jene »Krankheit« um sich, die Diplomaten Klientitis nennen: eine übermäßig leichtgläubige Übernahme der Ansichten ihrer Klienten. Sobald ich die Grenze zurück nach Ruanda überquerte, hatte ich das Gefühl, ich sei durch einen Spiegel getreten. Bei der UNHCR in Goma sagte man mir, Ruanda sei entschlossen, die Rückkehr zu verhindern, und die Rückkehrenden würden häufig unter Druck gesetzt – nur um sicherzustellen, daß der Rest der Flüchtlinge fortblieb. Bei der UNHCR in Kigali dagegen versorgte man mich mit Statistiken und Argumenten, um nicht nur nachzuweisen, daß Ruanda die Flüchtlinge zurückhaben wollte, sondern daß die bereits Zurückgekehrten auch mit aller ihnen zukommenden Rücksicht behandelt wurden.

Im Juni 1995 kam Zaires Premierminister Kengo Wa Dondo nach Goma und hielt eine Rede; darin sagte er, wenn die internationale Gemeinschaft die Lager nicht schließen wolle, dann müsse Zaire die Ruander selbst nach Hause schicken. Im August gingen dann zairische Soldaten gegen die Lager vor und trieben auf die übliche brutale Weise – mit vielen Durchsuchungen und angezündeten Hütten – in weniger als einer Woche etwa fünfzehntausend Ruander zurück über die Grenze. Das war mehr, als die UNHCR in den vorangegangenen sechs Monaten erreicht hatte. Aber die UNHCR war gegen eine erzwungene Heimkehr – wenigstens solange es sich nicht um vietnamesische Boat people in Hongkong handelte, woran mich Gerald Gahima im ruandischen Justizministerium erinnerte. Die UN-Flüchtlingskommissarin persönlich, Sadako Ogata, überredete Präsident Mobutu, seine Truppen wieder abzuziehen – gerüchteweise war zu hören, man habe ihn dafür bar bezahlt –, und prompt war man wieder in die »Sackgasse« geraten, über die sie vor dem Sicherheitsrat so häufig geklagt hatte.

Die Presseberichterstattung über das Vorgehen der Zairer hob die zahlreichen Verstöße gegen internationales humanitäres Recht hervor, unter denen die Flüchtlinge – vorwiegend ältere Menschen, Frauen und Kinder, die nicht fortlaufen konnten – hatten leiden müssen. Über die ruandische Seite der Grenze gab es kaum weitergehende Presseartikel, und die Ereignisse dort *waren* ja in der Tat ziemlich banal: Die Flüchtlinge wurden reibungslos wieder in ihre Gemeinden eingegliedert, die Zahl der Verhafteten lag unter dem Durchschnitt, und das UNHCR-Büro in Kigali war von der Haltung der Regierung so beeindruckt, daß sie den Vorgang zu einer Demonstration des guten Willens der ruandischen Regierung erklärte.

»In einer Situation wie nach einem Völkermord gibt es keine Möglichkeit, die internationale Gemeinschaft fernzuhalten«, sagte General Kagame einmal zu mir. »Doch es kann durchaus sein, daß sie die falschen Heilmittel für unsere Leiden mitbringen. Einerseits geben sie zu, daß ein Völkermord in Ruanda stattgefunden hat, aber sie scheinen nicht zu verstehen, daß dafür jemand die Verantwortung trägt, daß jemand ihn geplant und durchgeführt hat. Deshalb sind wir irritiert über Andeutungen, wir sollten verhandeln. Fragt man zurück: ›Mit wem denn?‹, dann wissen sie keine Antwort. Sie bringen es eben nicht übers Herz zu sagen, wir sollten mit den Leuten verhandeln, die den Völkermord verübt haben. Natürlich, auf die Dauer verursachen sie ein größeres Problem, weil der Völkermord so immer mehr aus dem Blickfeld gerät und nicht mehr als ein schlimmes Verbrechen erscheint, für das Menschen verfolgt und angeklagt werden sollten.« Außerdem, so Kagame, »gibt es einige völlig unschuldige Menschen in diesen Lagern, und für sie war es eine sehr schlimme Situation. Hier in Ruanda passiert zwar manches, aber es gibt doch immerhin ein gewisses Maß an Vernunft. Vielleicht ist es hier nicht immer angenehm, vielleicht ist es nicht immer das Beste, aber es ist das Beste unter diesen Umständen.«

Ich erzählte ihm, ich träfe immer wieder Ruander, die behaupteten, Ruander sagten niemals die Wahrheit, Ruanda habe eine Kultur der Unehrlichkeit, und um Ruanda zu verstehen, müsse man in dieses Reich der Mystifikation eintauchen. Ich fragte, was er davon hielte.

»Vielleicht sprechen nicht einmal diejenigen die Wahrheit, die so etwas sagen«, entgegnete er und brach in ein ungewöhnlich herzhaftes Lachen aus. Dann fügte er hinzu: »Ich glaube nicht, daß es an unserer Kultur liegt – zumal ich auch in der Politik etlicher anderer Länder nicht viel Ehrlichkeit entdecken kann. In manchen Ländern wird man jedoch dann, wenn man zu lügen versucht, durch starke Institutionen bloßgestellt, die sich Mühe geben herauszufinden, was wirklich geschehen ist.« Er verstummte für einen Augenblick. Dann meinte er: »Ich persönlich habe kein Problem damit, die Wahrheit zu sagen, und ich bin Ruander, also warum nehmen die Leute nicht mich als Beispiel eines Ruanders? Einige Leute hier haben mir sogar gesagt, in der Politik gebe es manchmal bestimmte Dinge, die man nicht sagt, die ich aber öffentlich gesagt habe. Je öfter sie mir so etwas erzählen, desto mehr bin ich davon überzeugt, daß ich recht habe.«

In Kagames Augen war das Lügen kein ruandischer Charakterzug, sondern eine politische Taktik, und von dieser Taktik hielt er nicht viel. Das hieß nicht, man solle nichts für sich behalten; aber Geheimnisse sind, selbst wenn sie mit einer Täuschung einhergehen, nicht notwendigerweise Lügen – bloß Wahrheiten, die man nicht ausspricht. In einer Welt, in der man von Politikern nichts als Lügen erwartet, hatte Kagame festgestellt, daß Ehrlichkeit häufig einen Überraschungsvorteil verschaffen kann. »Manchmal sagt man die Wahrheit, weil das der beste Ausweg ist.«

Wenn in dieser Welt eines gewiß ist, dann sicherlich dies: es wird uns kein zweites Mal widerfahren.

Primo Levi, 1958
Ist das ein Mensch?

Es ist geschehen, und folglich kann es wieder geschehen: darin liegt der Kern dessen, was wir zu sagen haben. Es kann geschehen, überall.

Primo Levi, 1986
Die Untergegangenen und die Geretteten

18

In den Vorbergen der Virunga-Vulkankette, in der Region Masisi in Nord-Kivu in Zaire, an einem Hang mit Blick über ein Bauerndorf namens Mokoto am Seeufer, stand die Ruine eines Klosters, die ein Überbleibsel aus dem mittelalterlichen Europa hätte sein können. Aber diese Ruine war neu. Bis Anfang Mai 1996 ähnelte Mokoto einer alten Kathedralenstadt. Unten lebten die Dörfler vorwiegend in strohgedeckten Hütten aus Lehmziegeln und auf dem Hügel Trappistenmönche in einer eindrucksvollen Anlage aus Mauerwerk und schönen Holzarbeiten, mit einer großen Kirche, einer Bibliothek, einem Gästehaus für Besucher, einer Meierei mit annähernd tausend Kühen, einer Reparaturwerkstatt für Motorfahrzeuge und einer durch Wasserkraft angetriebenen Elektroanlage. Das Kloster versorgte Mokoto und die Nachbardörfer mit sozialen Leistungen; die Mönche betrieben sechs Schulen und eine Ambulanz, und sie hatten eine Bewässerungsanlage entworfen, nachdem die Dorfbewohner früher viel Zeit darauf verwenden mußten, das Wasser in Eimern herbeizuschleppen. In den Monaten Januar und Februar 1996 suchten immer mehr Menschen, die von angreifenden Banden aus ihren Häusern vertrieben worden waren, beim Kloster Schutz, und Pater Dhelo, der zairische Superior in Mokoto, nahm sie ohne zu zögern auf.

Pater Dhelo wußte, daß die Vertriebenen Tutsi waren, die Angreifer dagegen Hutu unter der Führung der Ex-FAR und von *Interahamwe* aus den UN-Lagern in Goma, südöstlich von Mokoto, etwa fünfzig unwegsame Kilometer entfernt. Seit Anfang 1996 waren Gerüchte kursiert, wonach die Hilfe für die Lager eingestellt oder die Lager geschlossen würden, da einige westliche Regierungen immer weniger bereit seien, für die Lager zu zahlen. Daraufhin hatten die dort lebenden *génocidaires* und ihre Hutu-Verbündeten aus Zaire ihren Krieg in Nord-Kivu verschärft und ausgedehnt. Ihr Ziel schien nun die »ethnische Säuberung« des bergigen landwirtschaftlichen Kernlandes von Nord-Kivu und die Errichtung einer dauerhaften Basis für die Hutu-Power – in der ganzen Region sprach man informell bereits von Hutuland.

Pater Dhelo wußte all das, und er wußte auch, daß 1994 die *génocidaires* nicht gezögert hatten, das Kirchenasyl in Ruanda zu verletzen. Als ihm jedoch örtliche Hutu-Führer mit dem Tode drohten, weil er den vertriebenen Tutsi in Mokoto Zuflucht gewährte, wollte er sich nicht einschüchtern lassen. »Ich sagte ihnen, wenn sie glaubten, mein Tod könne ihre Probleme lösen, und wenn nur ich sterben müßte, dann würde ich gerne sterben«, erzählte mir Pater Dhelo. »Danach waren sie nicht mehr hinter mir her.« Schließlich, Anfang Mai, ging Pater Dhelo auf eine Dienstreise.

An die tausend Tutsi lagerten damals um das Kloster herum. Laut Pater Victor Bourdeau, einem französischen Mönch, der seit siebzehn Jahren in Mokoto gelebt hatte, versammelte sich am Abend des 8. Mai, einem Mittwoch, ein Hutu-Mob um das Lager. Es wurde ein paarmal in die Luft geschossen, woraufhin Hunderte Tutsi Zuflucht in der Kirche suchten. Am Freitag erhielt das Kloster die Warnung, ein größerer Angriff sei geplant. Es gab keinen sicheren Weg, um die Tutsi fortzubringen; die meisten Mönche jedoch wurden evakuiert. Pater Victor gehörte zu den sechs, die bis zum Sonntag, dem 12. Mai, ausharrten. An diesem Morgen drangen Hutu-Kämpfer gewaltsam in die Kirche ein, zerrten einige Tutsi heraus und erschlugen sie mit Macheten. »Wir konnten nichts tun«, sagte Pater Victor. Er und die anderen Mönche flohen auf einem Traktor.

Als ich neun Tage später den Mönchen von Mokoto begegnete, waren sie selbst Vertriebene und lebten in Behelfsunterkünften in Goma. Pater Victor, ein großgewachsener, schlanker Mann mit dem sorgenvollen Gesichtsausdruck eines Asketen, saß in seiner Khaki-Soutane auf einer Pritsche in einem kleinen stickigen Raum. »Jeder im Dorf hat mitgemacht, durch Schweigen oder durch Plündern, und es ist unmöglich, die Verantwortung aufzuteilen«, meinte er. »Es ist wie in Ruanda – man kann nicht sagen, alle seien schuldig, aber es läßt sich unmöglich auseinanderhalten.« Pater Victor war am 7. April 1994 in Kigali gewesen, dem Tag nach dem Attentat auf Habyarimana, und er sagte: »Es war genau das gleiche Szenario.«

Mokoto lag so abgeschieden, daß Meldungen von dem Massaker im Kloster erst nach drei Tagen Kigali erreichten, wo ich mich damals aufhielt. Die Geschichte paßte in das Muster der jüngsten Ereignisse. In den vorangegangenen sechs Wochen hatte man mindestens zehntausend Tutsi aus Nord-Kivu verjagt und gezwungen, in Ruanda Zuflucht zu suchen. Die ruandische Regierung hatte Zaire der Mittäterschaft an dieser Vertreibung beschuldigt, weil die zairischen Truppen häufig Tutsi in Lastwagen an die Grenze gefahren und dann ihre zairischen Papiere beschlagnahmt oder zerrissen hatten. Offizielle Vertreter Zaires beriefen sich daraufhin auf ein viel diskutiertes, zuvor jedoch niemals durchgesetztes Nationalitätengesetz, das Zaire 1981 unter Verletzung sowohl der eigenen Verfassung als auch einer ganzen Reihe internationaler Rechtskonventionen verabschiedet hatte. Laut diesem Gesetz verloren Zairer ruandischer Herkunft ihre Staatsangehörigkeit, so daß sie staatenlos wurden. »Die Flüchtlinge aus Nord-Kivu sind Zairer«, sagte mir General Kagames Berater Claude Dusaidi. »Wir bitten um die Heimkehr unserer Bürger aus den Lagern, und sie schicken uns ihre. Sie müssen sie zurücknehmen und uns unsere geben.«

Als die Berichte von dem Massaker in Mokoto die Runde

machten, begegnete ich in jeder ruandischen Regierungsstelle den gleichen Zornesausbrüchen. Wenn Zaire es allgemein auf die Menschen ruandischer Herkunft abgesehen habe, fragte man mich, warum würden dann die zairischen Tutsi ausgesondert, während zairische und ruandische Hutu sie ungestraft töten dürften? »Es ist wirklich schon wieder ein Völkermord im Gange«, sagte Dusaidi, »diesmal jedoch unterstützt von Zaire gegen die eigenen Bürger.« Immer wieder erinnerte man mich daran, daß Zaires Präsident Mobutu Sese Seko schon Habyarimanas Kampf gegen die RPF unterstützt habe. Außerdem habe er während des Völkermords die Waffenlieferungen nach Ruanda erleichtert, Stützpunkte für die französischen Streitkräfte der *Opération Turquoise* zur Verfügung gestellt und den wiedererstandenen Streitkräften der Hutu-Power in den Grenzlagern Vorschub geleistet. Ein Untersuchungsteam der UN hatte soeben einen Bericht veröffentlicht, wonach der berüchtigte Ex-FAR-Oberst Bagasora mit zairischen Militärpapieren auf die Seychellen gereist war, um Waffen und Munition einzukaufen. In der ersten Hälfte des Jahres 1996, während der Krieg in Nord-Kivu immer erbitterter geführt wurde, hatten sich auch die Angriffe von in Zaire stationierten Truppen der Hutu-Power gegen Ruanda verschärft. Eindringlinge töteten Hunderte von Überlebenden des Völkermords – die Organisation *African Rights* bezeichnete das als »Mord an den Beweismitteln«. Aus diesem Grund waren offizielle Vertreter Ruandas besonders erbost darüber, daß die internationale Gemeinschaft über die Lager weiterhin Geld nach Zaire pumpte, aber nichts unternahm, um Mobutu für die Taten seiner völkermörderischen Gäste zur Rechenschaft zu ziehen.

Mobutu war der am längsten herrschende Despot in Afrika. Sein Aufstieg zur Macht zwischen 1960 und 1965 war mit sorgfältiger Unterstützung der CIA und verschiedener Banden weißer Söldner erfolgt, indem man die frei gewählte kongolesische Nationalbewegung gewaltsam unterdrückte. Mobutus Beharrungsvermögen verdankte sich weitgehend seiner Begabung, das Elend seiner Nachbarn zum eigenen Vorteil zu nutzen. Während des kalten Krieges stützten ihn die USA und deren Verbündete als Bollwerk gegen kommunistische Kräfte in Zentralafrika. Dann fiel die Mauer in Berlin, und Mobutu war nicht mehr von Nutzen. Förderung der Demokratie hieß das neue Rezept, und als Mobutu nur die gewaltsame Parodie eines Mehrparteiensystems zustande brachte, gaben ihm seine ehemaligen westlichen Gönner den Laufpaß. Sein riesiges Land – von der Größe Westeuropas oder der USA östlich des Mississippi – barg große Schätze an Kobalt, Diamanten, Gold und Uran, und er galt als einer der reichsten Männer der Welt. Gegen Ende 1993 jedoch lief seine unbezahlte Armee Amok und zog mordend, plündernd und vergewaltigend durchs Land; Zaire erlebte eine Inflation von 10 000 Prozent, und Mobutu selbst war geächtet und konnte kein Visum in die USA oder nach Europa erhalten – er schien dem Untergang geweiht. Dann rückte ihn der ruandische Völkermord wieder ins Rampenlicht – dieses Mal als den Mann, den man konsultieren mußte, wenn man mit den Flüchtlingen zu tun hatte.

Wieder einmal wandten sich also westliche Führer an Mobutu als den entscheidenden Mann in regionalen Angelegenheiten; Emissäre der Vereinigten Staaten, der Europäischen Union und des UN-Sekretariats gaben sich in Gbadolite förmlich die Klinke in die Hand, dem riesigen Dschungelpalast, in dem Mobutu hof hielt und wo sich auch Habyarimanas Grab befand. Frankreich – immer bereit, Hutu-Power aus der Patsche zu helfen – löste sich aus den Reihen der übrigen »freien Welt«, wie das im Sprachgebrauch des kalten Krieges geheißen hatte, und nahm einseitig die Hilfe für Zaire wieder auf – und das bedeutete natürlich Hilfe für Mobutu, der das Geld direkt auf seine Schweizer Bankkonten schaufelte. »Dieser Völkermord«, sagte mir ein europäischer Diplomat, »war für Mobutu ein Geschenk des Himmels.« Die ruandischen Offiziellen, mit denen ich sprach, glaubten, Mobutu versuche sicherzustellen, daß dieses Geschenk auch weiterhin geliefert würde, indem er die Schaffung eines stark militarisierten Hutulandes in Zaire duldete und sogar förderte.

»Falls irgend jemand glaubt, Mobutu könne die Leute ewig hinters Licht führen, wird es wohl nicht lange dauern, bis die Leute erkennen, daß wir keine Narren sind, die sich hinters Licht führen lassen«, warnte Oberst Karemera, der ruandische Gesundheitsminister. Die letzten Bataillone der UNAMIR waren schließlich im April 1996 aus Ruanda abgezogen, und einen Monat später schien der Krieg, auf den ein jeder gewartet hatte, unmittelbar vor dem Ausbruch zu stehen. »Zaire provoziert und provoziert«, sagte mir Claude Dusaidi im Verteidigungsministerium. »Wenn Zaire seine Bürger vertreiben und zu uns schicken will, dann soll Zaire ihnen auch ihr Land mitgeben.« Dieses Argument hörte ich so oft von offiziellen Vertretern in Kigali, daß ich Dusaidi, der für seine deutliche Sprache bekannt war, die Frage stellte, ob Ruanda eine Invasion Zaires vorbereite. »Wir haben genug eigene Probleme«, antwortete er. »Wir brauchen nicht über unsere Grenzen zu gehen, um uns frustrieren zu lassen. Aber wenn wir Nord-Kivu wollten, würden wir hingehen und es nehmen.«

Nach dem Massaker im Kloster von Mokoto konnten Hunderte Tutsi-Überlebende fliehen und fanden in einem nahegelegenen zairischen Dorf Zuflucht. Ich wollte wissen, was dort aus ihnen werden sollte. Auf meinem Weg zur Grenze machte ich bei einem Lager im nordwestlichen Ruanda halt, wo Tausende zairischer Tutsi untergebracht waren, die man erst vor kurzem aus Nord-Kivu vertrieben hatte. Ich sprach mit etwa einem Dutzend Männern; sie erzählten, zu Beginn der Angriffe der Hutu-Power, Anfang 1996, habe Zaire Truppen geschickt. Die Tutsi hatten erwartet, daß die Truppen sie verteidigten und daß Zaire die eigenen Leute beschützen würde. Statt dessen hatten die meisten Soldaten dabei geholfen, sie auszurauben, und sie dann mit Gewalt über die Grenze getrieben. »Wir mußten sie für den Transport zur Grenze bezahlen«, sagte ein Mann, dessen Kleidung – ein Paar stark mitgenommener Langlaufskischuhe und ein Island-Pullover – davon zeugte, wie unvermittelt er von milden Gaben abhängig geworden war.

Die Tutsi-Flüchtlinge aus Zaire waren überzeugt, daß Mobutu hinter ihren Schwierigkeiten steckte. »Er ist ein sehr starker Mann«, meinte ein Flüchtling, der jahrzehntelang zairischer Staatsangestellter gewesen war. »Er ist seit dreißig Jahren an der Macht, und jedesmal, wenn er es mit Opposition im eigenen Land zu tun bekommt, läßt er einen Bürgerkonflikt heraufziehen, schlägt ihn dann nieder und sagt: ›Voilà, Frieden!‹« Die Flüchtlinge glaubten außerdem, Mobutu könne die Ordnung jederzeit wiederherstellen, wenn er es denn nur wollte. Die Übersetzung seines vollständigen, von ihm persönlich angenommenen Namens Mobutu Sese Seko Kuku Ngbendu Wa Za Banga laute schließlich »Der allmächtige Krieger, der durch seine Ausdauer und seinen Siegeswillen von Eroberung zu Eroberung schreitet und Feuer hinterläßt«, oder auch »Der Hahn, der keine Henne in Frieden läßt«. Niemand schien den geringsten Zweifel zu hegen, daß alle Geschehnisse in seinem Herrschaftsbereich ihren Ursprung letztlich bei ihm persönlich hatten, in dem, was er tat oder unterließ, und daß auch das Endergebnis schließlich genau seinen Wünschen entsprechen werde.

Aber Mobutu wollte sich von Außenstehenden nicht bei der Arbeit zusehen lassen. An der Grenze angekommen, erfuhr ich, daß Zaire keine Journalisten ins Land ließ. »Sie wollen das vollständige Chaos verbergen«, meinte ein ruandischer Mechaniker, der von einem Tagesausflug nach Goma zurückkehrte. »Das Land ist am Ende. Die Unternehmen ziehen ab.« Die Grenzwachen kannten mich jedoch nicht, und die Zöllner, die sich meinen Beutel griffen, schauten nicht einmal hinein: sie wollten lediglich Lösegeld, etwas Geld zum Vertrinken, und drei Dollar reichten dafür aus.

Zaire als Staat hatte lange Zeit als Phantomkonstruktion gegolten. Schon sein Name, den sich Mobutu im Rahmen eines Programms der »Authentizität« ausgedacht hatte, war ein Stück Täuschung: »Zaire« war eine alte portugiesische Verballhornung eines örtlichen Wortes für Fluß. Und Mobutu, der sich im Fernsehen gern mit seinem berühmten Hut aus Leopardenfell und mit dunkler Sonnenbrille auf Wolken wandelnd präsentierte, war noch einen Schritt weiter gegangen und nahm Adams Macht in Anspruch, all seine Untertanen umzutaufen – oder sie doch immerhin zu zwingen, ihre christlichen Namen abzulegen und afrikanische anzunehmen. Im Streben nach dem »Authentischen« hatte er außerdem sämtliche ausländische Unternehmen verstaatlicht, eine Verfassung eingesetzt, die ihm selbst die absolute Macht einräumte, und eine nationale Kleiderordnung vorgeschrieben (Schlips und Anzug wurden geächtet zugunsten eines flott modifizierten Mao-Kittels, der als *abacos* bekannt war – eine Kurzform für *à bas les costumes,* »Nieder mit den Anzügen!«); er ersetzte Kruzifixe durch sein Porträt, strich Weihnachten aus dem Feiertagskalender und tilgte jede Spur politischer Opposition. »Wir kehren zu dieser Authentizität zurück«, verkündete er einmal, »um unsere Seele wiederzufinden, die die Kolonisierung fast aus unserer Erinnerung getilgt hatte und die wir in der Tradition unserer Vorfahren suchen.«

Mobutus Prinzip war also eine doppelte Negation: Er wollte die korrupte Erinnerung tilgen, die ihrerseits die ursprüngliche nationale Erinnerung getilgt hatte, und somit jene originäre Erinnerungskette wiederherstellen. Die Vorstellung war romantisch, nostalgisch und von Grund auf unlogisch. Das Land, das Mobutu Zaire nannte, war niemals eine Nation gewesen, bevor der habgierige König Leopold II. von Belgien seine Grenzen auf die Karte zeichnete, und schon das Wort »Authentizität« – ein Import aus dem französischen Existentialismus, der während Mobutus Jugend in Mode gewesen war – stand in krassem Widerspruch zu seinem vorgegebenen Afrikanismus. Man fühlt sich an Pol Pot erinnert, der nach seinen Studienjahren in Paris nach Kambodscha zurückkehrte, den Namen seines Landes in Kamputschea änderte, den Kalender abschaffte, das »Jahr Null« verkündete und eine Million oder mehr seiner Landsleute hinschlachtete, um alle westlichen Einflüsse auszumerzen.

Um seine eigene Größe zu steigern, stieß Mobutu das Land systematisch ins Elend, und obwohl die Mehrheit der Zairer trotzig entschlossen schien, einfach weiterzuleben, Schulunterricht zu geben, zu beten, Handel zu treiben, sich fortzupflanzen und mit beträchtlicher Eloquenz ihre Aussichten auf politische Emanzipation zu diskutieren, fand eine beunruhigende Zahl westlicher Kommentatoren einen zynischen Trost in der Überzeugung, dieser Zustand sei ungefähr so authentisch, wie das in Afrika überhaupt möglich sei. Man überlasse die Eingeborenen einfach sich selbst, dachte man, und – Voilà! – Zaire. Es war fast so, als *wollten* wir, daß Zaire zum Herz der Finsternis würde – vielleicht paßte die Vorstellung zu unserem Verständnis von der natürlichen Ordnung der Nationen.

Natürlich war Mobutu niemals mehr als eine launenhafte Marionette seiner westlichen Gönner, und letzten Endes landete sogar die Idee der Authentizität auf dem Müll der Geschichte, als er jeden ideologischen Vorwand zugunsten eines absoluten Gangstertums preisgab. Die Zairer – die für gewöhnlich verpflichtet waren, sich zu versammeln und mobutistische Parolen zu schreien wie »Lieber an Hunger sterben, als reich sein und Sklave des Kolonialismus!« – durften mit ansehen, wie Mobutu reicher wurde, während sie verarmten. Im Laufe der Zeit wagten einige sogar, Mobutus Lieblingswort von den drei »Z« zu modifizieren – Zaire das Land, Zaire der Fluß und Zaire die Währung –, und fügten insgeheim ein viertes Z hinzu: Zaire Zero – Zaire die Null.

Alles, was von diesem Staate blieb, waren der Chef, seine Kumpane und seine Truppen – eine Vampir-Elite, die über mehr als anderthalb Millionen Quadratkilometer herrschte. Das sogenannte elfte Gebot des Mobutismus lautete »Débrouillez-vous!« – »Helft euch selbst!« –, und für mindestens eine Generation war dies das einzige absolute Gesetz im Land gewesen. Ausländische Besucher staunten immer wieder, daß das Land überhaupt überlebte. Wie konnte sich das Zentrum weiter halten? Die bessere Frage wäre vielleicht gewesen, ob es ein Zentrum gab. Nachdem er sein Land hatte aus den Fugen gehen lassen, gab Mobutu gerne vor, er alleine halte es noch zusammen, und als der Krieg in Nord-Kivu sich verschärfte, machten sich viele Zairer und ausländische Diplomaten weniger Sorgen über ein Zaire unter Mobutu als vielmehr über ein Zaire nach Mobutu.

»Stammeskämpfe und Unheil«, sagte mein Taxifahrer, als wir uns nach Goma hineinarbeiteten – auf der Gegenfahrbahn eines durch Baumreihen geteilten Boulevards, weil das die Seite mit den flacheren Schlaglöchern war. »Letzten Endes werden wir alle dafür zahlen müssen.« Ein Rundgang bei den humanitären Organisationen förderte keine besseren Nachrichten zutage. Drei Lastwagen von CARE waren in der Woche zuvor in der Nähe eines UN-Lagers mit Maschinengewehren und Raketenwerfern zusammengeschossen worden. Dreizehn Zairer waren ums Leben gekommen, und ich begegnete mehreren westlichen Helfern, die in ihren am Seeufer gelegenen Häusern den Zustand ihrer aufblasbaren

Zodiac-Boote überprüften, für den Fall einer Evakuierung oder gar in der Hoffnung darauf.

Jeder wußte Geschichten über Kämpfe in den Hügeln zu berichten, aber es gab kaum konkrete Informationen. Im UNHCR-Hauptquartier traf ich den Rückführungs-Beamten, der hinter seinem blitzsauberen Schreibtisch saß. »Vergessen Sie die Rückführung«, sagte er zu mir; er bewarb sich gerade um eine neue Stelle.

Eine Woche nach dem Massaker in Mokoto fuhr ich in das Kampfgebiet von Nord-Kivu. Die Straße verlief westlich von Goma über das Lavafeld und um das riesige Flüchtlingslager Mugunga herum, wo etwa einhundertfünfzigtausend Ruander in einem Meer von Hütten lebten, die mit den blauen Plastikplanen der UN gedeckt waren. Einige Kilometer weiter kam Lac Vert, das Hauptquartier der ehemaligen FAR. Die gepflasterte Straße endete in der Stadt Sake, einer heruntergekommenen Siedlung, in der sich etwa dreißigtausend Menschen des Hunde-Stammes drängten; Hutu-Kämpfer hatten sie aus den Hügeln vertrieben. Die Hunde waren wie die Hutu in erster Linie Subsistenzbauern, und die Rivalität der beiden Gruppen war ausschließlich ökonomisch und politisch bestimmt. »Morphologisch gesehen sind wir gleich«, bemerkte ein zairischer Hutu unter Verwendung des Vokabulars der europäischen »Rassenwissenschaft« – für den Hutu-Hunde-Konflikt gab es also keinen ethnischen Beweggrund.

Hinter Sake führte ein Feldweg durch die dichte Vegetation steil zum regendurchweichten Vulkanmassiv empor. Bald kamen wir an eine Lichtung, und mein Fahrer nannte mir den Namen eines Dorfes. Aber da war kein Dorf – nur Landstücke, auf denen einmal ein Dorf gestanden hatte, ein paar verkohlte Balken, Teile zerschlagenen Geschirrs und ab und zu ein paar bunte Blumen in einer Reihe, die eine tätige menschliche Hand vermuten ließ. Wir fuhren über eine

Stunde, ohne eine Menschenseele zu sehen – vorbei an den geplünderten Häusern der Hunde und den verlassenen Häusern der Hutu, von denen viele bei den Ruandern in den Lagern Zuflucht gesucht haben sollen. Masisi galt als der Brotkorb Zaires, eine so fruchtbare, so gemäßigte und so feuchte Gegend, daß manche Getreide bis zu viermal im Jahr geerntet werden konnten. Nun aber schien die Verwüstung vollständig, abgesehen von gelegentlichen sorgfältig gepflegten Gemüsefeldern; ihr Grün glänzte unter niedrigen dunklen Wolken, die ab und zu für ein paar Minuten hellen Regen entluden.

Über steilen, ausgefahrenen Serpentinen erhoben sich die unregelmäßig geformten Hügel in unscharfen Winkeln, öffneten sich manchmal zu tiefen Schluchten mit herabstürzenden Wasserfällen und verbanden sich dann wieder zu einem dichten Eukalyptuswald. Es war eine Landschaft, für die es sich sehr wohl zu kämpfen lohnte, aber dennoch konnte ich die endlose Reihe verlassener Dörfer nicht begreifen. Wenn man Menschen vertreibt und Gebiete erobert, besetzt man sie dann nicht auch? Sollten diese Hügel nicht voller Hutu sein? Oder wurde das Land schlicht für den Tag vorbereitet, an dem den Lagern das Geld ausging? Als wir endlich in ein Dorf mit ein paar Menschen kamen – Hutu und zairischen Soldaten –, hielt mein Fahrer es nicht für ratsam, anzuhalten und sie nach ihrer langfristigen Strategie zu befragen.

Am höchsten Punkt des Hanges wichen die Wälder zurück, und es öffneten sich die weiten alpinen Weiden der Tutsi-Viehzüchter; sie erstreckten sich über die Kuppen der Hügel und reichten hinab in die Täler. Es waren jedoch keine Tutsi zu sehen und ebensowenig Vieh. Nach vier Stunden auf der verlassenen Straße hatten wir etwa achtzig Kilometer zurückgelegt und erreichten das Dorf Kitchanga, wo die vom Kloster Mokoto geflohenen Tutsi vorübergehend Zuflucht gefunden hatten. Vor einer Hütte stand eine große Menschenmenge, um Stücke einer frisch geschlachteten Kuh zu kaufen. Die Kuh war ebenfalls aus Mokoto gekommen – aus der Meierei des Klosters »gerettet«, so die Dorfbewohner, es gab plötzlich so viel Rindfleisch in der Stadt, daß man mit zehn Dollar fast dreißig Pfund davon kaufen konnte.

Zehn Dollar reichten jedoch nicht aus, um das Leben eines Tutsi zu erkaufen; der aktuelle Preis für den Transport an die Grenze betrug zwölf bis fünfzehn Dollar. Achthundert der in Mokoto angegriffenen Tutsi drängten sich nun in einem durchnäßten und dampfenden strohgedeckten Schulhaus in Kitchanga zusammen; sie waren zu arm, um für ihre eigene »ethnische Säuberung« zu zahlen.

Ein paar Tage vor meiner Ankunft in Kitchanga war ein Hilfsteam der Organisation »Ärzte ohne Grenzen« zum Kloster Mokoto gefahren. Unterwegs war die Straße durch zwei verkohlte, nackte Leichname versperrt gewesen; Hände, Füße und Genitalien waren abgeschnitten, man hatte ihnen die Brust aufgeschnitten und die Herzen herausgerissen. Die Helfer zählten zehn Leichen und rochen weitaus mehr; sie schätzten die Zahl der Toten auf mindestens hundert. Während ihres Aufenthalts beim Kloster kamen einige verwundete Tutsi aus dem Busch, wo sie sich versteckt gehalten hatten. Einer von ihnen war ein nackter Junge, der nur seinen Nacken hatte bedecken können. Als er das Tuch fallen ließ, sahen sie, daß sein Kopf fast zur Hälfte abgeschnitten war, so daß man das Rückgrat und ein Stück Hirnschale sehen konnte. Ein Arzt hatte den Jungen wieder zusammengeflickt, und ich sah, wie er vor einem Notlazarett in Kitchanga wieder seine ersten vorsichtigen Schritte tat.

Bei der Dorfschule begegnete ich einem barfüßigen Mann in zerfetztem Regenmantel und Shorts, der sich als »Häuptling der Flüchtlinge aus Mokoto« vorstellte. Er meinte, viele der Angreifer seien aus den UN-Lagern gekommen. Sie seien leicht zu erkennen gewesen, denn sie hätten »hervorragendes Kinyarwanda« gesprochen und seien »gut angezogen« gewesen, während »wir Zairer aus den Hügeln kommen und uns eher im Swahili zu Hause fühlen«. Einige seiner Leute hätten fliehen können, als »die Angreifer andere beim Plündern sahen, über dem Stehlen das Töten vergaßen und erst später wieder zurückkamen«. Die Überlebenden von Mokoto hätten sich mit leeren Händen nach Kitchanga geschleppt, und ein paar alte Männer seien nur in Decken gehüllt gewesen, denn ihre Angreifer hatten sie schon nackt ausgezogen, um sie zu töten. Niemand konnte darauf zählen, noch einmal so viel Glück zu haben. Der Häuptling erzählte mir, die Milizen der Hutu-Power in Mokoto hätten gesungen: »Tötet, tötet, tötet« und »So sind wir aus unserem Land geflohen«. Die zairischen Tutsi-Flüchtlinge, denen ich in Ruanda begegnet war, hatten ihre einzige Hoffnung in der Rückkehr nach Zaire gesehen; der Häuptling der Mokoto-Tutsi jedoch hatte aufgegeben. Als er mir sagte: »Wir wollen nach Hause«, meinte er Ruanda. »Hier haben wir keine Nationalität«, ergänzte er.

Der Mwami von Kitchanga, der erbliche Hunde-Häuptling, ein stämmiger Mann in einem braunen Samthemd, mit einer Brille mit Metallrand und einer weißen Baseballmütze, stimmte dem zu. »Wirklich«, sagte er, »die Hutu wollen alle Tutsi vernichten.« Auch sein eigenes Volk habe es schwer, sich zu verteidigen; zu den Kämpfern gehörten sechs- und siebenjährige Jungen, und ihre Waffen bestünden zum größten Teil aus Speeren, Pfeil und Bogen sowie selbstgebastelten Flinten, mit denen sie Nägel abfeuerten. »Eine Automatik ist es nicht«, sagte der Mwami über ein solches Gewehr, »aber es tötet.« Kitchanga, wo früher eine gemischte Bevölkerung von etwa zweitausend Menschen gelebt hatte, war nun ausschließlich von Hunden bewohnt; ihre Zahl hatte sich durch den Zustrom von Flüchtlingen um 36 000 erhöht. Das Rote Kreuz und die UN schätzten, daß etwa die Hälfte der Bevölkerung von Masisi, rund dreihunderttausend Menschen, aus ihren Häusern vertrieben worden waren. Selbst der Mwami lebte in einer Behelfsunterkunft; sein Anwesen acht Kilometer vor der Stadt war zerstört. Ich traf ihn bei Bananenbier in seinem »Büro« – einem Verschlag aus UN-Plastikplanen. Er meinte, Kitchanga sei ein durchaus gastfreundlicher Ort, aber indem man Tutsi Zuflucht gewähre, mache man sich zur Zielscheibe für einen Angriff der Hutu. Er wollte die Tutsi los sein.

Die Tutsi mußten evakuiert werden, oder sie würden getötet. Das Problem war jedoch, daß der Weg zur ruandischen Grenze durch Hutuland und an den Lagern vorbei führte. In Kitchanga hieß es, die *International Organization for Migration*, eine zwischenstaatliche Organisation, habe versprochen, die Tutsi in einem Lastwagenkonvoi unter dem Schutz angeheuerter zairischer Soldaten abzuholen. Aber niemand rechnete ernsthaft damit.

Während der Nacht in Kitchanga vernahm ich das entfernte Knattern von Gewehrfeuer, und am Morgen wurde von schweren Kämpfen zwischen Hutu und Hunde nördlich des Dorfes berichtet. Man sagte mir, ich solle nach Goma zurückkehren. Als ich abfuhr, stiegen drei dichte Rauchsäulen auf der anderen Talseite auf, wo gerade Hunde-Kämpfer ein Hutu-Dorf plünderten. Entlang der Straße marschierten vertriebene Hunde nach Kitchanga – Frauen mit auf den Rücken gebundenen Stühlen, Männer mit Trögen zum Brauen von Bananenbier und ein schlanker junger Mann mit einem Speer in der einen Hand und einem Doppelbett auf dem Kopf.

Bei meiner Rückkehr nach Goma erfuhr ich, daß die *International Organization for Migration* tatsächlich einen Evakuierungskonvoi geplant hatte, der die Tutsi in Kitchanga retten sollte, aber man hatte diesen Plan wieder aufgegeben. Das Mandat der Organisation ließ es nicht zu, »intern vertriebenen« Menschen bei der Überquerung internationaler Grenzen zu helfen. Die UNHCR und Dutzende andere humanitäre Organisationen mit lukrativen Versorgungsverträgen für die Lager in Goma hatten alle ähnliche Beschränkungen in ihren Mandaten, die sie daran hinderten, die Überlebenden von Mokoto zu retten. Die meisten Hilfsorganisationen verboten es sich überhaupt, irgend jemanden irgendwohin zu befördern – sie konnten Hilfe nur am Ort leisten; viele weigerten sich, Operationen durchzuführen, bei denen bewaffneter Geleitschutz erforderlich war, damit ihre »Neutralität« nicht kompromittiert würde; wieder andere behaupteten, es verstoße gegen ihre humanitären Prinzipien, die »ethnische Säuberung« zu fördern, indem sie Tutsi abtransportierten, nur weil sie von Hutu bedroht würden. Einzelne Helfer, mit denen ich sprach, hielten es wie ich für humaner, eine Bevölkerung »ethnisch zu säubern«, als sie den Mördern preiszugeben. Es wurde jedoch mehr als deutlich, daß ihre Organisationen ihre wichtigste Aufgabe nicht im Schutz der Menschen sahen, sondern im Schutz der eigenen Mandate. »Hier gibt es nur Lügen«, sagte mir in Goma Pater Victor, der Mönch aus Mokoto. »All diese Organisationen – Decken und Essen geben sie aus, ja. Aber Leben retten? Nein, das können sie nicht.«

Zwölf Tage nach dem Massaker in Mokoto appellierte der ruandische Botschafter bei den Vereinten Nationen an den Sicherheitsrat, »umgehend einzugreifen, um einen Völkermord in Ostzaire zu verhindern«. Ruandas Forderung bezog sich insbesondere auf Mokoto und auf die in Kitchanga gebliebenen Tutsi. Die zairische Vertretung bei den UN entgegnete, der Konflikt in Nord-Kivu sei eine »ausschließlich innere Angelegenheit« und falle daher nicht unter die Zuständigkeit des Sicherheitsrats. Die Regierung von Zaire behauptete, es gebe keinerlei Probleme mit »kinyarwandasprechenden zairischen Staatsbürgern«, und verkündete absurderweise, daß »Kinyarwanda nicht zu den in Zaire gesprochenen Sprachen gehört«. Zaire teilte dem Sicherheitsrat darüber hinaus mit: »Das Wort ›Völkermord‹ hat in Zaires politischer Landschaft keinen Platz.« Der Sicherheitsrat blieb untätig; er verabschiedete noch nicht einmal eine seiner vorformulierten »Bekundungen der Sorge«.

Bei meiner Rückkehr nach Kigali erfuhr ich, daß einige Tutsi-Geschäftsleute in Nord-Kivu eine Evakuierung organisierten, um die Überlebenden von Mokoto in Kitchanga zu retten, und Ende Mai wurden über tausend von ihnen an die ruandische Grenze gebracht. Den ganzen Juni und Juli hindurch trafen Tutsi-Flüchtlinge in Ruanda ein, und während sich die Kämpfe im östlichen Zaire ausbreiteten, begannen Tutsi aus den Gebieten viel weiter im Norden nach Uganda zu fliehen. Ende August galt die Vertreibung der Tutsi aus Nord-Kivu als so gut wie abgeschlossen.

19

Als ich im Mai 1996 von meinen Besuchen bei den Überlebenden des Massakers von Mokoto nach Kigali zurückgekommen war, hatte ich Kagame gefragt, was seiner Meinung nach wohl aus den Tutsi-Flüchtlingen würde, die aus Zaire nach Ruanda vertrieben wurden. »Vielleicht müssen die jungen Männer kämpfen, dann werden wir sie ausbilden«, hatte er geantwortet. Ein Jahr später erzählte er mir, die Ausbildung finde bereits statt. Kagame war zu dem Schluß gelangt, daß er die Bedrohung durch die Lager der Hutu-Power in Zaire nicht völlig beseitigen konnte, solange nicht auch »die Unterstützung seitens der zairischen Regierung und der internationalen Gemeinschaft« ein Ende gefunden hatte.

Die Weltmächte hatten 1994 deutlich zu verstehen gegeben, daß sie nicht gewillt waren, gegen den Völkermord in Zentralafrika vorzugehen, aber noch fehlte eine überzeugende Erklärung, warum sie nicht aufhörten, seine Urheber zu unterstützen. Die falschen Schutzversprechungen, die sich in den Lagern widerspiegelten, brachten Hutu-Zivilisten ebenso wie Tutsi und jeden anderen in der Region in Lebensgefahr, und es war kein Trost, daß dieser Zustand nicht das Ergebnis einer böswilligen internationalen Strategie für Zentralafrika war, sondern eine Folge der Tatsache, daß es überhaupt keine Strategie gab. In Washington herrschte 1996 Wahlkampf, und ein Vertreter der Clinton-Regierung soll bei einer Sitzung des Nationalen Sicherheitsrates gesagt haben, in bezug auf Ruanda und Zaire habe man eigentlich nur eine Sorge: daß »wir nicht als Trottel dastehen wollen«. In Kigali machte man sich eher Sorgen über eine Invasion der Hutu-Power, und Oberst Joseph Karemera, Ruandas Gesundheitsminister, fragte mich: »Wenn die Leute, die jetzt in den Lagern humanitäre Hilfe erhalten, kommen und uns umbringen – was tut dann die internationale Gemeinschaft? Schickt sie noch mehr Hilfe?« Manchmal könne er sich des Gefühls nicht erwehren, daß »diese internationale Gemeinschaft uns betrachtet, als entstammten wir einer anderen Phase der menschlichen Evolution«.

Im Juli 1996 kam General Kagame nach Washington und erläuterte einmal mehr: Wenn die internationale Gemeinschaft nicht mit dem Monster fertig werde, das sie in den Lagern ausbrüte, dann werde er das selbst erledigen. Man hielt das für einen Bluff: die Vorstellung, Ruanda falle in Zaire ein, wirkte wie eine Invasion Liechtensteins in Deutschland oder Frankreich. Mobutu förderte Invasionen bei seinen Nachbarn, nicht umgekehrt, und Mobutu verkörperte noch immer Washingtons Hoffnung für die Region. »Gelegentlich«, erläuterte ein amerikanischer Diplomat mir gegenüber, »muß man mit dem Teufel tanzen, um das Werk des Herrn zu tun.« Und in dieser Hinsicht zumindest war Paris der gleichen Meinung. Frankreich blieb der mächtigste Fürsprecher der Hutu-Power. Kagames Warnungen schienen bei den Afrika-Experten am Quai d'Orsay die gelassene Reaktion auszulösen: Soll er es doch versuchen. (1995 hatte der neue französische Präsident Jacques Chirac sich geweigert, Ruandas neuen Präsidenten, Pasteur Bizimungu, zu einer jährlichen Konferenz der frankophonen afrikanischen Führer in Biarritz einzuladen, bei der Chirac zu einer Gedenkminute für Präsident Habyarimana aufforderte – und nicht etwa für die Toten des Völkermords, der in Habyarimanas Namen verübt worden war.)

Kurz nach Kagames Besuch in Washington machte sich die Armee Burundis daran, sämtliche Lager für Ruander auf ihrem Territorium zu schließen. Die UNHCR protestierte, aber als Burundi bei seiner Haltung blieb, begann die Flüchtlingsbehörde zu kooperieren. Bald drängten sich die Flüchtlinge auf die Lastwagen, die über die Grenze pendelten. Innerhalb weniger Wochen wurden zweihunderttausend Menschen heimgeschickt, und die UN fingen sogar an, die Repatriierung als freiwillig zu bezeichnen. Die ruandische Regierung verbreitete die Botschaft, die Rückkehrer sollten in ihren Gemeinden willkommen geheißen werden und ihre Häuser zurückerhalten – und in der Regel geschah das auch. UN-Beobachter erzählten mir, die Verhaftungszahlen seien niedriger gewesen als erwartet; in einigen Fällen wurden berüchtigte *génocidaires* sogar von Mitheimkehrern denunziert.

Mehrere Tage lang beobachtete ich, wie die Konvois aus Burundi ins Land rollten. Als ich Heimkehrer fragte, ob die Rückführung erzwungen sei, antworteten alle mit »nein«. Wenn ich jedoch fragte, warum sie sich plötzlich freiwillig zur Rückkehr gemeldet hätten, sagten sie, sie hätten keine Wahl gehabt. Die Antwort lautete fast immer gleich: »Alle sind gekommen. Wir sind zusammen gegangen, also kehren wir auch zusammen wieder zurück.« Ein Maurer, der barfuß in zerlumpten Kleidern zwischen seinen sechs Kindern stand, meinte: »Es gibt höhere Mächte«, dabei hob er die Augen zum Himmel, »die sich mit Politik und den Angelegenheiten der Menschen beschäftigen, und dann gibt es einfache Leute wie uns«, er schlug die Augen nieder und starrte auf seine Füße, »die nichts von Politik und den Angelegenheiten der Menschen verstehen und nur mit ihren Händen arbeiten, um zu essen und zu leben.« Die Massenheimkehr aus Burundi machte deutlicher als je zuvor, daß es für eine entsprechende Repatriierung aus Zaire nur ein Hindernis gab: die Fähigkeit der Hutu-Power, nicht nur die Lagerbevölkerung, sondern auch die gesamte internationale Gemeinschaft einzuschüchtern.

»Ich glaube, wir haben viel über die Heuchelei und Doppelzüngigkeit der Leute gelernt, die behaupten, sie wollten die Welt zu einem besseren Ort machen«, meinte General Kagame mir gegenüber. »Sie machen es zu einem politischen Problem und sagen, wir könnten die Flüchtlinge nicht zurückbekommen, solange wir nicht den Kerlen vergeben, die den Völkermord begangen haben.« Kagame war empört. »Ich sage denen: ›Wir haben euch aufgefordert, diese Gruppen zu trennen. Das ist euch nicht gelungen. Wenn ihr – die gesamte Welt – das nicht schafft, wie könnt ihr dann von uns erwarten, es besser zu machen? Ihr meßt uns an einer Latte, die es auf Erden noch nie gegeben hat. Ihr wollt, daß wir eines Morgens aufwachen und alles ist in bester Ordnung – die Leute gehen Hand in Hand, vergessen den Völkermord, und alles läuft wie geschmiert. Als Gerede klingt das ganz nett.‹«

Zunächst, erzählte mir Kagame, habe er angenommen, es liege in der »Verantwortung der gesamten internationalen Gemeinschaft«, mit »Leuten fertig zu werden, die schwere Verbrechen gegen die Menschlichkeit begangen hatten«. Dieser Meinung sei er immer noch. »Aber so lief es nicht. Es bleibt uns also nur, kehrtzumachen und noch einen Krieg zu führen.«

Kurz nach der Einnahme Kigalis durch die RPF, 1994, hatte Kagames alter Kampfgefährte, Ugandas Präsident Museveni, ihn mit einem Zairer namens Laurent Désiré Kabila bekannt gemacht, der in den sechziger und siebziger Jahren gegen Mobutu rebelliert hatte und nun auf eine neue Runde in diesem Kampf hoffte. Kagame, Museveni und Kabila knüpften alsbald Kontakte zu Zairern und anderen Afrikanern, die Mobutu als Gefahr für die Stabilität und den Fortschritt auf dem Kontinent betrachteten. »Wir sagten gewöhnlich zu den Zairern: ›Wir wissen, daß ihr uns Ärger machen wollt, aber wir machen euch Ärger‹«, erzählte mir Kagame. »Wir sagten: ›Ihr braucht Frieden, wir brauchen Frieden, also laßt uns zusammenarbeiten, aber wenn ihr nicht mit uns zusammenarbeitet – na schön.‹«

Natürlich gab es keinen Frieden und auch keinerlei Aussicht auf einen, und Mitte 1996 begann Kagame eine Kerntruppe für eine Rebellion in Zaire zu sammeln. Die zairischen Tutsi, unmittelbar von der Vernichtung bedroht, waren reif für die Anwerbung; darüber hinaus boten sie den Vorteil, daß sie in Aussehen und Sprache den Ruandern ausreichend ähnlich waren, so daß man RPA-Soldaten unter ihnen nur schwer würde herausfinden können. Soldaten und politische Kader wurden jedoch aus ganz Zaire zusammengesucht, und Kigali entwickelte sich bald zum heimlichen Sammelpunkt für alle Arten Mobutu-Gegner, die den bewaffneten Kampf in Zaire anstrebten.

Nach der Vernichtung der Tutsi-Gemeinden in Nord-Kivu ging Kagame davon aus, daß Süd-Kivu das nächste Ziel des Bündnisses zwischen Hutu-Power und Mobutu sein würde, und er sollte sich nicht täuschen. In Süd-Kivu lebten etwa vierhunderttausend zairische Tutsi; sie waren als die Banyamulenge bekannt, die Leute von Mulenge – in Mulenge hatten sich ihre Vorfahren zuerst niedergelassen, nachdem sie im siebzehnten und achtzehnten Jahrhundert von Ruanda her eingewandert waren. Seit der Einrichtung der UN-Lager für ruandische Hutu im Jahr 1994 hatten die Banyamulenge unter schweren Viehdiebstählen und einer zunehmenden Kampagne der Beunruhigung und feindseligen Propaganda zu leiden. Binnen kurzem bezeichneten zairische Offizielle die Banyamulenge unverblümt als »Schlangen« und ergriffen Maßnahmen, sie ihres Landes zu berauben, während die örtlichen Radiosender und Zeitungen sich immer stärker den Medien der Hutu-Power in Ruanda anglichen.

Anfang September 1996 setzte systematische Gewalt gegen die Banyamulenge ein. Streitkräfte der Hutu-Power und Mobutus plünderten gemeinsam mit vor Ort angeworbenen Milizen Häuser, Geschäfte und Kirchen der Tutsi und griffen die Bewohner an – einige wurden verhaftet oder hingerichtet, andere nach Ruanda vertrieben. Als man Banyamulenge auf offener Straße lynchte, brachten Vertreter der Regierung ihre Befriedigung darüber zum Ausdruck. Obwohl Teams der UN und humanitärer Organisationen in der gesamten Gegend arbeiteten, gab es keinen internationalen Aufschrei. Im Unterschied zu den Tutsi von Nord-Kivu, die widerstandslos in den Tod und ins Exil gingen, waren viele Banyamulenge jedoch bewaffnet; als sie angegriffen wurden, nahmen sie den Kampf auf und fügten ihren Angreifern beträchtliche Verluste zu. Gleichzeitig sickerten Hunderte frisch ausgebildeter und gut ausgerüsteter Widerstandskämpfer aus Ruanda nach Zaire ein. Als die Kämpfe sich verschärften und ausweiteten, flohen die internationalen Helfer aus großen Teilen Süd-Kivus und überließen ihre vorgeblichen Schutzbefohlenen sich selbst.

Schließlich, am 8. Oktober, verkündete Lwasi Ngabo Lwabanji, der Vizegouverneur von Süd-Kivu, alle Banyamulenge-Einwohner der Provinz müßten innerhalb einer Woche gehen. Er sagte nicht, wohin sie gehen sollten; alle Zurückbleibenden würden jedoch als Rebellen betrachtet, die sich im Kriegszustand mit Zaire befänden. Zweifellos war Lwasi etwas übereifrig; selbst in Zaire erklärten normalerweise nicht Vizegouverneure den Krieg. Der Geist dieses Ultimatums entsprach indes exakt der offiziellen zairischen Haltung und Praxis. Mobutu selbst, bei dem gerade erst ein Prostatakrebs diagnostiziert worden war, befand sich zur Behandlung in der Schweiz; er hatte Zaire jedoch schon solange aus der Ferne regiert, daß sein Hof wie gewohnt funktionierte. Zwei Tage nach Lwasis Erlaß verkündete ein Regierungssprecher in Kinshasa, der Hauptstadt von Zaire: »Wir alle wollen, daß die Banyamulenge gehen.«

Kagame hatte sich just auf einen solchen Augenblick vorbereitet. »Wir waren bereit zuzuschlagen«, erzählte er mir später, »und zwar kräftig zuzuschlagen und dreierlei zu erledigen: erstens die Banyamulenge zu retten und sie nicht sterben zu lassen, ihnen die Möglichkeit zum Kämpfen zu geben und sogar für sie zu kämpfen; dann die Lager aufzulösen, die Flüchtlinge nach Ruanda zurückzuholen und die Ex-FAR und Milizen zu zerschlagen; und drittens die Lage in Zaire zu verändern.« Er hatte auf die massive Provokation aus Zaire, die er für unvermeidlich gehalten hatte, nur noch gewartet. »Und natürlich«, sagte er, »lieferte uns dieser dumme Vizegouverneur den Anlaß.«

So schlug das winzige Ruanda gegen das riesige Zaire los; die Banyamulenge erhoben sich; RPA-Kommandos und Laurent Kabilas Rebellen-Kerntruppe – die »Allianz der demokratischen Kräfte für die Befreiung des Kongo/Zaire« (ADFL) – fielen in Süd-Kivu ein und begannen gen Norden vorzurücken; Mobutus notorisch feige Armee ergriff Hals über Kopf die Flucht; internationale Helfer wurden evakuiert, und die Lager wurden aufgelöst. Am 2. November 1996, dreieinhalb Wochen, nachdem der Vizegouverneur Lwasi den Bürgerkrieg ausgerufen hatte, marschierten ADFL und RPA in Goma ein, und Kabila erklärte eine Region von mindestens sechzehnhundert Quadratkilometern zum »befreiten Gebiet«. (Die ruandische Regierung zeigte sich angesichts dieser Entwicklung zwar offen begeistert, leugnete jedoch kategorisch, daß RPA-Truppen in Zaire eingefallen seien – bis Anfang Juni 1997, einige Wochen nach der Einnahme von Kinshasa durch die ADFL und Mobutus Vertreibung. Dann sagte Kagame zu mir: »Überall waren es unsere Streitkräfte, unsere Truppen – sie sind die letzten acht Monate nur marschiert.«)

Tausende Ruander aus den Lagern kehrten während der ersten Kampfwochen in Zaire nach Ruanda zurück, doch Anfang November drängte sich die Hauptmasse – mindestens dreiviertel Millionen Menschen aus Nord- und Süd-Kivu – auf der ausgedehnten Lava-Ebene in und um das Lager von Mugunga, etwa sechzehn Kilometer westlich von Goma. Ex-FAR und *Interahamwe* hatten sie unter dem Druck der vorrückenden Allianz dort zusammengetrieben, und unglaublicherweise hatten sich sogar einige UNHCR-Leute daran beteiligt, die Menschen von der ruandischen Grenze fort und nach Mugunga zu führen, bevor sie selbst aus dem Land flohen. Nach der Einnahme von Goma verkündete Kabila einen Waffenstillstand und forderte die internationale humanitäre Gemeinschaft auf, zu kommen und die Flüchtlinge zu holen, damit er seinen Vormarsch nach Westen fortsetzen könne. Natürlich war Mugunga vollkommen unzugänglich; es lag hinter einer schwerbewaffneten Front aus Zehntausenden Hutu-Power- und Mobutu-Kämpfern. Und das war genau der Punkt, den Kabila und seine ruandischen Gönner hervorheben wollten: Wer die Flüchtlinge aus der Schußlinie holen wollte, mußte bereit sein zu kämpfen. Erforderlich war keine Hilfs-, sondern eine Rettungsmission, denn die nicht am Kampf beteiligten Menschen in Mugunga waren weniger Flüchtlinge als vielmehr Geiseln – sie wurden als menschliche Schutzschilde benutzt.

Wieder einmal war es eine eigenartige Zeit. Während der ersten neuneinhalb Monate des Jahres 1996 schien die Tatsache, daß das Bündnis von Mobutisten und Hutu-Power in Ostzaire Tausende Menschen abschlachtete und Hunderttausende aus ihren Häusern vertrieb, die internationale Presse nicht einmal in gelinde Erregung zu versetzen. Während dieses Zeitraums erschien in der *New York Times* zu diesem Thema exakt ein Bericht aus Ruanda, während sich bei ihrer Konkurrenz, der *Washington Post*, die Berichterstattung auf zwei »Meinungs«-Artikel eines freien Autors beschränkte. In einer Zeit radikal eingeschränkter Auslandsberichterstattung hielt man es vielleicht für allzu speziell oder verwirrend, wenn sogenannte Flüchtlinge nicht nur litten und Hilfe brauchten, sondern auch zu systematischen Verbrechen gegen die Menschlichkeit fähig waren, so daß man mit militärischer Gewalt gegen sie vorgehen müßte. Anfang November jedoch löste die Aussicht auf den massenhaften Tod einer dreiviertel Million Flüchtlinge bei einer Belagerung oder einer Schlacht auf den Lava-Ebenen wieder einmal gewaltigen Presserummel aus: Hunderte Reporter sammelten sich an der Grenze zwischen Ruanda und Zaire. Goma kam erneut auf die Titelseite der Zeitungen in aller Welt – und nichts passierte.

Niemand kam nach Mugunga durch, und niemand wußte, in welchem Zustand die dort versammelten Menschen waren. Die Pressesprecher der Hilfsorganisationen versicherten den Reportern, die Flüchtlinge müßten massenhaft unter Hunger und Cholera leiden. Man erfand und verkündete mögliche Opferzahlen – Zehntausende Tote, vielleicht hunderttausend. Es war schrecklich, in einem Hotel der ruandischen Grenzstadt Gisenyi am Seeufer zu sitzen, umgeben von Reportern, und sich vorzustellen, daß ganze zwanzig Kilometer westlich, außer Sicht und außer Reichweite, Menschen in »Rekordzeit« einen vermeidbaren Tod starben. Stellte man den Pressesprechern der Hilfsorganisationen die Frage, wann in der Geschichte schon einmal wohlgenährte Menschen binnen weniger Wochen verhungert seien, erhielt man entweder gar keine Antwort oder man bekam zu hören, die meisten Menschen in Mugunga seien *Frauen* und *Kinder*.

Aus New York verkündete der Generalsekretär der Vereinten Nationen, Boutros Boutros-Ghali, in Mugunga finde ein »Völkermord durch Aushungern« statt. Boutros-Ghali hatte keinerlei Beweise, daß überhaupt jemand Hunger litt, und er konnte mit Sicherheit nicht sagen, wer diesen angeblichen Völkermord beging, da die Flüchtlinge eigentlich nur deshalb hungrig sein konnten, weil man sie am Fortgehen hinderte, und die einzigen Menschen, die sie daran hinderten, waren andere sogenannte Flüchtlinge. Dennoch begann der Sicherheitsrat – unter dem Eindruck der Fernsehberichte über Hungersnot und massenhaftes Sterben unter den unsichtbaren Flüchtlingen –, Pläne für eine humanitäre militärische Eingreiftruppe nach Goma zu entwickeln, angeblich um die Flüchtlingsmassen in Mugunga zu retten. Das klang vielversprechend, bis sich herausstellte, daß die vorgeschlagene Truppe durch ihr Mandat daran gehindert sein würde, das einzige zu tun, was getan werden mußte: nämlich Gewalt einzusetzen, um sich der Armee und den Milizen der Hutu-Power entgegenzustellen und diese zu entwaffnen oder notfalls zu überwältigen.

Am 15. November 1996 saß ich um neun Uhr morgens in einem Haus auf einem Hügel in Gisenyi, von wo aus ich nach Goma hinüberblicken konnte; dort schrieb ich aus den Radionachrichten der BBC mit:

> Der kanadische UN-Kommandeur betont, seine Truppe werde die Militanten in Mugunga *nicht* entwaffnen oder trennen. Die UN-Resolution von gestern abend läßt offen, wie es gehen soll, einerseits die Flüchtlinge zu ernähren und sie gleichzeitig zur Rückkehr nach Ruanda zu ermutigen. Man hört von Soldaten, die von Stützpunkten in Goma ausschwärmen sollen, um Flüchtlinge zu finden und zu versorgen. Die UN sagen jedoch, sie würden keine neuen Lager einrichten. Der kanadische Kommandeur sagt: »Um die Milizen zu trennen, müßte zuviel Gewalt eingesetzt werden, und nicht nur Soldaten, sondern auch Unschuldige würden getötet.«

Angesichts dieser Nachrichten schrieb ich auch meine Eindrücke nieder:

Wieder einmal eine lahme UN-Truppe. Wie immer das hier ausgeht: Unschuldige werden getötet, wurden getötet und werden getötet werden. Und wie kann man Hunderttausende ernähren, Latrinen für sie graben, ihnen Plastikplanen geben, unter denen sie schlafen können, und dann behaupten, man hätte kein Lager eingerichtet? Und warum überhaupt eine Armee an einem Ort, der einem so gleichgültig ist, daß man für ihn weder töten noch sterben will? Totale Lähmung.

Dann schaltete ich um auf *Radio Star*, die Rebellen-»Stimme des befreiten Kongo« aus Goma, und schrieb weiter mit:

Die Straße nach Mugunga und nach Westen ist frei. Die *Interahamwe* sind geflohen. Sprecher sagt: »Das ganze Problem ist gelöst. Flüchtlinge marschieren heim nach Ruanda. Die Rebellion rückt weiter gegen Kinshasa vor.«

Dieses Mal lautete mein Kommentar nur kurz: »Häh? Kann das sein?«

Ich rannte zur Tür hinaus, fuhr zur Grenze und hinüber nach Goma, wo ich die Straße nach Mugunga nahm, westwärts zum Lager, und bald befand ich mich inmitten eines unablässigen Stroms von Hunderttausenden Ruandern, die nach Osten, nach Hause strebten. An den vorangegangenen Tagen, so stellte sich heraus, waren die ADFL und die RPA erneut zur Offensive übergegangen, hatten Mugunga eingeschlossen und es von hinten angegriffen, so daß die bewaffneten Elemente von der Grenze abgedrängt wurden, die Flüchtlingsmassen jedoch in Richtung Heimat. Handfeste Beweise für die Schlacht fanden sich fast vierzig Kilometer westlich des Lagers – eine Reihe ausgebrannter Lastwagen, Busse und Personenwagen auf der Straße in das Innere von Zaire. Um sie herum flatterte haufenweise Papier über die

Straße, darunter große Teile des Archivs des Oberkommandos der Ex-FAR: Quittungen für Waffenlieferungen von Händlern aus ganz Europa, Gründungsurkunden politischer Frontorganisationen unter den Flüchtlingen, Steuerlisten aus den Lagern, Belege für finanzielle Transaktionen mit humanitären Organisationen, Korrespondenz mit Mobutu und seinen Generalen – sogar fein säuberlich handgeschriebene Listen von Tutsi in Nord-Kivu.

Als die Rückkehr nach Ruanda in Gang kam, wurde allgemein berichtet, die Ex-FAR und die *Interahamwe* hätten sich gemeinsam mit den Überresten von Mobutus Armee tiefer nach Zaire hinein zurückgezogen, so daß die sogenannten gewöhnlichen Flüchtlinge heimkehren konnten. Die Realität war nicht ganz so makellos: Unter denen, die nach Westen in den Dschungel Zaires flohen – vielleicht hundertfünfzigtausend Menschen, vielleicht auch doppelt so viele, niemand weiß es –, befanden sich viele, die nicht am Kampf beteiligt waren; und in Ruanda selbst wurde schnell deutlich, daß sich in die Flut der Flüchtlinge auch viele Menschen eingeschlichen hatten, die sich für Verbrechen verantworten mußten. Die unmittelbare Gefahr eines neuen totalen Krieges war beseitigt; außerdem stellte sich heraus, daß die Flüchtlinge – glücklicherweise – nicht verhungert waren.

Auf der ganzen Strecke nach Mugunga und in den rattenverseuchten Überresten des Lagers selbst begegnete ich internationalen Helfern, die erstaunt den Kopf schüttelten angesichts der Tatsache, daß die meisten Flüchtlinge noch immer über mindestens einige Tagesrationen an Nahrungsmitteln verfügten und die Kraft aufbrachten, in flottem Tempo zwanzig bis dreißig Kilometer täglich zu marschieren, beladen mit eindrucksvollen Lasten unter einer sengenden Sonne. In lediglich vier Tagen gingen etwa sechshunderttausend Ruander zurück über die Grenze von Goma. Bis Ende November betrug die Gesamtzahl der Heimkehrer angeblich etwa siebenhunderttausend, und weitere Tausende kamen immer noch nach. Obwohl die ruandische Regierung auch weiterhin hartnäckig leugnete, sich militärisch in Zaire zu engagieren, war General Kagame selbst weniger zurückhaltend. »Wir sind nicht gerade unglücklich über die Ereignisse, und außerdem entsprechen sie genau unseren Wünschen – deshalb bin ich sicher, daß die Leute guten Grund haben, unsere Beteiligung zu vermuten«, sagte er zu mir. Mehr noch, er fügte hinzu: »Wir haben die Genugtuung, daß wir immer versucht haben, das Rechte zu tun. Für mich kann es keine größere Befriedigung geben. Ich halte das für eine gute Lehre für einige von uns. Wir können viel aus eigener Kraft erreichen, und wir müssen weiter kämpfen, um das zu schaffen. Wenn andere uns dabei helfen können, dann ist das schön und gut. Wenn nicht, dürften wir deshalb auch nicht gleich von der Bildfläche verschwinden.«

Während der Tage auf den Straßen inmitten der heimkehrenden Sechshunderttausend hatte ich des öfteren – wohl in Erinnerung an verschiedene Gemälde und Filme – ein Bild von den napoleonischen Armeen vor Augen, wie sie aus Rußland heimkehren: humpelnde Husaren und erfrorene Pferde, Blut auf dem Schnee, der Himmel schwarz, wahnsinnige, nur noch stierende Augen. In Afrika war das Wetter besser, und die Menschen auf den Straßen waren in der Mehrheit bei guter Gesundheit, aber jenes immer wiederkehrende Bild aus einer anderen Zeit, aus einem anderen Land, ließ mich fragen, warum wir im Westen heutzutage so wenig Respekt für die Kriege anderer haben. Die große Heimkehr dieser Ruander bezeichnete zumindest für den Augenblick die Zerschlagung einer riesigen Armee, die sich dem Völkermord verschrieben hatte; dennoch hatte die Welt diese Armee jahrelang im Namen des Humanitarismus unterstützt.

»Für euch sind wir bloß kleine Punkte in der Menge«, bemerkte ein Heimkehrer, nachdem ich die ersten Tage der Wanderung damit verbracht hatte, durch den brodelnden Schwarm auf der Straße von Mugunga zu fahren. In den Lagern hatten sie sich immer geschworen, sie würden so heimkehren, wie sie gegangen waren – en masse, zusammen. Punkte in der Masse zu sein, genau darin bestand das Problem: es war unmöglich zu wissen, wer wer war. Sie kamen in Mengen von zwölftausend Mann pro Stunde (zweihundert pro Minute), ein menschlicher Sturmbock gegen die Grenze. Allerdings war das nicht ganz der triumphale Einmarsch, den die extremistischen Hutu-Führer lange versprochen hatten; eher war es ein Rückzug aus dem Exil, der in fast völliger Stille ablief. Mitten durch Menschen auf achtzig Kilometern Teerstraße, durch Männer, Frauen und Kinder, die Fahrräder, Schubkarren, Motorräder, selbst Autos schoben, die hölzerne Kisten wie Schlitten zogen, enorme Bündel auf den Köpfen balancierten, Babys in Tüchern trugen und in den Armen wiegten, die Überseekoffer schleppten und leere Bierflaschen und manchmal nichts außer der Last ihrer Vergangenheit – durch all diese Menschen kamen an einer Stelle vier Männer, die eine in Decken gehüllte Gestalt auf einer Bahre trugen. Als sie sich durch die Menge drängten, sagte einer von ihnen immer wieder: »Ein Toter, ein Toter«. Dieser Mann stach aus der Menge hervor, weil er das Bedürfnis hatte, sich zu erklären. Abgesehen vom Klappern der Kochtöpfe, dem Rascheln bloßer Füße und von Gummisandalen und dem Meckern einer einzelnen Ziege oder dem Weinen eines verirrten Kindes, war die heimkehrende Menge in der Regel geradezu unheimlich stumm.

In Ruanda standen Tausende stundenlang am Straßenrand und beobachteten den Heimkehrerstrom mit der gleichen wortlosen Intensität. Nie zuvor in der modernen Geschichte hatte ein Volk, das ein anderes Volk hingemetzelt hatte oder in dessen Namen das Gemetzel stattgefunden hatte, mit den übriggebliebenen Mitgliedern des Volkes leben sollen, das hingemetzelt worden war – vollständig vermischt, in den gleichen winzigen Gemeinschaften, als eine zusammenhängende nationale Gesellschaft.

20

»Girumuhatse ist wieder da«, sagte mir eine alte Frau im Hochland Zentralruandas, wenige Wochen nach der Rückkehr der Flüchtlingsmassen aus Goma. Sie sagte es auf Kinyarwanda, und während sie sprach, beschrieb ihre rechte Hand eine anmutig hackende Bewegung gegen die Seite ihres Halses. Ihre vollständige Erklärung ließ sich so übersetzen: »Girumuhatse ist wieder da. Er hat mich während des Krieges mit einem Stock geschlagen, und außerdem hat er mir einen Hieb mit der Machete versetzt. Er hat meine gesamte Familie ermordet, und dann hat er mich in einen Graben geworfen. Ich war verwundet. Er lebt jetzt wieder in seinem Haus. Ich habe ihn gestern im Gemeindebüro gesehen, als er sich registrieren ließ. Ich habe zu ihm gesagt: ›Sieh her, ich bin von den Toten auferstanden.‹ Er hat geantwortet: ›Es war eine menschliche Hölle‹ und bat mich um Verzeihung. Er hat gesagt: ›Die Oberen waren schuld, sie haben uns zu diesen Taten getrieben, zu ihrem eigenen Nutzen.‹ Er hat gesagt, es täte ihm leid, und mich um Verzeihung gebeten.«

Die Frau nannte ihren Namen: Laurencie Nyirabeza. Sie war 1939 in der Gemeinde Taba geboren, nur ein paar Minuten zu Fuß von dem Ort entfernt, wo wir uns im Schatten eines leeren Marktes oberhalb eines kleinen Einkaufszentrums trafen – zwei kurze Reihen heruntergekommener Beton- und Lehmziegelbauten, dazwischen eine sandige Straße voll rotem Staub. Zweimal die Woche, am Markttag, herrschte Leben im Zentrum; ansonsten lag es wie ausgestorben. Das rostende Gerippe eines ausgebrannten Busses lag am Straßenrand, dichtes Gestrüpp sproß aus den stehengebliebenen Trümmern eines großen Hauses; es hatte Tutsi gehört, die 1994 umgebracht worden waren.

Damals waren die meisten Tutsi Tabas getötet worden. Die Übriggebliebenen, wie Nyirabeza, waren mehr oder weniger allein, und fast alle hatten ihre Häuser verloren. Da sie kein Geld für den Wiederaufbau hatten und sich fürchteten, zwischen Nachbarn weiterzuleben, deren Verhalten während der Massaker sie nur zu gut in Erinnerung hatten, waren viele Überlebende in dieses Zentrum gezogen und hausten in den leerstehenden Läden toter Tutsi oder nach Zaire geflohener Hutu. Nun befürchteten sie die Räumung. In den vorangegangenen beiden Wochen waren mehr als zweitausend Menschen aus den zairischen Lagern nach Taba zurückgekehrt, darunter auch Girumuhatse, den Laurencie Nyirabeza beschuldigt hatte, er habe ihre Familie umgebracht und auch sie für tot gehalten.

Nyirabeza war eine kleine Frau mit tiefliegenden Augen in einem Gesicht, das sich nach vorne reckte. Ihr Haar hatte sie von der Stirn straff zu einer fast fünfzehn Zentimeter hohen Krone zurückgekämmt. Die Wirkung war beeindruckend und witzig zugleich, und das entsprach ihrem Verhalten. Über ein Dutzend Überlebende waren meiner Einladung gefolgt, sich auf dem Markt mit mir zu treffen, aber die meisten hatten kein Wort gesagt. Die wenigen, die etwas sagten, erhoben ihre Stimme nur selten über ein verstohlenes Murmeln hinaus, und wenn sich ein Fremder näherte, verstummten sie ganz. Nyirabeza war anders. Sie flüsterte nicht und sie zuckte auch nicht zusammen. Sie schien das Gefühl zu haben, als ob sie nicht mehr viel zu verlieren hätte. Selbst als sie mir von Girumuhatse erzählte, verzogen sich ihre Lippen gelegentlich zu einem Lächeln, und mehr als einmal reagierten die anderen Überlebenden auf ihre Rede mit bissigem Gelächter. Nyirabeza beschrieb sich selbst als eine »einfache Bäuerin«; ihr Schulbesuch hatte nach der dritten Klasse geendet. Aber sie konnte mit Worten umgehen – lebhaft und ironisch und voller Unwillen über ihre Verletzung. Dennoch, sagte sie, sei sie sprachlos gewesen, als ihr ehemaliger Nachbar Girumuhatse, mit dem sie früher Essen und Trinken geteilt hatte, nun behauptete, er trage für sein Handeln keinerlei Schuld. Girumuhatse habe zehn Angehörige ihrer Familie umgebracht, erzählte sie mir, vor allem ihre Kinder und Enkel.

»Dieser Mann, der für seine Taten verantwortlich ist«, sagte Nyirabeza, »lebt jetzt mit seiner gesamten Familie zusammen und bekommt all sein Eigentum zurück, und ich lebe hier allein, ohne Kind, ohne Mann.« Dann sagte sie – und dies war eine der Gelegenheiten, bei denen sie allgemeines Gelächter erntete: »Vielleicht setzt er seine Taten der Vernichtung ja fort.« Sie spottete über Girumuhatses Bitte um Vergebung. »Wenn er mir meine Kinder wiedergeben kann, die er getötet hat, und mein Haus wieder aufbaut«, sagte sie, »warum nicht?« Wieder lachten die Überlebenden.

Dann sagte ein Mann müde: »Wir werden weiterleben wie bisher«, und Nyirabeza ging weg. Einen Augenblick später begann eine Frau zu weinen und verbarg das Gesicht in ihrem Kleid. Eine andere, sehr alte Frau, die sich auf einen langen, dünnen Stab stützte, streckte die Hände aus und ließ sie auf beiden Seiten ihres Körpers auf und nieder flattern. »Wir sind wie Vögel«, meinte sie mit einem schwachen Lächeln. »Wir fliegen umher, werden umhergeweht.«

Als ich den Hügel wieder hinunterging, kauerte dort Nyirabeza auf einem Stein und stierte über das Tal. Sie schaute nicht auf, als ich sie zum Abschied grüßte. Ein junger Beamter, der für mich übersetzt hatte, auch er ein Überlebender, erzählte mir, die Leute gingen im allgemeinen nicht gerne in das Zentrum. »Es ist traurig«, sagte er, »und die Überlebenden dort betteln.«

Es stimmte, daß die Überlebenden hohe Forderungen stellten. An einem Punkt des Gesprächs hatte Nyirabeza gesagt: »Ich warte nur auf Gerechtigkeit.«

Es hatte mich überrascht, als Laurencie Nyirabeza gesagt hatte, Girumuhatse habe nicht geleugnet. Während meines Aufenthalts in Ruanda war ich niemandem begegnet, der zugab, am Völkermord beteiligt gewesen zu sein. Ich wollte hören, was Girumuhatse selbst dazu zu sagen hatte. Zwei Tage später kehrte ich nach Taba zurück, diesmal in Begleitung eines französischsprechenden Ruanders namens Bosco, eines arbeitslosen Blumenhändlers, der sich bereit erklärt hatte, als Dolmetscher mitzukommen. Zuerst statteten wir Nyirabeza einen Besuch ab, weil sie den Verdacht geäußert hatte, Girumuhatse wolle sie immer noch töten. Aber sie wollte sich nicht einschüchtern lassen; sie ließ eine junge Frau mit uns gehen, die uns Girumuhatses Anwesen zeigen sollte – einen Lehmziegel-Hof am Rande eines steilen, mit Bananen bepflanzten Hügels, über hundert Meter von dem verlassenen Laden entfernt, in dem Nyirabeza hauste.

Ein Mann saß in der Einfahrt. Er war soeben mit seiner Familie aus Zaire zurückgekehrt und berichtete, er habe 1994 in diesem Hause gelebt – damals habe es, wie er es ausdrückte, »viele Morde gegeben«. Bei seiner Rückkehr fand er eine Familie von Tutsi-Überlebenden in seinem Haus. Er wußte, daß die Regierungsvorschriften den Rückkehrern fünfzehn Tage gewährten, um »Besetzer« aus dem Haus zu weisen, aber die Überlebenden wußten nicht, wohin sie gehen sollten – und so lebten die beiden Familien zusammen. Der junge Mann sagte, sein Name sei Emanuel Habyarimana. Ich fragte, ob es hier noch andere Männer gebe, die aus Zaire zurückgekommen waren. Er sagte: »Keine in diesem Haus.«

Als Bosco und ich zur Straße zurückgingen, umringte uns eine Horde Kinder, die wir nach Girumuhatse fragten. Sie lachten und sagten, er lebe in dem Haus, in dem wir gerade nachgefragt hätten; wahrscheinlich sei er drinnen. »Nein«, meinte ein Mädchen, »dort unten kommt er.« Sie zeigte in das Tal auf eine Gestalt, die den Weg zu uns emporstieg.

Bosco zückte schnell ein paar Banknoten, damit sich die Kinder Limonade kaufen konnten.

Einen Augenblick lang schien der Mann fliehen zu wollen. Er schlug sich seitwärts in ein Feld, aber Bosco rief ihn an und winkte, und so kehrte er mit langen, schwingenden Schritten auf den Weg zurück. Er trug eine Art verschmutzten offenen Laborkittel aus Leinen über einem dünnen blauen Hemd, dazu schäbige braune Hosen und Sandalen aus Resten alter Autoreifen. Seine Augen lagen eng beieinander und waren stark blutunterlaufen, seine Lippen hatte er fest zusammengepreßt. Er stand völlig frei vor uns, allerdings in einer Haltung, als fühle er sich in die Ecke gedrängt. Er atmete schwer, und obwohl der Tag kühl war, floß ihm der Schweiß von den Schläfen über die Stirn.

Bosco begann ein Gespräch. Der Mann sagte, Emanuel, den wir gerade getroffen hätten, sei sein Sohn, und es sei gut, wieder daheim zu sein. Wir unterhielten uns über das Leben in den Lagern, und ich meinte, in Zaire habe jeder Ruander, mit dem ich gesprochen hätte, den Völkermord geleugnet und statt dessen behauptet, seit dem Ende des Krieges würden alle Hutu in Ruanda systematisch umgebracht. Ein Gerücht, das in den zairischen Lagern die Runde machte, besagte, den Frauen, die nach Ruanda zurückgekehrt seien, habe man die Brüste abgeschnitten; die Männer habe man in eine Art Hundehütte gesperrt, mit Fußböden aus nassem Gips, in dem ihre Füße »festbuken«. Der Mann entgegnete: »Es kommt vor, daß manche Leute Lügen erzählen und andere die Wahrheit sagen. Es gab hier viele Tote.«

Er stellte sich als Jean Girumuhatse vor. Ich sagte ihm, sein Name sei mir vertraut, denn in der Gemeinde hieße es, er habe eine ganze Familie umgebracht. »Das ist wahr«, sagte Girumuhatse. »Sie sagen, daß ich getötet habe, weil ich an der Straßensperre dort drüben der Chef war.« Er deutete zur Straße hinüber, die dicht an seinem Haus vorbeiführte. »Jetzt ist alles gut«, sagte er. »Aber damals wurden wir vom Staat zum Töten aufgerufen. Man sagte uns, das sei unsere Pflicht und wir müßten es tun, sonst würden wir eingesperrt oder getötet. Wir waren nichts als Werkzeuge.«

Girumuhatse, der sein Alter mit sechsundvierzig angab, konnte sich an keine speziellen Fälle erinnern, in denen Hutu hingerichtet worden waren, nur weil sie sich geweigert hatten zu töten; offenkundig hatte die Drohung – Töte oder du wirst getötet! – ausgereicht, um seine Beteiligung an den Morden sicherzustellen. Girumuhatse hatte allerdings eine Straßensperre geleitet, und Chef einer Straßensperre wurde keine Schachfigur, sondern nur ein Mann aus den mittleren Rängen in der örtlichen Kommandokette – ein Mann, der seinerseits Schachfiguren bewegte. Girumuhatse meinte, er habe keine Wahl gehabt, und zugleich erzählte er mir: »Bei den meisten Morden habe ich die Verantwortung getragen, weil ich der Führer war, und jetzt, wo ich zurück bin, werde ich den Behörden alles sagen.«

Als am 15. November 1996 die Heimkehr der Flüchtlinge begann, erließ die Regierung von Ruanda ein Moratorium für Verhaftungen mutmaßlicher Beteiligter am Völkermord. In einem Monat voller außergewöhnlicher Entwicklungen war dies mit Sicherheit am wenigsten erwartet worden. So wie 1994 die Massen über das Radio zum Töten aufgefordert worden waren, so vernahmen sie auch diesmal den Stand der Dinge aus dem Radio. Jedermann konnte zum Beispiel hören, daß Präsident Pasteur Bizimungu an die Grenze gefahren war, um die Rückkehrer als Brüder und Schwestern willkommen zu heißen. Die Botschaft des Präsidenten wurde wiederholt über Radio Ruanda ausgestrahlt, und überall im Lande wurden seine Worte als Anleitung zum Handeln studiert.

Nachdem er die massenhafte Rückkehr als eine »ungeheure Freude für alle Ruander« bezeichnet hatte, sagte der Präsident: »Das ruandische Volk konnte sechshundert Jahre lang friedlich zusammenleben, und es gibt keinen Grund, warum es nicht wieder in Frieden zusammenleben können sollte.« Die Mörder sprach er direkt an: »Lassen Sie mich an diejenigen appellieren, die sich für den Weg des Mordes und der Konfrontation entschieden haben. Ich erinnere sie daran, daß auch sie Ruander sind. Ich rufe euch auf, euren Weg des Völkermords und der Zerstörung zu verlassen, den anderen Ruandern die Hände zu reichen und eure Energie für Besseres zu nutzen.« Dann schloß er mit den Worten: »Noch einmal: Willkommen daheim.«

Aber warum sollte man Überlebende bitten, neben Mördern zu leben – oder sogar, wie im Hause Girumuhatses, unter demselben Dach? Warum die Auseinandersetzung mit dem Problem aufschieben? Um die Lage zu beruhigen, sagte mir General Kagame. »Man ist nicht unbedingt hinter jedem her, bei dem man es für nötig hält«, erklärte er. »Besser kümmert man sich zunächst um eine Atmosphäre, in der sich die Lage stabilisiert, dann kann man sich immer noch diejenigen holen, die man sich holen muß. Andere kann man sogar unbehelligt lassen, damit sich allmählich eine friedliche Koexistenz herausbilden kann.« Kagame wußte, daß er seinem Volk damit viel abverlangte; und nach der Rückkehr der Flüchtlinge kursierten zahlreiche Berichte über Soldaten, die mutmaßliche Mörder vor aufgebrachten Massen gerettet und sie in »Schutzhaft« genommen hatten. Es würde nicht einfach sein, das Verlangen nach Gerechtigkeit und den Wunsch nach Ordnung miteinander in Einklang zu bringen, erläuterte Kagame. »Zwischen diesen beiden Zielen liegen Probleme – die Menschen haben auch Gefühle, die es zu berücksichtigen gilt.«

Nachdem Girumuhatse mir gesagt hatte, daß er ein Mörder war, schwitzte er nicht mehr. Sein Atem ging leichter. Selbst seine Augen wirkten klarer, und anscheinend wollte er gerne weiterreden. Ein Sturm war aufgekommen, und es begann zu gießen; deshalb stiegen wir in meinen Jeep, der ebendort geparkt war, wo sich während des Völkermords Girumuhatses Straßensperre befunden hatte. Während wir einstiegen, teilte er uns mit, er habe während des Völkermords auch deshalb unter Druck gestanden, weil man ihm befohlen habe, er solle seine Frau töten, eine Tutsi.

»Ich konnte meine Frau retten, weil ich der Chef war«, sagte er und fügte hinzu, er habe auch für sein eigenes Leben fürchten müssen. »Ich mußte es tun, sonst wäre ich umgebracht worden«, beteuerte er. »Deshalb fühle ich mich ein bißchen unschuldig. Das Morden kam nicht aus meinem Herzen. Wenn ich wirklich hätte töten wollen, könnte ich jetzt nicht zurückkommen.« Unter dem Trommeln des Regens klang Girumuhatses Stimme entnervend sanft. Fühlte er sich wenigstens etwas schuldig? Er wirkte unbewegt, als er mir sagte: »Ich habe viele von denen gekannt, die ich töten ließ.« Ich fragte, wie viele Morde er angeordnet habe. Seine Antwort kam nur zögernd: »Ich weiß von sechs Menschen, die vor meinen Augen, auf meinen Befehl hin getötet wurden.«

»Haben Sie nie selbst getötet?«

»Vielleicht«, antwortete Girumuhatse. »Weil sie sonst meine Frau getötet hätten.«

»Vielleicht?« fragte ich. »Oder bestimmt?«

Bosco, der Übersetzer, sagte: »Sie wissen, was er meint«, und ließ die Frage unübersetzt.

Girumuhatse wiederholte, er wolle den Behörden alles sagen. So, wie er die Sache sah, hatte man ihm erlaubt, sein Eigentum und seine Gesundheit zurückzuerlangen – »und dann werden sie mich einbestellen«. Er habe keine Angst. Er glaubte, wenn er alles sage, werde er eine »begrenzte Strafe« erhalten. »Die Behörden haben Verständnis dafür, daß viele nur einfach den Befehlen gehorcht haben.«

Girumuhatse hatte die Politik der Regierung weitgehend richtig verstanden. Drei Monate zuvor, nach fast einjähriger Debatte, hatte Ruandas Parlament ein eigenes Völkermordgesetz verabschiedet, demzufolge die Verantwortung für ein Verbrechen entsprechend der Stellung des Täters in der kriminellen Hierarchie eingestuft wurde; geständige Kriminelle der unteren Ebenen konnten mit milderen Urteilen rechnen. Obwohl nach Ruandas Strafgesetzbuch allen Mördern die Todesstrafe droht, sah das Völkermordgesetz die Hinrichtung lediglich für die oberen Ränge vor, die in Kategorie eins fielen: »Planer, Organisatoren, Aufhetzer, Aufseher und Führer ... auf nationaler, regionaler, kommunaler, Sektoren- oder Zellenebene« sowie »berüchtigte Mörder, die sich durch ihren Eifer oder die besondere Bösartigkeit ihrer Greueltaten hervorgetan« und solche, die »Akte sexueller Folter« begangen hätten. Für die zahllosen gewöhnlichen Mörder und ihre Komplizen – die Gefolgsleute – war statt der Höchststrafe von lebenslänglichem Gefängnis bei einem offenen Schuldbekenntnis eine Verkürzung auf lediglich sieben Jahre möglich; die Strafen für Angriffe ohne Todesfolge sowie Eigentumsvergehen konnten entsprechend gesenkt werden.

Girumuhatse hatte den Geist des neuen Gesetzes verinnerlicht. »Wenn es auf diese Weise enden und ich nach meiner Strafe in mein Haus zurückkehren und mein Leben weiterführen kann, dann würde ich das akzeptieren«, sagte er zu mir. »Wenn in diesem Land die Rache enden kann und Übeltäter bestraft werden können, wäre das am besten.« Er schien indes nicht zu begreifen, daß seine Führungsposition während des Völkermords ihn eindeutig Kategorie eins zuordnete, in der die Todesstrafe auch durch ein Geständnis nicht abzuwenden war.

Auch wenn Girumuhatse bereit war, alles zu sagen, gab er die Schuld an seinen Verbrechen doch vor allem dem ehemaligen Bürgermeister von Taba, Jean Paul Akayesu, der als ein besonders eifriger Tutsi-Jäger in Erinnerung war; er hatte Girumuhatse als Führer der Straßensperre eingesetzt. 1995 wurde Akayesu in Sambia verhaftet und 1996 vor dem Internationalen Tribunal für Ruanda des Völkermords angeklagt, wo – nach zahllosen Verzögerungen des Verfahrens – für den Sommer 1998 ein Urteil erwartet wurde. Vor Gericht schob Akayesu seinerseits die Schuld für alle Morde an unschuldigen Tutsi in Ruanda im Jahre 1994 seinen politischen Vorgesetzten zu.

Der Völkermord »war wie ein Traum«, erklärte mir Girumuhatse. »Er kam von der Regierung wie ein Alptraum über uns.« Nun, so schien es, war er nicht gerade aufgewacht, sondern vielmehr in einem neuen Traum gefangen, in dem sein Geständnis und seine prompte Begeisterung für Ruandas Reformen – »Das neue Regime ist ziemlich gut. Es gibt keine Toten. Wir waren von der Begrüßung überrascht. Es gibt eine neue Ordnung« – keinerlei grundlegende Änderung der Politik oder des Herzens voraussetzte. Er blieb ein Mann des Mittelwegs, der ein Musterbürger sein wollte und dafür Belohnung erwartete. Als die Behörden ihm gesagt hatten: töte, hatte er getötet; nun, da die Behörden sagten: gestehe, gestand er.

Zwischen meinen Besuchen in Taba sprach ich mit einem internationalen Helfer in Kigali, der soeben aus Westtansania zurückgekehrt war, wo noch immer an die fünfhunderttausend ruandische Hutu in Flüchtlingslagern lebten. (Einen Monat später, Mitte Dezember 1996, schloß Tansania die Lager und schickte die Ruander heim, womit sich die Gesamtzahl der Rückkehrer binnen sechs Monaten auf fast eineinhalb Millionen erhöhte.) Während seines Besuchs in den Lagern hatte der Helfer gehört, daß die Kinder dort ein Spiel hatten, bei dem sie Tonfiguren formten und auf die Straße legten, damit sie von den Autos überfahren wurden. Die

Tonfiguren stellten Tutsi dar, und jedesmal, wenn eine der Figuren zermalmt wurde, jubelten die Kinder, weil sie glaubten, sie hätten jetzt gerade einen Tutsi in Ruanda getötet. Der Helfer erzählte mir diese Geschichte als eine Art Parabel. Er fragte sich, ob Ruanda nicht unausweichlich zu einer weiteren Runde der Massenschlächterei verurteilt sei.

Diese Möglichkeit war nur allzu offensichtlich. Ruandas Regierung seit dem Völkermord hatte ihre Glaubwürdigkeit davon abhängig gemacht, daß systematischer Mord zwischen Hutu und Tutsi vermeidbar sei. Die Massenrückkehr aus den Lagern, die die Regierung als Triumph darstellte, war die große Probe auf diesen Anspruch. Kagame jedoch betrachtete – wie immer – den Sieg als unvollständig. »Ja, die Menschen sind zurückgekommen«, sagte er. »Damit ist ein Problem gelöst, aber daraus ist auch ein weiteres Problem entstanden, das wir ebenfalls lösen müssen.« Er benannte sodann eine ganze Reihe von Problemen – Unterbringung, Gerechtigkeit, die Wirtschaft, Ausbildung, die Demobilisierung Tausender zurückgekehrter Ex-FAR-Soldaten und vor allem »diese Frage der Ethnizität«.

Einige Monate zuvor, kurz vor Beginn der Kämpfe in Süd-Kivu, hatte mir Kagame zwei Geschichten über Männer in seiner Armee erzählt. Ein Soldat habe ihm vor kurzem einen Brief geschrieben, »in dem er mir mitteilte, wie er als einziger von seiner Familie übriggeblieben sei. Er wisse, daß einige Menschen während des Völkermords seine Familie getötet hätten, und nun habe er sich entschlossen, dafür niemanden zur Verantwortung zu ziehen. Statt dessen wolle er sich selbst das Leben nehmen, weil er in seinem Leben keinen Sinn mehr erkennen könne.« Den Brief hatte man nach dem Selbstmord des Soldaten gefunden. Wie Kagame ihn verstand, »hatte er irgend jemanden töten wollen, aber statt dessen beschlossen, sich selbst umzubringen«. Die zweite Geschichte handelte von einem Offizier, der in einer Bar drei

Menschen tötete und zwei verletzte. Einige Soldaten wollten ihn wegen seiner Verbrechen töten, aber er sagte: »Laßt mich erst erzählen, was los ist, dann könnt ihr mich immer noch umbringen.« Also verhafteten sie den Offizier, und er erklärte: »Ich habe Mörder gesehen, die weiterleben und frei herumlaufen dürfen, und niemand unternimmt etwas gegen sie. Ich habe beschlossen, daß ich das nicht mehr hinnehmen kann, und deshalb habe ich sie getötet. Und jetzt könnt ihr mit mir machen, was ihr wollt.«

Kagame sagte: »Stellen Sie sich vor, was im Kopf dieses Menschen vorgeht. Ich kann es nicht. Er hätte auch auf einen Markt gehen und dort hundert Menschen erschießen können. Er hätte jeden töten können – so ein Mensch, der nicht einmal den Tod fürchtet. Es bedeutet, daß hier eine bestimmte Ebene des Wahnsinns erreicht worden ist.« Dann meinte er: »Die Leute halten das für ein Thema, das wir mittlerweile überwunden und vergessen haben sollten, und – nein, nein, nein, nein, wir haben es hier mit menschlichen Wesen zu tun.«

Ich habe viele solche Geschichten gehört, von der Versuchung zur Rache, der Absage an die Rache, den Frustrationen der Rache. Offensichtlich vertraten viele Überlebende nicht die gleiche Ansicht wie Kagame, der es für möglich hielt, Menschen zu rehabilitieren, die sich der Logik des Völkermords anheimgegeben hatten. Deshalb fragte ich ihn nach der Rückkehr aus Zaire, ob er noch immer glaube, man könne Mörder erfolgreich in die Gesellschaft wiedereingliedern. »Ich glaube, davon darf man nicht abrücken – man darf einen solchen Menschen nicht aufgeben«, antwortete er. »Sie können lernen. Ich bin sicher, daß jeder einzelne irgendwo in seinen Vorstellungen ein gewisses Maß an Frieden wünscht, irgendwie vorwärtskommen will, selbst wenn er ein gewöhnlicher Bauer ist. Wenn wir ihnen also die Vergangenheit vor Augen führen und sagen: ›Das war die Vergangenheit, aus der sich all diese Probleme für dich ergeben haben, und so ließe sich das vermeiden‹, dann wird das, davon bin ich überzeugt, ihr Denken ziemlich verändern. Und ich glaube, daß solche Menschen sogar davon profitieren können, wenn man ihnen verzeiht und noch eine Chance gibt.«

Kagame sagte auch: »Wir haben keine Alternative.«

Als wir einige Tage nach unserem Gespräch mit Girumuhatse nach Taba zurückfuhren, fragte mich Bosco, ob ich schon von dem Mädchen gehört hätte, das vor ein paar Tagen in Kigali bei lebendigem Leib verbrannt worden sei. Ich hatte nichts davon gehört, also erzählte er es mir. Es handelte sich um ein Mädchen – genauer, eine Frau – etwa in Boscos Alter, eine Bekannte von ihm. Sie war in einer Disco gewesen, und ein Typ hatte sich an sie herangemacht. Sie hatte ihn zurückgewiesen. Er sagte, das werde ihr noch leid tun. Sie hatte gelacht. Er bedrängte sie weiter. Sie sagte ihm, er solle verschwinden und sie nicht länger belästigen – er sei ja verrückt. Er war weggegangen und mit einer Kanne Benzin und einem Streichholz zurückgekommen. Vier Menschen kamen ums Leben. Der abgewiesene Bewerber selbst landete mit Verbrennungen im Krankenhaus. Auf die Frage, warum er vier Menschen getötet habe, antwortete er nur, nach all dem, was er 1994 getan habe, bedeute ihm das nichts mehr – er könne so viele Menschen töten, wie er wolle.

Bosco war erstaunt, daß ich als Journalist diese Geschichte noch nicht kannte. Vermutlich reagierte ich eher gelangweilt, nicht so sehr als Journalist, sondern als Konsument des amerikanischen Journalismus, wo die Boulevard-Geschichten über Psychokiller, die auf offener Straße Amok laufen, in der Öffentlichkeit im allgemeinen nur ein vages Gefühl willkürlicher Bedrohung auslösen – wie Blitzschläge, betrunkene Autofahrer oder Gesteinsbrocken, die von hohen Gebäuden fallen. Eine meiner Urgroßmütter starb in ihrem 96. Lebensjahr, weil ein Geranientopf von einem Fenstersims fiel, und obwohl das auch mir passieren könnte, erscheint es mir nicht als eine größere Gefahr, nur weil es ihr widerfahren ist. Boscos Geschichte dagegen war anders. In Ruanda, wollte er mir damit sagen, vermittelt ein Mensch, der behauptet: »Der Völkermord hat mich dazu getrieben«, einem jeden das Gefühl, er sei vollständig ausgeliefert.

Laurencie Nyirabezas Enkelin Chantalle Mukagasana sagte mir etwa das gleiche. Ich hatte Nyirabezas Reaktion auf Girumuhatses Bericht hören wollen, aber bei meiner Rückkehr nach Taba war sie in einer schweigsamen Stimmung, und Chantalle füllte das Schweigen. Sie war eine hoch aufgeschossene Dreiunddreißigjährige, die während des Völkermords ihren Mann und vier ihrer fünf Kinder verloren hatte – Marie, Marthe, Marianne und Jonathan. »Selbst in seinem Geständnis ist er ein Betrüger«, sagte sie über Girumuhatse. »Er lügt, wenn er behauptet, er habe nur Befehle befolgt.« Laut Chantalle war der Mann ein überzeugter Tutsi-Killer. Er habe den Mord an den Eltern seiner Frau überwacht, »nur um des Vergnügens willen, sie sterben zu sehen«, und als er herausfand, daß seine Tutsi-Frau ihrem Bruder Essen gab, hatte Girumuhatse auch seinen Schwager töten wollen.

Nyirabeza hatte Girumuhatse beschuldigt, er habe zehn Angehörige ihrer engsten Familie ermordet. Chantalle lastete ihm persönlich die Verantwortung für das Massaker an siebenundzwanzig Mitgliedern ihrer Großfamilie an. Er sei der Anführer gewesen und habe sich auch mit einer kleinen Hacke an dem Massaker beteiligt. Chantalle war mit ihrer einen Monat alten Tochter Alphonsine auf dem Rücken nur deshalb entkommen, weil sie am Morgen schon hatte mit ansehen müssen, wie Girumuhatse ihren Vetter Oswald mit einer Machete ermordet hatte. Danach suchte Chantalle Zuflucht in dem nahegelegenen Haus ihrer Patin, einer Hutu. Während sie dort war, hörte sie Girumuhatse kommen und um Tee bitten – der solle ihn stärken, weil er Chantalles Vater umbringen wolle. Sie erzählte auch, daß der Sohn ihrer Patin, einer der Komplizen Girumuhatses, »hinter das Haus ging, um seine Machete zu schleifen, aber seine Mutter verbot ihm, mich zu töten«. Später berichtete die Patin Chantalle, ihr Sohn habe Chantalles Mutter getötet. Und jetzt waren die Patin und ihr Sohn aus Zaire zurückgekommen.

All die Morde, die Chantalle beschrieb, waren innerhalb weniger Tage in einer kleinen Ansammlung von Häusern passiert, auf dem Hügel, den Girumuhatses befehligte. Sie lachte, als ich ihr erzählte, Girumuhatse habe ausgesagt, auf seinen Befehl hin seien nur sechs Menschen getötet worden. »Oh, wenn ich mich ihm bloß stellen könnte«, sagte sie einmal, aber etwas später seufzte sie: »Selbst wenn ich ihn anzeige, was würde das ändern?«

Nach dem Völkermord, erzählte Chantalle, »mußte ich mich selbst um Kleidung und Essen kümmern, und jetzt kommen diese Leute zurück und erhalten Essen und humanitäre Hilfe«. Das stimmte; während die internationale Gemeinschaft über eine Milliarde Dollar für die Lager ausgegeben hatte, konnte das verwüstete Ruanda nur um ein paar hundert Millionen betteln, und die Zehntausenden Überlebenden, die in den Ruinen hausten, waren systematisch übergangen worden. Einmal, so berichtete mir Chantalle, hatte jemand an die Überlebenden in Taba Hacken verteilt. »Das war alles«, sagte sie. »Ende.«

Niemand konnte den Überlebenden geben, was sie wirklich wollten – ihre verlorengegangene Welt, so wie sie zu dem Zeitpunkt gewesen war, den sie »vorher« nannten. Aber mußte es denn sein, daß die vom Völkermord am meisten Betroffenen auch danach noch am meisten vernachlässigt wurden? Bonaventure Nyibizi machte sich besondere Sorgen darüber, daß junge Überlebende selbst zu Extremisten werden könnten. »Nehmen wir an, hunderttausend junge Menschen haben ihre Familien verloren und keine Hoffnung mehr, keine Zukunft. Wenn man einem solchen Menschen in einem Land wie dem unseren sagt: ›Geh und töte deinen Nachbarn, denn er hat deinen Vater und deine sieben Brüder und Schwestern umgebracht‹, dann nimmt er die Machete und tut es. Warum? Weil er ohne Optimismus in die Zukunft blickt. Wenn man sagt, das Land muß sich einer Versöhnung nähern, aber zugleich diese Menschen vergißt, was passiert dann? Wenn wir sie auf der Straße sehen, erkennen wir nicht, was in ihnen vorgeht, aber vielleicht mußten sie mit ansehen, wie man ihre Mutter oder ihre Schwestern vergewaltigte. Es braucht eine große Anstrengung, um sicherzustellen, daß diese Menschen in die Gesellschaft zurückkommen, in die Zukunft schauen und sagen können: ›Gut, wir wollen es versuchen.‹«

Doch man machte sich nicht die Mühe. Die Regierung verfügte über kein Programm für Überlebende. »Niemand will ihnen helfen«, erklärte mir Kagames Berater Claude Dusaidi. Damit meinte er: keine ausländischen Geldgeber, keine Hilfsorganisationen. »Wir sagen: ›Gebt uns das Geld, wir kümmern uns darum.‹ Niemand zeigt Interesse.« Bonaventure, der später zum Handelsminister ernannt wurde, erklärte den Mangel an ausländischer Hilfe mit Ruandas Mangel an Investitionsmöglichkeiten. »Man kann auf die internationale Gemeinschaft nicht zählen, wenn man nicht reich ist, und das sind wir nun einmal nicht«, sagte er. »Wir haben kein Öl, und darum interessiert es niemanden, daß in unseren Adern Blut fließt oder daß wir Menschen sind.« Dusaidi seinerseits war zu dem Schluß gekommen, die internationale Gemeinschaft wolle nicht wahrhaben, daß der Völkermord überhaupt stattgefunden hatte. »Sie wünschten, wir würden ihn vergessen. Aber wir können ihn nur auf eine einzige Art vergessen: indem wir den Überlebenden zu einem normalen Leben verhelfen. Dann kann man vielleicht den Prozeß des Vergessens in Gang setzen.«

Das war eine überraschende Formulierung – »der Prozeß des Vergessens«. Seit dem Holocaust sind Diskussionen über den Völkermord fast unvermeidlich mit der Verpflichtung zur Erinnerung verbunden. In Ruanda jedoch – wo, wie mir Pacifique Kbarisa von der Organisation *African Rights* erzählte, viele Überlebende des Völkermords »bedauern, daß sie nicht umgebracht wurden« – sehnte man sich nach dem Vergessen als einem Symptom minimaler Erholung, um weiterleben zu können. »Vor der Rückkehr der Flüchtlinge«, sagte mir Chantalle, »hatten wir angefangen zu vergessen, aber jetzt ist es so, als würde eine fast verheilte Wunde wieder aufgerissen.«

Für die Generation, der diese Wunde zugefügt worden war, konnte es keine vollständige Heilung geben. Statt dessen forderten Ruandas neue Führer ihre Landsleute auf, stoische Ruhe zu bewahren, und das während die Überlebenden forderten, die Regierung sollte – und könnte – mehr für sie tun, und während ungeduldig auf Versöhnung drängende Ausländer der Regierung vorwarfen, sie nutze den Völkermord als Entschuldigung für ihre Fehler. »Wir können nicht alles zu einem Stillstand bringen, nur weil wir uns auf die Gerechtigkeit konzentrieren und sicherstellen wollen, daß alle Beteiligten, gleich welchen Ranges, zur Rechenschaft gezogen werden«, sagte mir Kagame. Es komme darauf an, meinte er, den Schwung nach vorne beizubehalten, nicht »zurückzufallen und zu sagen: ›Nun, diese Hutu haben getötet, also müssen sie getötet werden, und diese Tutsi waren die Opfer, also müssen sie jetzt bevorzugt werden.‹« Nach kurzem Zögern fügte er hinzu: »Ich glaube, man muß sehr ernsthaft darüber nachdenken, was es heißt, rational zu sein.«

Binnen weniger Wochen nach der Rückkehr der Flüchtlingsmassen aus Zaire wurde das Moratorium bezüglich

Verhaftungen ausgesetzt, wenn es um Verdächtige der Kategorie eins ging, und bald wurde das Moratorium insgesamt aufgehoben. Dennoch erzählte mir der stellvertretende Justizminister Gerald Gahima, die meisten Mörder würden wahrscheinlich straffrei ausgehen. Allein in Taba, wo verhältnismäßig wenige Rückkehrer aus den Lagern eingetroffen waren, bezifferte der Polizeiinspektor die Zahl der zurückgekommenen Verdächtigen der Kategorie eins auf mindestens sechzig. Auch der Name Girumuhatse stand auf der Liste, aber der Inspektor wußte nicht viel über ihn. »Es heißt, er habe Menschen getötet«, erklärte er mir und las dann einige Namen von Girumuhatses mutmaßlichen Opfern vor, darunter auch den jenes Oswald, dessen Ermordung Chantalle nach eigener Aussage mit angesehen hatte, sowie den eines ihrer Onkel, den sie ebenfalls genannt hatte.

Jonathan Nyandwi, einer von sechshundertvierzig Völkermordgefangenen im Gemeindegefängnis von Taba, war besser informiert. Er hatte in der Nähe von Girumuhatses Straßensperre eine Bar betrieben, und obwohl er zunächst behauptete, er wisse nicht, ob Girumuhatse ein Mörder sei, sagte er doch bei der Erwähnung Oswalds: »Er war mein Patensohn« und »Er wurde von einem Jean Girumuhatse getötet«. Nyandwi bestätigte, daß Chantalles Vater das gleiche Schicksal erlitten hatte, aber er bezweifelte ihre Behauptung, Girumuhatse habe die Eltern seiner eigenen Frau getötet. Seiner Ansicht nach habe Girumuhatse nur versucht, Evariste umzubringen, den Bruder seiner Frau.

Wenige Tage später traf ich Evariste. Er erzählte, seine Eltern seien von »Komplizen von Girumuhatse« umgebracht worden; er selbst sei während des Angriffs geflohen. Später habe er bei seiner Schwester Zuflucht gesucht, bei Girumuhatses Frau. »Sobald ich ankam, rief Girumuhatse die anderen herbei«, erinnerte sich Evariste. »Sie packten mich, rissen mir die Kleider herunter und begannen mich mit Stöcken zu schlagen. Meine Schwester schrie wie eine Verrückte: ›Ihr könnt meinen Bruder nicht so erschlagen!‹« Girumuhatse habe daraufhin versucht, »mich zu der Straßensperre in meiner Nachbarschaft zu schaffen, damit ich in meinem Viertel umgebracht werden könnte. Ich war völlig nackt, und sie führten mich zu einem Massengrab, um mich hineinzuwerfen.« Irgendwie hatte Evariste sich losreißen können und war in die nächtliche Dunkelheit geflohen.

Evariste glaubte, daß Girumuhatse mehr als siebzig Menschen getötet hatte. Den Mann selbst hatte er seit seiner Rückkehr noch nicht wieder gesehen, aber er war Girumuhatses Frau begegnet und auch ihrem Sohn Emanuel – seiner Schwester und seinem Neffen –, und er erzählte mir, beide hätten Angst vor Girumuhatse und wünschten sich, er würde verhaftet. Evariste jedoch, ein Tutsi und Stadtverordneter, wagte es nicht, den Mann anzuzeigen, der ihn zu töten versucht hatte. »Ich bin sicher, daß das für meine Schwester und ihre Kinder den Tod bedeuten könnte«, erläuterte er. Seit Girumuhatses Rückkehr habe er wieder jede Nacht Angst. »Die Leute können nicht laut sagen, daß sie Rache wollen«, meinte Evariste. »Aber in Wirklichkeit wünschen sich das viele.«

Am Morgen nach meinem Gespräch mit Evariste waren die Straßen von Kigali voller Menschen mit Hacken und Macheten. Es war ein Tag der öffentlichen Arbeiten: Überall wurden auf leerstehenden Grundstücken kleine Ziegeleien eingerichtet, ein erster Schritt zum Bau von Häusern für die Menschen, die durch die Rückkehrer aus ihren Wohnungen verdrängt worden waren. Auf einem solchen Grundstück sah ich General Kagame in einer Gruppe abgerissener Arbeiter, wie er Lehm in einen hölzernen Ziegelrahmen schaufelte. »Auch das ist Soldatenarbeit«, sagte er zu mir. Ein paar Meter weiter lag ein Mann auf den Knien und hackte mit einer großen Machete das Stroh klein, das in den Lehm gemischt wurde. Er war gerade erst aus Zaire zurückgekommen und gab sich ziemlich erstaunt, »*Monsieur le Vice-Président*« hier zu sehen, nachdem dieser in den Lagern so sehr dämonisiert worden war. »Aber das ist normal«, fügte er hinzu, »weil jede Autoritätsperson, die für das Land arbeiten will, den anderen ein Beispiel geben muß.«

Die Geschwindigkeit, mit der die Doktrinen des Völkermords durch den Befehl, miteinander zu leben, ersetzt worden waren, mochte begeisternd erscheinen, bedeutete aber zugleich auch eine gespenstische Erinnerung daran, daß Ruandas altes Gleichgewicht zwischen Autorität und Gehorsam völlig intakt geblieben war. Das System war für die drängenden Erfordernisse des Augenblicks von Nutzen; man füge eine neue Botschaft ein, und – presto! – hervor kommt revolutionärer Wandel. Aber wie tief ging dieser Wandel? Kurz bevor ich Kagame beim Ziegelmachen erlebte, hatte ich Gerald Gahima im Justizministerium die Geschichte von Girumuhatse erzählt. Zunächst schien ihm die Bereitschaft zum Geständnis für den Mann zu sprechen, aber als ich ihm die Details berichtete, verfinsterte sich seine Miene.

»Damit sich Werte ändern«, sagte Gahima, »muß es ein Schuldbekenntnis geben, einen echten Wunsch nach Buße, eine Bereitschaft, Entschädigung zu leisten, die Demut, seine Fehler zu akzeptieren und Vergebung zu erbitten. Doch alle sagen, wir sind es nicht, es sind unsere Brüder, unsere Schwestern. Und am Ende des Tages ist keiner mehr da, der Unrecht getan hätte. Wie sollen sich Werte ändern in einer Situation, in der es so große Ungerechtigkeit gegeben hat und niemand bereit ist, um Vergebung zu bitten?«

Das war eine gute Frage, und ich wollte Girumuhatse noch eine Chance geben, mir bei ihrer Beantwortung zu helfen. Er empfing Bosco und mich in dem winzigen Wohnzimmer seines Hauses, und diesmal gesellte sich sein Sohn Emanuel dazu. Bei meinem ersten Besuch hatte Emanuel mich mit den Worten fortgeschickt, es seien keine anderen Männer da, die aus Zaire zurückgekommen waren, und später hatte mir sein Onkel Evariste gesagt, Emanuel wolle seinen Vater verhaftet sehen. Ich fragte mich, ob Emanuel wußte, was sein Onkel gesagt hatte, und ich war froh, als er sich so hinsetzte, daß sein Vater ihn nicht im Blick hatte, ich ihn jedoch direkt beobachten konnte – auf einer Fensterbank, etwas hinter und über Girumuhatse.

Als ich Girumuhatse nach dem jungen Mann namens Oswald fragte, den er, wie viele Leute behaupteten, getötet hatte, begann Emanuel so breit zu grinsen, daß er sich auf die Lippen beißen mußte, um sich unter Kontrolle zu halten. Über Oswald wollte Girumuhatse nur sagen: »Er wurde während des Krieges getötet.« Emanuel rollte die Augen, und als ich den Namen von Chantalles Vater nannte, grinste er weiter. Auch Chantalles Vater sei getötet worden, meinte Girumuhatse, und mehr wolle er darüber nicht sagen.

Girumuhatse litt unter einem lästigen Husten; er saß auf einem niedrigen Schemel über seine Knie gebeugt und starrte unglücklich auf den Fußboden. Als er mir sagte, während der Massaker habe er Menschen aus etwa fünfzig Familien angeführt, ließ Emanuel ein leichtes Schnaufen hören. »Hast du die alle befehligt?« fragte er in spöttischem Ton. »Du ganz allein?«

Schließlich fragte ich Girumuhatse, ob es stimme, daß er versucht hatte, den Bruder seiner Frau zu töten. Erst dann wurde mir klar, daß Emanuel Französisch verstand, denn sein Gesichtsausdruck geriet außer Kontrolle. Aber Bosco weigerte sich, die Frage weiterzugeben; Girumuhatse, sagte er, verschließe sich in seiner Bestürzung. Einige Minuten später ging Emanuel nach draußen, und da erzählte mir Girumuhatse, er habe versucht, den Bruder seiner Frau zu retten. »Ich habe versucht, ihn in sein Viertel zu bringen, um ihn zu beschützen, damit er nicht hier vor meinen Augen umgebracht würde.«

Als ich aufstand, um zu gehen, begleitete mich Girumuhatse nach draußen. »Ich bin froh, daß ich gesprochen habe«, meinte er. »Die Wahrheit zu sagen ist normal und gut.«

21

In seinen letzten Tagen als Präsident von Zaire war Mobutu Sese Seko körperlich am Ende; sein fortgeschrittener Prostatakrebs hatte ihn zur Inkontinenz verurteilt. Als Trophäenjäger das Militärlager durchstöberten, in dem er in Kinshasa sein Endspiel absolviert hatte, fanden sie kaum mehr als des großen Mannes Windeln. Auch Mobutus geistige Gesundheit war angeblich zerrüttet. Mehrere Leute, die sich ihres hervorragenden Zugangs zum Klatsch des alten Hofes rühmten, versicherten mir, zum Schluß sei er sichtlich verrückt gewesen – durch Medikamente charakterlich entfesselt, manchmal winselnd, dann wieder in rasender Wut – und standhaft nur in seinem Irrglauben, der Sieg über Laurent Kabilas Rebellenbündnis stehe unmittelbar bevor; in Wirklichkeit hatte dieses Bündnis sein riesiges Land innerhalb von sieben Monaten bereits bis fast vor seine Türschwelle erobert.

Immerhin ließ Mobutus letzte abgeschlossene Handlung als Präsident vermuten, daß er begriff, was vor sich ging. Am 11. Mai 1997 befahl er, die sterblichen Überreste von Ruandas ermordetem Präsidenten Juvénal Habyarimana aus seinem Mausoleum in Gbadolite zu holen und mit einem Transportflugzeug nach Kinshasa zu bringen. Angeblich fürchtete Mobutu, Kabilas Kohorten könnten Habyarimanas Totenruhe stören und den Leichnam schänden, und er wollte den Ruander entsorgt wissen. Vier Tage und vier Nächte lang lag der tote Präsident Ruandas auf dem Rollfeld in Kinshasa im Flugzeug, während der sterbende Präsident Zaires seine Satrapen noch einmal springen ließ – sie mußten einen Weg finden, um sich der greulichen Fracht zu entledigen. Das Urteil lautete auf Verbrennung – kein üblicher Ritus im Kongo.

Mobutus Handlanger mußten ein wenig mit dem Körper eines Mannes improvisieren, der praktizierender Katholik gewesen war; sie verpflichteten dazu einen Hindu-Priester, und Habyarimanas sterbliche Überreste gingen in Rauch auf. Am nächsten Morgen war dann auch Mobutu abgeflogen – erst nach Togo, dann nach Marokko, wo er bald darauf starb –, und binnen vierundzwanzig Stunden nach seinem Abflug marschierten die ersten Soldaten der RPA an der Spitze von Kabilas Bündnis in der Hauptstadt Zaires ein.

Als Mobutu sich seine Gedanken über die letzten Riten für Habyarimana machte, hatte der Dinosaurier, wie er seit langem genannt worden war, in Wirklichkeit das Begräbnis einer ganzen Generation afrikanischer Führer inszeniert, denen er als Vorbild gedient hatte – als Diktator der Klient des Neokolonialismus des kalten Krieges, monoman, durch und durch korrupt und für sein Land absolut ruinös. Sechs Monate zuvor, als die von Ruanda unterstützte Rebellenallianz Goma erobert hatte, war ich direkt an den Rand der Stadt zu Mobutus Palast am Seeufer gefahren. Die Tore standen offen, unbewacht. Die zairische Flagge lag zusammengeknäult in der Einfahrt. Auf dem Boden lag Munition herum, die Mobutus Präsidentengarde zurückgelassen hatte – haufenweise Sturmgewehre und Kisten mit der Aufschrift »TNT« voller Sechzig-Millimeter-Mörser. Fünf schwarze Mercedes-Limousinen, ein glänzender Landrover und zwei Ambulanzwagen waren vor der Garage geparkt. Drinnen bot das Haus eine protzige Ansammlung von Spiegeldecken, mit Malachit und Perlen eingelegten Möbeln, Kronleuchtern, riesigen Fernsehapparaten und komplizierten Hi-Fi-Geräten. Die beiden Hauptschlafzimmer im Obergeschoß waren mit Whirlpools ausgestattet.

Goma war weitgehend eine Hüttenstadt, in der extreme Armut herrschte. Eines Tages hielt ich vor dem Haus eines

Bekannten, der fortgegangen war und seine Hunde zurückgelassen hatte. Sie steckten ihre Schnauzen unter dem verschlossenen Tor durch. Ich fütterte sie mit einigen proteinreichen Keksen der UN, als drei Männer um die Ecke kamen und auch welche haben wollten. Dem ersten zerlumpten Mann hielt ich die Schachtel hin und sagte: »Nehmen Sie ein paar.« Er griff gleich zu und riß mir die Schachtel förmlich aus den Händen. Die Gefährten des Mannes fielen sofort erbittert über ihn her, stopften sich Kekse in den Mund, entrissen sich gegenseitig die Kekse, und über die zuvor scheinbar verlassene Straße kamen weitere Menschen angerannt, um sich ebenfalls ins Getümmel zu stürzen.

Mobutus Whirlpools waren umgeben von Riesenflaschen voller Badeöl und Parfüms, die in ihrer Größe an *Alice im Wunderland* erinnerten: sie müssen jeweils etwa vier Liter gefaßt haben. Die meisten waren noch ziemlich voll. Eine jedoch schien regelmäßig benutzt worden zu sein: ein Kübel mit Chanels *Egoïste*. Er badete in dem Zeug.

Das war Zaire, und im Geiste des »*L'état, c'est moi*« von Ludwig XIV. rühmte sich Mobutu gerne mit dem Satz: »Vor mir hat es kein Zaire gegeben, und nach mir wird es kein Zaire mehr geben.« Letzten Endes machte Kabila – der Zaire gerne »*le Nowhere*« (»das Nirgendwo«) nannte – Mobutus Worte wahr: Am 17. Mai 1997 erklärte er sich zum Präsidenten und gab dem Land den Namen zurück, den Mobutu abgeschafft hatte: Demokratische Republik Kongo. Die Geschwindigkeit, mit der er zum Sieg geeilt war, hatte viel der Tatsache zu verdanken, daß die zairische Armee für gewöhnlich lieber geflohen war, als zu kämpfen; vor den anmarschierenden Rebellen zog sie dabei plündernd und vergewaltigend durch eine Stadt nach der anderen. Die einzigen Streitkräfte, die sich wirklich für Mobutu schlugen, waren Zehntausende flüchtiger Kämpfer von Ruandas Hutu-Power und ein paar Dutzend von den Franzosen rekrutierte serbische Söldner.

Auch Kabila hatte ausländische Hilfe benötigt, um seinen Marsch so erfolgreich durchführen zu können, und diese Hilfe kam nicht nur aus Ruanda. Hinter seiner Allianz stand ein panafrikanisches Bündnis, das vom politischen oder militärischen Einsatz von mindestens zehn Regierungen des gesamten Kontinents zeugte. Nach den ersten Rebellensiegen in Nord- und Süd-Kivu schlossen sich nicht nur kongolesische Rekruten Kabilas Sache an, sondern es kam auch Unterstützung aus Nachbarstaaten – Angola, Burundi, Tansania, Uganda, Sambia – sowie von weit entfernten Ländern wie Eritrea, Äthiopien, Südafrika und Simbabwe.

Hätte der Kongo-Krieg in Europa stattgefunden, wäre er wahrscheinlich als Weltkrieg bezeichnet worden, und für Afrikaner stand in der Tat die Welt auf dem Spiel. Denn dies war der Krieg um den ruandischen Völkermord. Ugandas Präsident Museveni sagte mir kurz nach Kabilas Vereidigung: »Mobutus großer Fehler war es, sich in Ruanda einzumischen. Deshalb hat im Grunde er selbst seine eigene Beseitigung in Gang gesetzt. Hätte er die Finger von Ruanda gelassen, dann hätte er wohl am Ruder bleiben können, genauso, wie er das die letzten zweiunddreißig Jahre geschafft hatte – bloß nichts für Zaires Entwicklung tun, aber in der Position bleiben, die man die Macht nennt, und zwar mit Hilfe der Kontrolle über die Radiosender und so weiter.«

Gewiß war Mobutu gewarnt worden, und nicht nur von denen, die ihn absetzten. Im Arbeitszimmer seines verlassenen Palastes in Goma stieß ich auf ein langes Memorandum über den Konflikt in Ruanda, das von einem seiner Berater stammte. Nach dem Inhalt zu urteilen, war es offenbar 1991 geschrieben worden, nicht lange nach dem ersten Einfall der RPF in Ruanda, zu einem Zeitpunkt, als Mobutu bei den Verhandlungen über eine Reihe kurzlebiger Waffenstillstände den Vorsitz führte. Das Memo beschrieb Habyarimanas Hofstaat als »größtenteils unversöhnliche Extremisten und Fanatiker« und sagte voraus, die RPF-Rebellen würden »auf die eine oder andere Weise ihr eigentliches Ziel erreichen, nämlich die Macht in Ruanda zu übernehmen«. Das Memo drängte Mobutu, als »moralischer Schirmherr« und als »geistiger Vater des Verhandlungsprozesses« aufzutreten, ohne die RPF oder Ugandas Präsident Museveni zu verprellen, und vor allem solle er »die ureigenen Interessen Zaires« schützen, wer auch immer am Ende in Ruanda die Oberhand gewinnen werde.

Als ich so – praktisch als Plünderer – in Mobutus »befreitem« Arbeitszimmer stand und dieses banale Dokument las, an dem eigentlich nur die Ungeheuerlichkeit der inzwischen eingetretenen Ereignisse bemerkenswert war, fiel mir erneut schlagartig auf, wie vollständig die Welt durch den Völkermord in Ruanda verändert worden war. Die Welt vor dem Völkermord, ein paar Jahre nur und eine Million Tote entfernt, war nicht unbedingt schöner oder besser gewesen. Aber in Zentralafrika war es eine Welt gewesen, die das Allerschlimmste noch nicht kannte.

1994, auf dem Höhepunkt des Vernichtungsfeldzugs in Ruanda, als Paris mit Flugzeugen Waffen an Mobutus Zwischenhändler in Ostzaire liefern ließ, die sie direkt an die *génocidaires* jenseits der Grenze weiterleiteten, sagte der französische Präsident François Mitterrand – wie die Zeitung *Le Figaro* später berichtete: »In solchen Ländern ist Völkermord nicht allzu wichtig.« Die übrigen Großmächte haben damals wie auch in den folgenden Jahren mit ihren Handlungen und Unterlassungen deutlich gemacht, daß sie der gleichen Meinung waren. Offensichtlich fiel ihnen nicht ein, daß auch ein Land wie Ruanda sich weigern kann, die Bedeutungslosigkeit seiner Vernichtung zu akzeptieren; genausowenig war irgend jemand auf die Idee gekommen, daß andere Afrikaner Ruandas Bedrohung ernst genug nehmen könnten, um zu handeln.

Die Erinnerung an den Völkermord, verbunden mit seiner drohenden Fortsetzung durch Mobutus Unterstützung, habe »weltweite Auswirkungen, weit über Ruanda hinaus« gehabt, erklärte mir Museveni, »und hier in Afrika waren wir zum Widerstand entschlossen«. So wie Mobutu ein – wie Museveni sagte – »Agent« seiner westlichen Strippenzieher war, so schuldeten die ruandischen *génocidaires*, die erneut gedroht hatten, die gesamte Region in ein Blutbad zu tauchen, ihren Unterhalt der gedankenlosen Verteilung westlicher Hilfsgaben. Der Westen mochte später die Hände ringen über die kriminelle Verantwortungslosigkeit seiner Politik, aber das nebulöse Gebilde namens internationale Gemeinschaft muß sich letzten Endes niemandem gegenüber verantworten. Den falschen Versprechungen internationalen Schutzes folgte in Zentralafrika immer wieder die schnelle Preisgabe von Hunderttausenden Zivilisten angesichts extremer Gewalt. Gegenüber einer solch ungestraften Rücksichtslosigkeit bot die kongolesische Rebellion Afrika die Gelegenheit, sich gegen sein größtes hausgemachtes politisches Übel zu vereinen und den Westen als Schiedsrichter über das eigene politische Schicksal abzulösen.

Häufig erschien es mir hilfreich, das Zentralafrika Mitte der neunziger Jahre mit dem spätmittelalterlichen Europa zu vergleichen – geplagt von unaufhörlichen Stammes- und Religionskriegen, korrupten Despoten, räuberischen Eliten und einer abergläubischen Bauernschaft, voller Seuchen, in Armut stagnierend und *zugleich* voller Verheißung. Natürlich war der Kolonialismus eine Schlüsselphase, die es den europäischen Völkern gestattet hatte, zu größerem Wohlstand und einer vernünftigeren Herrschaft zu gelangen, weil er gleichsam den Export ihrer Aggressionen und den Import von Wohlstand erlaubte. Ehemalige Kolonien profitieren dagegen nicht von solchen Möglichkeiten, wenn sie in die Familie der modernen Nationalstaaten hineinstolpern; welche Regierungsformen sie auch in ihrem Kampf um den Aufbau dauerhafter politischer Traditionen hervorbringen: höchstwahrscheinlich handelt es sich nur um solche des Übergangs.

Lange bevor Ruanda zu einer Fallstudie für internationale Versäumnisse wurde, sagte Museveni einmal: »Ein wenig Vernachlässigung wäre gar nicht so schlecht. Je verwaister wir sind, desto besser für Afrika. Wir werden uns auf uns selbst verlassen müssen.« Das Ausmaß, in dem die kongolesische Revolution die Außenwelt überraschte, enthüllte ein hartnäckiges Mißverständnis, das die westlichen Einstellungen gegenüber Afrika nach dem kalten Krieg beherrscht hatte: daß Afrikaner zwar humanitäre Katastrophen produzieren, aber keine sinnvolle Politik machen können.

Beschwichtigung war gegenüber Nazi-Deutschland die falsche Politik gewesen, und das hatte auch für Goma gegolten. Gerade aber das Vakuum an verantwortungsbewußtem internationalem Engagement in Goma hatte bei den Afrikanern in nicht gekannter Weise für die Notwendigkeit und die Gelegenheit gesorgt, ihre eigenen Probleme zu lösen. Obwohl Kabilas ausländische Unterstützer sich deutlich skeptisch zeigten, wenn es um seine Fähigkeit ging, mehr zu sein als ein vorübergehender Führer des Kongo – selbst in dieser Rolle sollte er sie bald enttäuschen –, inspirierte der schnelle Siegeszug der Allianz Ugandas Präsident Museveni bei seiner Rede anläßlich Kabilas Amtseinführung zu der Erklärung, der Krieg habe »nicht nur den Kongo, sondern ganz Afrika befreit«.

Als dem politischen Paten der neuen zentralafrikanischen Führerschaft hörte man Museveni genau zu. Er forderte nationale und internationale Solidarität, ökonomische Ordnung und körperliche Unversehrtheit als Grundlage für politische Entwicklung. Wenn man ihn hörte, konnte man fast vergessen, daß die Aussichten Zentralafrikas nach wie vor schrecklich düster blieben. Was von der Region geblieben war, sah in weiten Strecken so aus:

> Die Infrastruktur des Landes, insbesondere das Straßennetz, war fast vollständig zusammengebrochen. Der größte Teil des Landes war unzugänglich … Es herrschte ein gefährlicher Mangel an Lastwagen … Wasser- und Energieversorgung waren stark beeinträchtigt … Die Fabriken waren entweder geschlossen oder arbeiteten auf sehr niedrigem Niveau … Es herrschte völliger Mangel an grundlegenden Konsumwaren wie Zucker, Seife und Paraffin. Waren wurden ins Land und aus dem Land geschmuggelt und auf dem parallelen (»Schwarz«-)Markt verkauft. Die Wirtschaft war gänzlich informell und spekulativ geworden.

Diese Passage aus Musevenis Autobiographie beschrieb Uganda im Jahre 1986, als er sich nach mehr als einem Jahrzehnt bewaffneten Kampfes als Präsident einsetzte. Auf meine Bemerkung, ich glaubte, etwas über den Kongo zu lesen – oder auch über große Teile Ruandas nach 1994 –, sagte er: »Die gleiche Situation, ganz genau.«

Ugandas jährliches Wirtschaftswachstum lag Anfang der neunziger Jahre bei durchschnittlich 5 Prozent, und 1996 überstieg es 8 Prozent. Anständige Straßen durchzogen das Land. Es gab gute staatliche Schulen, verbesserte medizinische Versorgung, eine unabhängige Justiz, ein ziemlich lebhaftes Parlament, eine lärmende und häufig aufsässige Presse und eine kleine, aber wachsende Mittelschicht. Die Lage blieb gleichwohl unsicher, insbesondere im von Rebellen geplagten Norden und Westen des Landes. Trotzdem setzte Uganda ein Jahrzehnt nach den Verwüstungen Idi Amins und Milton Obotes einen vielversprechenden Standard, der jeden nachdenklich stimmen mußte, der den Kongo oder Ruanda »unmöglich« oder »hoffnungslos« nannte.

Museveni war ein handfester Manager, technokratisch und pragmatisch, der es gewohnt war, daß die Dinge weitgehend so liefen, wie er das wollte. Er war ein Mann von enormer Energie, nicht nur als Politiker, sondern auch als Viehzüchter, und er besaß den Erfindungsgeist eines Pioniers. Am Morgen meines Besuches verkündete die staatseigene Zeitung *New Vision*: »Yoweri Museveni hat bekanntgegeben, daß eine örtliche Grasart, die er kürzlich ägyptischen Forschern vorgeführt hat, zu einer hoch wirksamen Zahnpasta verarbeitet worden ist, die den Namen Nil-Zahnpasta erhalten hat.«

Die Geschichte von der Zahnpasta erwies sich als eine klassisch Musevenische Parabel über afrikanische Selbsthilfe. Als Kind im Busch hatte Museveni gelernt, ein Gras namens *muteete* zu kauen, und dabei festgestellt, daß seine Zähne dadurch vollkommen sauber und glatt blieben. Dann, an einer britischen kolonialen Oberschule, gab man ihm statt dessen Colgate, um ihm seine Provinzlermanieren abzugewöhnen. »Wenn man aber«, sagte er, »diese Colgate benutzt und mit der Zunge über die Zähne fährt, dann spürt man richtige ›Huppel‹.« Die Zahnpasta des weißen Mannes war schlechter. Als Präsident erinnerte er sich an *muteete*, und die moderne Wissenschaft gab seiner Erinnerung recht. Das Gras besitze »die besten Zahnpasta-Wirkstoffe, die man je gefunden hat«. Nil-Zahnpasta sollte bald auf den Markt kommen, und Uganda würde Lizenzgebühren erhalten. Museveni drängte seine Landsleute, ähnliche marktorientierte Forschung zu betreiben. Bananensaft hielt er für einen potentiellen Renner in der Branche für Erfrischungsgetränke. Er hatte bemerkt, daß die ugandischen Blumenexporte nach Europa stiegen und daß die Exporteure aus anderen Ländern diese Konkurrenz zu fürchten begannen. Die Botschaft war klar: Sucht in einem entwerteten Afrika nach dem Wert; wir sind auf dem Wege.

Ugandas Hauptstadt Kampala lag nur eine Flugstunde nördlich von Kigali, nahe dem Ufer des Victoria-Sees, aber es wirkte wie eine völlig andere Welt: die Stadt boomte und verströmte eine Atmosphäre der Verheißung. Natürlich ließen sich mühelos Leute finden, die sich über die Regierung beklagten, aber ihr Lieblingsthema – ob das Regime sich zu langsam, zu schnell oder überhaupt nicht zu einer liberalen Demokratie entwickelte – war ein Problem von jener Art, über die Ruander, deren größte Sorge nach wie vor ihrer körperlichen Unversehrtheit galt, mit Vergnügen einen angstfreien Disput geführt hätten.

Museveni empfing mich in einem Pavillon auf dem gepflegten Gelände des *State House*, am Ende der Victoria Avenue von Kampala. Er saß hinter einem Schreibtisch in einem Gartenstuhl aus Plastik und trug ein offenes braunkariertes kurzärmeliges Hemd, Kordhosen und Sandalen. Es wurde Tee serviert. Auf einem Regal unter seinem Schreibtisch lag ein Buch über den israelischen Krieg im Sinai, das Buch des Washingtoner Journalisten Bob Woodward, *The Choice*, über Bill Clintons Wahlkampf und ein Band mit dem Titel *Selected Readings on the Uses of Palm Oil* (»Ausgewählte Aufsätze über die Verwendungen von Palmöl«). Museveni wirkte müde; er versuchte gar nicht erst, sein Gähnen zu unterdrükken. Selbst auf den offiziellen Porträtfotos, die in den meisten Läden und Büros der Hauptstadt hingen, besaß sein rundes Gesicht mit dem kurzgeschorenen Haar ein uncharakteristisches, alltägliches Aussehen, das zu seiner Wirkung beitrug. Seine Rede war wie sein Schreiben klar, deutlich und ohne großes Getöse.

Als gegen Ende des Krieges im Kongo Kabilas Sieg unvermeidlich schien, brachte die *New York Times* einen Leitartikel mit der Überschrift: »Tyrannei oder Demokratie in Zaire?« – als seien dies die einzigen beiden politischen Möglichkeiten und als müsse alles, was nicht das eine war, das andere sein. Wie viele seiner Zeitgenossen unter den Führern dessen, was man auch postpostkoloniales Afrika nennen könnte, suchte Museveni nach einem Mittelweg, um die Grundlagen für eine tragfähige demokratische Ordnung zu errichten. Weil er in Uganda keine Mehrparteien-Politik zulassen wollte, neigten viele westliche Kommentatoren dazu, sich seinen ugandischen Kritikern anzuschließen und ihm die Bewunderung für seine Erfolge zu versagen. Er jedoch vertrat die Ansicht, solange die Korruption nicht unter Kontrolle sei, solange sich keine Mittelschicht mit starken politischen und ökonomischen Interessen herausgebildet habe, und solange es keine zusammenhängende öffentliche Diskussion im Lande gebe, müßten politische Parteien zwangsläufig zu Stammesvertretungen oder Finanzgeschäften entarten und eine Angelegenheit von um die Macht kämpfenden Eliten bleiben, wenn nicht gar Anlaß eines tatsächlichen Bürgerkriegs.

Museveni bezeichnete sein Regime als eine »Demokratie ohne Parteien«, die auf einer »Politik der Bewegungen« basiere, und er erklärte Parteien für »uni-ideologisch«, wogegen Bewegungen wie seine Nationale Widerstandsbewegung oder die Ruandische Patriotische Front »multi-ideologisch« seien, also offen für eine Polyphonie von Empfindungen und Interessen. »In unserer Bewegung finden sich Sozialisten, Kapitalisten, Feudalisten – wie die Könige hier in Uganda«, sagte er. Die Bewegung stand offiziell jedem offen, und »jeder, der wollte«, konnte sich den Wahlen stellen. Obwohl Museveni, wie die meisten afrikanischen Führer seiner Generation, häufig als ehemaliger marxistischer Guerilla beschrieben wurde, war er ein entschiedener Förderer des freien Unternehmertums und begünstigte inzwischen die Herausbildung politischer Gruppierungen nach Klassenlinien, um eine »horizontale Polarisierung« zu schaffen, im Gegensatz zur »vertikalen Polarisierung« des Stammesdenkens oder des

Regionalismus. »Deshalb sagen wir, daß auf kürzere Sicht der politische Wettbewerb sich nicht auf Gruppen, sondern auf Individuen stützen soll«, erklärte er mir und fügte hinzu: »Wir werden vermutlich keine gesunden Gruppen haben. Wahrscheinlich würden wir ungesunde Gruppen haben. Warum also dieses Risiko eingehen?«

Musevenis Einwände galten dem, was man als kosmetische Demokratie bezeichnen könnte – bei der Wahlen um der Wahlen willen abgehalten werden, auf Wunsch von »Spender-Regierungen«, die schwache oder korrupte Mächte in politisch angeschlagenen Gesellschaften am Leben erhalten. »Wenn ich ein Herzproblem habe und dennoch versuche, gesund zu wirken, gerade dann werde ich sterben«, sagte mir Museveni. Wir sprachen über die Art, wie der Westen nach seinem Sieg im kalten Krieg seine einfachen Maßstäbe zur Unterscheidung von Gut und Böse in aller Welt verloren und in der Förderung von Wahlen mit mehreren Parteien eine neue politische Religion gefunden hatte (jedenfalls in ökonomisch abhängigen Ländern, in denen Chinesisch nicht so verbreitet ist). Museveni beschrieb diese Politik als »nicht nur eine Einmischung, sondern eine Einmischung auf der Grundlage von Ignoranz und natürlich auch einer gewissen Arroganz«. Er fügte hinzu: »Diese Leute behaupten anscheinend, daß die entwickelten und die unentwickelten Teile der Welt alle unterschiedslos behandelt werden können. Politisch ist das ihre Linie, und ich halte das für kompletten Unsinn – um es einmal freundlich auszudrücken. Man kann so grundverschiedene Gesellschaften unmöglich genau nach demselben Schema behandeln. Sicherlich gibt es einige Grundprinzipien, die allen gemeinsam sein sollten, das allgemeine Wahlrecht zum Beispiel, gleiche und geheime Wahl, eine freie Presse, Gewaltenteilung. Dies sollten gemeinsame Prinzipien sein, nicht aber die exakte Form. Die Form sollte sich nach der jeweiligen Situation richten.«

Es ärgerte Museveni ebenso wie Kagame, daß Ruandas von der RPF geführte Regierung allgemein als ein Marionettenregime Ugandas galt und daß Kabila seinerseits von seinen Gegnern als Schachfigur des »ruandisch-ugandischen« Imperialismus bezeichnet wurde. »Sie waren Marionetten der Franzosen«, sagte Museveni über seine ruandischen und kongolesischen Kritiker, »also glauben sie, jeder andere wünsche sich ebenfalls Marionetten oder Herren.« Seiner Meinung nach lag es auf der Hand, daß andere Länder in der Region sich am ugandischen Beispiel ausrichten sollten. »Als Martin Luther seine Kritik an den Papisten veröffentlichte, fand sie große Verbreitung, weil sie an ganz verschiedenen Orten einen bestimmten Nerv traf«, meinte er. »Und vor der Französischen Revolution gab es in einigen europäischen Ländern örtlich schon republikanische Elemente. Als es daher in Uganda zu Veränderungen gegen die Diktatur von Idi Amin kam – ja, da besaßen diese Ideen schon einige Anziehungskraft.«

Daß Museveni sich im Licht der frühen modernen Geschichte Europas darstellte, war ein Indiz für seinen entschiedenen Optimismus. Er hatte sich damit beschäftigt, wie die großen Demokratien aus politischen Unruhen heraus entstanden waren, und er hatte erkannt, daß dies während des gesamten Prozesses weder schnell oder elegant noch ohne schwere Rückschläge und quälende Widersprüche abgelaufen war. Selbst von Musevenis Bewunderern hörte ich häufig, daß er, leider, kein Jeffersonscher Demokrat sei. Aber die Traditionen und besonderen Umstände, die einen Jefferson hervorgebracht haben, werden sich in Afrika wohl kaum noch einmal finden lassen – und obendrein läßt sich bezweifeln, ob die Bewunderer eines solchen Mannes auch die Tatsache tolerieren würden, daß Jefferson die Muße, in der er so großartig zu denken und zu schreiben vermochte, weitgehend und ohne Skrupel durch das Halten von Sklaven finanzierte.

Dennoch hatte Museveni außer den Geschichten über Luther und die Französische Revolution zweifellos auch Darstellungen der amerikanischen Revolution gelesen, die achtjährige Kämpfe erforderte, vier weitere Jahre bis zur Verabschiedung der Verfassung und noch einmal zwei Jahre bis zu den ersten Wahlen – insgesamt dreizehn Jahre nachdem die Unabhängigkeitserklärung mit »allem gebührenden Respekt für die Ansichten der Menschheit« nicht nur den antikolonialistischen Kampf, sondern auch das göttlich legitimierte und universale Recht zur Waffengewalt in solchen Kämpfen proklamiert hatte. Diese Geschichte mußte Museveni ansprechen. Der Yankee-General, der die Revolutionsarmee aus dem Busch geführt hatte, trug bei den ersten beiden Präsidentschaftswahlen Amerikas den Sieg davon.

Museveni ließ sich 1996 zum ersten Mal wählen – ein Jahrzehnt nach seiner Machtübernahme; 2001 könnte er für eine weitere fünfjährige Amtszeit kandidieren. Aber solange Uganda nicht den reibungslosen Übergang der Macht an einen gewählten Nachfolger erlebt hat, läßt sich nicht behaupten, daß die »Demokratie ohne Parteien« die entscheidende Probe auf ihre Institutionen bestanden hätte. Solange hängt fast alles vom guten Willen und den Fähigkeiten des Führers ab – jedenfalls nicht, wie Museveni mir versicherte, von den Wünschen der internationalen Gemeinschaft. Die euro-amerikanischen Architekten der alten postkolonialen Ordnung seien willkommen, wenn sie mit Afrika zusammenarbeiten wollten, meinte er: aber zu den Bedingungen Afrikas, als Joint-venture-Investoren von Kapital und technischem Wissen. »Ich glaube wirklich nicht, daß die Europäer noch einmal ihren Willen werden durchsetzen können. Ich glaube nicht, daß Amerika oder sonst jemand noch einmal Afrika beherrschen wird«, sagte er zu mir. »Sie können Unruhe stiften, aber sie können die Situation nicht umkehren, wenn die einheimischen Kräfte organisiert sind. Die schiere Kraft Afrikas wird uns von allen ausländischen Manipulationen unabhängig machen.«

Einige Wochen nach Mobutus Flucht flog Bill Richardson, der US-Botschafter bei den Vereinten Nationen, zu Gesprächen mit Präsident Kabila in den Kongo. Sein Besuch, versicherte er mir, zeige ein »erneuertes US-Interesse an Afrika«, zumal die Mitgliedsländer des Bündnisses hinter Kabilas Allianz »aufgrund gemeinsamer Erfahrungen einen strategischen und wirtschaftlichen Machtblock in dieser Region bilden, mit dem man ernsthaft umgehen muß«. Er sprach von den Vorteilen der Marktwirtschaft, »zahlreichen Verbesserungen« in den sozialen und politischen Bedingungen und äußerte seine Bewunderung für Kagame und Museveni.

Richardson wollte dem Kongo jedoch nicht nur amerikanische Hilfe bringen, sondern auch mit ihrer Verweigerung drohen. Seit dem Höhepunkt des Krieges hatten internationale Helfer, Menschenrechtsaktivisten und Journalisten aus dem östlichen und nördlichen Kongo darüber berichtet, daß ruandische Hutu, die nach der Auflösung der UN-Grenzlager in den Dschungel geflüchtet waren, von Kabilas Streitkräften einzeln und bei Massakern umgebracht würden. Die UN wollten ein Team zur Untersuchung von Menschenrechtsverletzungen entsenden, doch Kabila stellte sich quer. Richardsons Botschaft lautete: Entweder ihr laßt das Team kommen, oder ihr werdet international isoliert und könnt die internationale Hilfe vergessen, die ihr dringend braucht.

Für Kabilas Leute war die Frage der Massaker verständlicherweise heikel. Einerseits leugneten sie die Vorwürfe; andererseits bestanden sie darauf, daß der Tod eines jeden Hutu im richtigen Kontext gesehen werden müsse. Sehr viele Ruander aus den Lagern, die im Kongo geblieben waren, waren nicht nur flüchtige *génocidaires*, sondern kämpften aktiv auf Mobutus Seite. Selbst im Gefecht hatten sie sich wie immer mit ihren Familien und sonstigem Anhang umgeben – Frauen, Kindern und Alten, die sie als menschliche Schutzschilde benutzten und die entsprechend zu leiden hatten. Außerdem sollen die Kämpfer der Hutu-Power auf ihrem Rückzug nach Westen selbst Massaker an kongolesischen Dorfbewohnern und sogar innerhalb der eigenen Gruppe verübt haben. (Ich habe die Folgen eines solchen Massakers im November 1996 im Lager Mugunga gesehen: zwei Dutzend Frauen, Mädchen und Babys, die zu Tode gehackt und mitten im Lager liegen gelassen worden waren – »weil sie aus einem anderen Lager kamen und Nahrungsmittel haben wollten«, kommentierte ein Einwohner von Mugunga, dem ein solches Gemetzel nicht sonderlich bemerkenswert zu sein schien.)

Gelegentlich hatte die UNHCR provisorische Lager für Zehntausende ruandischer Hutu auf ihrer Flucht nach Westen einrichten können. Eines der größten war das Dorf Tingi-Tingi im Ostkongo. Im Fernsehen wirkte es wie jedes andere Lager für kriegsvertriebene Flüchtlinge, aber hinter den Kulissen war es zugleich eine wichtige militärische Basis der Hutu-Power. Empörte Helfer und Buschpiloten erzählten mir später, die Ex-FAR und *Interahamwe* hätten im Lager ein Terrorregime ausgeübt und anscheinend willkürlich Leute umgebracht, die nichts mit den Kämpfen zu tun hatten. Die gleichen Kräfte kontrollierten auch das Flugfeld, auf dem – zwischen den eigentlichen Hilfslieferungen – regelmäßig Flugzeuge mit den Kennzeichen der Hilfsorganisationen Waffen brachten und auf dem Rückflug prominente *génocidaires* nach Nairobi mitnahmen. Natürlich floß ein großer Teil der ankommenden Hilfe an die Streitkräfte der Hutu-Power.

Mitte April 1997 brachte die *New York Times* auf ihrer Titelseite einen bemerkenswert ambivalenten Artikel über die Flüchtlingskrise im Kongo. Darin wurde ein Lager für ruandische Hutu nahe der Stadt Kisangani geschildert: »Während in den Lagern Tausende kleiner Kinder mit aufgeblähten

Bäuchen und streichholzdünnen Beinen leben und dem Hungertod nahe zu sein scheinen, gibt es auch eine beträchtliche Anzahl kräftiger junger Männer, die fit, gesund und gut ernährt wirken.«

»Wenn wir Essen bekommen, esse ich als erster«, erzählte ein »stämmiger fünfunddreißigjähriger Vater von drei hungernden Kindern« der *Times*, und »internationale Helfer erklären, diese Situation sei nicht ungewöhnlich«.

Es war seltsam, eine solche Geschichte neben der Nachricht zu lesen, daß Emma Bonino, die EU-Kommissarin für humanitäre Angelegenheiten, Kabilas Truppen des Völkermords an den Flüchtlingen bezichtigte, da sie teilweise »humanitärer Hilfe den Zugang« verwehrten. Zur gleichen Zeit flogen die UN täglich ganze Flugzeugladungen ruandischer Hutu – viele von ihnen kräftige junge Männer – zur Rückführung und Wiederansiedlung nach Kigali, in einem Programm, dem die Vertreter Ruandas und der Allianz zugestimmt hatten. Mindestens fünfzigtausend frühere Lagerinsassen wurden auf diese Weise nach Ruanda zurückgebracht, während ebenso viele über die Grenzen nach Angola flohen, in die Gebiete der Rebellen, die von Mobutu unterstützt worden waren, sowie in die Zentralafrikanische Republik und in den anderen Kongo – die Republik Kongo. Dort wurden sie dann abermals in alsbald militarisierten Lagern untergebracht.

Andererseits waren im Kongo offensichtlich viele ruandische Hutu verschwunden, und viele der Morde, die Kabilas Helfern angelastet wurden, schienen abseits der Kämpfe passiert zu sein. Über mehrere scheußliche Massaker im Stil von Todesschwadronen wurde detailliert berichtet. Diese Morde beherrschten die internationale Berichterstattung über den Kongokrieg und seine Nachwehen, und die Schuld daran wurde vor allem den Tutsi-Truppen aus dem Kongo und Ruanda angelastet. Kurz nach Erscheinen des *Times*-Artikels über die mörderischen Flüchtlinge in Kisangani wurde das betreffende Lager von Allianz-Streitkräften und Zairern vor Ort angegriffen und aufgelöst. Es kursierten Meldungen, wonach Tausende Bewohner ermordet worden seien – aber niemand konnte genau in Erfahrung bringen, was geschehen war, denn Kabilas Truppen verwehrten jeden Zugang.

Botschafter Richardson brachte von seinem Treffen gute Nachrichten mit: Kabila hatte versprochen, der UN-Menschenrechtsmission unbegrenzten Zugang zu gewähren. Bester Laune flog Richardson weiter zu einem Lager für ruandische Hutu in Kisangani; ganz in der Nähe sollen einige der größten Flüchtlingsmassaker stattgefunden haben. Die Menschen in diesem Lager waren zum größten Teil Frauen und Kinder, die sich monatelang durch den Dschungel gekämpft hatten; sie waren in schlechter Verfassung, manche dem Tode nah – faltige Haut über Skeletten. Nach einem gemächlichen Rundgang verlas Richardson zwischen den Bewohnern vor dem Lagereingang eine vorbereitete Erklärung, in der er die »humanitäre Krise im Kongo« als »Tragödie« beschrieb, die »ihren Ursprung im Völkermord von 1994 in Ruanda« habe. Er sagte sogar:

> Die Krise wurde in die Länge gezogen, weil die internationale Gemeinschaft keine angemessene Reaktion auf den Völkermord und auch auf die folgende Vermischung von Völkermördern mit den echten Flüchtlingen im ehemaligen Ostzaire fand. Diese Atmosphäre ungestrafter Willkür wurde noch verschärft durch ethnische Säuberungen und Konflikte in der Region [Nord-Kivu] – und außerdem durch die Politik des ehemaligen Präsidenten Mobutu, der diese völkermörderischen Truppen auf seinem Gebiet operieren, rekrutieren und requirieren ließ. Dieses Kapitel ist tragischerweise noch immer nicht abgeschlossen. Weiterhin gibt es Berichte über zahlreiche Morde. Wir alle, die

neue Regierung der Demokratischen Republik Kongo, ihre Nachbarn und die internationale Gemeinschaft, tragen die Verantwortung dafür, den Morden an unschuldigen Zivilisten ein Ende zu bereiten. Wir müssen zudem die wahren Flüchtlinge beschützen, die Rückführungsbemühungen fortsetzen und dafür sorgen, daß die Völkermörder vor Gericht kommen.

Nie zuvor hatte bis dahin ein internationaler Staatsmann so hohen Ranges die Realität so offen beschrieben und die Verantwortung übernommen; die Erklärung erfolgte vor Reportern der *New York Times*, der *Washington Post*, der *Los Angeles Times* sowie mehrerer internationaler Fernseh- und Radiostationen. Dennoch wurde sie in keiner der Zeitungen erwähnt. General Kagame sagte mir später, er habe ein Typoskript der Erklärung gesehen und sich gefragt, ob es eine Fälschung sei. Als ich ihm versicherte, Richardson habe diese Worte tatsächlich ausgesprochen, nannte er das ein »wichtiges Eingeständnis« und »etwas Großartiges in der ganzen Situation«. Dann fügte er hinzu: »Vielleicht sollte es irgend jemand ins Internet einspeisen oder so etwas.«

Einige Wochen nach Richardsons Besuch traf planmäßig das Untersuchungsteam der UN in Kinshasa ein. Es konnte jedoch niemals seiner Aufgabe nachgehen. Kabila legte ihm einen Stein nach dem anderen in den Weg; es half auch nichts, daß Generalsekretär Kofi Annan sich bereit erklärte, einen neuen Teamleiter zu ernennen und den Untersuchungsauftrag nicht nur für die acht Monate des Kongokriegs zu erteilen, sondern auf die vorangegangenen vier Jahre auszudehnen – seit Ruandas *génocidaires* begonnen hatten, auch den östlichen Kongo mit Massengräbern zu überziehen. Zahlreiche afrikanische Staatsoberhäupter unterstützten Kabila in dieser Haltung. Sie hatten das Gefühl, die sogenannte internationale Gemeinschaft könne sich kaum zum moralischen Schiedsrichter im Krieg gegen die *génocidaires* aufwerfen, nachdem sie zuvor den ruandischen Völkermord ausgesessen hatte.

So etwa war im Frühsommer 1997 die Stimmung in großen Teilen des Kontinents. Im Juli empfing Kenias alternder starker Mann, Daniel arap Moi, der nach dem Völkermord die Beziehungen zu Ruanda abgebrochen hatte, General Kagame zu einem Staatsbesuch. Zwei Tage später verhaftete Kenia sieben der meistgesuchten Planer des Völkermords und lieferte sie an das UN-Tribunal in Arusha aus. Moi denunzierte diese seine ehemaligen Freunde als »ausländische Spione und Verbrecher«, und die Verhaftungen gingen weiter. Festgenommen wurden unter anderem General Gratien Kabiligi von der Ex-FAR, der bis kurz zuvor die Streitkräfte der Hutu-Power im Kongo befehligt hatte; außerdem Georges Ruggiu, der belgische Radiokommentator für das Völkermord-Radio RTLM, und Hassan Ngeze, der die Zehn Hutu-Gebote veröffentlicht und Präsident Habyarimanas Tod in seiner Zeitung *Kangura* vorausgesagt hatte.

Als wir einmal über den Völkermord und die Reaktion der Welt darauf sprachen, sagte General Kagame: »Manche Leute glauben sogar, wir sollten uns nicht betroffen fühlen. Sie glauben, wir seien wie Tiere: Wenn man ein Familienmitglied verloren hat, läßt man sich trösten, kriegt etwas Brot und Tee – und vergißt alles.« Er lachte in sich hinein. »Manchmal glaube ich, das ist Verachtung. Früher habe ich mich mit diesen Europäern herumgestritten, die zu uns kamen, uns Limonade gaben und sagten: ›Ihr solltet nicht dies tun, ihr solltet das tun.‹ Ich habe sie gefragt: ›Habt ihr keine Gefühle?‹ Diese Gefühle haben sich auf Menschen ausgewirkt.« Kagame zeigte mit einem Finger auf seinen mageren Körper und sagte: »Vielleicht nehme ich deshalb nicht zu – diese Gedanken zehren an mir.«

Anfang Juni 1997, kurz nach Richardsons Kongo-Besuch, fuhr ich für einen Tag nach Kigali, um mit Kagame zu reden und ihn zu den Berichten über die Massaker an ruandischen Hutu im Kongo zu befragen. »Ich glaube, daß da einiges übertrieben wird«, sagte er, »vor allem, was die systematische Vernichtung angeht, die systematischen Morde an Flüchtlingen oder auch die mögliche Beteiligung hoher Stellen verschiedener Länder.« Dann fügte er hinzu: »Aber gehen wir ein Stückchen zurück, wenn die Menschen keine Heuchler sein sollen ... Zunächst möchte ich nochmals an die Beteiligung einiger europäischer Länder erinnern. Sie erinnern sich an die *Zone Turquoise*?«

Kagame beschrieb ausführlich das Wiederaufleben der Hutu-Power nach dem Sieg der RPF 1994, angefangen mit der Ankunft französischer Truppen während der letzten Wochen des Völkermords, und weiter über die Aktivitäten der *génocidaires* in den Lagern – die Wiederbewaffnung, die Kampfausbildung, das Bündnis mit Mobutu, die Morde und Vertreibungen in Nord-Kivu, die ständigen Angriffe auf Ruanda und der Feldzug zur Vernichtung der Banyamulenge-Tutsi in Süd-Kivu. Er zählte die Namen der Städte im Kongo auf, wo während des Vormarschs der Allianz auf Kinshasa größere Schlachten stattgefunden hatten, und beschrieb die massive Beteiligung der Hutu-Power-Truppen. »Ich kann mir kaum vorstellen, daß der gesamte Rest der Welt so naiv ist und nicht erkennt, daß es sich hier um ein reales Problem gehandelt hat«, sagte er. Er könne nur zu dem Schluß kommen, daß es innerhalb der internationalen Gemeinschaft »eine Verschwörung auf höchster Ebene« gegeben habe, die Mörder zu beschützen und ihnen gar zum Endsieg zu verhelfen.

Aber warum sollte eine der Großmächte eine solch wahnsinnige Politik verfolgt haben? »Um ihre Schuldgefühle nach dem Völkermord zu bekämpfen«, antwortete Kagame. »Da gibt es viel Schuld.«

Es war dies das gleiche Gespräch, bei dem Kagame mir zu Beginn gesagt hatte, Ruanda habe keine Truppen im Kongo, wie er das seit acht Monaten jedem gesagt hatte, und in dem er mir schließlich erzählte, in Wirklichkeit habe er den ganzen Feldzug initiiert, und seine Truppen seien die ganze Zeit dort gewesen. Die totale Kehrtwendung überraschte mich mehr als die Information selbst, und ich fragte mich, warum einer der klügsten politischen und militärischen Strategen unserer Zeit die Verantwortung für den Krieg in genau dem Augenblick auf sich nahm, in dem ihm die Schuld an Kriegsverbrechen angelastet wurde.

Als ich die Bänder mit unseren Gesprächen noch einmal abhörte, wurden mir Kagames Gründe klar. Er leugnete nicht, daß viele ruandische Hutu im Kongo getötet worden waren; er sagte mir, wenn es aus Rache geschehen sei, sollte es bestraft werden. Aber er gab den *génocidaires* die Verantwortung für den Tod derer, die mit ihnen zogen. »Das sind keine echten Flüchtlinge«, sagte er. »Sie sind schlicht Flüchtige, Leute, die vor der Gerechtigkeit davonlaufen, nachdem sie in Ruanda Menschen getötet haben – *nachdem sie getötet haben.*« Und sie würden immer noch töten.

Der kurze Zeitraum der Ruhe in Ruanda, nach der Massenheimkehr aus den UN-Lagern Ende 1996, war schnell zu Ende gegangen, und seit Februar hatten die systematischen Morde an Tutsi ständig zugenommen. Ein großer Teil des Nordwestens befand sich im Zustand eines Kleinkrieges. Auch der östliche Kongo war weiterhin in Aufruhr, und beträchtliche Ansammlungen von Hutu-Kämpfern, die jede Chance zur Repatriierung ausgeschlagen hatten, operierten nach wie vor in der Region. Kagame machte sich vor allem Sorgen wegen der Zehntausenden *génocidaires,* die in die Zentralafrikanische Republik, nach Kongo-Brazzaville und zu den Rebellen in Angola geflüchtet waren.

»Selbst jetzt noch überschreiten diese Kerle unsere Grenzen, Ex-FAR und Milizen, vielleicht in Begleitung einiger Familienmitglieder«, sagte Kagame. »Sie sind bewaffnet mit Raketenwerfern, mit Maschinengewehren, sie töten Menschen, wohin sie auch kommen, und die internationale Gemeinschaft schert sich nicht darum. Sie merkt nur auf, wenn Tutsi Flüchtlinge töten. Irgend etwas läuft hier völlig falsch. Deshalb glaube ich, daß einige Leute schreckliche Schuldgefühle haben, die sie bekämpfen wollen, indem sie immer die Tutsi auf der falschen Seite und die Hutu als Opfer darstellen. Aber wir werden uns von keiner derartigen Einschüchterung oder Verzerrung besiegen lassen.« Er klang wütender, als ich ihn jemals erlebt hatte. »Es sind noch viele von ihnen übrig«, sagte er über die *génocidaires*, »und wir werden mit dieser Situation noch so lange leben, wie sie eben dauert. Wir werden nicht müde, damit fertig zu werden – sie werden müde, nicht wir.«

Eine düstere Aussicht, aber Kagame versuchte zu erklären, warum der Krieg im Kongo in dieser Weise abgelaufen war – nämlich um dafür zu sorgen, daß »Ruanda nicht von der Bildfläche verschwindet«. So sah er seine Entscheidung, und es erklärte die auffallende Kühle seiner Rede. Doch obwohl er seine Stimme und sein Verhalten wie immer unter Kontrolle hatte, war er offensichtlich entrüstet, weil man seinen Truppen ernsthaft zum Vorwurf machte, eine Armee besiegt zu haben, die in seinen Augen Ruanda hatte vernichten wollen. Kagames Trotz und sein Gefühl von Verletzung addierten sich zu einem Ahab-ähnlichen Zorn. Er wollte nicht nur, daß die Welt die Dinge so sah wie er; er schien zu glauben, er habe Anspruch auf eine Entschuldigung, weil die Welt seine Argumentation nicht akzeptiert hatte.

Im Idealfall, so Kagame, wäre eine Untersuchung das Beste, um die Massaker im Kongo aufzuklären. »Aber angesichts des beschriebenen Hintergrunds, angesichts dieser parteiischen Einmischung, angesichts dieser politisch motivierten

Anschuldigungen selbst auf den höchsten Ebenen der internationalen Gemeinschaft wird deutlich, daß wir es mit Richtern zu tun haben, die sich selbst nicht beurteilen lassen. Und dennoch haben sie schrecklich unrecht. Das ist das Schlimme an der ganzen Sache. Ich habe den Glauben verloren. Sehen Sie, die Erfahrungen von Ruanda seit 1994 haben mir den Glauben an diese internationalen Organisationen genommen. Fast allen Glauben. Genaugenommen«, fuhr Kagame fort, »denke ich, wir sollten ebendie Leute anklagen, die die Lager unterstützt haben, eine Million Dollar täglich für diese Lager ausgegeben und diese Gruppen unterstützt haben, so daß sie wieder zu einer Macht wurden, zu militarisierten Flüchtlingen. Wenn diese Flüchtlinge dann letzten Endes zwischen die Fronten geraten und sterben, hat das meiner Meinung nach mehr mit diesen Leuten zu tun als mit Ruanda, dem Kongo oder der Allianz. Warum sollten wir nicht sie anklagen? Das ist die Schuld, die sie zu bekämpfen versuchen. Das wollen sie von sich abwälzen.«

In der Tat war der Sieg der panafrikanischen Allianz, die Kagame im Kongo zustande gebracht hatte, auch eine Niederlage für die internationale Gemeinschaft. Die Großmächte und ihre humanitären Vertreter waren beiseite gestoßen worden, und nun, so Kagame, »sind sie wütend, und die Niederlage macht ihre Schuld deutlich«. Dieses Ergebnis hätten sie nicht eingeplant, und auch das könnten sie nicht verdauen. Dann meinte er: »Kabila taucht auf, die Allianz taucht auf, die Dinge ändern sich, Mobutu geht; es geschieht etwas, die Region ist glücklich darüber, verschiedene Leute haben den Prozeß auf verschiedene Weise unterstützt. Und sie stehen nun abseits und werden von allem überrascht. Sie sind darüber sehr verärgert, und sie können es nicht einfach hinnehmen.«

Nach Kagames Verständnis »sind Afrika und der Westen durch viele Welten getrennt«. Dennoch schien ihm klar zu sein, daß eine Niederlage der internationalen Gemeinschaft nicht in einen Sieg für jemand anders umgemünzt werden konnte. Er hatte sein Leben in Zentralafrika verbracht, wobei er nicht gegen die früher sogenannte »zivilisierte Welt« kämpfte, sondern darum, sich ihr anzuschließen. Dennoch war er zu dem Schluß gekommen, daß diese Welt »die Flüchtlingsfrage« dazu benutzen wollte, seinen Fortschritt zunichte zu machen. »Das ist ihr wirkliches Ziel. Es geht nicht sosehr um Menschenrechtsfragen, es ist politischer. Das Ziel lautet: ›Machen wir dieser gefährlichen Entwicklung ein Ende, daß Afrikaner versuchen, die Dinge auf ihre Art zu tun.‹«

22

Bei meinem vorletzten Flug nach Ruanda, im Februar 1997, wurde im Bordkino als erster Film *A Time to Kill* gezeigt. Er spielt in Mississippi, in jener Atmosphäre, die Faulkner »miasmisch« nannte. Ein paar nichtsnutzige Vertreter des weißen Pöbels fahren betrunken durch die Gegend. Sie entführen ein schwarzes junges Mädchen, vergewaltigen und foltern es und lassen die Leiche auf einem Acker liegen. Sie werden gefaßt und landen im Gefängnis. Der Vater des Mädchens traut der örtlichen Justiz kein angemessenes Urteil zu; deshalb wartet er, bis die Männer in Handschellen zum Gerichtsgebäude gebracht werden, tritt mit einem Schrotgewehr aus dem Dunkeln und erschießt sie. Er wird wegen Mordes ersten Grades verhaftet und vor Gericht gestellt. Seine Schuld steht niemals in Frage, doch ein geschickter junger weißer Anwalt – der seinen Ruf, seine Ehe, sein Leben und das seiner Kinder aufs Spiel setzt – appelliert an die Gefühle der Jury, und der Vater des Mädchens wird freigesprochen. Das war der Film. Er war als eine Geschichte von rassischer und sozialer Versöhnung konzipiert. Der Sieg der Helden und die Katharsis des Publikums kommen mit dem Freispruch des Täters, dessen Tat von einer Jury aus Leuten wie ihm als eine höhere Gerechtigkeit gewertet wurde, als er sie vom Gesetz hätte erwarten können.

Der zweite Film auf diesem Flug war *Sleepers*. Er spielt in New York, in dem rauhen Viertel Hells Kitchen. Vier Jungen spielen einen Streich, der zum Unfalltod eines Passanten führt. Sie werden in eine Besserungsanstalt gesteckt, wo sie von den Wärtern wiederholt vergewaltigt werden. Schließlich werden sie freigelassen. Die Jahre vergehen. Eines Tages begegnen zwei Mitglieder des ursprünglichen Quartetts dem

Wärter, der sich in der Anstalt durch seine Quälereien besonders hervorgetan hatte; also ziehen sie ihre Pistolen und erschießen ihn. Sie werden verhaftet. Für den Zuschauer steht ihre Schuld niemals in Frage. Aber vor Gericht leugnen sie alles; sie behaupten, zur Zeit des Mordes seien sie in der Kirche gewesen. Dieses Alibi hängt an der Zeugenaussage eines Priesters, der ebenfalls die schreckliche Anstalt durchlaufen hat. Der Priester ist ein sehr ehrlicher Mann. Vor seiner Aussage schwört er auf die Bibel, daß er die Wahrheit sagen wird. Dann lügt er. Die Männer werden freigesprochen. Auch dieser Film berichtete vom Sieg der Gerechtigkeit über das Gesetz; die Lüge des Priesters wurde verstanden als eine Handlung im Dienst einer höheren Wahrheit.

Beide Filme waren in Amerika ziemlich erfolgreich und wurden von vielen Millionen Bürgern gesehen. Offenbar sprachen die darin aufgeworfenen Fragen das Publikum an: Wie steht es mit dir? Kannst du diese Mörder nach solchen Verletzungen verurteilen? Kannst du den von ihnen getöteten Abschaum betrauern? Würdest du nicht das gleiche tun? Über solche Fragen läßt sich viel nachdenken. Dennoch beunruhigte mich die Voraussetzung, die beiden Filmen gemeinsam war: daß Gesetz und Gerichte so unfähig seien, die fraglichen Fälle angemessen zu beurteilen, daß es sich gar nicht lohnte, auf sie Rücksicht zu nehmen. Vielleicht nahm ich meine Flugunterhaltung zu ernst, aber ich dachte an Ruanda.

Sechs Wochen zuvor, Mitte Dezember 1996, kurz nach der Heimkehr der Flüchtlingsmassen aus den Grenzlagern, hatten in Ruanda endlich die Gerichtsverfahren wegen Verbrechen während des Völkermords begonnen. Dies war ein historisches Ereignis: Nie zuvor war irgend jemand auf Erden wegen des außergewöhnlichen Verbrechens des Völkermords vor Gericht gestellt worden. Dennoch fanden die Verfahren nur geringe internationale Beachtung. Selbst die Regierung schien nicht geneigt, sie groß herauszustellen, da die Gerichte unreif und unerfahren waren und man kaum erwarten konnte, daß sie den westlichen Standards für ein angemessenes Verfahren genügen könnten. Bei einem der ersten Prozesse in der östlichen Provinz Kibungo identifizierte ein Zeuge, der am Kopf Narben von Machetenhieben hatte, den Angeklagten als seinen Angreifer. Der Angeklagte tat die Beschuldigung als Unsinn ab und behauptete, wenn er jemandem einen solchen Schlag versetzt hätte, dann hätte er auch dafür gesorgt, daß sein Opfer nichts mehr darüber erzählen könnte. Er wurde für schuldig befunden und zum Tode verurteilt. So etwa lief es ab. Verteidiger standen selten zur Verfügung, und die Verfahren dauerten selten länger als einen Tag. Die meisten endeten mit Todesurteilen oder Verurteilungen zu lebenslänglicher Haft, aber es gab auch einige mildere Urteile und sogar Freisprüche – die einzige Möglichkeit, um festzustellen, ob die Rechtsprechung eine gewisse Unabhängigkeit genoß.

Ende Januar 1997 wurde in Kigali der höchstrangige *génocidaire* in ruandischem Gewahrsam vor Gericht gestellt – Froduald Karamira, der im Gefängnis Bonaventure Nyibizis Freund gewesen war, bevor er zu einem Extremisten wurde und der Hutu-Power ihren Namen gab. Karamira war in Äthiopien verhaftet worden; er war der einzige Verdächtige, bei dem Ruanda mit einem Auslieferungsbegehren erfolgreich gewesen war. Zu seinem Verfahren erschien er in Häftlingskleidung – rosafarbene Shorts und ein kurzärmeliges Hemd in der gleichen Farbe –, und viele Ruander erzählten mir später, allein diese Demütigung des einst so unglaublich mächtigen Mannes habe schon wie eine Katharsis gewirkt. Für die Menge vor dem Gerichtsgebäude wurde die Verhandlung mit Lautsprechern übertragen, für das gespannte Publikum im ganzen Lande im Radio. Die Anklage war ziemlich gut vorbereitet: Tonbänder und Mitschnitte von Karamiras blutdürstigen Propagandareden wurden als Beweismaterial vorgelegt, und Zeugen und Überlebende seiner zahlreichen Verbrechen beschrieben, wie er die Massen zum Töten aufgerufen und das Massaker an seinen unmittelbaren Nachbarn angeordnet hatte. Als Karamira aussagte, bezeichnete er sein Verfahren als eine Charade und die Regierung als illegitim, da die Hutu-Power aus der herrschenden Koalition ausgeschlossen sei, und er bestritt, daß die Tutsi 1994 systematisch vernichtet worden waren. »Ich werde des Völkermords angeklagt«, sagte er, »aber was bedeutet das eigentlich?« Er zeigte bis zum Schluß keinerlei Reue, obwohl er sagte: »Wenn mein Tod zur Versöhnung beiträgt, wenn mein Tod ein paar Leute glücklich macht, dann habe ich keine Angst zu sterben.«

Ich hatte Karamiras Verfahren in Ruanda miterleben wollen, aber es war schon nach drei Tagen vorüber, und ich kam erst zwei Wochen später an, kurz nachdem er zum Tode verurteilt worden war. Natürlich waren noch weitere Prozesse angesetzt, aber keiner in Kigali, und man riet mir davon ab, außerhalb der Stadt zu reisen. Etwa um die gleiche Zeit, in der die Prozesse begannen, hatten Banden aus Ex-FAR und *Interahamwe* – viele von ihnen soeben erst aus Zaire zurückgekehrt – ihren Terrorfeldzug wieder aufgenommen. Ihre Aktionen richteten sich vor allem gegen Tutsi, aber auch gegen Hutu, von denen man wußte, daß sie sich 1994 gegenüber Tutsi menschlich verhalten hatten, oder die mit der neuen Regierung kooperierten. Die Stimmung vorsichtiger Erleichterung, die die Auflösung der Lager begleitet hatte, ebbte schnell ab, und die Ruander begannen sich zu fragen, ob ihr Land nicht doch eine Invasion erlebt hatte.

Im Januar wurden in der nordwestlichen Provinz Ruhengeri drei spanische internationale Helfer und ein kanadischer Priester erschossen – die ersten Morde an Westlern seit dem

Völkermord. Die Regierung gab die Schuld an diesen Morden Hutu-Aufständischen, doch wurden niemals schlüssige Untersuchungen durchgeführt. Dann, Anfang Februar, fielen drei Ruander und zwei internationale Helfer aus der UN-Menschenrechtsmission einem Hinterhalt zum Opfer, den *Interahamwe* in der südwestlichen Provinz Cyangugu gelegt hatten. Das UN-Team hatte sich auf dem Weg zu einer von der Regierung organisierten Versammlung befunden, um Dorfbewohner aufzurufen, sich dem Druck zur Kollaboration mit den *génocidaires* zu widersetzen. Einer der toten Ruander war ein Überlebender des Völkermords, einer der Helfer ein kambodschanischer Überlebender von Pol Pots Massakern. Der Kopf des Kambodschaners war vollständig vom Körper abgetrennt worden. Seitdem galt der größte Teil Ruandas für Ausländer als »tabu«.

Auch Ruander rieten mir ab, durch das Land zu reisen. Sogar als ich nach Taba fahren wollte – nur eine halbe Stunde mit dem Auto südlich von Kigali über gute Straßen –, um zu sehen, was aus Laurencie Nyirabeza und dem Mörder Jean Girumuhatse geworden war; wenn ich getötet würde, sagte man mir, würde mich jeder als Narren bezeichnen. In der Nacht vor meiner Ankunft in Kigali war ein Minibus-Taxi mit einem gefällten Baum angehalten worden, fünfunddreißig Kilometer nördlich der Stadt. Das Fahrzeug war sofort von Bewaffneten umringt, die die Insassen aussteigen ließen und sie voneinander trennten – Tutsi hier, Hutu dort; dann eröffneten sie das Feuer auf die Tutsi und töteten viele. In einer Bar in Kigali hörte ich mit an, wie eine gemischte Gruppe aus Hutu und Tutsi den Vorfall diskutierte. Vor allem schien sie zu beunruhigen, daß keiner der Hutu, die sämtlich unverletzt blieben, den Angriff gemeldet und sich zur Zeugenaussage bereit erklärt hatte.

Ähnliche Terrorakte geschahen fast täglich – das ganze Jahr 1997 und die ersten Monate 1998 hindurch. In einer guten

Woche wurden vielleicht *nur* ein oder zwei Menschen ermordet, in manchen Wochen waren es Hunderte. Bei mindestens einem halben Dutzend Gelegenheiten ließen sich Banden von mehr als tausend gut koordinierten Hutu-Power-Kämpfern auf offene, mehrtägige Gefechte mit der RPA ein, bevor sie sich zurückzogen und in den Dörfern des Nordwestens untertauchten, wo sie ihre Stützpunkte hatten. Wie in den alten UN-Grenzlagern lebten die *génocidaires* ununterscheidbar zwischen den Zivilisten, und Tausende unbewaffneter Hutu wurden Berichten zufolge von RPA-Truppen getötet. Die RPA nahm solche Anschuldigungen ernst genug, um Hunderte ihrer eigenen Soldaten wegen Greueltaten gegenüber Zivilisten zu verhaften, während die Hutu-Power alle Zivilisten abschlachtete, die sich weigerten, mit ihnen zusammen Greueltaten zu begehen.

Das stand in Ruandas neuem, altem Krieg zur Wahl. Die *génocidaires* ließen Flugblätter zurück, in denen sie jedem mit Enthauptung drohten, der sich ihnen widersetzte. Andere Flugblätter teilten den Tutsi mit: »Ihr werdet alle untergehen« und »Macht's gut! Eure Tage sind gezählt«. Die Hutu ihrerseits wurden im Geiste von John Hanning Spekes hamitischer Hypothese aufgerufen, alle Tutsi »zurück nach Abessinien« zu treiben, und sahen sich mit der Mahnung konfrontiert: »Wer mit dem Feind kollaboriert, für ihn arbeitet oder ihm Informationen gibt, ist ebenfalls der Feind. Wir werden sie systematisch vernichten.«

Eines Tages begab ich mich ins Justizministerium, um Gerald Gahima zu besuchen. »Wie geht es der Justiz?« fragte ich. Er schüttelte nur den Kopf. Seit Monaten waren Minister der Regierung von Gefängnis zu Gefängnis durch das Land gefahren; sie hatten Kopien des Völkermordgesetzes verteilt und das Angebot erläutert, wonach für die große Mehrheit der Gefangenen bei einem Geständnis Strafminderung möglich war. Aber die Gefangenen meldeten sich nicht. »Es ist bewußte Sabotage«, sagte Gahima. »Ihre Führer haben ihnen das Gehirn gewaschen. Sie wollen immer noch behaupten, daß es in diesem Land gar keinen Völkermord gegeben habe, obwohl er in Wirklichkeit immer noch weitergeht.«

Ich fragte ihn, ob die Regierung es bedauere, die Leute aus den Lagern geholt zu haben. »Keinen Augenblick«, antwortete Gahima. »Die internationale Gemeinschaft hätte sie immer weiter ernährt, bis wir alle tot gewesen wären. Jetzt sterben wenigstens nur einige von uns. Wir können nicht glücklich damit sein. Wir können nur weiter kämpfen, um in Frieden zu leben.« Er lächelte etwas müde und sagte: »Wir haben keine hinausführende Strategie.«

Schon nach wenigen Tagen in Kigali überkam mich jenes Gefühl totaler Erschöpfung, das mich auf früheren Reisen erst nach Wochen, manchmal Monaten überwältigt hatte. Ich buchte einen Platz für den nächsten Flug und verbrachte meine Tage auf der Veranda eines Freundes, unter Vogelknöterich, hörte den Singvögeln zu, beobachtete, wie über dem Tal die Wolkentürme zusammenstießen und sich wieder auflösten, und flüchtete mich in einen hundert Jahre alten Roman über einen Zahnarzt in San Francisco. Das Buch hieß *McTeague* und der Autor Frank Norris. Auf den letzten Seiten las man von zwei Männern, die früher einmal die besten Freunde gewesen waren und sich nun in der Einsamkeit einer verlassenen Wüste zum Kampf begegneten; der eine tötet den anderen, aber noch während des Kampfes hat der Tote ihre Handgelenke zusammengekettet.

Ich legte das Buch beiseite und ging mit einem ruandischen Freund ein Bier trinken. Ich erzählte ihm die Geschichte, vor allem jene letzte Szene: der eine Mann tot, der andere an den Leichnam gekettet – und das in der Wüste.

»Aber Philip«, sagte mein Freund, »bleiben wir doch vernünftig. Wo Handschellen sind, da ist auch ein Schlüssel.«

Ich erinnerte ihn daran, daß es keinen Schlüssel für die ungeheure Wüste gab, in der der Überlebende gestrandet war. Ich benutzte Gahimas Ausdruck: »Keine hinausführende Strategie.«

»Romane sind was Nettes«, sagte mein Freund. »Sie haben ein Ende.« Er malte mit seinen Fingern Anführungszeichen in die Luft. »Da heißt es dann: ›Ende‹. Sehr hübsch. Eine wunderbare Erfindung. Wir haben auch Geschichten, aber niemals ein ›Ende‹.« Er trank einen Schluck Bier. Dann sagte er: »Ich habe in der letzten Zeit viel über Jack the Ripper nachgedacht, weil die Tutsi jetzt immer sagen: ›Jack ist da.‹ Sie sagen es nicht laut, aber seit dieser Massenheimkehr aus Zaire denken alle so. Sie erzählen dir nicht, daß sie nächtelang nicht schlafen können, weil die Mörder aus der Wand kommen könnten. Aber denk mal darüber nach, was im Kopf eines Tutsi vorgeht, der auf die Ankunft seines Mörders wartet.«

Ich dachte darüber nach, und es fiel mir der Brief ein, den Pastor Elizaphan Ntakirutimana, der ehemalige Präsident der Adventistenkirche von Kibuye, mir in Laredo gegeben hatte – jener Brief, den er am 15. April 1994 von den sieben Tutsi-Pastoren erhalten hatte, die unter den Flüchtlingen in Mugonero waren und ihm mitteilten, sie würden am nächsten Morgen ermordet. Sie hatten geschrieben: »Ihr Eingreifen wird von großem Wert sein, so wie die Juden durch Esther gerettet wurden.«

Esther war die Gemahlin des persischen Königs Ahasver, dessen Herrschaftsbereich sich von Indien bis nach Äthiopien erstreckt hatte, zweieinhalbtausend Jahre vor dem Massaker von Mugonero. Den Lesern der Bibel ist der Kern der Geschichte bekannt: wie Esther Ahasvers Gemahlin wird, ohne ihm zu sagen, daß sie eine verwaiste Jüdin ist, die von ihrem Onkel Mordechai aufgezogen wurde; wie Ahasvers oberster Minister Haman dem Mordechai zürnt, weil der Jude nicht das Knie vor ihm beugen will; wie Haman Ahasver zu einem Erlaß überredet, in dem er all seine Untertanen im gesamten Reich dazu aufruft, »man solle vertilgen, töten und umbringen alle Juden, jung und alt, Kinder und Frauen, auf einen Tag ... und ihr Hab und Gut plündern«; wie Esther ihrem Mann ihre Identität enthüllt und ihn bittet, ihr Volk zu verschonen; und wie der böse Haman schließlich an eben dem Galgen gehängt wird, den er für Mordechai errichtet hatte. Aber es gibt auch noch ein letztes, weniger bekanntes Kapitel dieser erbaulichen Geschichte von einem abgewendeten Völkermord: Als Ahasver seinen früheren Vernichtungsbefehl aufhebt, läßt Esther ihn eine Klausel anfügen, in der er den Juden gestattet, »sich zu versammeln und ihr Leben zu verteidigen und alle Macht des Volkes und Landes, die sie angreifen würden, zu vertilgen, zu töten und umzubringen samt den Kindern und Frauen und ihr Hab und Gut zu plündern«. Alles in allem, berichtet die Bibel, erschlugen die Juden und ihre Verbündeten fünfundsiebzigtausend von ihren »Feinden«, bevor mit einem Tag des »Festmahls und der Freude« wieder Friede im Reich einzog.

Die Tutsi-Pastoren in Mugonero dürften ihre Heilige Schrift gekannt haben. Wollten sie, als sie auf ihren Tod warteten, nicht nur verschont bleiben, sondern auch die Feinde von Ruandas Frieden liquidiert sehen? Die Hoffnung auf Erlösung, die durch Geschichten wie die von Esther bei verfolgten Völkern genährt wird, trägt unweigerlich auch den Glauben an die restaurative Macht der rächenden Gerechtigkeit in sich. »Pharaos Armeen ertranken – o Mary, weine nicht«, gibt das alte amerikanische Sklavenlied zu bedenken, so wie Homer von der Plünderung Trojas und von Odysseus' Gemetzel an den Freiern in Ithaka sang.

Gegen Ende des zwanzigsten Jahrhunderts stellen wir uns natürlich gern eine bessere Art und Weise vor, wie man in unserer sogenannten »internationalen Gesellschaft«, die heute umfassender »Menschheit« heißt, die Rechtschaffenheit über das Böse triumphieren lassen könnte. Mein Freund hatte das Gefühl, der Rest der Menschheit habe Ruanda 1994 verraten, aber sein Vertrauen in die Idee der Menschlichkeit hatte er nicht verloren.

»Ich denke an dein Land«, erzählt er mir. »Du sagst, alle Menschen seien gleich geschaffen. Das ist nicht wahr, und du weißt es. Es ist bloß die einzige akzeptable politische Wahrheit. Selbst hier in diesem winzigen Land mit einer einzigen Sprache sind wir nicht ein Volk, aber wir müssen so tun, bis wir es geworden sind. Das ist ein großes Problem. Ich kenne so viele, die alle ihre Angehörigen und Freunde verloren haben. Ein junger Mann kommt vielleicht zu mir um Rat. Er sagt: ›Ich habe einen gesehen, der es getan hat. Ich war damals sechzehn, aber jetzt bin ich zwanzig. Ich habe eine Pistole. Wirst du mich anzeigen, wenn ich die Sache selbst kläre?‹ Ich werde sagen müssen: ›Auch ich habe viele Angehörige meiner Familie verloren, aber ich habe sie nicht gekannt. Ich war im Exil – in Zaire, in Burundi. Die ich verloren habe – es ist ein bißchen abstrakt –, habe ich nicht gekannt, es war keine Liebe zwischen uns.‹ Wenn also dieser Soldat meinen Rat erbittet, was soll ich ihm sagen? Es ist eine scheußliche Lage. Ich werde mir Zeit nehmen. Ich werde mit ihm spazierengehen. Ich werde ihn streicheln, um ihn abzulenken. Ich werde versuchen, seinen Vorgesetzten zu finden und diesen zu informieren, und werde sagen: ›Achten Sie auf den Kleinen.‹ Aber im Ernst: Das wird nicht in einem oder zwei oder in fünf oder zehn Jahren erledigt sein – dieser Schrecken, den wir erlebt haben. Der sitzt tief in uns drin.«

Ich sagte nichts, und nach einer Weile bemerkte mein Freund: »Wir sollten besser die Schlüssel für diese Handschellen finden.«

Mitte Dezember 1997 hielt Außenministerin Madeleine Albright eine Rede vor der Organisation der Afrikanischen Einheit (OAU) in Addis Abeba. Dort sagte sie: »Wir, die internationale Gemeinschaft, hätten in den frühen Phasen der Greueltaten in Ruanda 1994 aktiver sein sollen und sie der Wahrheit entsprechend als Völkermord bezeichnen sollen.« Albright, die während ihrer Afrika-Reise einen kurzen Besuch in Ruanda vorgesehen hatte, verurteilte auch den Einsatz humanitärer Hilfe, »um bewaffnete Lager zu unterhalten oder Völkermörder zu unterstützen«. Klare Worte – aber Politiker sagen so etwas gewöhnlich nicht gern; im gleichen Monat hörte ich in New York, wie ein höherer Vertreter der UNHCR die Erfahrungen mit den von der Hutu-Power kontrollierten Lagern in Zaire folgendermaßen zusammenfaßte: »Ja, es wurden Fehler gemacht, aber wir sind nicht verantwortlich.« Albrights »Entschuldigung«, wie sie später benannt wurde, bedeutete einen signifikanten Bruch mit der üblichen Scham und der Verteidigungshaltung, die häufig zusammenwirkten, um den grundlegenden Fakten des ruandischen Völkermords ihren rechtmäßigen Ort im internationalen Gedächtnis zu verwehren.

Drei Monate später fuhr auch Präsident Clinton nach Afrika, und am 25. März 1998 kam er als erstes westliches Staatsoberhaupt seit dem Völkermord nach Ruanda. Sein Aufenthalt dort war kurz – den Flughafen verließ er gar nicht erst –, aber er hatte großes Gewicht. Nachdem er mehrere Stunden lang den Erzählungen von Überlebenden des Völkermords zugehört hatte, bekräftigte Clinton entschieden Albrights Entschuldigung dafür, daß man während des Gemetzels nicht eingegriffen und daß man die Mörder in den Lagern unterstützt hatte. »Während der neunzig Tage seit dem 6. April 1994 erlebte Ruanda das schlimmste Gemetzel dieses bluterfüllten Jahrhunderts«, sagte Clinton und fügte hinzu: »Die Welt muß wissen, daß diese Morde nicht spontan oder zufällig erfolgten … vor allem waren sie keineswegs das Ergebnis alter Stammesrivalitäten … Diese Ereignisse waren das Ergebnis einer Politik, die auf die systematische Vernichtung eines Volkes abzielte.« Und das, erläuterte er, sei nicht nur wichtig für Ruanda, sondern auch für die Welt, weil »jedes Blutvergießen das nächste nach sich zieht, und wenn das menschliche Leben entwertet und Gewalt toleriert wird, dann wird das Unvorstellbare wieder denkbar«.

Clintons Bedauern über die Vergangenheit wirkte überzeugender als seine Zusicherungen für die Zukunft. Als er sagte: »Nie wieder dürfen wir uns angesichts der Beweise« für den Völkermord »zurückhalten lassen«, bestand keinerlei Grund zu der Annahme, die Welt sei nun sicherer als im April 1994. Wenn Ruandas Erfahrung überhaupt eine Lehre für die Welt in sich tragen sollte, dann die: daß gefährdete Völker, die für ihren physischen Schutz auf die internationale Gemeinschaft angewiesen sind, keinen Schutz genießen. Am Morgen von Albrights Besuch in Ruanda im Dezember hatten Hutu-Power-Terroristen, die »Bringt die Schaben um« schrien, über dreihundert Tutsi in einer Ansiedlung im Nordwesten zu Tode gehackt, erschlagen und erschossen, und in den Tagen vor Clintons Ankunft in Kigali waren fünfzig Tutsi bei ähnlichen Massakern ermordet worden. Vor einem solchen Hintergrund klang Clintons Gelöbnis, »partnerschaftlich mit Ruanda zusammenzuarbeiten, um dieser Gewalt ein Ende zu bereiten«, bewußt vage.

Obwohl in Ruanda die Erwartungen an die Großmächte bitter enttäuscht worden waren, galten Clintons Darstellung der politischen Organisation des Völkermords und sein Lob für die Regierungsbemühungen, »eine einzige Nation zu schaffen, in der alle Bürger frei und sicher leben können«, als die bis dahin schärfste internationale Zurückweisung des fortgesetzten Versuchs der *génocidaires*, Ethnizität mit Politik gleichzusetzen und diese Gleichung mit Morden zu beweisen. Es war ein Indiz für Ruandas Gefühl der Isolierung, daß Clintons Bemerkungen als außergewöhnlich begrüßt wurden. Schließlich hatte er nur das Offensichtliche verkündet. Er hatte allerdings unter keinem politischen Druck gestanden, sich um Ruanda zu kümmern; ebensogut hätte er das Land auch weiterhin ignorieren und den Mund halten können. Statt dessen vollzog er, nachdem er den Völkermord ausgesessen hatte, eine – auch so spät noch – dramatische Intervention in den Krieg um den Völkermord. Als Stimme der größten Macht der Welt war er nach Kigali gekommen, um die Sache ins reine zu bringen.

»Das hat uns sehr aufgewühlt«, erzählte mir ein Hutu-Freund am Telefon aus Kigali. »Hier kam ein Politiker, für den es um nichts ging und der doch auf seine eigenen Kosten die Wahrheit sagte.« Und ein Tutsi, den ich anrief, sagte mir: »Er hat uns gesagt, daß wir nicht einfach vergessene Wilde sind. Vielleicht muß man irgendwo weit weg wie im Weißen Haus leben, um Ruanda so zu sehen. Das Leben hier ist nach wie vor schrecklich. Aber durch Ihren Mr. Clinton fühlen wir uns nicht mehr so allein.« Er lachte. »Es sollte eigentlich überraschen, wenn jemand, der sich für dein Volk und seine Ermordung nicht besonders zu interessieren schien, dir ein solches Gefühl vermitteln kann. Aber einen Ruander kann so leicht nichts mehr überraschen.«

Ich weiß nicht, wie oft ich seit meinem ersten Besuch in Ruanda gefragt worden bin: »Gibt es eine Hoffnung für dieses Land?« Als Antwort zitiere ich gerne den Hotelmanager Paul Rusesabagina. Als er mir erzählte, der Völkermord habe ihn »enttäuscht« zurückgelassen, fügte er hinzu: »Bei meinen Landsleuten – Ruandern – weiß man nie, was morgen aus ihnen wird.« Obwohl er es nicht so gemeint hatte, erschien mir das als einer der optimistischsten Sätze, die ein Ruander nach dem Völkermord noch sagen konnte, ähnlich der Behauptung

General Kagames, daß Menschen schlecht gemacht werden könnten und daß man ihnen beibringen könne, gut zu sein.

Aber die Hoffnung ist eine Kraft, die man leichter benennen und beschwören kann, als sie zu leben. Deshalb überlasse ich Ihnen die Entscheidung, ob es für Ruanda noch Hoffnung gibt, und zwar mit einer letzten Geschichte. Am 23. April 1997 – fast ein Jahr, bevor ich dies schreibe – sah ich im Fernsehen Aufnahmen von einem Mann, der gestand, zwei Nächte zuvor mit einer Gruppe von *génocidaires* in einem Internat in Gisenyi siebzehn Schulmädchen und eine zweiundsechzigjährige belgische Nonne getötet zu haben. Es war innerhalb eines Monats der zweite derartige Angriff auf eine Schule; beim ersten Mal waren in Kibuye sechzehn Schülerinnen getötet und zwanzig verletzt worden.

Der Gefangene im Fernsehen erklärte, das Massaker sei Bestandteil eines »Befreiungs«-Feldzugs der Hutu-Power gewesen. Seine Truppe von hundertfünfzig Mann hatte zum größten Teil aus Ex-FAR und *Interahamwe* bestanden. Bei ihrem Angriff auf die Schule in Gisenyi wie auch bei dem auf die Schule in Kibuye zuvor wurden die Schülerinnen – Teenager, die man aus dem Schlaf gerissen hatte – aufgefordert, sich in zwei Gruppen aufzuteilen – hier Hutu, dort Tutsi. Aber die Schülerinnen hatten sich geweigert. In beiden Schulen sagten die Mädchen, sie seien einfach Ruanderinnen, also wurden sie unterschiedslos geschlagen und erschossen.

Ruander brauchen keine Märtyrer – in ihrer leichenüberfüllten Phantasie ist dafür kein Raum. Wir alle brauchen keine Märtyrer. Aber könnten wir alle nicht ein wenig Mut aus dem Beispiel dieser tapferen Hutu-Mädchen schöpfen, die sich für das Leben hätten entscheiden können, sich aber statt dessen lieber als Ruanderinnen bezeichneten?

Mai 1995 – April 1998

Danksagung. Verpflichtet bin ich vor allen anderen den Hunderten Ruandern in allen Bereichen des privaten und öffentlichen Lebens, die mir großherzig ihre Geschichten anvertrauten.

Zur Ergänzung meiner eigenen Erfahrungen informierte ich mich in vielen veröffentlichten und unveröffentlichten Schriften über Ruanda. Ich danke den Autoren einiger Standardwerke, die unterschiedliche Perspektiven vertreten und mir hilfreich waren: Colette Braeckmann, Jean-Pierre Chrétien, Alain Destexhe, Alison des Forges, André Guichaoua, René Lemarchand, Louis de Lacger, Catherine Newbury, Rakiya Omaar, Gérard Prunier und Filip Reyntjens. Dankbar bin ich auch den elektronischen IRIN-Nachrichtenbulletins der UN.

Meine Berichte aus Ruanda erschienen zuerst im *New Yorker*, und die Unterstützung seiner Redakteure war für die Niederschrift dieses Buches von entscheidender Bedeutung. Ich danke insbesondere Tina Brown für ihre unermüdliche Hingabe an diese ferne und schwierige Geschichte, Bill Buford, der mich als erster nach Ruanda schickte, und meinem hervorragenden Redakteur Jeffrey Frank, dessen Ratschläge, Freundschaft und Vernunft mich während meiner Arbeit begleitet haben. Jennifer Bluestein, Jessica Green und Valerie Streiker halfen mit Recherchen und hielten während meiner langen Abwesenheiten die Stellung; Henry Finder, William Finnegan und David Remnick gaben gute Ratschläge; John Dorfman, Ted Katauskas und Liesl Schillinger in der Dokumentation retteten mich zusammen mit Eleanor Gould und einem ganzen Heer von Korrektoren vor vielen Irrtümern und Ungeschicklichkeiten.

Mein Dank gilt den Redakteuren der *New York Review of Books*, von *Transition, Double Take, The New York Times Magazine* und deren Meinungsseite, die Teile meiner Arbeiten aus Zentralafrika abdruckten. Besonderen Dank schulde ich Seth Lipsky bei *The Forward*, der mich überhaupt zum ersten Mal als Reporter in die Welt schickte.

Ich danke Elisabeth Sifton, meiner Lektorin bei Farrar, Straus and Giroux. Ihre Intelligenz, ihr Humor und ihre – immer anfeuernde – Strenge machen die Zusammenarbeit mit ihr zu einer Ehre.

Vielen Dank für die Güte und Anleitung von Sarah Chalfant bei der Wylie Agency, deren Engagement sich in meinem Schriftstellerleben segensreich ausgewirkt hat. Und Dank auch an Chris Calhoun für seine Hingabe und Freundschaft von Anfang an.

Ich danke außerdem der Corporation of Yaddo, wo ein Teil dieses Buches geschrieben wurde; der Grünen Stiftung und dem Friedensinstitut der Vereinigten Staaten für bedeutende finanzielle Unterstützung und dem Institut für Weltpolitik, dessen Einrichtungen ich benutzen durfte.

Meinen herzlichen Dank für die großzügige Gastfreundschaft von Richard Danziger, Aline Ndenzako und ihrer Tochter Daisy und von Peter Whaley, Kate Crawford und ihrer Tochter Susan in Kigali. Unterwegs in Ruanda und Zaire fand ich in Alison Campbell, Thierry Cruvelier und Annick van Lookeren Campagne wunderbare Begleitung. Zu Hause in New York gab mir Vijay Balakrishnan seine feste Freundschaft und hatte immer ein offenes Ohr für die voranschreitende Arbeit. Besonders glücklich bin ich, weil ich in Jacqueline und Victor Gourevitch kluge Eltern habe, und einen wahren Bruder, Marc – sie waren und sind meine anspruchsvollsten und lohnendsten Leser, großartige Gefährten und ein ständiger Ansporn. Ich danke auch meiner Großmutter Anna Moisievna Gourevitch; meine Erinnerung an ihre

Geschichten liegt über diesem Buch. Und schließlich hat mich Elizabeth Rubin durch ihr Beispiel, ihre Intelligenz und ihren Mut, ihren Witz und ihre Wärme während der Arbeit an diesem Buch inspiriert und unterstützt. Für ihre Begleitung aus der Nähe wie aus der Ferne bin ich zutiefst dankbar.